はじめに

　「映画英語アカデミー学会」（TAME）会則第2条は本学会の意図に関し、「映画の持つ教育研究上の多様な可能性に着目し、英語 Educationと新作映画メディアEntertainment が融合した New-Edutainment を研究し、様々な啓蒙普及活動を展開するなどして、我が国の英語学習と教育をより豊かにすることを目的とする」と、述べています。

　また第3条では「本学会は教育界を中心に、映画業界・DVD 業界・DVD レンタル業界・IT 業界・放送業界・出版業界・雑誌業界、その他各種産業界（法人、団体、個人）出身者が対等平等の立場で参画する産学協同の学会である」と、学会を構成する本質的属性を明確にしています。

　そして、本学会が毎年選考している映画英語アカデミー賞の趣旨については、同細則第2条で「本賞は、米国の映画芸術科学アカデミー（ Academy of Motion Picture Arts and Sciences 、AMPAS）が行う映画の完成度を讃える "映画賞" と異なり、外国語として英語を学ぶ我が国、小・中・高・大学生を対象にした、教材的価値を評価し、特選する "映画賞" である」と、説明されています。

　こうしたことから、本学会では毎年1月、前年の一年間に我が国で発売開始された英語音声を持つ新作映画 DVD 等のメディアを対象に、選考委員会が学校部門別（小学、中学、高校、大学）にノミネート作品を選定し、2月末日まで会員による投票を行って、それぞれ一作品ずつ、その年度の映画英語アカデミー賞作品を決定します。

小学校から大学に至るまで、英語教育の現場に最も相応しいと思える、また学習者が楽しく、しかも効果的に英語学習できる最良の教材とみなされた映画に与えられるこの賞は、様々な業界の方たち、とりわけ英語教育に携わる人を中心に、作品の中で用いられている英単語や語句のレベル、会話のスピード、発音、また内容とかテーマなどを多角的に検討し、選定したものです。

　詳しくは、以下の学会ホームページをご覧下さい。

http://www.academyme.org/

　さて、本書は第5回 映画英語アカデミー賞受賞作品ならびにノミネート作品を取り上げ、それらの映画ならびに英語学習の視点から見た魅力や問題点などを、本学会会員が詳しく解説した書籍です。なお、ここに収められた映画をはじめ、第1回から第4回 映画英語アカデミー賞受賞作品の「映画紹介」および「ワークシート」は、学会ホームページの所定のページにおいて会員限定で閲覧可能、授業等で利用できるようになっています。

　最後に、映画を用いた英語や文化教育、また英語学習に興味、関心があり、会則にご賛同いただける方は、どなたでも本学会にご加入いただけますので、本誌後段のページをご覧の上、ご検討いただけたら幸いです。

平成29年2月

映画英語アカデミー学会　　　　　　会　長　曽根田 憲三

目次

小学生部門　アニー

| 総合評価表 | ……… 黒澤純子、佐々木智美、高橋本恵 ……… 12 |

この映画のストーリー	……… 14	授業での留意点	……… 26	
この映画の背景	……… 16	ワークシートの利用の仕方		
この映画の見所	……… 18	① ……… 30	② ……… 30	
この映画の英語の特徴	……… 20	③ ……… 32	④ ……… 32	
リスニング難易度表	……… 21	ワークシート		
セリフ紹介	……… 22	① ……… 34	② ……… 36	
学習のポイント	……… 24	③ ……… 38	④ ……… 40	

中学生部門　アバウト・タイム

| 総合評価表 | ……… 能勢英明 ……… 44 |

この映画のストーリー	……… 46	授業での留意点	……… 58	
この映画の背景	……… 48	ワークシートの利用の仕方		
この映画の見所	……… 50	① ……… 62	② ……… 63	
この映画の英語の特徴	……… 52	③ ……… 64	④ ……… 65	
リスニング難易度表	……… 53	ワークシート		
セリフ紹介	……… 54	① ……… 66	② ……… 68	
学習のポイント	……… 56	③ ……… 70	④ ……… 72	

はじめに	……… 2	カムバック！	……… 156
本書の構成と利用のしかた	……… 6	君が生きた証	……… 158
映画メディアのご利用にあたって	……… 8	ゴーン・ガール	……… 160
【2015年DVD発売開始映画の総合評価表】		猿の惑星:新世紀	……… 162
アイ・フランケンシュタイン	……… 140	サンシャイン/歌声が響く街	……… 164
アメリカン・スナイパー	……… 142	シェフ 三ツ星フードトラック始めました	……… 166
イミテーション・ゲーム/エニグマと天才数学者の秘密	……… 144	ジミー、野を駆ける伝説	……… 168
インサイド・ヘッド	……… 146	ジャージー・ボーイズ	……… 170
インターステラー	……… 148	シンデレラ	……… 172
イントゥ・ザ・ウッズ	……… 150	天国は、ほんとうにある	……… 174
エクスペンダブルズ3	……… 152	ドラキュラ ZERO	……… 176
おみおくりの作法	……… 154	ナイト・ミュージアム/エジプト王の秘密	……… 178

目次

高校生部門　プロミスト・ランド

総合評価表 ·················· 井上雅紀 ········ 76

この映画のストーリー ····· 78	授業での留意点 ········ 90
この映画の背景 ········ 80	ワークシートの利用の仕方
この映画の見所 ········ 82	① ····· 94　② ····· 95
この映画の英語の特徴 ····· 84	③ ····· 96　④ ····· 97
リスニング難易度表 ······ 85	ワークシート
セリフ紹介 ············ 86	① ····· 98　② ····· 100
学習のポイント ········ 88	③ ····· 102　④ ····· 104

大学生部門　きっと、星のせいじゃない。

総合評価表 ···· 井上裕子、轟里香、船本弘史、村上裕美、安田優 ········ 108

この映画のストーリー ······ 110	授業での留意点 ········ 122
この映画の背景 ········ 112	ワークシートの利用の仕方
この映画の見所 ········ 114	① ····· 126　② ····· 127
この映画の英語の特徴 ····· 116	③ ····· 128　④ ····· 128
リスニング難易度表 ······ 117	ワークシート
セリフ紹介 ············ 118	① ····· 130　② ····· 132
学習のポイント ········ 120	③ ····· 134　④ ····· 136

パレードへようこそ ········ 180	2015年発売開始DVD一覧表 ······ 199
ベイマックス ············ 182	会　則 ············ 230
マダムマロリーと魔法のスパイス ···· 184	運営細則 ············ 232
ミニオンズ ············ 186	支部会則 ············ 234
ミリオンダラー・アーム ······ 188	発起人 ············ 235
劇場版 ムーミン 南の島で楽しいバカンス ·· 190	理事会 ············ 236
リスボンに誘われて ········ 192	ノミネート委員会 ········ 237
6才のボクが、おとなになるまで。 ···· 194	リスニングシート作成委員会 ···· 237
ロンドン・リバー ········ 196	入会申し込み用紙 ········ 238

本書の構成と利用の仕方

■第5回映画英語アカデミー賞の受賞映画■

　本ページでは、受賞映画にふさわしく十分な頁を配置して、詳しく解説・説明します。

　そのうち、「この映画のストーリー」は総合評価表の「あらすじ」をさらに詳しく、同様に「この映画の背景」「この映画の見所」「この映画の英語の特徴」「セリフ紹介」「学習ポイント」は同名の表題と対応して、より詳細に説明しています。

　また、「リスニング難易度表」は総合評価表の「お薦めの理由」に評価点数を使用した詳細な解説であり、「発展学習」は、この映画を英語授業の教材として使用した場合を想定して教育者向けに解説したものです。

　さらに、映画英語アカデミー賞受賞映画には、特に、授業に使える4種類ずつの「ワークシート」を編集しました。これを参考に、各英語教師ならびに生徒の皆さんは独自のワーク

■総合評価表■

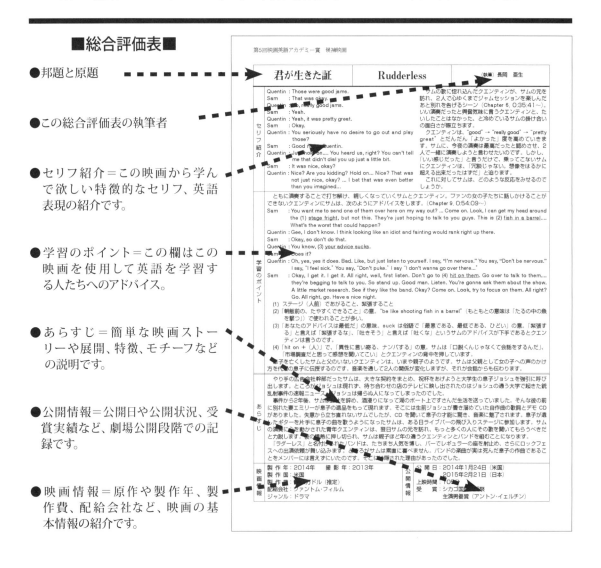

- ●邦題と原題
- ●この総合評価表の執筆者
- ●セリフ紹介＝この映画から学んで欲しい特徴的なセリフ、英語表現の紹介です。
- ●学習のポイント＝この欄はこの映画を使用して英語を学習する人たちへのアドバイス。
- ●あらすじ＝簡単な映画ストーリーや展開、特徴、モチーフなどの説明です。
- ●公開情報＝公開日や公開状況、受賞実績など、劇場公開段階での記録です。
- ●映画情報＝原作や製作年、製作費、配給会社など、映画の基本情報の紹介です。

シートを作成、編集して、英語授業や練習問題などに使用していただけます。

また、その前段に配置してある「ワークシートの利用の仕方」では、4種類の「ワークシート」を実際に授業で使用する際の授業の進め方、ワークシートの利用の仕方を、おのおの具体的に解説しています。

映画を使用して英語授業をしてみたいと考えている同僚英語教育者の方が多数いらっしゃいますので、一例です、ご参考にしてください。

■2015年発売DVD一覧表■

本書の最後のページにあるこの欄は、2015年の1年間に日本で発売開始された、英語を基調とした新作映画メディアのうち、英語学習にふさわしいと思われるほとんどの映画DVDの概略紹介です。見開き左右ページを使用して、参考までに編集しました。

なお、掲載は映画邦題の50音順です。

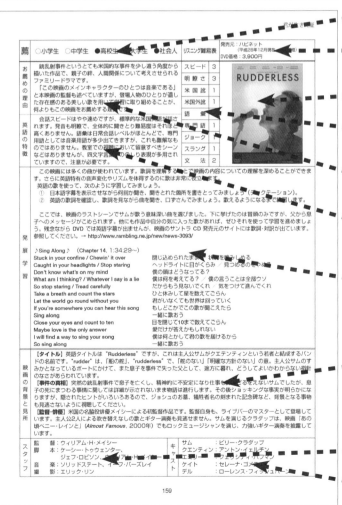

- ●お薦め＝お薦めレベルを小学生から社会人まで（複数有り）
- ●発売元＝DVDとブルーレイ情報です。発売元と価格は時々変わりますからご注意ください。（日付に留意を）
- ●写真＝この映画のDVD表紙の写真です。
- ●リスニング難易表＝この映画の発声者の特徴を9項目各5点満点で評価しました。
- ●お薦めの理由＝小学生から社会人などにお薦めしたい理由の説明をしています。
- ●英語の特徴＝会話の速度、発音の明瞭さ、語彙、専門用語、文法の準拠度など、この映画の英語の特徴を解説します。
- ●発展学習＝学習ポイントで触れられなかったところ、授業で採用する場合の留意点など、さらに詳しい解説を行う欄です。映画のもつ教育的価値は計り知れません。多様にご利用ください。
- ●映画の背景と見所＝あらすじや背景でふれられなかった他の重要事項の説明です。
この映画の歴史的背景、文化的背景の説明、事前知識、映画構想と準備、製作の裏話などの解説です。
- ●スタッフ＝監督など、スタッフの紹介です。
- ●キャスト＝主演など、キャストの紹介です。

映画メディアのご利用にあたって

■ 発売元と価格 ■

本書は、映画メディア（DVD、ブルーレイ、3D、4Kなど）の発売元と価格に、必ず情報時点を表示しています。発売元は時々変わりますからご注意ください。また、価格は発売元が設定した希望小売価格です。中古価格、ディスカウント価格ではありません。

■ 購入とレンタル ■

映画メディアは、購入されるか、レンタルされるか、購入者から適法に借り受けるか、となります。最近ではiPadや携帯のアプリでのダウンロードでもお楽しみいただけます。

■ 家庭内鑑賞 ■

一般家庭向けに販売されている映画メディアは、映画冒頭に警告画面があります。これは、少人数の家庭内鑑賞にのみ目的で販売されていることを意味していますのでご注意ください。また、「無許可レンタル不可」などとも表示されています。

■ レンタルDVD ■

各種レンタル店でレンタルした映画メディアも同様です。通常は、家庭内鑑賞しかできませんので、上映会はできません。

■ 映画上映会 ■

不特定多数が鑑賞する映画上映会は、DVD販売会社などによる事前の許可が必要です。各会社にお問い合わせください。

また、正規に、上映会用映画メディアを貸し出している専門の会社もあります。

映画上映会の㈱M.M.C.　ムービーマネジメントカンパニー
Tel：03-5768-0821　URL：http//www.mmc-inc.jp/

著作権法

第三十五条　学校その他の教育機関（営利を目的として設置されているものを除く。）において教育を担任する者は、その授業の過程における使用に供することを目的とする場合には、必要と認められる限度において、公表された著作物を複製することができる。ただし、当該著作物の種類及び用途並びにその複製の部数及び態様に照らし著作権者の利益を不当に害することとなる場合は、この限りでない。

第三十八条　公表された著作物は、営利を目的とせず、かつ、聴衆又は観衆から料金（いずれの名義をもってするかを問わず、著作物の提供又は提示につき受ける対価をいう。以下この条において同じ。）を受けない場合には、公に上演し、演奏し、上映し、又は口述することができる。ただし、当該上演、演奏、上映又は口述について実演家又は口述を行う者に対し報酬が支払われる場合は、この限りでない。

■ 授業におけるDVDの上映 ■

著作権法第三十八条等の著作権法が特に許容する方法によれば、例外的に上映することも可能です。

例えば、映画のDVDを、公教育（民間英語学校を含まない）の授業の目的に沿って、教室で一部または全部を上映して、（無料で）生徒たちに見せることは、著作権法が許容する方法の一つです。

■ テキストの作成 ■

著作権法第三十五条等の著作権法が特に許容する方法によれば、映画のセリフなどを文字に起こして、授業用のテキストや問題を作成することも可能です。

例えば、映画のセリフを教師または生徒が自ら聞き取り、公教育（民間英語学校を含まない）の授業の目的に沿って、映画のセリフをそのまま記載した必要部数の印刷物を作成することは、著作権法が許容する方法の一つです。ただし、学習用教材として一般販売されている書籍をコピーすることは、違法のおそれがあります。

■ 写真の利用 ■

映画DVDの画像をキャプチャーして、印刷物に無断で使用することは違法のおそれがあります。もし必要とあらば、映画の写真を有料で貸し出している会社が、国内でも数社ありますのでご利用ください。

■ ルールを守って英語教育 ■

その他、映画を使用した英語教育には著作権法上のルールがあります。さらに詳しくは、映画英語教育学会発行「著作権ガイドライン」などを参考にしてください。

著作権ハンドブック

映画英語教育学会（ATEM, The Association for Teaching English through Movies）では「映画ビデオ等を教育に使用する時の著作権ハンドブック」を発行しています。

著作権の複製権から頒布権などの用語解説に始まり、次に映画ビデオの教育使用に関するさまざまなQ&Aで編集されています。さらに、法的な解説と進み、最後に日本の著作権法全文の紹介と米国オレゴン州で公開された「Copyright Guidelines」の日米対訳もあります。

問い合わせ先
映画英語教育学会事務局
〒169-0075 東京都新宿区高田馬場4-3-12-4階　アルク高田馬場4F
株式会社広真アド内　　http://atem.org/new/

第5回映画英語アカデミー賞
小学生部門

アニー

アニー	Annie	（執筆）黒澤　純子/高橋　本恵

セリフ紹介

　アニーを偽の両親に連れて行かれて初めてスタックスはアニーが大切な人だと実感します。彼にとって選挙に勝つことは重要ではなく、アニーを取り戻すことが自分にとって一番大事なことだと気づきます。そしてテレビカメラの前で、選挙戦から撤退することを宣言します。(1:47～)

Stacks : I officially withdraw from the mayoral race.（私は正式に選挙戦から撤退します）
　　　　I think that this city deserves someone better than I am.（この町にふさわしい立派な市長は他にいます）
　　　　I wanna take time out to concentrate on things that really matter to me the most, and that's this amazing little girl, Annie.（私は自分にとって大切なことに向き合おうと思います。それはあのアニーです）〈中略〉
　　　　Because that's my family.（なぜなら、あの子が家族だから）

そして、アニーに促され、グレースに告白します。

Stacks: Grace, listen, I've always had a problem with realizing what's right in front of me, and, well, I'm learning.
　（グレース、聞いてくれ。私は目の前にある大切なものを見過ごしがちだ。でもかわっていくよ）

この最後の言葉はアニーに以前言った自分の言葉（1:11～）

Stacks: You know, Annie, sometimes what you're looking for, is right in front of your face.
　（いいか、アニー、探し物って案外目の前にあるんだ）と呼応しています。

　スタックスは、今まで秘書として支えてくれていたグレースが大切な人だということをアニーに教えられました。

学習ポイント

【天候を表す it】
　天気に関する単語と表現について学びましょう。
　it には様々な用法があり、天候、時、距離、曜日などを表す時に主語に使います。
晴れ：sunny、曇り：cloudy（空一面雲で覆われているどんよりとした曇り：overcast）、雨：rainy
にわか雨：shower、霧：foggy、雪：snowy、風が強い：windy、嵐：storm などが使う頻度が高いでしょう。
参考に hail：雹（ひょう）、tornado：竜巻、hurricane：ハリケーンも挙げます。
　主語に It を使い、It's sunny today.（今日は晴れです）と表現します。進行形、未来形（下の「学習ポイント」で映画の場面に関連させた解説を参考にしてください）を使う例文を挙げます。
例：It's rainy today. 　　　（今日は雨が降ります）
　　It's going to rain. 　　（雨が降りそうです）
　　It's raining today. 　　（今日は雨が降っています）
　　It will rain tomorrow.　（明日は雨が降るでしょう）

【時を表す it】
　次に、時間を表す表現の例文を学びましょう。英語活動のテキスト Hi, friends! 2 では "What time do you get up?"（あなたは何時に起きますか？）という表現とその答え方を学びます。"I get up at...."（私は～時に起きます）は学校でも練習すると思いますが、主語を It にした時間の言い方も覚えましょう。
It's（It is....）と言い、...のところに時間（数字）を入れます。
例：It's six o'clock now.（今6時です）

【曜日を表す it】
　日常生活で必要な曜日も覚え、曜日の問い方と答え方も学びましょう
日曜日：Sunday　　　月曜日：Monday　　火曜日：Tuesday　　　水曜日：Wednesday
木曜日：Thursday　　金曜日：Friday　　土曜日：Saturday
はすでに耳にしたことがあるでしょう。高学年になるとそろそろ綴りにも意識して読んだり聞いたりしましょう。
例：What day of the week is it today?（今日は何曜日ですか？）/ It's Tuesday.（火曜です）
上記のように、It's（It is....）と答えます。

あらすじ

　現代のニューヨーク、マンハッタン。生後まもなく置き去りにされたアニーはハニガンという里親のもとで4人の女の子たちと一緒に生活しています。アニーは10歳になった現在も両親がいつか迎えに来てくれると信じていました。ある日、アニーは犬をいじめている少年2人を追いかけ、交通事故に遭いそうになりました。アニーはその場を偶然通りかかったスタックスに助けられます。彼は携帯電話会社の CEO で、市長候補として立候補していましたが苦戦していました。しかし、アニーを助けたことでスタックスの支持率上昇につながりました。さらに支持率を上げようとスタックスはアニーと生活することになります。一方、スタックスの秘書のガイは、選挙に勝つために最後の手段に出ます。アニーを偽の両親と再会させ、その手助けをスタックスがしたことをアピールすることでしたが、彼は真実を知りません。アニーは偽の両親から逃げることができますが、スタックスのことを信用することができず、自分が選挙のために利用されているのだと言い張ります。スタックスは真実を知らなかったとはいえ、アニーを大切に思っていた気持ちを信じてもらうために、自分が市長選から撤退することをカメラの前で宣言します。アニーは、やっとスタックスを受け入れます。そして、スタックスを支えてきたグレースに対しても素直な気持ちになって欲しいと、アニーはスタックスを促します。アニー、スタックス、グレースの3人が幸せな気持ちになります。

映画情報

原　　作：『アニー』（トーマス・ミーハン）
　　　　　Little Orphan Annie（ハロルド・グレイ）
製　作　年：2014年　　製　作　費：6,500ドル
製　作　国：米国
配給会社：コロンビア・ピクチャーズ

公開情報

公　開　日：2014年12月19日（米国）
　　　　　　2015年1月24日（日本）
上映時間：118分
受　　賞：第72回ゴールデングローブ賞最優秀主演女優賞（コメディ、ミュージカル）、最優秀主題歌賞 "Opportunity"

アニー

薦	●小学生 ●中学生 ○高校生 ○大学生 ○社会人	リスニング難易表		発売元：ソニー・ピクチャーズ エンタテインメント （平成28年12月現在、本体価格） DVD価格：1,280円 ブルーレイ価格：1,800円
お薦めの理由	アニーはどんな状況にいても希望を失わず、自分が正しいと思うことを積極的に行動にうつします。彼女は正直で健気でもあります。そんなアニーと接することで、孤独を好み、一生懸命働いた結果一代で財を成し、市長という名声まで狙っているスタックスの気持ちを変えていきます。 人は大切な人がいるから頑張れること、そしてお金や力ではなく愛情が大切なのだとアニーは教えてくれます。	スピード	3	
		明瞭さ	3	
		米国訛	2	
		米国外訛	2	
英語の特徴	この作品は標準的な英語が多く使用されている作品です。一部オーストラリア系の英語発音や米国の訛りもありますがトーンは抑えられており、英語学習者にとって特に支障にはなりません。登場する子どもたちの発音は特に明瞭です。ハニガンが子供たちに悪態をつく場面や、スタックスとガイが選挙戦術で意見を戦わせる場面の会話は速いですが、その他多くの場面では聞き取りやすい速さと言えるでしょう。	語　彙	3	
		専門語	2	
		ジョーク	2	
		スラング	2	
		文　法	2	

発展学習

【人の性質を表す形容詞】
★アニーを偽の両親に引き渡すことに協力したハニガンは、ルーにかけてもらった優しい言葉を聞いて自分がしたことを後悔し、スタックスたちに真実を話そうと決心する場面です。（1:33:50～）
Lou　　　　：What did you do? 'Cause, whatever it is, you know I'm here to help you.
　　　　　　（何をやったんだ？何をしたにせよ僕がついている）
Hannigan：Why you are so nice to me, the way I treat you?（なんでそんなに優しいの？）
Lou　　　　：Because under all that bitter, there's a sweet lady with a big heart. She's just been gone for a while. That's all.
　　　　　　（君はひねくれているが、ハートは優しい女だ。彼女はちょっと留守にしているんだ。それだけさ）
この場面で使われている"nice"、"sweet"は「思いやりのある、優しい」で、"kind"と同様の意味です。
★最後の章で、アニーとスタックス、そしてグレースと歌う曲「I don't need anything but you. ～アイ・ドント・ニード・エニシング・バット・ユー（2014フィルム・バージョン）」の中で使用されている人の性質を表す形容詞に注目します。スタックスが市長選挙から撤退することを宣言したことで、アニーの信頼を再び取り戻しました。お互いが大切な人であることを歌詞も表しています。
　また、この歌の歌詞の中の "You're not warm and fuzzy. And ain't (= aren't) the shyest girl."（あなたは温かく、心地よい人じゃないわ。そして君は世界一内気でない女の子だよ）ここで使われている"fuzzy"は口語で「ふわふわした、心地よい」の意。「ぼやけた、不明瞭な」の意味ではすでに耳にしたことがある単語かもしれません。
★英語圏の小学生が日常で多用する形容詞の例を挙げます。kind: 親切な、decent: きちんとした、gorgeous: 素敵な、eager: 熱心な、frank: 率直な、patient: 辛抱強い、curious: 好奇心の強い、gentle: 優しい、polite: 礼儀正しい、punctual: 時間をまもる、generous: 気前のいい、innocent: 無邪気な、rude: 失礼な、無礼な、などです。
★ペア、あるいはグループを作って、I'm (I am) always punctual for an appointment.（私はいつも約束の時間を固く守るの）や You're (You are) generous to your friends.（君は友達に寛大だね）のように言ってみましょう。さらに S(h)e is .... They are....「...」のところにいろいろな形容詞を入れて、お互いの性格などを英語で紹介してみましょう。
★また、使い方によって別の意味を持つ例として：You're very polite.（あなたはとても礼儀正しいですね）と言う意味ですが、皮肉に使って言うと、（あなたは冷たいのね）という意味になることもあります。

映画の背景と見所

『アニー』といえば日本でも人気のあるミュージカルです。『アニー』は1977年にブロードウェイ・ミュージカルとして公演されました。日本テレビ主催で1986年に初めて上演されて以来、今年で31年になる国民的ミュージカルとして公演が続けられています。主人公アニーが施設（foster home）で暮らしながら希望を持って生きる姿は当時の人々の心を掴み、話題のミュージカルとなりました。同時に劇中歌「トゥモロー」が大ヒットし世界中に知られました。そして、日本でも1978年に東宝により日生劇場において初上演されました。
　一方、米国では1982年にミュージカル映画『アニー』（1982）が公開され、その後リメイクのテレビ版『アニー』を経て、今回の『アニー』（2014）に引き継がれています。監督のウィル・グラックは、主役のクヮヴェンジャネ・ウォレスを含め子役たちの才能を引き出す仕掛けを工夫し作品の成功につなげました。施設の場面で始まる2曲目の "It's a hard knock life." では子役たちの得意な動きを見極め、長所を生かした振付がされています。彼女たちが嫌な仕事をしながらも楽しんでいる姿を見て観客も楽しくなります。また、スタックス役のジェイミー・フォックスは、歌唱面でも優れた才能がありアニーとのデュエットでは子供好きの面があふれ出ています。ミュージカル映画なので曲に合わせて歌ったり踊ったりできる振付の曲もあり、観客も体をくねらせ踊りだしてしまいそうです。

| スタッフ | 監督・脚本　：ウィル・グラック、
製作総指揮：アリシア・エメリッセ
　　　　　　　セリア・D・コスタス
音楽：グレッグ・クスティン、チャールズ・ストラウス
編集：マイケル・グレイディ | キャスト | アニー・ベネット　　　　　：クヮヴェンジャネ・ウォレス
ウィリアム・スタックス：ジェイミー・フォックス
ミス・ハニガン　　　　　　：キャメロン・ディアス
グレース　　　　　　　　　　：ローズ・バーン
ガイ　　　　　　　　　　　　　：ボビー・カナヴェイル |

第5回映画英語アカデミー賞受賞　小学生部門

この映画のストーリー

　現代のニューヨーク、マンハッタン。4歳の頃レストランに置き去りにされたアニーは、4人の少女たちと一緒に施設で生活しています。その施設はハニガンという、過去に歌手であった思い出にすがりながら生きている女性が営んでいました。アニーは10歳になった現在も両親がいつか迎えに来てくれると信じて、自分が捨てられた「ドマーニ」というレストランの前で、アニー宛の「いつか必ず迎えにくる」と書いてある手紙を信じながら、毎週金曜の夜レストランが閉店する時間まで両親を待っていました。そんなアニーとレストランの店主は顔なじみで、閉店の時間になると両親が現れなかったことを気の毒に思い、いつもカンノーリ（イタリアのペストリー菓子）をパック詰めしてアニーに持たせてくれます。

　一方、スタックスは携帯電話会社のCEOで、市長候補として立候補していて、選挙活動を精力的にこなしていました。支持率を上げるために、自社のスマートフォンを無料で配布したり、メディアを利用して活動をアピールしますが、思うように支持率は上がらず苦戦していました。

　そんなある日、アニーは犬を追いかけていじめている少年2人を必死に追いかけ、止めさせようとして交通事故に遭いそうになります。アニーはその場を偶然通りかかったスタックスに助けられます。子どもを助けたいというスタックスの自然な行動でした。スタックスが、アニーを助けた様子を偶然その場を通りがかった若い男性が、撮影した動画がネット上に公開しました。その映像と、新聞やテレビで大々的にスタックスの勇気ある行動が報道されました。そのお陰でスタックスの支持率は急上昇しました。

　このチャンスをさらに支持率につなげるため、秘書のガイは作戦を立てます。スタックスとガイはアニーの存在が選挙に有利になると思い、彼女を利用しようと考えます。スタックスの陣営はアニーをランチに招待し、その場で写真撮影やインタビューを行ない大いに選挙戦の宣伝にしました。その時の会話の成り行きで、アニーは「ランチに招待で支持率上昇なら、私と一緒に住めば大統領になれるわね」と言います。ガイはスタックスに、数週間だけという期限付きでアニーを引き取り一緒に暮らすことを促します。アニーも自分が有名になれば両親が名乗り出てくれるかもしれないと考えます。

　スタックスは超高層ビルのペントハウスに住んでいます。部屋はスマートハウスと呼ばれ、声を聞き分けて制御するシステムになっていて、アニーにとって夢のような暮らしが始まります。そして様々な公の場でアニーはスタックスに同行し、写真撮影にも快く応じスタックスの選挙戦に積極的に協力します。アニーは大変な人気者になっていきます。しかし、何不自由なく全ての設備が整っているスマートハウスに住んでいても、アニーの心が満たされていないことに気づき、またスタックスも、アニーが部屋のベッドの上ではなく、窓の近くの床にブランケットを敷いて寝る彼女を優しく見守ります。そしてアニーと暮らしているうちにスタックスの気持ちにも少しづつ変化が表れます。

　そんなある日、「スタックス美術館」設立のパーティーでアニーはスタックスに対する感謝の気持ちを述べ、さらに歌を披露しました。その歌を聞き、スタックスやグレースを始め出席者は感動します。その後アニーは、ガイが用意したスピーチを読むことをためらい、会場から走り去りました。スタックスは、会場から外に走り去ったアニーを追います。アニーに追いついたスタックスは、理由を聞くと彼女は字が読めないと答えます。里子たちの事実に、スタックスはショックを受けます。パーティーの翌日、アニーは犬と一緒に出て行こうとしているところをスタックスに呼び止められます。アニーがパーティーを台無しにしてしまったと思っていることを、スタックスはあまり気にしていませんでした。それどころか、スタックスは「人には自分で恥ずかしいと思って

いることがあるものだ」と言い、自分が育った町へアニーを連れていきます。スタックスは自分の家が貧しかったので、父親が働きづめで家にいることもなく、彼が12歳の時に亡くなったこと、そのため父親の顔さえ覚えていないと言いました。アニーとスタックスはお互いの心の傷を理解しました。スタックスにとってアニーは、選挙に利用できる少女ではなく、愛しい存在に変わっていきました。

一方、スタックスの秘書のガイは、アニーを利用し、スタックスを市長選で勝たせるために最後の手段に出ます。アニーの両親をでっちあげ感動の再会を準備し、自らもスタックスの補佐官としての役目から開放され、当選に導いた報酬として大金を受け取りどこかに逃げようと考えていました。その企みを実行するための相棒に、ガイはハニガンに目をつけます。ハニガンは、里親として子どもたちを預かっている今の生活に不満を持っていて、この企みを成功させれば大金が入ってくるというガイの甘い言葉にのってしまいます。

スタックスがアニーを養女として迎えようと考え始めた矢先に、アニーの両親と名乗るカップルが現れました。親子の対面の場所は、アニーが毎週金曜の夜に両親を待つために通っていたレストラン「ドマーニ」でした。アニーは両親と感動の再会を果たします。一方、スタックスはその様子を見ながら納得できない様子です。そのカップルがアニーの本当の両親なのか疑問に思いつつも、DNA鑑定で親子関係が一致したとガイによる報告でスタックスは仕方なく納得します。

アニーと偽の両親の再会の日、スタックスとグレース、ハニガンを始め、みんなその場を見守ります。アニーが「ハニガンの歌を聞いて心から感動し励まされた」とスタックスから聞き、ハニガンは「アニーは偽の両親にどこに連れていかれるのか」とガイに聞くと、彼は「選挙が終わればアニーは再び施設に戻されることになっている」と告げます。ハニガンはアニーのことが心配になります。今まで相手にもしなかった近所の食料品店のルーにまで助言を求めます。彼からも、「君（ハニガン）はひねくれているけど、本当は優しい心の持ち主なんだ」と言われ、自分がしたことをスタックスに正直に話すことにしました。ハニガンが預かっている他の里子たちを連れて、スタックスの会社に行き真実を話します。事実を知ったスタックスとグレース、そして会社のスタッフたちは警察とFBIにも連絡し、アニーと彼女を連れたカップルを探しだそうとします。さらにスタックスは自分のヘリコプターを飛ばして捜索します。

偽の両親と車の中の会話で、アニーはすぐに2人が本当の両親ではないと気づき、車から降りようとしますが、ドアにはロックがかかっています。信号で止まるたびに、隣の車に助けを求めようとするアニー。今ではアニーは有名人なので、アニーが乗っている車と隣に並んだ車の人たちは窓越しにアニーの姿をスマートフォンで撮影します。その写真がTwitterに挙げられ、アニーの居場所が瞬時に特定されました。リバティ州立公園で、アニーは偽の両親から逃げることができましたが、スタックスのことを信用することができません。自分が選挙のために利用されているのだと言い張ります。スタックスは偽の両親のことは知らなかったとはいえ、アニーを大切に思っていた気持ちを信じてもらいたいと思い自分が市長選から撤退することを集まっていたマスコミのカメラの前で宣言し、アニーは家族だと言います。アニーはこの言葉を聞き、やっとスタックスを受け入れます。そしてスタックスを支えてきたグレースに対しても素直な気持ちになって欲しいと、アニーはスタックスを促します。アニー、スタックス、グレースの3人が幸せな気持ちになり手をつなぎ合います。市長選から降りたスタックスは、識字センター（Literacy Center）を開設します。今後、彼は恵まれない子どもに対して力を注いでいくことを暗示しているようです。（黒澤　純子）

 ## この映画の背景

ミュージカル「アニー」は1920年代に作家ハロルド・グレイ（Harold Gray：1894〜1968年）が、新聞『ニューヨーク・デイリー・ニュース』で連載し始めた新聞連載漫画『小さな孤児アニー（Little Orphan Annie）』が原作です。

そして、1977年初演のブロードウェイ・ミュージカル「アニー」が好評を博し、その5年後の1982年にミュージカル映画『アニー（Annie）』の映画化が実現しました。

これまでにミュージカル映画『アニー』は3回製作されましたが、最初の2作品は時代背景を原作の『小さな孤児アニー（Little Orphan Annie）』を踏襲し大恐慌後の1930年代としていますが、最新作『アニー（Annie 2014）』では、原作背景を織り込みつつ時代背景を現代のニューヨークとしバージョンアップされた作品に仕上がっています。

<『アニー（Annie 1982）』>

1977年にブロードウェイ・ミュージカル「アニー」は大ヒットし、ジョン・ヒューストン（John Huston）が監督としてメガホンをとり1982年に『アニー（Annie 1982）』が映画化されました。

当時「アニー」は1977年にブロードウェイで大ヒットした劇場ミュージカルでしたが、映画業界ではそのミュージカルの映画化には不安もありました。見込まれる興行収益面の懸念のほか、ミュージカル「アニー」の趣向が50年代のミュージカルで、製作された1982年にあっても古き時代のテイストを感じさせ物憂（ものう）い空気が漂うというのがその理由でした。

時代背景の設定は1933年のいわゆる大恐慌の後で、1932年に共和党フーバー大統領の後、民主党のルーズベルトが大統領に当選しニューディール政策（新規まき直し）を進める時代でした。基本的に当時のニューディール政策はルーズベルトが1933年3月に就任以後、恐慌対策の政策を矢継ぎ早に実行に移していきましたが、政治的には保守のスタンスを基軸としていると言われるものです。

もともと、新聞の連載漫画『小さな孤児アニー（Little Orphan Annie）』では、主要な登場人物の1人である大富豪ウォーバックス（Warbucks）はニューディール政策とは異なった立場をとりニューディール政策を代替する慈善を趣意としています。

そして、ジョン・ヒューストン監督の『アニー（Annie 1982）』はルーズベルト色を残した政府とビジネス側の協調の色調を残すミュージカル仕立てになっています。そして、恐慌時代の米国都市の通りとそこに住む惨めな人たちのありさまも映し出されています。

<テレビ映画：『アニー（Annie 1999）』>

1999年にはディズニーによってテレビ映画として製作されました。1982年の映画のリメイクで、ミュージカル劇に忠実な内容ですが、テレビ映画で90分に短縮されているためルーズベルトが大統領の場面も限られた時間になっています。

<『アニー（Annie 2014）』>

『アニー（Annie 1982）』や『アニー（Annie 1999）』では1930年代の時代設定であったのに対し、『アニー（Annie 2014）』では舞台はリアルなニューヨークの街です。誰かが急に歌い出すといったスタイルではなく自然な感じのミュージカル映画で、観客にはより分かりやすい筋だてが取り入れられています。映画の冒頭には、黒板一面に歴代の大統領の名前が書き出されている教室で生徒がルーズベルト大統領についてのプレゼンテーションをするくだりが取り入れられていますが、史実の社会的・歴史的正確さよりエンターテインメント性が優先されています。それと相まって、これまでの登場人物の大富豪ウォーバックスは携帯電話長者スタックス（Stacks）というキャラクターに名前を変え、時代設定も1930年代のニューヨークから現代の時勢に合ったニューヨークに変更されています。

　30年代の恐慌当時の米国の政治経済を含めた世相を知り、そこから現在までの米国や世界の情勢を確認しながら現代史までを追ってみることは『アニー（Annie 2014）』をより楽しむことにつながるかも知れません。

＜ニューヨーク市長は second hardest job ＞
　ニューヨーク市長は米国大統領選と異なり、市民の直接選挙により選ばれます。現行の法律では、市長職は連続で2期（計8年）までが最大の任期として定められています。市長はマンハッタン区、ブルックリン区、クイーンズ区、ブロンクス区、スタテンアイランド区の5つの行政区（borough）すべての区の司法権を有しています。

　元ニューヨーク市長ジョン・フリート・リンゼイ（John Vliet Lindsay：在職期間1966年～1973年まで）は2期目の再選キャンペーンでは"second hardest job"をやり遂げたといって選挙キャンペーンを展開し再選されました。この言葉"second hardest job"は、恐慌時代の1934年から3期に渡りニューヨーク市長を務めたフィオレロ・ラガーディアが使った頃から頻繁に使われています。ラガーディアは共和党員だったものの民主党のフランクリン・ルーズベルト大統領のニューディール政策の支持者として大統領を支えた市長でもあります。そして、それ以降、新聞等のメディアでも頻繁にニューヨーク市長職は世界で2番目に大変で、知力と胆力が要求されるホワイトハウスの大統領に次ぐものであると言われてきました（**21 March 1948, New York Times**）。

　２００１年９月１１日の米国同時多発テロで、その機敏な対応で高い評価を受けたルドルフ・ジュリアーニ（Rudolph Giuliani）市長の後を受けたのがマイケル・ブルームバーグ（Michael Bloomberg）です。

　ブルームバーグは、（3選は今では禁止されていますが）3選目の選挙広告に市政 "running New York" は米国で２番目にタフな仕事 "the second-toughest job in America." と銘打って選挙広告を出しています。選挙戦に出ることも、市長をやることも、とてつもない苦難が伴うことには変わりないということです。

　映画では "second hardest job" に挑もうとニューヨーク市長に立候補した携帯電話会社長者のスタックス（ジェイミー・フォックス）は選挙キャンペーン中、少女を偶然助けます。熾烈なニューヨーク市長選の戦いに勝つためにどんな戦いもいとわずといったところで、スタックスは親に見放され養護施設で暮らす少女アニーの境遇を利用して選挙戦を有利に戦おうと画策します。

＜日本版ミュージカル『アニー』の人気＞
　米国では1977年にブロードウェイでミュージカル「アニー」が開幕し、その直後から主題曲ともいえる劇中歌『トゥモロー』が人々の心をとらえるなど、その人気は米国中を席巻しました。

　そして、その人気の勢いをうけて、日本では翌年の1978年に日生劇場においてはじめてミュージカル「アニー」が公演され、その後は1986年から日本テレビの製作でスポンサーの冠つきのミュージカルとして現在まで毎年公演され続けています。

　1986年４月、青山劇場（東京）での初上演は、ブロードウェイ版ミュージカルの魅力を伝えながらも、日本人の観客にもわかりやすい脚本作りや演出の工夫が凝らされました。

　タイトルキャラクターのアニーを含めた子役のキャストには毎年応募者が殺到し、例年、9,000名を超える応募があることをみてもミュージカル「アニー」の人気のすごさがわかります。また、毎年子役オーディションやレッスンの模様が日本テレビの番組でも紹介されています。

　映画『アニー（Annie 2014）』の大ヒットもあり今年で31年目を迎えた日本版「アニー」は、今後も世代を超えた多くの人たちに感動を与える国民的ミュージカルとして愛され続けることでしょう。

（高橋　本恵）

 ## この映画の見所

＜ハリウッド映画の製作事情＞

ハリウッド映画は製作コストや撮影内容に適した環境などを考慮し、しばしばカナダで撮影されることがあります。

ニューヨーク市長としての在任時代には、実質的に歳費を辞退して市長を勤め上げた億万長者ブルームバーグ（在任期間2002年1月1日-2013年12月31日）は、ニューヨーク市でのテレビ撮影や映画製作、プレミアなどの postproduction を奨励し、市の経済に好循環を引き出そうとしてきました。

＜『アニー』（Annie 2014）＞

本作は、ブルームバーグの政策遺産が引き継がれる中、ブロンクス区を除き、マンハッタン区、ブルックリン区、クイーンズ区、スタテンアイランド区（その他ニュージャージー州とロングアイランド）で撮影され、現在のニューヨークが存分に楽しめる現代版のミュージカル映画です。

＜劇中歌"Tomorrow"とハーレムの町並み＞

親に見捨てられたアニー（クゥヴェンジャネ・ウォレス）がどことなく切なそうな表情で、劇中歌"Tomorrow"（明日）を歌うシーンは、イースト・ハーレムのレキシトン街で、撮影されたものです。

昔のハーレムと言えば物騒な場所というステレオタイプもありますが、現代のハーレムを背景にしたことによって、一昔前と違った今のハーレムの町並みの一部ものぞけるのが、うれしいところです。

この映像の多くの部分には、街並みの窓ガラスや車のガラスの中に子供や親子の姿を見るものの振り向くといないという、アニーが想像する幻を見るシーンがありますが、彼女が想像する姿の映像を3通りの撮影方法を駆使して作り上げたものです。

＜代表作"Tomorrow"の曲のアレンジ＞

『アニー』（Annie 2014）では、日本でもお馴染みの俳優で、映画プロデューサーでもあるウィル・スミスと妻にビヨンセ（Beyoncé Giselle Knowles）をもつグラミー賞受賞の音楽プロデューサー、ジェイ・Z が製作プロデューサー陣に加わり、代表曲"Tomorrow"ほか全曲が現代風にアレンジされています。

＜フィナーレで歌われる"Tomorrow"＞

作品中の色々な場面では、オスカー俳優ジェイミー・フォックスやキャストが高い歌唱力を発揮しながら歌って踊ります。

中でも、エンディングの"Tomorrow"はキャストや大勢が歌います。観客も歓喜の中で思わず歌い出したくなるようなフィナーレで締めくくられています。

＜新しく加えられた曲 Opportunity＞

『アニー』（Annie 2014）に新たに加えられた1曲は"Opportunity（オポチュニティ）"です。舞台で演説をしているスタックスは「家にいるお客様」としてアニーを紹介します。

そこで、アニーはノースリーブで左横に大きなリボンのついた赤いドレスで舞台に上がり"オポチュニティ"を歌います。この赤色を引き立たせるため、情景描写や小道具、衣装には全く赤をいれませんでした。今まで使われていなかった赤色を初めて見るので、アニーの赤いドレスが鮮やかに映ります。

また、この舞台はグッゲンハイム美術館を1日貸し切り撮影されました。通常、ミュージカル映画ではリップシンク（lip sync：唇の動きと音声の同期、音に合わせて口を動かすこと）が多いのですが、この"オポチュニティ"は本物のオーケストラの演奏を使い大部分が生歌で撮影されています。アニーの歌唱力は、聞きごたえがあります。

＜劇中歌"Who am I?"＞

この曲はアニー、ハニガン、スタックスの3人が NY の色々な場所（ペントハウスのアニーの部屋、ハニガンの家の付近、ペントハウスの屋上と家の中）で歌っているのを組み合わせているところが注目すべき点です。通常こうした撮影では背

景幕を使うことも多いのですが本物の背景にこだわった場面作りがなされています。

<オリジナルと新作の曲の違い>

今回の『アニー』(Annie 2014)では、オリジナルの曲を変えたり新曲を入れたことに違和感を感じるファンも多かったと言われています。作者が作り上げたものは、前作をしっかり受け継ぎながら新たなバージョンの『アニー』を作ろうという決意が込められた作品で、希望を持ち自分の居場所を探す女の子の物語です。

オリジナルを知らない人は旧作の映画も見て、次世代に伝えるべき作品の本作の曲と、オリジナルの曲の違いを、楽しんでみるのもいかがでしょうか。

<アニー役 クゥヴェンジャネ・ウォレスの才能>

少女ながら聴衆を魅了する稀な能力を発揮できるのがクゥヴェンジャネ・ウォレスです。

『Beasts of the Southern Wild(ハッシュパピー:バスタブ島の少女)』の主役に抜擢された時には、監督ベン・ザイトリンはクゥヴェンジャネの何でも屈託なく話せる性格を見てシナリオを彼女向きに書き直したと言われています。

クゥヴェンジャネはこの作品で、黒人としてはアカデミー主演女優賞にノミネートされた10番目の女優となり、そうそうたる大女優と名を連ねたことからも、今後が期待される女優ということがわかります。

本作では、生来の元気で愛らしいキャラクターを持ち味に好感度の高い演技で、新鮮さを加味した『アニー』を世代を超えて愛されるミュージカル映画にすることにクゥヴェンジャネの才能が大きく貢献したといえるでしょう。

<ハニガン役 キャメロン・ディアスの役者魂>

ハニガン役を演じたキャメロン・ディアスは、以前からミュージカルをやりたいと思っていたと言われています。キャメロンは、ハニガンの見た目を1990年代のロッカー風に仕立て、衣装やヘアメイクでうまく表現しています。そのこだわりからも役に入れ込んでいるのが分かります。

キャメロンは、愉快で優しい人で仕事が楽しくできるというのが同僚評です。普段、優しいキャメロンが役柄では意地悪な演技をすると、最初は子役たちも真剣に受け取めるのに苦労しました。女優としての深みをこの役柄を演じる中でも発揮しており、彼女の魅力をこの作品でも見せてくれています。

<"I Don't Need Anything But You">

アニーが車で偽の両親に連れ去られますが、スタックスとアニーが再会を果たす場所がニュージャージー州側の海沿いです。そこで、スタックスがマスコミからインタビューを受けますが、こうした映像の背景には必ずニュージャージーからでなければ撮れない美しいニューヨークの眺めがあります。

米国の自由と民主主義の象徴である自由の女神が撮影の構図に入っていたり、スタックスの後ろにはワールドトレードセンターが配置されています。ニュージャージー州から見たニューヨークのランドマークも楽しむことができる場面です。

そして、リバティ州立公園の広いスペースを使ってアニーはスタックスとそのアシスタントのグレースとダンスナンバーの"I Don't Need Anything But You"を陽気に歌い始めます。ミュージカル映画は多くのキャストが歌いながら、カメラに向かってリップシンク(lip sync)するのが普通で、時には口の動きが音楽にぴったり合わずキャストの歌声の迫力が欠けてしまうこともよくあります。しかし、この歌ではアニーたちの生歌をマイクで拾っており、ダンスと歌がぴったりシンク(synchronization)しています。

このアップビートなナンバーに合わせ、みんなが陽気に踊りだします。警官も踊りだし、見ている観客も座席では腰をくねらせ踊りだしたくなるような場面が最大の見どころと言えましょう。

(高橋 本恵)

この映画の英語の特徴

＜中西部の英語と米国訛り＞

人種のルツボともいわれる米国には、米語訛りの英語はかなりの数にのぼります。出身地の地域性、人種、社会経済的特徴が顕著でない英語が中西部の英語だと言われ、テレビやラジオのアナウンサーもいわゆるこの標準的とされる英語で話します。『アニー（2014）』の中でも、キャスターによるインタビュー場面ではこうした英語が使われています。しかし、米国全体から見れば、この地域の言葉も米国訛りの1つと言えるかも知れません。

この映画に出演している多くのキャストの話し方は基本的には標準的とされる英語ですが、米国訛りという点でいくつか挙げてみましょう。

主人公アニー役の Quvenzhane Wallis は深南部ルイジアナ州生まれですが、南部訛り（Southern accent）をかなり抑えて役柄を演じています。アニーは無意識のうちに一種のコード・スイッチング（2つ以上の、言語体系ないし言語変種の切り替え）を行なっているのかも知れませんが、次のセリフにアニーの話す英語の特徴が聞き取れます。
You have a very pretty voice.
（とても声がきれいだよ）（8:50）
Can you please go back six years around 26th Precinct?"
（26分署辺りの6年前のデータをたどれますか？）（51:27）

アフリカ系アメリカ人（African American）の人たちには、南部訛りの影響がかなり強く残っている人が多いと言われます。Southern drawl（母音を延ばしてゆっくり話す）の特徴の1つで、/ai/ を /a:/ と伸ばしたり、/i:/ が /e/ の音に限りなく近づく発音になるのも大きな特徴の1つです。スタックス役の Jamie Fox はそのアクセントを抑えながら演じていますが、"See, we have five times as many cell towers as the other guys."（あのね、わが社の基地局はほかの会社の5倍立ててある）（1:05:08）などにはその特徴が聞き取れます。

ルー役の David Zayas はプエルトリコで生まれニューヨークのブロンクスで育った俳優です。彼の特徴ある英語は次のセリフの中でも聞くことができます。"No, thanks. Those things are evil. They steal your private information so that big business can spy on you and crush your soul."（結構だ。個人情報を盗まれて、大企業に人生を支配される）（44:58）

福祉局に勤めるミセス・コヴァチェヴィク役の Stephanie Kurtzuba は、生まれも育ちもネブラスカのオマハで、他のキャストとは違いのある訛り（アクセント）で話すのが聞こえます。"Annie Bennett. Abandoned outside 26th Precinct. Age estimate at time of abandonment, four year. Placed in state foster care. No further data."（アニー・ベネット。26分署前に放置。発見時の年齢、推定4歳。里親制度へ。以後データなし）（24:44）

グレース役の Rose Byrne はシドニー生まれの女優でオーストラリア英語を話します。"We're not done yet."（まだ終わってないの）（1:10:53）ではオーストラリア英語の独特な母音の発音も特徴です。また、米国英語 /eə/ の発音がオーストラリア英語では /e:/ で発音されるのも特徴ですが、"I was wanting to talk to you about a girl in your care."（あなたの里子のことでお話があって来ました）（31:43）からもオーストラリア英語だということがわかります。

言語の専門家なら話す英語やその抑揚でおおよそどこの出身かが判断できるでしょうし、発音の違い（訛り：アクセント）が聞き取れる人は相当なレベルと言えるでしょう。

この映画を見た学習者にそこまで期待することは不要ですし意味のないことです。訛りはその言葉自体やその話し手の優劣を表すものではなく、それぞれの話し手のアイデンティティの表象の1つです。

（高橋　本恵）

リスニング難易度表

評価項目	易 ——→ 難					コメント
会話スピード Conversation Speed	Level 1	Level 2	**Level 3**	Level 4	Level 5	ハニガンが子供たちに悪態をつく場面やスタックスとガイが選挙戦術で意見を戦わせる場面の会話は速いですが、その他の多くの場面では聞き取りやすい速さです。
発音の明瞭さ Pronunciation Clarity	Level 1	Level 2	**Level 3**	Level 4	Level 5	登場する子どもたちの発音は特に明瞭です。大人同士のやり取りになると話す速さと関連し、ついていきにくいところもありますがほとんど聞きやすいと言えます。
米国訛 American Accent	Level 1	**Level 2**	Level 3	Level 4	Level 5	いわゆる標準的とされる英語が主流です。それ以外の訛りの英語も話されていますが学習者に聞き取りにくい英語ではありません。
米国外訛 Foreign Accent	Level 1	**Level 2**	Level 3	Level 4	Level 5	オーストラリア訛りの俳優も出ていますがきわめて抑えられたトーンになっています。それ以外の外国訛りはほとんど見られません。
語彙 Vocabulary	Level 1	Level 2	**Level 3**	Level 4	Level 5	ジャンルを問わずいろいろな語彙が使われています。フルーツなどは子どもでも馴染みのある語ですが、高級食材の中には見慣れない名前のものも登場します。
専門用語 Jargon	Level 1	**Level 2**	Level 3	Level 4	Level 5	ほとんどありません。Basquiat（バスキア）は米国の画家ですが、彼の絵画が昔スタックスのペントハウスの壁に掛けてあったというくだりで出てくる人名です。
ジョーク Jokes	Level 1	**Level 2**	Level 3	Level 4	Level 5	スタックスのアドリブと思われるジョークがいくつかありますが、少し品が落ちる語と自分の状況にかけた絶妙なジョークも聞くことができます。
スラング Slang & Vulgarity	Level 1	**Level 2**	Level 3	Level 4	Level 5	上品とは言えない語の使用は最低限度にとどまっています。chango（チャンゴ）というスペイン語のスラングが出てきます。特にメキシコではサルという意味です。
文法 Grammar	Level 1	**Level 2**	Level 3	Level 4	Level 5	Stacks : Why are you running? Annie : Gets me to places quicker. のように時折主語なしの文もありますが、基本的に文法通りの文になっています。

　この作品は標準的な英語が多く使用されている作品です。一部オーストラリア系の英語発音や米国の訛りとされる音調もありますがトーンの抑えられたもので、英語学習者にとって支障になるものではありません。話法は全体として正用法が主流で、語彙にも特殊なものは数多くなく、学習にも有効利用が可能な作品です。ミュージカル映画ですので、曲の音源をいろいろなところから確保し曲を歌いあげたり、または、リップシンクで楽しみながら学習できるでしょう。
　また、会話の中では shut up! という表現が５回ほど使われていますが、よく知られている「黙れ！おだまり！」の意味のものと「I don't believe it!, no way!」の意味でつかわれているものがあります。後者の意味で使われている場面は日本語字幕や日本語吹き替えでは「うそ」とか「まじで」という日本語があてられています（54:33）。場面を見ながら確認してほしいと思います。

（高橋　本恵）

 セリフ紹介

① スタックスが1人では広すぎるスマートハウスで生活していることを不思議に思うアニーが質問します。（47:07〜）

Annie ：So why do you need all this space?（どうしてこんなに広いわけ？）

Stacks：Cause I like to be alone with a lot of space.（1人でいたいからだよ。広い場所で）

Look, I think people surrounded themselves with other people just so they can feel loved. I don't believe in that. I believe the people that actually love you, you can count them on one hand.

（大勢の人に囲まれて愛されていると実感したい奴らがいるけど、本当に愛してくれる人間は片手で数えるほどさ）

と言い、スタックスはこぶしを胸に作ります。

Annie ：You know, you're making a fist.（こぶし、作っちゃってるよ）

スタックスは1人でいること、そして仕事をすることが好きだと言っていますが、アニーには理解できないようです。

② スタックスはアニーに一生懸命働けば、それだけチャンスも増えること、また努力すれば道が開けていくという持論を展開します。（1:03:15〜）

Annie ：How'd you become king of the world?（スタックスさんはどうやって世界の王様になったの？）

Stacks：I wouldn't say king of the world. But I work my butt off.

（王様じゃないけど必死で働いて、たくさん働けばチャンスも増える）

The harder I work, the more opportunities I get. See, you gotta play the cards that you've been dealt, no matter how bad the cards are.

（もらったカードがどんなに悪くても、それでも勝負しなくちゃいけない）

Annie ：What if you don't have any cards?（カードが1枚もない時は？）

Stacks：Then you bluff.（はったりをかます）

See, that's what I love about this city. No matter who you are or what you are, you just gotta want it bad enough, and work with what you got.

（この町のいい所は誰でも勝負できることだ。何かを欲しいと願って努力すればな）

You know, Annie, sometimes what you're looking for, is right in front of your face.

（いいか、アニー、探し物って案外目の前にあるんだ）

③ 「スタックス美術館の夕べ」の場でスタックスは前向きなアニーを人々の前で紹介します。（1:10:50〜）

Stacks：We all tell ourselves "no" a lot.（私たちは No と言って自分を否定します）

We say, "No, I won't get that job." or, "No, I can't afford college." Let's change those noes to yeses.

（仕事に就けないとか、お金がないから大学に行けないとか。そんな No を Yes に変えましょう）

Because when we say no, we're actually just scared to say yes. So, let's start saying yes to ourselves, and let's say yes to a brighter future.

（No と言う時、単に恐いだけなんです。だから Yes と言いましょう。自分に、そして Yes を明るい未来にも）

（中略）

　　　　　She only knows the word "Yes." Annie?（彼女は Yes しか知りません）

　下線部の言葉は以前、アニーがスタックスに言った言葉（I think when people say no, they're just really scared of saying yes. 53:25〜）とほとんど同じです。

　スタックスはアニーから多くを学びます。

④ 字が読めないことを恥じてたアニーに、人には知られたくないことを誰もが持っているんだと言い、スタックスは自分が育った地域にアニーを連れて行きます。（1:22:40〜）

　Stacks : Truth is, Annie, everybody's got something that they don't want anybody to know. Including me. For me, this is it. This is my family.
　　　　（いいか、アニー、人に知られたくないことは誰にでもあるものだ。私にもね。私のはここだ。これが家族なんだ）

　　　　　　　　　　　　　　（中略）

　　　　This is where my father worked 20 hours a day. Work, and work, and work, and work. And then he died. I was 12 years old.
　　　　（この高架線路で父は働いていた。1日20時間、働きっぱなし。それで死んだ。私は12歳だった）

　Annie : What was he like?　（お父さんはどんな人？）

　Stacks : I don't know. I barely knew him. He was always working. And that's why I feel like if I worked hard enough, then that'd probably bring me closer to him.
　　　　（わからない。覚えてないんだ。働いてばかりで、だから私もよく働く。父に近づきたくて）

　　　　And that's why I developed this.（その結果、こうなったんだ）

　と言って、スタックスはこぶしを胸に当てます。アニーはゼロにも見えるこぶしから人差し指を自分に向けて言います。

　Annie : Well now, you got this. （だけど今はこいつがいる）

⑤ アニーを偽の両親に引き取らせようとしたのはスタックスの考えだと思い込んだアニーは、スタックスの言葉を信じることができません。スタックスにとってアニーは利用する"チャンス"だったのだと言います。しかしスタックスは人差し指を出し、これはアニー、君だ、と言います。
　（④でのゼロのこぶしから1本はアニー、そして2本目はグレースになる場面です）（1:45:54〜）

　Annie : You don't care about me. I was just an opportunity to you.
　　　　（あなたは私のことはどうでもいい。チャンスだっただけ）

　Stacks : No, that's not true.（そんなことはない）

　Annie : It's true. You did all this to me so you could be stupid mayor!
　　　　（そんなことある。くだらない市長になりたいだけ）

　Stacks : No... Listen, you gotta trust me!（いいや違う。私のことを信じてくれ）

　Annie : I can't trust you. I can't trust anyone.（信じられないよ。誰のことも）

　　　　　　　　（中略）

　Stacks : It's you. It's you. （人指し指を出して）（これは君だ。これは君だ）

　　　　　　　　　　　　　　　　　　　　　　　　　　　　（黒澤　純子）

第5回映画英語アカデミー賞受賞　小学生部門

学習のポイント

　アニーでは場面に沿って、登場人物の心情を表す曲がたくさん歌われています。テンポのいい曲、スローなテンポで歌詞をじっくり味わう曲など、様々です。映画を見た皆さんが好きな曲を選び、繰り返し歌われている歌詞の一部分（フレーズ）を選んで映画の登場人物と一緒に歌ってみましょう。

　以下、歌詞の一部に注目し、英語活動の授業を受けている小学生の皆さんにとってそれほど負担がかからない内容で、かつ英語の表現を広げるために有効と思う曲を挙げ説明をします。

★「It's the hard-knock life for us 〜イッツ・ザ・ハード・ノック・ライフ・フォー・アス〜」

　アニーと一緒に生活している4人の女の子たちと自分たちの境遇を嘆きながらもユーモラスに歌う歌詞から、「あれは何？彼って誰？」に注目します。

"Santa Claus we never see. Santa Claus What's that? Who's he?"
（サンタ・クロースに会ったことなんてない。サンタ・クロース、それは何？彼は誰？）

　5W1H（What, Where, Who, Whose, Why, How）は日常生活で必修の疑問詞です。英語活動の時間で使用している *Hi, friends!* 1では "What do you like?"（何が好きですか）、"What do you want?"（何がほしいですか）、"What's this?"（これは何ですか）、"How many...?"（いくつ...？）、*Hi, friends!* 2（6年生用）では "When is your birthday?"（誕生日はいつですか）の表現が出てきます。この機会に、"Where do you live?"（どこに住んでいますか？）、"Whose book is this?"（これは誰の本ですか？）など基本的な文章を言えるように練習してみましょう。... の部分には身の回りにある名詞を入れましょう。*Hi, friends!* 1では、犬（dog）、猫（cat）、メロン（melon）、バナナ（banana）、ボール（ball）、りんご（apple）、蜘蛛（spider）の絵が描かれています。さらに可能ならば、Why を使った文章、Why do you think so?（なぜあなたはそのように考えるのですか？）という表現に進み、それに答える時には Because（なぜなら〜）と、理由を述べるための接続から始める文を作っていきましょう。理由を述べ、自分の考えを表現することはコミュニケーションをとるために大切なことです。

★「Tomorrow 〜トゥモロー〜」

　アニーは偶然自分の社会保険番号（Social Security Number）を手に入れます。州庁舎の福祉保健局で両親について調べてもらいますが、アニーは新しい情報を得ることができませんでした。がっかりしながらも、希望を捨てないアニーは Tomorrow を歌います。

　歌詞の一部、"The sun will come out tomorrow."（太陽は明日も昇るわ）に出てくる未来を表す "will" について学習しましょう。will を使って表す未来形は＜will ＋動詞の原形＞の形で2つの意味を表します。

　1つは、主語（話し手）の意志に関係なく、自然のなりゆきで起こることを表すことを「単純未来」と言います。アニーが歌う歌詞は1つめの「単純未来」の意味の方です。例文としては、It will rain tomorrow.（明日は雨になるでしょう）等です。2つめは、主語（話し手）の意志を表すことを「意志未来」と言います。例文としては、I will do my best.（私は全力を尽くすつもりです）を挙げます。児童たちの様子を見ながら、どこまで説明するかは指導者が決めていくとよいでしょう。まずは繰り返し歌われる歌のフレーズを一緒に歌い、可能ならば未来形を使って身近な英文を作り楽しめるとよいでしょう。

★「You're never fully dressed without a smile 〜ユーアー・ネヴァー・フリー・ドレスト・ウィズアウト・ア・スマイル〜」

　スタックスはアニーを映画のプレミア試写会に誘います。アニーは里親の元で一緒に暮らしていた友

人たちも誘います。映画の後、みんなは華やかなパーティー会場で踊ったり、色とりどりのお菓子を好きなだけ食べることができ、アニーを含め、友人たちは今まで経験したことのないパーティーで楽しいひとときを過ごします。その背景でかかっている軽快なテンポの曲です。曲のタイトルになっている"**You're never fully dressed without a smile.**"（笑顔なしではまだ一度もきちんと服を着たとは言えない）というフレーズは何度も繰り返されます。

歌詞の、"**You can have it all.**"（あなたは全部持っていっていいわ）、"**You can't deny.**"（あなたは拒否できないわ）から can（〜できる）、can't（〜できない）に注目します。

＜助動詞 can ＋動詞の原形＞で自分ができること、できないことを英語で表現しましょう。普段皆さんが使う身近な動詞、**play**（スポーツをする）、**run**（走る）、**swim**（泳ぐ）、**play the piano**（ピアノを弾く；piano のところに他の楽器を入れても可）、**write**（書く）、**read**（読む）、**cook**（料理する）、**help**（助ける）などを使ってみましょう。

Hi, friends! 2：Lesson 3 に出ているイラストから練習します。例）I can play table tennis.（私は卓球をすることができる）、I can swim fast.（僕は速く泳ぐことができる）などです。自分ができないことは can を can't にして文章にしてみましょう。例）I can't cook.（私は料理することができない）

★「The city's yours 〜ザ・シティズ・ユアズ〜」

スタックスは自社のヘリコプターにアニーを乗せて一緒にニューヨークの町を視察します。その時に歌われる曲の"**So take it all, the city's yours.**"（だから全てを手に入れて、町は君のものだ）の"**yours**"に注目します。一番に取り上げた「It's the hard-knock life for us」の学習項目、例えば Whose book is this?（これは誰の本ですか？）の問いに対して、この曲ではその応答の仕方を学習しましょう。

指導者は人称代名詞を全て説明するのではなく、まず **mine**（私のもの）、**yours**（あなたのもの、あなたたちのもの）だけにしぼって練習するとよいでしょう。**Whose bag is this?**（これは誰のかばんですか）／**It's mine.**（それは私のものです）、**Whose pencils are they?**（それらは誰の鉛筆ですか）／**They are mine.**（それらは私のものです）など、身の回りにある文房具（単数、複数）、あるいは *Hi, friends!* に出てくるものを使い楽しく練習してみましょう。

★「Opportunity 〜オポチュニティー〜」

スタックスが主催するパーティーのステージ上で、アニーはスタックスが自分に与えてくれた素晴らしいチャンス（opportunity）に感謝し歌います。この中の、"**I'm putting on my best show.**"（私は最高のショーを演じているの）、"**I'm starting my life**"（私は人生のスタートをきるの）、"**You're witnessing my moment, you see?**"（あなたたちはこの瞬間を見ているの、そうでしょ？）上記の下線部の現在進行形に注目します。

現在進行形は「今まさに〜している」という意味で、＜be 動詞＋動詞の …ing 形＞で表します。文法用語を使用するのは難しいと思いますが、普段使っている動詞（run＊, eat, write＊, play, watch, swim＊, study など）を挙げて、…ing 形で表現していくとよいでしょう。

＊印の付いた動詞は …ing 形にする時、注意が必要な動詞です。文法を説明すること、あるいは聞く児童たちの反応も様々でしょう。しかし、高学年の児童たちにとっては中学校で英語を本格的に学びます。小学校の英語活動の時間や自宅で楽しみながら英語を学び、少しづつ正しい英語を身に付けるよう文法（理論）にも触れて教えていくことも必要になってくることと思います。

（黒澤　純子）

授業での留意点

＜子どもの知る大統領とその業績＞

　映画の冒頭のシーンで教室の黒板には歴代大統領の名前が書かれていますが、実際にはその中にオリジナル版『アニー』の作者トーマス・ハーミン、作曲のチャールズ・ストラウス、作詞者マーティン・チャーニンの3人の名前も書き込まれています。それは監督のウィル・グラックが捧げる彼らへのオマージュ（讃辞）でもあります。現在の大統領バラク・オバマは第44代大統領です。初代から44人のすべて大統領の名前を挙げることは無理としても、特に米国史に名を残す大統領の何人かは必ず知っていることでしょう。初代大統領ジョージ・ワシントン（1789～1797年）、第16代大統領エイブラハム・リンカーン（1861～1865年）はほとんどの人が知っていると思います。この作品にも出てくる第32代大統領フランクリン・ルーズベルト（**Franklin Delano Roosevelt**：1933～1945年）は略称ではよく**FDR**といわれますが、第42代大統領ビル・クリントン（1993～2001年）は在任中、今世紀で最も偉大な人物は誰かと聞かれると躊躇なく**FDR**を挙げています。

　時代が現在に近づくほど、子どもは馴染みの大統領の名前を多く挙げることができるでしょう。どんな政策を推進し業績をあげた大統領なのか、併せてその大統領の活躍した時代は日本はどんな時代だったのかを比較させながら学習させることもできます。さらに、現在のオバマ大統領後の大統領選の指名候補争いが米国内では白熱しています。こうしたことも話題にすることによって、授業もさらに活性化することになるでしょう。

＜撮影場所とニューヨークのランドマーク＞

　この作品の撮影隊はニューヨークをくまなく移動し、ニューヨークの5つの区（マンハッタン区、ブルックリン区、クイーンズ区、ブロンクス区、スタテンアイランド区）のうちブロンクスを除く4つの区とニュージャージー州、ロングアイランドで撮影を繰り広げました。

　マンハッタン島の西には細長いロングアイランド島があり、島の最西端に位置するクイーンズとブルックリンはニューヨーク市を構成する区であり、通常その西にある中部ナッソーと東部サフォークをロングアイランドと言います。そのロングアイランドは富裕層も多く生活水準が高い地域だと言われています。クイーンズで撮影された場面もいくつかあります。そのうちの1カットですが、アニーはスタックスの父が1日のうち20時間も働き詰めだったというクイーンズに連れていかれると

　Annie　：Where are we?（ここはどこ？）
　Stacks：Queens.（クイーンズだ）
　Annie　：Do I need a passport?（パスポートが必要？）（1:25:18）

と言った冗談とも思えるセリフも飛び出します。

　アニーが偽の両親に車で連れ去られ、車とヘリコプターによる追跡を始める場面ありますが、ヘリコプターはニューヨークのアップタウンからニュージャージー州側へ急行します。ニューヨーク市警（**NYPD**）のパトカーがワシントン橋を渡ってニュージャージー州へ向かい、空と陸からの追跡が繰り広げられます。追跡の発端がニューヨーク市なら**NYPD**はニュージャージーまで追いかけ続けることができ、そして、ニュージャージー州警と連携することになります。

　また、ニューヨーク市とニュージャージー州はハドソン川で隔てられていますが、ワシントン橋や2つのトンネルなどで結ばれており、距離的にも近いニュージャージーとニューヨークは日常の往来が頻繁で、観光客の中にもニュージャージーに宿泊し、ニューヨークを観光する人たちも多くいます。ニューヨークから始まる追跡では陸上と上空からのカメラワークで緊張感のなか迫力ある撮影が行われています。

　地図を取り出して映像に出てきたものを手掛かりに、ニューヨーク市の5つの区や撮影現場の地理的位置も

確認できるでしょう。

　また、ニューヨーク市とニュージャージーやロングアイランドを含む地図を用意すれば、この作品に出てくる撮影場所や、誰もが知っているランドマークなどを書き込んだりすることによってこの作品をより身近に感じることができるでしょう。

<みんなで愉しめる楽曲："Tomorrow" & "It's the hard-knock life"＞

　このミュージカル映画にはいろいろな楽曲が組み入れられています。"Tomorrow"は前半部（25:29）でアニーが1人で歌いますがフィナーレでは大勢のキャストがそろって歌っています。"It's A Hard-Knock Life"ではハニガンの家にいる5人の子どもたちが歌いますが、歌詞はつらい生活を嘆くものです。でも彼女たちの振り付けの伴う歌唱はその生活の悲惨さはさておき観客は次にどんな展開になるのか愉しみになります。この2曲についてはみんなで歌って愉しめそうです。画面を見ながら同じ振り付けで歌い愉しむこともできるでしょう。"Who am I"（Stacks, Hannigan, Annie の三重唱）と "I Don't Need Anything But You"（Stacks, Annie, Grace の三重唱）の2曲はそれぞれ3人がパートごとに歌っています。この曲を誰がどの部分を歌うのかを決めて歌うこともできるでしょう。

　その他、チャレンジしたい楽曲もたくさんありますが、すべての歌詞を正確に歌うことができない場合はその曲の1部だけを歌って愉しむ方法もあります。それぞれの人に合った歌い方をさせるほうが歌を通じて学習する効果が高くなる場合もあります。その場合、日本語英語にならないように指導しリズムと正しい英語発音を意識しながら歌を愉しませることが大切です。

　音源についてはDVDをそのまま使う方法の他にYoutubeなどon line上の音源を取り込んで利用することもできます。みんなで曲にあわせて振り付けをしながら歌って愉しみ、さらに上級者にはあらかじめ覚えた歌詞をリップシンク（映像上の人物の口の動きとセリフや歌の音声を合わせること）で曲を表現させることもできましょう。

<映画の背景や文化＞

　外国映画を見ていて、ジョークで他の観客が可笑しさをこらえながら笑っているのに、何が面白いのかわからず全く笑えないなどの経験もあると思います。これはまさに語彙や表現の問題か、製作された映画の背景の無知からくるものなのか、はたまた文化的な差異に依存することが要因なのか様々です。

　学習者が映画の背景や文化に関連する事柄を知識として持たないと、深い内容理解や味わいを楽しむことにはつながりません。いわゆる映画の背景となる予備的知識は映画鑑賞の醍醐味を倍増させてくれるものですが、背景知識などのギャップを埋めるために映画を見るにあたってのいわば「事前学習」を順序立てて、指導に組み入れていくことは指導者の大切な役割でもあります。

<Okay, Gai-o.（わかるか？ガイオ）1:02:58＞

　スタックスが何度か自分の選挙参謀のガイ（Guy）のことをガイオ（Guy-O）と呼びかける場面が見られます。旧作（1982年）や映画版（1999年）の『Annie』にはルースター（Rooster Hannigan）という人物が登場しますが、本作品に登場するガイはルースターがモデルとなっています。「雄鶏（ルースター rooster）」のことをスペイン語では"gallo"といいます。Googleの翻訳アプリを使っても確かめられますが、スペイン語の"gallo"の発音からスタックスはガイのことをガイオ（Guy-O）と呼んでいます。

授業での留意点 (つづき)

＜Baba Booey!（ババブーイ）(19:19)＞

　ハワード・スターン（Howard Stern）は、人気ラジオ番組のパーソナリティで危ないジョークを放つことでも知られています。この言葉は番組プロデューサーが言葉の言い間違いをしたことから、ハワードがプロデューサーにつけたニックネームでした。それが一種の流行り言葉となり、揶揄や声援のような意味合いで使われるようになりました。ゴルフトーナメントなどでは選手がスイングを終えると、その後すぐさま観客が Baba Booey!（ババブーイ）というのもよく知られています。また、街頭でテレビアナウンサーが生中継していると、道往く人が急に横から顔を出しカメラに向かって Baba Booey!（ババブーイ）と言って自己顕示欲を満たします。このよくある光景をプロデューサーが取り入れたもので、作品ではスタックスがインタビューされていると、ファンと思われる人が後ろから Baba Booey!（ババブーイ）と叫びます。スタックスもファンが応援してくれている、と言って気をよくしています。

＜Brown bag (56:56)＞

　米国などの大きなスーパーマーケットで買い物をすると、レジの人がどんな袋に入れてほしいか "Paper or plastic?" と聞くことがあります。paper とは茶褐色の紙袋のことで plastic とは日本でいう白色系のビニールの買い物袋です。この茶褐色の紙袋は文字通り brown bag ですが、アニーは毎週金曜日になると両親と別れたレストランに行って2人の消息を確認しています。

　ちなみにレストランの名前はイタリア語で「明日」という意味の Domani（ドマーニ）ですが、アニーはレストランの前で両親が来るのを待ちながら、茶褐色の紙袋（brown bag）からサンドイッチを取り出し食べています。(56:56)

　米国の学校では、子どもはお弁当をこの茶色い紙袋に入れて持ってくるのが見かけられます。お弁当といってもアニーが食べているサンドイッチのように、スライスした食パンにピーナツバターやハムなどを挟んだだけの質素なものであることもしばしばです。日本のように食パンの耳をとって、見た目もきれいにしたサンドイッチになっているわけでもありません。まさにアニーが茶褐色の紙袋から質素なサンドイッチを取り出し頬張る姿はアニーの境遇を暗示すると同時に米国文化を映し出しています。

　場面を見ると夕暮れ時で昼食とはちがいますが、アニーは茶色の紙袋に食べ物を入れて持ってきているので brown-bagger であるともいえます。

　また、米国のオフィスや学校などでは、お昼休みを使って開催する比較的カジュアルなミーティングも行われます。今では参加者は必ずしも brown bag に入れて持ってくるとは限りませんが、自前の食べ物を持参し食べながら参加する会合は Brown bag meeting と言われるものです。

＜直接映像から学ぶ英語表現＞

　英語が日常的に使われていない EFL（外国語としての英語：English as a foreign language）の学習環境では、映画を通して視覚から言葉の使われ方を知り、また同時に表現の音声にも触れることができます。ここに、いわば生きた教材という観点からも映画を活用することの価値があります。

　生きた教材の映画は学習者にとっては良質の指導者ですので、視覚と聴覚をフル稼働させることによって場面に応じた英語の使い分けも身につけることができます。映像を通して表現の意味するところは明快になりますので難解で厄介な説明は不要です。

　字幕あるいは日本語吹き替えに頼りすぎると落とし穴にかかってしまう場合もあります。

特に字幕は限らた字数制限の中でつけられているので、十分な表記ができない場合もあります。場面を伴う映像で使われる言葉や表現を直接聞いて理解につなげることを心がけましょう。

<Here / There ＋主語＋動詞>
　今回、使われている基本的な表現例として、以下に示す表現を作品から拾ってみました。これらの表現には決して難しい語は使われていませんが、学習者にとっては難解なところもあります。映像を見て、直接理解につなげて欲しいものです。カッコ内に字幕と日本語吹き替えから取ったその対応語をつけておきますので参考にしてください。

　Here we go.（さあ、やってみよう）（1:15）
　And there we are, ma'am.（どうぞ奥さん）（5:53）
　There you go.（はいどうぞ）（22:03）
　There she is.（その子よ）（32:37）
　There she is.（ようこそ）（35:02）
　Come on, you got it. There you go.（よし）（51:09）
　All right. Here we go.（よし、乗った）（1:04:30）
　There it is.（ほらあれだよ）（1:16:42）
　There they are.（あれよ）（1:45:51）

<別れの言葉：Never slow your roll. & Knock them dead.>
　映画を見ていて内容理解が今ひとつ深まらないといったこともよくあります。原因はさまざまで、いろいろなことが複雑に絡み合っていることが考えられます。その1つに、語彙表現の問題が含まれている場合もあります。英単語には語義をたくさん持つ語もあり、使われている語彙の意味が学習者が知らないものであると、内容がわからなくなることがあります。また、同じ表現でもいくつかの意味を持つ単語もあります。特に、俗語的表現には微妙な意味合いをもつ語もありますので、指導者は普段から慎重な使用を指導しておくことも肝心です。
　映画に出てくる言葉は、どんな人がどんな状況で使用している言葉かを見て取ることができるので、学習者が発話しても問題がないものか判断できる場合もあるでしょう。内容を細かく理解し映画を十分堪能したい人には、普段から辞書等で調べる学習習慣を身につけさせる指導を継続的にしておくことも大切です。最終的には学習者が語彙・表現の学習を含め、効率的・自律的学習者になれるようにサポートしていくことが指導する側にとって肝要なこととなります。
　本作品で偽の両親に連れられて、飛行場に向かうアニーにスタックスがかける別れの言葉と、スタックスのお抱え運転手のナッシュがタクシーに乗り込むアニーに言う別れのセリフを載せておきます。こちらは俗語的表現ですが参考までに字幕と日本語吹き替えからその対応語をつけておきます。さらにこうした表現がもとはどんな意味を持っているのかを調べることは、学習者のトータルな英語理解力の向上につながりますので指導者が日ごろから推奨しておくべき点と言えましょう。

　Stacks : Never slow your roll.（字幕：夢を大切に＜前に進むのを止めてはいけないぞ、とか、前向きにやるんだぞの意味＞）（1:40:22）
　Nash　 : Knock them dead, kid. Bye, Annie.（頑張れよ、アニー）（1:41:11）

（高橋　本恵）

ワークシートの利用の仕方

《ワークシート①》

アニーを探せ！

初めに／目標
- 『Annie』の、全員総出でアニーを探す場面（Chapter 15）を視聴します。
- 地図を使って場所の言い方を学びます。

Ⅰ．目的
場所を表す表現を学びます。
①in the park　　（公園）
②on the bridge　（橋の上）
③at the station　（駅）
④at school　　　（学校）
⑤in front of the restaurant（レストランの前）

Ⅱ．用意するもの
①ワークシートのコピー(地図)：グループの数分
②ハサミ

Ⅲ．手順
①2人以上のグループを作り、各グループに1枚ずつ地図を配ります。
②グループ（もしくはペア）の中でアニーを捜索する人（1人）、情報を与える人（1人〜複数人）を決めます。
③捜索する人は、アニーがどこにいるかを尋ねます。
「1. Where is Annie?」
④情報を与える人は、2.〜6.のうち1つの文を読んでアニーの居場所を教えます。
*地図上では、実際の名前に近くなるよう、Central Park や Pennsylvania Station と表記してあります。生徒が慣れてきたら地図の名前に差し替えても良いと思います。
⑤捜索する人は、地図上でアニーの居場所を探し、指をさして場所を特定します。情報を与えた人は、示された場所が正しいかチェックします。
⑥2.〜6.すべての文を読むまで繰り返します。
⑦グループの中で、捜索する人を交代します。グループのメンバー全員が捜索する人をやるまで続けましょう。

1. Where is Annie?
2. She is in the park.
3. She is on the bridge.
4. She is at the station.
5. She is at school.
6. She is in front of the restaurant.

＜英文の意味＞
1. アニーはどこですか？
2. 彼女は公園にいます。
3. 彼女は橋の上にいます。
4. 彼女は駅にいます。
5. 彼女は学校にいます。
6. 彼女はレストランの前にいます。

（佐々木　智美）

《ワークシート②》

1．100までの大きな数字に親しもう。

児童たちは英語活動で使用している *Hi, friends!* 1 の Lesson 3 で 10 までの数字を学んでいます。さらに100までの数字を学習しましょう。
まず、

11 (eleven),　　12 (twelve),　13 (thirteen),
14 (fourteen),　15 (fifteen),　16 (sixteen),
17 (seventeen), 18 (eighteen),
19 (nineteen),　20 (twenty)

までを言ってみましょう。21 (twenty-one) 以降100まで全てを数えるのは大変ですので、30 (thirty)、40 (forty) 〜と10の位を提示し、その十の位の後に1から9までを足して数字を作り、指導者を中心に声に出し

て言ってみましょう。最後に映画の中で数字が出てくる場面を視聴し、数字が聴き取れるか挑戦してみましょう。何箇所も数字が出てくる場面がありますが、紙面の関係上、例として1つの場面を取り上げます。

★1. スタックスの携帯会社で、アニーとナッシュ（スタックスの車の運転手）の会話です。（50:04）

Nash: "We can trace every call, every data transmission made on every carrier over the past 20 years."
（わが社は携帯電話とデータ通信の追跡が過去20年間にわたって可能なんだ）
（中略）
Annie: "Can you go back six years?"
（6年前にさかのぼれる？）

2. 時間を聞く練習、答える練習をしましょう。

Hi, friends! 2のLesson 6では、What time do you get up?（あなたは何時に起きますか？）という表現を学びます。様々な場面の時間を聞いて答える練習をしましょう。

手順
① ワークシートにあるカードをコピーし、ペア、またはグループに配布します。
② そのグループ内で、自身の生活の時間について質問に答えてみましょう。
③ このアクティビティでは、1の数字の学習の成果の確認にもつながります。

★1 学習する表現

1. What time do you get up?
（あなたは何時に起きますか？）
 I get up at ....
（私は〜時に起きます）

2. What time do you eat breakfast?
（あなたは何時に朝食をとりますか？）
 I eat breakfast at ....
（私は〜時に朝食をとります）

3. What time do you go to school?
（あなたは何時に学校に行きますか？）
 I go to school at ....
（私は〜時に学校に行きます）
 I leave my house about....
（私は〜時頃、家を出ます）

4. What time do you eat supper?
（あなたは何時に夕食をとりますか？）
 I eat supper at ....
（私は〜時に夕食をとります）

5. What time do you go to bed?
（あなたは何時に寝ますか？）
 I go to bed at....
（私は〜時に寝ます）

★2 次に時間の言い方の例を挙げます。
（2つ以上の表現のバリエーションも、あります）
ワークシート2に、生徒が記入した各々の言い方は以下を参考にしてください。

1) 〜:00 ..... o'clock
2) 〜:15 ..... fifteen
          (a) quarter past .....
          (a) quarter after .....
3) 〜:30 ..... thirty / half past .....
4) 〜:45 ..... forty-five
          (a) quarter to .....
          (a) quarter till .....
          (a) quarter before .....
5) 〜:50 ..... fifty / ten to .....
6) 12:00 （昼間）noon /（零時）midnight
7) 〜:55 ..... fifty-five / five to .....
          five till ..... / five before .....
8) 〜:24 ..... twenty-four
9) 〜:18 ..... eighteen
10) 〜:05 Two oh five

3. ワークシート2の時計に針を書いて時間を言う練習をしましょう。

「学習する表現」をペアまたはグループで練習したら、次はワークシートの時計に時間を書き入れて練習しましょう。（黒澤　純子）

《ワークシート③》
「ジェパディ」で内容のチェック

『ジェパディ!』（Jeopardy!）は、米国の有名なクイズ番組です。日本でも「ジェパディ」形式のクイズ番組がありましたので覚えている人も多いと思います。

<Warm-up>

映画の流れなどを思い起こさせながら、感想を含めこの映画についての小討論をしてから行うと効果的です。
・どんな登場人物がいましたか。
・誰がどんなことをしていましたか、言っていましたか。etc.

<グループ対抗クイズ>

今回は「ジェパディ!」形式でこの映画の内容についての簡単なクイズをグループ対抗で行います。小学生向けですので、教師が読み上げる文が映画の内容に照らして正しいか否かを答えさせます。既に True or False の問題に馴染んでいる場合には T-F、そうでない場合は●か✕、あるいは Yes-No で答えさせることもできます。今回は●か✕の形式を取り入れました。

ゲームボード（表1）には、各々の登場人物とその他のカテゴリーに10、20、30、40という数字がありますが、その枠の中に書かれている数字が正解を得たグループが獲得できる点数です。また、数字が大きくなればなるほど問題が難しくなることを意味しています。各グループが駆け引きをしながらゲームを盛り上げてくれることと思います。

<ゲームルールと手順>

1、最初は教師が選んだ随意の人物カテゴリー、点数の問題を読み上げます。
2、分かった人が手を挙げます。その際、教師は手を挙げた人を早い順に確認しておきます。
3、最初に手を挙げた人をその班の代表者として指名して答えさます。正解した場合はその人の班に得点が入ります。（表2にはクラス全員に得点を記入させ全員参加型のジェパディクイズにします）
4、正解だった場合はその人のいる班が次の問題を指定することができます。不正解の場合は答えた人の次の順番にあたる班に問題の選択をさせます。
クイズ問題選択の言い方は
（例）：Annie, forty［アニー、フォーティ］のように30，40の数字も言えるようにします。
5、教師は「表2の得点表」を黒板に準備しその都度問題を正解した班の得点を記入して、最後に各班の得点を集計し評価をします。
★終えた問題の欄はその旨チェック印をつけます。

<登場人物について書いてみよう：表3の活動>

ゲーム終了後教師の出題した各人物についての文を手掛かりに、それぞれの登場人物についての文を書かせる活動を取り入れましょう。その際、教師は出題文を適切に利用すると効果的です。出題文の意味を確認しながら、文を読み上げ書き取らせる活動もできましょう。

また、それぞれのキャストについて✕の文（p.38出題文例参照）は正しい内容の文を書かせるとよいと思います。
例）Annie can read.✕ ➡ Annie can't read.

さらに Hannigan などの人名につては、書くのが負担になりがちですので人称代名詞 She, He などに置き換えて書かせる方法もあります。

《ワークシート④》
インフォメーション・ギャップ活動
(Information gap activity)

従来型の機械的な文型練習（drill）に替えて、意味内容にも視点を置き重要な情報をもっている相手と情報要求・提供のやり取り（インタラクション：interaction）を通じて、課題を達成する活動（タスク）です。本来、文法項目などの言語形式を指定せず interaction を通じて情報格差を

うめる活動ですが、今回は使用する表現をいくつか提示しその中から学習者が選択しながら活動できるものを考えてみました。

<教材作成の準備：
　マスターシート１枚、シートA、シートB＞

　この活動では、マスターシートを１枚作ります。そのシートを使って新たにAとBのシートを作り、ペアになって活動するためにAとBでは異なった箇所を空欄にします。これが２人が持つ情報の格差（information gap）になります。AとBを持った学習者がお互いに英語で情報を収集しあって空欄に入れる（情報の格差を埋める）活動（タスク）です。バリエーションはいろいろあります。

<活動の手順＞
1．AとBの表を持った２人がペアの学習者となります。
2．必ず学習言語の英語を使って活動します。
3．相手にカード（や絵）を見せてはいけません。
4．適切に英語で情報の交換・やりとりをします。
5．自分の知らない情報を相手から得て自分の表（や絵）を完成させます。

<表を使うための条件の設定＞

　A,Bの２つの表はもともと同じ表です。この表を使うにあたり条件をつけておくことが必要です。同じ表でもどんな条件をつけるかによっていろいろが活動ができます。

今回の条件　AとBの表はペアの２人が共通して食べたいものの一覧です。

　この条件で学習者はやり取り（interaction）を通じて課題を解決する（表の空白欄を完成する）のが目標です。基本的にはどんな表現を使ってもいいのですが、特に限られた語彙や表現しか持たない学習者のためにそれらをあらかじめ提示しておくこともできます。

Option 1 （初級者）

表Aと表Bの上に以下の表現を載せておきます。
(*印は39:02で使われている表現です)

例) I would like to eat...
　（私は…が食べたいです）
How about you?
　（あなたはいかがですか？）
*Would you like to eat...?
　（あなたは…を食べたいですか）
Sure.（うん）
Yes.（はい）
Of course.（もちろん）
Absolutely.（その通りですとも）
I like it.（私はそれが好きです）
What would you like to eat?
　（あなたは何が食べたいですか）
Do you like...?
　（あなたは…が好きですか）

　この場合、多少ぎこちない interaction になりますが、提示されたものの中からいくつかの表現を使うことによって小学生でも information gap 活動をすることができます。お互い相手に聞くことによって自分の表の空欄に入るものが判明しますので記入します。絵やカタカナで書いてもいいでしょう。小学生がこの活動をする場合はどの枠に何が入るかは問題でなく、最終的にAとBの人の表に、同じ食べ物が入っていればタスク完了です。

その他の option

　A,B の２人は空欄のある表を持っていますが、同じ表をもっていることを話して、より自由度を持たせて interaction を通して互いに空欄を埋めタスクを完成させます。また、表現を指定せず自由に情報格差を解消するこのタスクを行い表を完成させる方法もあります。

　このように、情報格差のある一対の表、絵などを作ることによって information gap 活動のバリエーションはたくさんありますので、教師が生徒の実態にあわせて表現活動のタスクを組み立てることができます

（高橋　本恵）

ワークシート①

Central Park
（セントラルパーク）

East River
（イースト川）

Brooklyn Bridge
（ブルックリン橋）

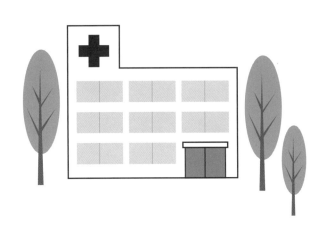

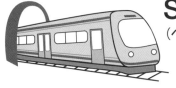

Pennsylvania Station
（ペンシルバニア駅）

ワークシート ②

1. What time do you get up?

   I get up at ....

2. What time do you eat breakfast?

   I eat breakfast at ....

3. What time do you go to school?

   I go to school at ....;
   I leave my house about ....

4. What time do you eat supper?

   I eat supper at ....

5. What time do you go to bed?

   I go to bed at ....

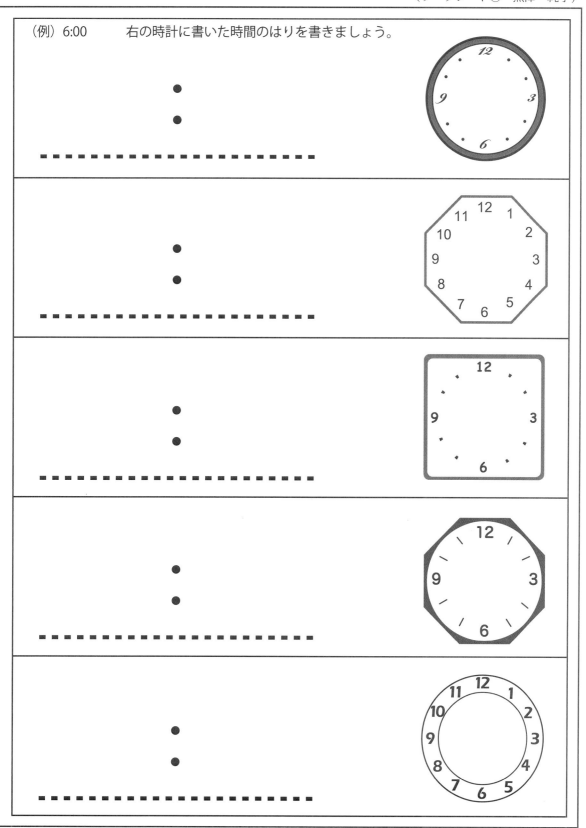

ワークシート ③

出題文

アニーの問題

10, Annie is singing " Tomorrow." ●（アニーは「トゥモロー」を歌っています）27:30

20, Annie can read. ✖（アニーは字を読むことができます）

➡（　　　　　　　　　　　　　　　　　）[否定文] 1:17:54

30, Annie is staying with Stacks for a while. ●
　（アニーはしばらくスタックスの家に泊まっています）37:47

40, Annie waits for her parents every Friday (in front of the Domani.) ●
　（アニーはドマーニの前で毎週金曜日両親を待っています）56:55

スタックスの問題

10, Stacks is president of the United States. ✖（スタックスはアメリカ大統領です）

➡（　　　　　　　　　　　　　　　　　）. [否定文]

20, Stacks sells cell phones. ●（スタックスは携帯電話を売っています）

30, TV reporters interview Stacks. ●（テレビレポーターはスタックスにインタビューします）52:02

40, Stacks lives in a smart house. ●（スタックスはスマートハウスに住んでいます）39:32

グレースの問題

10, Grace is not helping Stacks. ✖（グレースはスタックスの手助けをしていません）

➡（　　　　　　　　　　　　　　　　　）[肯定文]

20, Grace is an assistant to Stacks. ●（グレースはスタックスのアシスタントです）

30, Grace punches Guy in the face. ●（グレースはガイの顔を殴ります）1:44:10

40, Grace kisses Stack. ●（グレースはスタックスにキスします）1:49:27

ハニガンの問題

10, Hannigan is kind. ✖（ハニガンは親切です）

➡（　　　　　　　　　　　　　　　　　）[否定文]

20, Hannigan is always smiling. ✖（ハニガンはいつも笑っています）

30, Hannigan dances with Guy. ●（ハニガンはガイとダンスをします）

40, Hannigan sings "It's the hard-knock life." ✖
　（ハニガンは "It's the hard-knock life" を歌います）

その他の問題

10, Franklin Roosevelt is president of the United States. ●
　（フランクリン・ルーズベルトはアメリカ大統領です）

20, Guy is a truck driver. ✖（ガイはトラック運転手です）

➡（　　　　　　　　　　　　　　　　　）[否定文]

30, Five girls are in Hannigan's home. ●（5人の少女がハニガンの施設にいます）32:57

40, Lou likes Hannigan. ●（ルーはハニガンが好きです）33:44

表1　ゲームボード（★終えた問題の欄は□にチェック印をつけましょう。）

Annie アニー	Stacks スタックス	Hannigan ハニガン	Grace グレース	その他
10 □	10 □	10 □	10 □	10 □
20 □	20 □	20 □	20 □	20 □
30 □	30 □	30 □	30 □	30 □
40 □	40 □	40 □	40 □	40 □

表2　得点表（★正解した各班の取った得点を記入していきましょう。）

								合計点
1班								
2班								
3班								
4班								
5班								
6班								

表3

<ガイについて書こう> 例）Guy is not a truck driver. (He is not a truck driver. He works for Stacks. など)
<スタックスについて書こう>
<ハニガンについて書こう>
<グレースについて書こう>
<アニーについて書こう>

ワークシート ④

表A （＊がついているものはこの映画に出てきた語です）

Option 1

下の表現の中からいくつかを使いながらお互いの相手に聞くことによって自分の表の空欄に入るものを記入しタスクを完了しましょう。

例）I would like to eat... （私は…が食べたいです）

　　How about you? （あなたはいかがですか？）

　＊Would you like to eat...? （あなたは…を食べたいですか）

　　Sure.（うん）/ Yes.（はい）/ Of course.（もちろん）

　　Absolutely.（その通りですとも）/ I like it.（私はそれが好きです）

　　What would you like to eat?（あなたは何が食べたいですか）

　　Do you like...?（あなたは…が好きですか）

	pomegranate*	curry and rice
	steak*	oysters
salmon		
spaghetti	melon	paprika*
	shrimps*	pizza

表B（*がついているものはこの映画に出てきた語です）

Option 1
下の表現の中からいくつかを使いながらお互いの相手に聞くことによって自分の表の空欄に入るものを記入しタスクを完了しましょう。

例）I would like to eat...（私は…が食べたいです）
　　How about you?（あなたはいかがですか？）
　　*Would you like to eat...?（あなたは…を食べたいですか）
　　Sure.（うん）／ Yes.（はい）／ Of course.（もちろん）
　　Absolutely.（その通りですとも）／ I like it.（私はそれが好きです）
　　What would you like to eat?（あなたは何が食べたいですか）
　　Do you like...?（あなたは…が好きですか）

apple pie	pomegranate*	
cookies		oysters
	mushrooms	doughnuts
spaghetti		paprika*
kiwi fruit	shrimps*	

第5回映画英語アカデミー賞
中学生部門

アバウト・タイム
愛おしい時間について

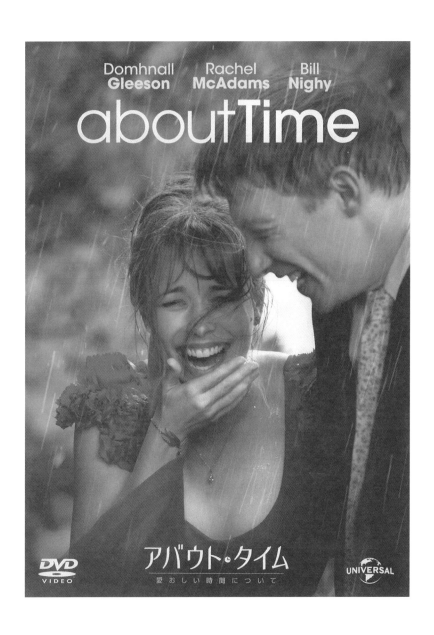

第5回映画英語アカデミー賞受賞　中学生部門

アバウト・タイム 愛おしい時間について	About Time	（執筆）能勢　英明

セリフ紹介

この映画のテーマを象徴するセリフを紹介します。　　　　　　　　　　　（Chapter：チャプター番号と時間）
○ 今日という日について　　　　　　　　　　　　　　　　　　　　　　（Chapter 19　1:54:17～）
　Tim: The truth is, I now don't travel back at all. Not even for the day. I just try to live every day as if I've deliberately come back to this one day to enjoy it as if it was the full final day of my extraordinary, ordinary life.
　　「僕はもう過去には戻っていない。昨日にさえも。僕は毎日を生きている。まるでその日をやり直したときのように。楽しんでいる。とんでもなくありふれた人生の今日が最後の日だと思って」（吹替翻訳）
　　「今の僕は1日だって過去に戻らない。この日を楽しむために自分は未来から来て、最後だと思って今日を生きている。僕の非凡で平凡な人生の…」（字幕翻訳）

○ 愛おしい時間の生き方について　　　　　　　　　　　　　　　　　　（Chapter 19　1:55:43～）
　Tim: We're all travelling through time together every day of our lives. All we can do is do our best to relish this remarkable ride.
　　「人は誰もが時間を旅している。人生という時間を。そこでベストを尽くすしかない。その旅がすばらしいものになるように」（吹替翻訳）
　　「僕たちは一緒に人生をタイムトラベルしてる。今を精一杯生きて、すばらしい日々をかみしめよう」（字幕翻訳）

学習ポイント

店内での会話です。2人の表情から、どちらが気持ちのいい会話であるかを考えたい場面です。
○ ティムと店員の会話その1　　　　　　　　　　　　　　　　　　　　（Chapter 17　1:39:55～）
```
Tim   : Hi.                                                「やあ」
Clerk : Good afternoon, sir.                               「こんにちは」
        Are you eating in or taking away today?            「今日はこちらでお召し上がりですか、お持ち帰りですか」
Tim   : Ah, take away, please.                             「持って帰ります」
Clerk : Yes. No problem. Lovely, that's 4.24 then, please, sir.  「お待ちください。全部で4ポンド24ペンスです」
        Thank you kindly. Lovely. And here's your change, sir. 76 pence change.
                                                           「ありがとうございます。おつりです。76ペンスです」
Tim   : Thanks.                                            「ありがとう」
Clerk : Thank you.                                         「ありがとうございました」
（次の客に）Hello there. Are you eating in or taking away?  「こんにちは。こちらでお召し上がりですか、お持ち帰りですか」
```
Are you eating in or taking away? は、米国の英語ではFor here or to go? となります。

○ ティムと店員の会話その2　　　　　　　　　　　　　　　　　　　　（Chapter 17　1:41:48～）
```
Clerk : Good afternoon, sir.                               「こんにちは」
Tim   : Good afternoon.                                    「こんにちは」
Clerk : Are you eating in or taking away today?            「今日はこちらでお召し上がりですか、お持ち帰りですか」
Tim   : Take away, please.                                 「持って帰ります」
Clerk : Yes. Would you like a bag?                         「袋にお入れしますか」
Tim   : That's fine.                                       「いいえ」
Clerk : Lovely, that's 6.23 then, please. And enjoy the rest of your day.  「6ポンド23ペンスです。良い午後を」
Tim   : Thank you. Bye-bye.                                「ありがとう。じゃあ」
Clerk : （次の客に）Hello, there.                           「こんにちは」
```
'eat in' や 'take away' が進行形で使われている点にも注意したいところです。

あらすじ

　英国南西部の海辺の町コーンウォールに、青年ティムは、両親と妹のキットカット、叔父のデズモンドと仲良く幸せに暮らしていました。ティムは内気で自分に自信がなく恋人もいませんでしたが、21歳の誕生日に転機が訪れます。ティムは、彼の家系は代々男性にはタイムトラベルができる能力が備わっているということを父親から知らされます。ただし、戻れるのは自分の過去だけなので歴史を変えるのは不可能というものです。その方法は、狭くて暗い所に入り、手を握りしめ、戻りたいシーンを思い浮かべるだけという簡単なものです。ティムは、この年の夏休み中に家に滞在していたシャーロットに恋をし、タイムトラベルの能力を使って彼女にアタックしますがなかなか思うようになりません。夏が終わり、ティムは弁護士をめざすためロンドンに出て行くことになります。ロンドンでは、父の友人で演劇作家のハリーの家に下宿することになります。そんなある日、ティムは運命の女性メアリーに出会います。2人は恋に落ちますが、タイムトラベルが引き起こす不運のために2人の出会いはなかったことになってしまいます。その後、巧妙なタイムトラベルを重ねた末に、ティムはメアリーの愛を勝ち取ります。また、キットカットやハリーの幸せのためにもその能力を使います。ところが、タイムトラベルには制約があり、過去を操作してもすべての人を幸せにすることはできないし、自分も幸せになれないことにティムは気付きます。

映画情報 / 公開情報

映画情報	公開情報
製作年：2013年（平成25年） 製作国：英国　　　言語：英語 ジャンル：ドラマ、ファンタジー、ロマンス 配給会社：ユニバーサル映画（米国） 　　　　　シンカ／パルコ（日本）	公開日：2013年9月4日（英国） 　　　　　2014年9月27日（日本） 上映時間：124分 オープニングウィークエンド：176万1,079ポンド（英国） 映　倫：G　　　　　字幕翻訳：　稲田嵯裕里

アバウト・タイム　愛おしい時間について

薦	○小学生　●中学生　●高校生　●大学生　●社会人	リスニング難易表		発売元：NBCユニバーサル・エンターテイメント （平成28年12月現在、本体価格） DVD価格：1,429円　ブルーレイ価格：1,886円
お薦めの理由	今、生きているこの一瞬が大切で愛おしいと実感し、幸せは日常生活の中にこそあるのだということに気付かされる作品です。相手を思いやる普段のコミュニケーションの大切さや、買い物などの日常会話における生きた言葉の使い方が、発話の際のしぐさや表情とともに学べます。しぐさや表情は、コミュニケーションを取る上で重要な要素であり、検定教科書だけでは学べない点が学習できます。	スピード	2	
		明瞭さ	3	
		米国訛	1	
		米国外訛	3	
		語彙	3	
英語の特徴	登場人物が話す英語は、「主語・動詞」の脱落が少なく、きちんとした文構造のものが多く、語彙も比較的平易なものが使用されています。英国が舞台ですので、英語は英国英語が使われていますが、主人公の1人であるメアリーが話す英語は、彼女が米国出身という設定のため米国英語が使われています。もう1人の主人公ティムは、英国英語を話します。2人が話す表現の微妙なニュアンスの違いも興味深いです。	専門語	2	
		ジョーク	2	
		スラング	3	
		文法	3	

発展学習

この映画の劇中歌 'How Long Will I love You' は、リスニングの教材として活用することができます。
（Chapter 9 0:49:43～）

○ How Long Will I love You

How long will I love you	どのくらいあなたを愛し続けるのかな
As long as stars are above you	星が頭上にある限り
And longer if I can	可能な限りずっと

How long will I need you	どのくらいあなたを必要とし続けるのかな
As long as the seasons need to	季節の移ろいが
Follow their plan	続く限りずっと

How long will I give to you	どのくらいあなたに尽くせるのかな
As long as I live through you	あなたと共に生きている限り
However long you say	あなたが言う通りずっと

How long will I love you	どのくらいあなたを愛し続けるのかな
As long as stars are above you	星が頭上にある限り
And longer if I may	許される限りずっと

　'How Long Will I love You' はアイルランド出身のグループ、ザ・ウォーターボーイズが1990年に発表した曲です。ザ・ウォーターボーイズは、歌詞の評価が高く、現代のボブディランと評されています。2013年に英国の女性歌手エリー・ゴールディングがこの曲をカバーしました。映画では、ジョン・ボーデン、サム・スウィーニー、ベン・コールマンの男性3人が歌っています。ティムとメアリーがいつも使っている地下鉄の駅の通路での路上ライブのこの場面を見ながらリスニングしたいものです。時間の大切さや家族や大切な人と過ごす時間の素晴らしさに気付かせる伏線になっている場面だからです。
　リスニングワークシートを作る際に、空所の箇所を工夫すれば、中学1年生でも十分に活用できます。

映画の背景と見所

　About Time は、「時間について」という意味と「そろそろ時間ですよ（It's about time.）」の2つの意味が込められた題名です。この作品をもって監督引退を決めたリチャード・カーティスの思いが込められているようです。彼は次のように述べています。「この作品を映画監督としての集大成にしようと思っている。テーマは家族。恋をして、結婚して子供が生まれ、家庭を築いていくことの素晴らしさを語っている。作品を見てくれた人たちは、何気ないことがかけがえのないものに変わることを感じてほしい」。彼は映画監督として活躍する前から脚本家として有名です。英国人なら誰もが知っているテレビドラマ Doctor Who の脚本も手がけています。このドラマは主人公のドクター（見た目は人間と変わらない宇宙人）が地球人とあらゆる時空間を冒険し、事件に巻き込まれ、それを解決していくというものです。About Time のタイムトラベルもこのドラマが着想の原点にありそうです。
　ティムが忙しく過ごしてしまったある1日をタイムトラベルでやり直す場面が見所の1つです。ありふれた日常の中に見落としていたものに気付かせられるからです。その一部を「学習のポイント」で取り上げています。売店での会話ですが、心にゆとりがなく忙しくしていると店員の笑顔に気付くこともないですが、ゆとりをもって接するとそれに気付き、こちらも幸せな気持ちになれることが感じられる場面です。

| スタッフ | 監督・脚本・製作総指揮：リチャード・カーティス
製作総指揮：ライザ・チェイシン
　　　　　　アメリア・グレンジャー
製　　作：ティム・ビーヴァン、エリック・フェルナー
　　　　　ニッキー・ケンティッシュ・バーンズ | キャスト | ティム　　　　：ドーナル・グリーソン
メアリー　　　：レイチェル・マクアダムス
ティムの父　　：ビル・ナイ
キットカット　：リディア・ウィルソン
シャーロット　：マーゴット・ロビー |

この映画のストーリー

1 海辺の町で育って

　主人公のティムは、英国南西部の美しい海辺の町コーンウォールに両親、妹のキットカット、叔父のデズモンドと5人で暮らしていました。一家はどんな天気でもピクニックをしたり、週末には野外で映画の上映をしたりして、仲良く楽しく暮らしていました。

　ティムは内気で、としごろになっても恋人ができずにいました。新年を迎える大晦日のパーティーが実家で開催され、恋人を作るチャンスはあったのですが、ティムは思い切った行動に出ることができませんでした。

　しかし、21歳の誕生日に転機が訪れます。彼の家系は、代々男性にはタイムトラベルができる能力が備わっているということを父親から知らされたからです。

2 タイムトラベルの能力を知って

　タイムトラベルの話を聞いたとき、ティムは信じられませんでしたが、父に言われた通りにやってみると本当に過去に戻れてしまいました。新年を迎えるパーティーの場面に戻り、過去を修正することができたのです。

　タイムトラベルの仕方はいたって簡単で、狭くて暗い所に入り、手を握りしめ、戻りたいシーンを思い浮かべるだけです。ただし、タイムトラベルできるのは自分の過去だけで、歴史を変えるのは不可能です。

　ティムは、この年の夏休み中に家に滞在していたシャーロットに恋をします。そこで、タイムトラベルの能力を使って、何度も過去に戻り彼女にアタックしますが、ティムの思い通りにはなりませんでした。

3 ロンドンへ

　夏が終わり、ティムは弁護士をめざすため、コーンウォールを後にしてロンドンに出て行くことになりました。ロンドンでは、ティムは父の友人で劇作家のハリーの家で下宿を始めます。

　ロンドンで暮らし始めて半年が経ってもティムには恋人ができませんでした。そんなある日の夜、ティムは友人のジェイと2人で食事に出かけます。出かけたレストランは 'Dans Le Noir?'（ダンルノア）という名前の暗闇のレストランでした。まわりが何も見えないレストランで2人はスタッフに案内されて女性2人のとなりに座ります。女性はジョアンナとメアリーという名前でした。暗闇の中で4人は3時間ほど楽しい時間を過ごした後、レストランの外に出て初めて顔を見て会話を続けます。ティムはメアリーの電話番号を聞き出すことに成功します。

　その夜、家に帰ると、ハリーが落ち込んでいました。劇場でのこと、劇の最中に役者がセリフを忘れてしまい、初日の公演が台なしになってしまったということでした。そこでティムはその劇場にタイムトラベルをします。役者がセリフを忘れた場面で、ティムはセリフを紙に書いて役者に教え、劇は喝采の内に終わります。このように、ティムは自分のためだけではなく他の人のためにもタイムトラベルの能力を使います。

　その後すぐにティムはメアリーに電話をかけようとしますが、ティムの携帯電話からメアリーの番号が消えていたのでした。ハリーの過去を修正したことによって、自分の過去も修正されてしまいメアリーとの出会いがなかったことになってしまっていたのです。

4 メアリーとの再会

　途方に暮れたティムは、暗闇のレストランの中でメアリーがケイト・モスのことが好きだと言っていたのを思い出します。そして新聞に出ていたケイト・モスの写真展に妹のキットカットと出かけ、何日もメアリーを待ち続けます。やがてメアリーがやってきて再会を果たします。

　しかし、メアリーにとってはティムとは初めての出会いということになります。さらにティムに

とって不運なことにメアリーにはすでに恋人ができてしまっていました。そこで、ティムはその恋人とメアリーの出会いを阻止するためにその2人の出会いの場所と時間を聞き出し、そこにタイムトラベルをします。

このように巧妙なタイムトラベルを重ねて、ティムとメアリーは「初めて」出会い、2人の交際が始まります。やがて2人は結婚し、子供が生まれます。

5　キットカットの幸せのために

ある日、キットカットが交通事故に遭遇します。キットカットは大晦日のパーティーで出会ったジミーと付き合っていました。ジミーは思いやりがない人でした。そんなジミーとけんかをし、飲酒運転をしたために起きた事故でした。

ティムはタイムトラベルをし、交通事故を阻止します。さらにキットカットと一緒に大晦日のパーティーにタイムトラベルをし、ジミーと付き合うことがないようにしてしまいます。そして、キットカットはティムの友達のジェイと交際を始めることになり、万事うまくいったかのように見えました。

ティムがメアリーのもとに帰ると、自分の子供の姿が別人に変わっていました。父に尋ねてみると、現在から子供の誕生以前にタイムトラベルをすると、微妙なタイミングのせいで現在とは違う赤ん坊が生まれるということでした。そこで、ティムは現実に戻りキットカットの交通事故を受け入れます。そして、メアリーも加わりジミーと別れるようにキットカットを説得します。ようやく説得に応じたキットカットは、やがてジェイと付き合い始めます。

6　タイムトラベルの制約

過去を操作してもすべての人を幸せにすることはできないし、自分の意思を大切にして生きなければ人は幸せになれないことにティムは気付き、タイムトラベルには制約があることを悟ります。

そんなある日、ティムは父が余命いくばくもないことを父から聞かされます。そして、幸せになるための秘訣を教えてもらいます。それは1日を2度過ごしてみるということでした。1回目は他の人と同じように日常の生活を過ごし、2回目はそれをほぼ同じやり方でやり直すということです。そうすると1回目は緊張や不安で気付かなかった日常の素晴らしさに気付けるというものでした。しばらくして父親は亡くなります。

7　父との永遠の別れ

父が亡くなった後、ティムはメアリーから3人目の子供が欲しいと言われ、悩みます。タイムトラベルをすればいつでも会える父でしたが、新しい子供の誕生は父との永遠の別れを意味するからです。そして、ティムは決断します。

やがてメアリーは3人目の子供を身ごもります。ある夜、もうすぐ生まれそうだと言われたティムは、タイムトラベルをして実家に戻ります。父に永遠の別れを告げるためです。

ティムと父は昔からよく一緒にやっていた卓球に興じます。このとき父はティムとの永遠の別れを悟り、ティムも、もうすぐ3人目の子供が生まれることを父に告げます。父の願いで2人は一緒にタイムトラベルをし、ティムの子供の頃に戻り、2人で海辺を散歩します。

8　現在の生活

キットカットにも子供ができて、家族は平穏に暮らしています。そんな中、ティムはタイムトラベルの秘訣を悟ります。それは過去に戻らないことです。その日をやり直したときのように毎日を非凡で平凡な人生の今日が最後の日だと思って生きることです。ティムはこうも言っています。「人は誰もが時間を旅している。人生という時間を。そこでベストを尽くすしかない。その旅がすばらしいものになるように」。

この映画の背景

1 リチャード・カーティス

映画の脚本・監督はリチャード・カーティスです。これまでに彼は脚本家として多くの作品を残しています。日本でも大ヒットした『Mr. ビーン』や英国人なら誰でも知っている『ドクター・フー』などのテレビドラマも手がけています。『ドクター・フー』は主人公のドクター（見た目は人間と変わらない宇宙人）が地球人とあらゆる時空間を冒険し、事件に巻き込まれ、それを解決していくものです。映画のタイムトラベルもこのドラマが着想の原点にあるのかもしれません。

映画『ノッティングヒルの恋人』（1999年）でリチャード・カーティスは脚本を担当し、有名ハリウッド女優と平凡な男性の恋を描きました。この作品はロマンティック・ラブストーリーとして世界中で大ヒットしました。

映画監督としてのリチャード・カーティスのデビュー作は『ラブ・アクチュアリー』（2003年）です。この作品では脚本も手がけています。19人の男女が織りなす9通りの愛の形を描き、ラブストーリーの頂点を極める作品と絶賛されています。日常の何気ない出来事をコミカルに描き、心温まる作品に仕上げました。こちらの作品も世界中で大ヒットしました。

『アバウト・タイム 愛おしい時間について』は監督として3作目の作品です。原題の About Time は、文字通り「時間について」という意味と「そろそろ時間ですよ（It's about time.）」の2つの意味が込められた題名になっています。この作品をもって監督を引退すると決めたリチャード・カーティス自身の思いが込められているようです。彼は次のように述べています。「この作品を映画監督としての集大成にしようと思っている。物語のテーマは家族。恋をして、結婚して子供が生まれ、家庭を築いていくことの素晴らしさを語っている。作品を見てくれた人たちは、何気ないことがかけがえのないものに変わることを感じてほしい」。

2 ロケ地

2.1 コーンウォール

ティムの実家はコーンウォールの海辺にあります。コーンウォールは英国の最南西に位置し、独自の文化や言語を持つ風光明媚（ふうこうめいび）な地域です。コーンウォールは、英国で最も長い海岸線を持つことで知られ、その全長は約700キロメートルにわたります。

カーティス監督が求めたものは、家の中でティムと父親が会話をするシーンで窓から海が見える情景があることでした。当初スコットランドでの撮影が計画されましたが、カーティス監督のイメージにかなう家が見つからず、コーンウォールに変更されました。そして見つけた家は古くからある個人の家でした。海に面した庭とビーチへと続く小道はカーティス監督のイメージにぴったりだったそうです。

ティムが父親と歩く閑静な浜辺、ボールトビーチは無骨な岩肌と荒れ地の草木と白い砂浜が絶妙に融合し、英国の浜辺ならではの空気感を醸し出しています。ティムとメアリーが結婚式を挙げるポートローという小さな漁村の町並みは数百年前からほとんど変わらないそうです。

この映画は9週間かけて撮影されましたが、その内の3週間をコーンウォールでの撮影に費やしています。

2.2 暗闇のレストラン

ティムとメアリーが出会うのはロンドンに実在する暗闇のレストランです。そのレストランの名前は 'Dans Le Noir?'（ダンルノア）といいます。フランス語で「暗闇の中で？」という意味です。最初パリにオープンし、好評だったことからロンドンにも店ができました。

ダンルノアは完全な暗闇の中で中身がわからないサプライズメニューを提供するレストランです。暗闇である理由は、五感のうち視覚という1つの感覚を遮断することによって、人間の持つ想

像力を高め、本来の素材のおいしさを実感してもらうためだそうです。また、暗闇の中にいると一緒に食事をしている人たちのコミュニケーション能力が刺激されるということです。

　ダンルノアは、暗闇の中にいる人は皆同じであるというコンセプトで運営されています。ここでは、目の不自由な人が多数スタッフとして働いています。日常生活とは真逆に、健常者が目の不自由な人に助けられて暗闇の席へと案内されていきます。

　カーティス監督は、ティムとメアリーが出会う場面設定が重要だと考えていました。一目惚れというようなありふれたシーンにしたくなかったので2人の出会いの場をこのレストランに決めたということです。レストランの中は何も見えない状況ですから、そこで出会いがあっても相手の表情がわからず、言葉だけでコミュニケーションを図らなければなりません。言葉の持つ力を感じさせる場面がうまく作り上げられています。

2.3　メイダ・ヴェール

　ティムとメアリーが通勤に使うロンドンの地下鉄の駅は、ベーカールー線のメイダ・ヴェール駅です。ロンドンの北西に位置するメイダ・ヴェールは、エドワード朝時代の建物がたたずみ、その並木道を歩いていると時が止まったかのような錯覚を覚える、そんな住宅街です。この町の南の方で3つの運河が交差しています。そこは「リトル・ベニス」と呼ばれ親しまれています。運河のクルーズも楽しめます。

3　ケイト・モス

　ティムとメアリーの出会いのキーワードは「ケイト・モス」です。暗闇のレストランの中でメアリーはケイト・モスが大好きだと言いました。ティムはメアリーとの再会を求めてケイト・モスの写真展に出かけて行きます。

　ケイト・モスは、現代の英国を代表するファッションモデルの1人です。15歳で仕事を始め、これまでに300以上もの雑誌の表紙を飾ってきました。また、世界的に有名な数多くのブランドの広告にもひんぱんに登場しています。

4　髪の色

　映画の中で、自分の髪を、ティムが orange と言ったりメアリーが brown と言ったり、髪の色が話題になる場面がいくつかあります。ここで欧米人が持っている髪の色についての一般的な意識をまとめておきましょう。

　欧米では金髪（blond, blonde）が1番きれいな色というイメージが強く、それに対してマイナスのイメージを持つのが赤毛です。キリスト教の信仰に関することですが、キリストを裏切ったユダという人の髪が赤毛であったとされること、赤毛の人の多くは色素が薄い体質であるために肌の色が青白く見えてしまい、虚弱というイメージが付いてしまっていることなどがその理由です。日本人の感覚からは考えにくいことですが、今なお髪の色に対する偏見を持つ欧米人がたくさんいるのが現実です。

5　音楽

　この映画のさまざまな場面で効果的な音楽が使われています。主題歌 'How Long Will I love You' も、もちろんそうです。この曲はアイルランド出身のグループ、ザ・ウォーターボーイズが1990年に発表しました。ザ・ウォーターボーイズは、歌詞の評価が高く、現代のボブ・ディランと評されています。2013年に英国の女性歌手エリー・ゴールディングがこの曲をカバーしました。　映画では、ジョン・ボーデン、サム・スウィーニー、ベン・コールマンの男性3人が歌っています。メイダ・ヴェール駅の構内での路上ライブのシーンが印象的です。時間の大切さ、家族や大切な人と過ごす時間の素晴らしさに気付かせる伏線になっている場面です。

この映画の見所

この映画には見所がたくさんありますが、中学生や高校生の英語学習と異文化理解の観点からそのいくつかを挙げてみましょう。

1 家族の絆

1.1 Chapter 13 1:14:28 〜

I'd only give one piece of advice to anyone marrying. We're all quite similar in the end. We all get old and tell the same tales too many times. But try and marry someone kind. And this is a kind man with a good heart. I'm not particularly proud of many things in my life, but I am very proud to be the father of my son.

（誰かが結婚すると聞くと私はこう言っている。私たちはみんな同じだ。年を取るし何度も同じ話をするようになる。でも、パートナーに望むべきは優しさだ。そして、この優しい男は心が広い。私の人生で誇れるものはあまりないが、これだけは心から誇りに思う。ティムの父であることを）

◎ ティムとメアリーの結婚式でのティムの父のスピーチです。息子への愛情がよく表れています。

1.2 Chapter 17 1:35:13 〜

I am fucking furious. I am so uninterested in a life without your father.

（すごく怒りまくってるわ。お父さんのいない人生には全く興味ないわ）

◎ 父が余命いくばくもないと分かって実家に戻ったときに、出迎えた母にティムが How are you? と声をかけます。それに答えた母のセリフです。いつくしみ合っていた夫婦の絆が感じられます。

1.3 Chapter 19 1:51:43 〜

Tim : Is there anything at all I can do? Is there anything you want to do?

Dad : I don't know. There is this one thing. A quick little walk. Totally against the rules, of course, but if we don't change a thing, if we're very careful, it shouldn't do any harm. It would be nice.

〔Travelling in Time〕

Dad : I'm really trying. I'm really trying.

〔Young Tim Laughing〕

Tim : Get down low.

Dad : Total defeat.

Tim : I'm tired. Thanks, Dad.

（ティム：何か僕にできることはない？ 何かやりたいことはない？

父：ああ、そうだなあ。それだったら１つある。散歩して来ようか。もちろんルール違反だが、何も変えなければ、用心してやれば、何も影響はないだろう。きっと楽しいぞ

〔タイムトラベル〕

父：パパは手加減しないぞ。頑張れ

〔幼いティムが笑っている〕

ティム：低く投げて

父：完全に負けだ

ティム：疲れちゃった。お父さん、ありがとう）

◎ 父の死後、メアリーに３人目の子供が生まれそうになったとき、ティムは、父に永遠の別れを告げるために、タイムトラベルをして実家に戻ります。そして、ティムと父は、昔からよく一緒にやっていた卓球に興じます。このとき、父もティムとの永遠の別れを悟ります。父の願いで２人は一緒にタイムトラベルをし、ティムの子供の頃に戻り、２人で海辺を散歩し遊びます。親と子の絆の尊さ、思い出の大切さを感じさせる場面です。

2 時間の大切さ

2.1 Chapter 19 1:54:17 〜

The truth is, I now don't travel back at all. Not even for the day. I just try to live every day as

if I've deliberately come back to this one day to enjoy it as if it was the full final day of my extraordinary, ordinary life.
（僕はもう過去には戻っていない。1日だって。僕は毎日を生きている。まるでその日をやり直したときのように。楽しんでいる。僕の非凡で平凡な人生の今日が最後の日だと思って）

◎ ティムのナレーションです。かけがえのない日々の過ごし方をアドバイスしてくれているような言葉です。

2.2 Chapter 19 1:55:43 〜

We're all travelling through time together every day of our lives. All we can do is do our best to relish this remarkable ride.
（人は誰もが時間を旅している。人生という時間を。そこでベストを尽くすしかない。その旅がすばらしいものになるように）

◎ 愛おしい時間の過ごし方や人生の生き方を考える上で示唆に富むセリフです。

3 ウイット・ユーモア

3.1 Chapter 12 1:04:03 〜

Mum : Good Lord, you're pretty.
Mary : Oh, no. I've got a lot of mascara and lipstick on.
Mum : Let's have a look. Oh, yes. Good. It's very bad for a girl to be too pretty. It stops her developing a sense of humour. Or a personality.
（　　母：あら、美人さんね
　メアリー：いいえ、とんでもありません。マスカラと口紅を厚めにしています
　　母：見せてちょうだい。ああ、そうね。いいわ。美人すぎるのは考えものだから。ユーモアのセンスを磨かなくなるもの。性格もね）

◎ ティムの実家で、初対面のメアリーとティムの母が交わした会話です。美人だとほめられたメアリーは、"Thank you."と言わずに美人ではないと応じます。それに対してティムの母は美人すぎない方が良いのだと理由を言って応じます。ウイットに富んだ会話です。

3.2 Chapter 17 1:38:06 〜

Life's a mixed bag, no matter who you are. Look at Jesus. He was the Son of God, for God's sake, and look how that turned out.
（人生には良いことも悪いことも起きる。神の子イエスですら最後は悲惨だ）

◎ 死を宣告された父に、過去に戻って何とかならないかと言うティムに、イエス・キリストを例に出し、それはできないことだと諭す場面です。ウイットをきかせたこの言い方に英国のユーモアが感じられます。

4 アビー・ロード　Chapter 4 0:17:35 〜

ティムがロンドンへ出てきて下宿するのは父の友人で劇作家のハリーの家です。そこはアビー・ロードの近くにあります。

筆者の勤務校でアビー・ロードのことを知っているかどうかを中学2年生のある1クラスで尋ねてみたところ、誰も知りませんでした。ビートルズのことは多くの生徒が知っているのですが。

1969年発売のビートルズのアルバム『アビイ・ロード』のジャケットに使われたのが、アビー・ロードの横断歩道を歩くメンバー4人の写真でした。アビー・ロードというのは道の名前ですが、ビートルズが歩いた横断歩道を指すこともしばしばで、観光客が今もたくさん訪れます。

筆者の学生時代の友人の1人が大のビートルズファンで、学生時代に短期研修旅行で英国へ出かけた折りにアビー・ロードの横断歩道を歩いたことが英語学習に熱心に取り組むきっかけになったそうです。この映画やこの本が英語学習の意欲を高めるきっかけになれば幸いです。

この映画の英語の特徴

1 英国英語と米国英語

この映画は、英国英語と米国英語が楽しめます。英国英語は、発音、アクセント、語彙、表現などにおいて、地域方言や個人方言が多様で、地域方言はその地域内の標準語のような位置付けです。一方、米国英語もその建国の歴史、国土の広さ、人口の多さ、出身地や社会階層の多様性ゆえにさまざまな英語が話されていますが、北部方言、中部方言、南部方言という三大方言に大きく分けられます。

1.1 標準英国発音

英国の標準語とされるのは、元来ロンドンを中心とした地域の上流階級や中流階級の大学教育を受けた人たちの英語であり、英国の標準的な発音とされるのはその人たちの発音です。この発音は容認発音（Received Pronunciation、RP）と呼ばれています。RP で話す人の割合は英国の人口のわずか数パーセントですが、政治、経済、教育など各界の指導者が RP で話すことから実質的な標準英国発音とされているのです。RP は、語と語の連結などによる音声変化が少なく、日本語が母語である英語学習者には標準米国発音よりも聴き取りやすい発音です。

1.2 河口域英語

ロンドンの労働者階級の間で使われる英語にコックニー（Cockney）があります。庶民感が漂うこの英語と少々お高くとまった感のある RP の英語のどちらにも違和感を覚える人たちによって作り出された英語があります。河口域英語（Estuary English）と呼ばれる英語です。1980年頃からテムズ川の河口地域から広まったためこう呼ばれています。英国社会の階層性が薄れてきたこともあって急速に広まっていますが、個人方言は多様で、RP に近い発音をする人からコックニーに近い発音をする人までさまざまです。

1.3 標準米国発音

米国英語は、音声面から見ると中西部型、南部型、東部型の3つに分けられます。そして、標準米国発音とされるのは、米国人の7割の人が話すと言われている中西部型です。これは General American（GA）と呼ばれています。GA の特徴として、リエゾンやリダクションなどの音声変化が挙げられます。

2 この映画の中の英語

2.1 多くの登場人物が話す英語

登場人物の多くは Estuary English で話しています。大学教授であったティムの父や母は RP に近い Estuary English です。劇中劇や法廷の場面での英語は RP です。

2.2 メアリーとその両親が話す英語

メアリーを演じるのはレイチェル・マクアダムスです。カナダの出身ですが、映画では米国出身という設定のため、彼女が話す英語は標準米国発音の米国英語（GA）です。メアリーの両親も GA で話します。

2.3 語彙・表現

英国英語では普通なのに、日本の学校の教科書ではあまり扱われない語彙や表現がこの映画でも使われています。ここでは3つ紹介します。

2.3.1 lovely

英国人の多くが口ぐせのように多用する語です。「美しい」「愉快な」「見事な」「それでいいよ」「ありがとう」などの意味で使われます。また、初対面の挨拶として Lovely to meet you. という表現も使われています。

2.3.2 mind

「～に気を付ける」「～に注意する」「必ず～する」などの意味でよく使われます。「足元に気を付けて下さい」は Mind your step. となります。米国英語で Watch your step. が一般的です。

2.3.3 sort of

「多少」「（適切な言葉が思いつかずに）～のようなもの」、相手の問いかけに「まあね」「そんなものかな」などの意味でよく使われます。

アバウト・タイム　愛おしい時間について

リスニング難易度表

評価項目	易 ――→ 難					コメント
会話スピード Conversation Speed	Level 1	**Level 2**	Level 3	Level 4	Level 5	標準的なスピードですが、ティムとメアリーが出会う場面や2人きりの場面ではややゆっくりめの速さです。
発音の明瞭さ Pronunciation Clarity	Level 1	Level 2	**Level 3**	Level 4	Level 5	登場人物の多くが標準的な知識人ですから明瞭な発音です。英国英語と米国英語の特徴を知っていれば、英語学習者には聴き取りやすい発音です。
米国訛 American Accent	**Level 1**	Level 2	Level 3	Level 4	Level 5	メアリーとその両親が米国英語を話しますが、標準米国発音（GA）ですので、他の米国訛はありません。
米国外訛 Foreign Accent	Level 1	Level 2	**Level 3**	Level 4	Level 5	メアリーとその両親以外が英国英語を話しますが、コックニーに代表されるような英国訛はほとんどありません。
語彙 Vocabulary	Level 1	Level 2	**Level 3**	Level 4	Level 5	日常生活レベルの語彙が中心です。英国英語特有の用法や表現もあるため、米国英語中心で学んでいる学習者には難しく感じるかもしれません。
専門用語 Jargon	Level 1	**Level 2**	Level 3	Level 4	Level 5	法廷における専門用語が少しあります。
ジョーク Jokes	Level 1	**Level 2**	Level 3	Level 4	Level 5	ティムとメアリーの会話を中心に、使ってみたくなるようなユーモアのあるジョークがいくつかあります。
スラング Slang & Vulgarity	Level 1	Level 2	**Level 3**	Level 4	Level 5	四文字語やその派生語が強意語としていくつかの場面で使われていますが、さほど気になりません。
文法 Grammar	Level 1	Level 2	**Level 3**	Level 4	Level 5	ほとんどが中学校レベルの文法です。また、登場人物の発話に文法の間違いがほとんどありません。

　この映画で話されている英国英語の大部分が、近年英国で急速に広まっている Estuary English です。登場人物の多くが標準的な知識人ですから、彼(女)らが話す Estuary English は、標準英国発音とされる RP に近く、明瞭に発音されています。語と語の連結などによる音声変化が少なく、日本語を母語とする英語学習者には聴き取りやすい英語です。一方、メアリーと彼女の両親が話す米国英語は標準米国発音の英語（GA）です。GA にはリエゾンやリダクション、弾音化などの音声変化が見られます。母語が日本語である英語学習者にはこれらの音声変化が聴き取りにくく発音しにくい原因となります。逆に言うと、これらの音声変化のトレーニングを十分行うことによってリスニング力もスピーキング力も向上します。特にリエゾンは日本語にはないので意識的な練習が必要です。音声変化の法則については、中学校のどの英語教科書にも説明がありますので、中学校の英語教科書準拠の CD を利用するトレーニングがお勧めです。

第5回映画英語アカデミー賞受賞　中学生部門

 セリフ紹介

　中学生が授業や家庭でこの映画を活用するという観点からいくつかの有用なセリフを紹介します。ワークシートと連動するセリフや関連するセリフがありますので、ワークシートも合わせてご活用下さい。なお、日本語訳は、稲田嵯裕里氏の字幕翻訳と尾形由美氏の吹替翻訳を参考にしています。

1　Chapter 1　0:00:54 ～

　　映画の冒頭でティムが家族を紹介する場面です。

　Tim: I always knew we were a fairly odd family. First there was me. Too tall. Too skinny. Too orange. My mum was lovely, but not like other mums. There was something solid about her. Something rectangular, busy and unsentimental. Her fashion icon was the Queen. Dad, well, he was more normal. He always seemed to have time on his hands. After giving up teaching university students on his 50th birthday, he was eternally available for a leisurely chat or to let me win at table tennis.

　　（僕の家族は少し変わっている。まず僕がそう。背が高くてひょろっとしていて髪は赤っぽい。母さんはよそのお母さんとは少し違う。まわりを気にせず、いつも何かしていて、情には流されない。母さんのファッションのお手本は女王（陛下）だった。父さんは母さんより普通の人だ。いつも時間を持て余している。大学で教鞭を執っていたが50歳を機に引退、悠々自適の毎日で、卓球では僕に勝てない）

　◎ mum は、米国英語では mom と綴ります。lovely は英国英語では「美しい」「愉快な」「見事な」「それでいいよ」「ありがとう」などの意味で様々な場面でひんぱんに使われます。

2　Chapter 5　0:20:53 ～

　　真っ暗なレストランのテーブルへ案内する場面です。

　Maître d': Very good to have you here, gentlemen. I hope you enjoy your experience. Carlo will show you to your table.

　　（いらっしゃいませ。楽しんできて下さい。カルロがテーブルまでご案内します）

　Jay: Great. Lead on, maestro.　（いいねえ。頼むよ、カルロ）

　Carlo: Can I have your right hand on my right shoulder, please? And your friend hold on to your shoulder. Thank you. Mind the stairs and be prepared because it's completely dark.

　　（じゃあ、右手で私の右肩をつかんで。お友達は彼の肩を。そうです。足元に気をつけて階段を降りて下さい。完全な暗闇ですから）

　◎ 下線部 your friend は hold on で始まる命令文の呼びかけの主語です。Mind .... は英国でよく耳にする表現です。たとえば、Mind the gap. はロンドンの地下鉄のホームに電車が着くたびに放送されます。「電車とホームのあいだに気をつけて下さい」という意味です。

3　Chapter 5　0:23:40 ～

　　真っ暗なレストランから外に出て、ティムとメアリーが初めて対面する場面です。

　Tim: Would it be very wrong if I asked you for your number?

　　　　　　　　　　　　　　　　　　　　　（よければ電話番号を教えてくれないかな）

　Mary: No.　　　　　　　　　　　　　　　（だめ）

　Tim: I just in case I ever, you know, had to call you about....（だって、もしかしたら用事ができるかも）

アバウト・タイム　愛おしい時間について

Mary:	Stuff?	（用事が？）
Tim:	Mmm-hmm.	（うん）
Mary:	OK.	（いいわ）

◎　中学校の学習内容からははずれますが、仮定法の入門には持って来いの表現です。

4　Chapter 8　0:40:47 〜

Joanna:	Oh, hello. Do I know you?	（ああ、どうも。私の知りあい？）
Tim:	No, no, no. I'm a friend of Mary's.	（いや。僕はメアリーの友達）

◎　Do I know you? は、会った記憶がない相手に誰なのかを尋ねる言い方です。中学１年の授業で who を導入する際に、生徒は Who are you? を何気なく使ってしまうことがありますが、これは尋問調な響きがあり、場面や状況によってはぞんざいな表現となります。そこで、一歩さがって I を主語に立てるこの表現を覚えたいものです。a friend of ...'s は「〜の友達」という言い方です。

5　Chapter 8　0:42:57 〜

Tim:	After you.	（どうぞ）
Mary:	Thanks.	（ありがとう）
Tim:	Ten minutes is long enough for any party, I think.	（パーティーは10分もいれば十分だ）
Mary:	Yeah.	（ええ、本当）
Tim:	Especially that one.	（特に今回は）
Rupert:	Evening, all.	（こんばんは）
Tim:	God! What a dickhead.	（なんて軽薄そうなやつ）
Mary:	Yeah.	（そうね）
Tim:	So, what do you do?	（それで、仕事は何を？）
Mary:	I'm a reader at a publisher.	（出版社で原稿を読む係）

◎　After you. は「お先にどうぞ」。..., I think. は何かを言った後に「〜と私は思う」と付け加える言い方です。What do you do? は相手の仕事を尋ねる言い方です。応答は、会社名でなく具体的な仕事内容を答えます。

6　Chapter 19　1:54:17 〜 & 1:55:43 〜

6.1　今日という日についてティムが語ります 。

Tim:　The truth is, I now don't travel back at all. Not even for the day. I just try to live every day as if I've deliberately come back to this one day to enjoy it as if it was the full final day of my extraordinary, ordinary life.

（僕はもう過去には戻っていない。1日だって。僕は毎日を生きている。まるでその日をやり直したときのように。楽しんでいる。僕の非凡で平凡な人生の今日が最後の日だと思って）

6.2　愛おしい時間の生き方についてティムが語ります 。

Tim:　We're all travelling through time together every day of our lives. All we can do is do our best to relish this remarkable ride.

（人は誰もが時間を旅している。人生という時間を。そこでベストを尽くすしかない。その旅がすばらしいものになるように）

◎　この映画を象徴するセリフではないでしょうか。

学習のポイント

　この映画は、英国が舞台ですので英国英語が多く使われていますが、主人公の1人であるメアリーが米国出身という設定のため、彼女が話す米国英語も楽しめます。ここでは、中学校の検定教科書から一歩進んで、日常生活でよく使われる生きた英語の表現を中心に取り上げます。

1　Chapter 1　0:03:36 ～

　　大晦日から新年を迎える場面です。

　　　　All: Six, five, four, three, two, one.　（6、5、4、3、2、1）
　　　　Happy New Year!　　　　　　　　　　（ハッピーニューイヤー）
　　　　Happy New Year!　　　　　　　　　　（新年おめでとう）

◎　日本でもカウントダウンをして新年を迎えることが珍しくなくなりましたが、除夜の鐘を聞きながら新年を迎えることも多い日本文化との違いを学習したいものです。また、**Happy New Year!** は、新年の挨拶だけでなく、年末の別れ際の挨拶に使われることもあります。

2　Chapter 1　0:06:18 ～

　　タイムトラベルの仕方を父がティムに教える場面です。

　　　　Father: You go into a dark place. Big cupboards are very useful generally. Toilets, at a pinch. Then you clench your fists like this.
　　　　（まず暗いところに入る。たんすとかクローゼットとか。あとはトイレとか。こうやってこぶしを握りしめる）

◎　下線部 you はそれぞれ動詞 go, clench で始まる命令文の呼びかけの主語です。

3　Chapter 4　0:19:52 ～

　　自己紹介の場面です。

　　　　Rory: Hello. I'm Rory. Very pleased to meet you.
　　　　　　（こんにちは。ローリーだ。君が来てくれて嬉しいよ）

◎　中学校の検定教科書では、初対面の挨拶は **Nice to meet you.** 一辺倒の感がありますが、**(Very) pleased to meet you.** もよく使われる表現です。また、Chapter 3 12:59 でティムの叔父デズモンドが **Lovely to meet you.** と言っていますが、これは英国でよく使われます。Chapter 7 36:32 でジョアンナが言っている **Nice to meet you.** も合わせて、どのような場面や状況でこれらの表現を使い分けているのかを考えてみるのも勉強になります。

4　Chapter 5　0:22:01 ～

　　真っ暗なレストランでの会話です。

　　　　Jay: So, girls, be honest. Who is more beautiful?　（ねえ、聞いていいかな。ぶっちゃけ、どっちがきれいなの？）
　　　　Joanna: Oh, I am (　　　).　　　　　　　　　　（私かな）
　　　　Mary: Yeah. She is (　　　).　　　　　　　　　（そう、ジョアンナよ）
　　　　Jay: Excellent!　　　　　　　　　　　　　　　（いいねえ）
　　　　Mary: Actually, I look like Kate Moss.　　　　　（私はケイト・モスに似てる）
　　　　Tim: Really?　　　　　　　　　　　　　　　　（本当？）
　　　　Mary: No. I sort of look like a squirrel.　　　　（うそよ。どっちかと言うとリスかな）
　　　　Tim: Do you like Kate Moss?　　　　　　　　（ケイト・モス、好き？）

Mary: I absolutely love her. In fact, I almost wore one of her dresses here tonight.
（そうなの。ケイト・モス大好きで、今日も彼女と同じ服を着てきそうになった）

◎ 英語は省略できる語句を省略する言語です。ジョアンナとメアリーのセリフ（**I am, She is**）の後にどちらも **more beautiful** が省略されています。また、前置詞の **like** と動詞の **like** の使い方をこの場面で対比しながら確認ができます。

5 Chapter 17　1:39:55 〜 & 1:41:48 〜

店内での会話です。2人の表情から、どちらが気持ちのいい会話か、なぜそうなのかを考えたい場面です。

5.1　ティムと店員の会話その1（Chapter 17　1:39:55 〜）

Tim: Hi.　　　　　　　　　　　　　　　　（やあ）
Clerk: Good afternoon, sir.　　　　　　　　（こんにちは）
　　Are you eating in or taking away today?　（今日はこちらでお召し上がりですか、
　　　　　　　　　　　　　　　　　　　　　　お持ち帰りですか）
Tim: Ah, take away, please.　　　　　　　　（持って帰ります）
Clerk: Yeah. No problem. Lovely, that's 4.24 then, please, sir.
　　　　　　　　　　　　　　　（お待ちください。全部で4ポンド24ペンスです）
　　Thank you kindly. Lovely. And here's your change, sir. 76 pence change.
　　　　　　　　　　　　　　　（ありがとうございます。おつりです。76ペンスです）
Tim: Thanks.　　　　　　　　　　　　　　（ありがとう）
Clerk: Thank you.　　　　　　　　　　　　（ありがとうございました）
　　（次の客に）Hello there. Are you eating in or taking away?
　　　　　　　　　　　　（こんにちは。こちらでお召し上がりですか、お持ち帰りですか）

5.2　ティムと店員の会話その2（Chapter 17　1:41:48 〜）

Clerk: Good afternoon, sir.　　　　　　　　（こんにちは）
Tim: Good afternoon.　　　　　　　　　　（こんにちは）
Clerk: Are you eating in or taking away today?　（今日はこちらでお召し上がりですか、
　　　　　　　　　　　　　　　　　　　　　　お持ち帰りですか）
Tim: Take away, please.　　　　　　　　　（持って帰ります）
Clerk: Yeah. No problem. Would you like a bag?　（袋にお入れしますか）
Tim: That's fine.　　　　　　　　　　　　（いいえ）
Clerk: Lovely, that's 6.23 then, please. And enjoy the rest of your day.
　　　　　　　　　　　　　　　（6ポンド23ペンスです。良い午後を）
Tim: Thank you. Bye-bye.　　　　　　　　（ありがとう。じゃあ）
Clerk:（次の客に）Hello, there.　　　　　　（こんにちは）

◎ **Are you eating in or taking away?** は、米国の英語では **For here or to go?** となります。**eat** や **take** が進行形で使われている点がポイントです。これは進行形で表す未来表現です。中学校の検定教科書で扱われる未来表現は **will** と **be going to** がお決まりのものですが、現在進行形にはこれからの予定や計画を表す用法があります。そんな進行形の使い方が皮膚感覚で学べる場面です。そして、**That's fine.** はここでは断りの表現です。**fine** は、何か食べ物を勧められて断るときに **No, thanks. I'm fine.** のようにも使います。

授業での留意点

1 はじめに

　英語の授業に英語の映画を積極的に活用すべきであるという立場から、映画を利用する英語学習の留意点を述べたいと思います。3年後に定年退職を迎える中学教師が、これまでの経験を踏まえ、これからの英語教育を担う後進の先生方に伝えておきたいことをまとめるという形でいろいろと述べてまいります。また、家庭で映画を使って英語学習をしようという人たちや、今自分が教えている生徒たち、そして、かつての教え子たちがこの本を手に取って学習することも念頭において述べさせていただきます。

　2014年10月に、大阪市の中学校英語教員を対象に、勤務校の体育館で公開授業を行い、300名を超える方に参観いただきました。チャップリンの映画 *Limelight* を使い、3年生1クラスを対象にした授業でした。*Limelight* では、人を励ます表現を扱いました。高校受験を控えた生徒たちに贈るメッセージとして、この作品を位置付けたからです。授業後の討論などで、映画を使う授業をしてみたいのだけれど、どう始めたらよいかわからないという意見が少なからずありました。そんな先生方には「『第3回映画英語アカデミー賞』や『映画英語教育のすすめ』などを買って読んでみて下さい」とスクリーンプレイの出版物を薦めました。嬉しいことにそのうちの何人かの先生がそれらの本を購入され、映画を使う英語の授業を始めて下さいました。あれから2年経ちましたが、さらに仲間が増え続けていて嬉しい限りです。

　さて、映画を使う授業に好意的な意見がある一方、疑問視する意見があるのも事実です。代表的なのが、教科書を教えるだけでも時間が足りないのに映画なんて見せていられないという意見です。ここで言う「教科書」とは「文部科学省検定済教科書」のことで、これを使って授業を行う決まりになっていますが、どう効果的に使うかは教師の腕の見せ所だと思います。筆者は、教科書をないがしろにしているのではなく、むしろ大切にしたいと考えています。だからこそ、教科書を効果的に使うために英語の映画を活用しています。中学校では2016年度からマイナーチェンジした検定教科書が使われています。中学校英語教科書大手3社（東京書籍・三省堂・開隆堂の3社。6社が中学校英語教科書を発行しているが、この3社で全国の中学校英語教科書のシェアが9割だと言われている）と言われる出版社のうち東京書籍と三省堂の2社が教科書の題材としてこれまで以上に映画を積極的に採用していることも追い風に感じています。

2 映画の魅力

　映画は芸術であると筆者は思います。もちろん娯楽として楽しむものでもありますが、文学、文化、音楽、美術、歴史、科学といったさまざまなジャンルを取り入れた芸術が映画であると思います。英語学習者にとっては、言葉や文化などを理解する上での最適な教材となります。学習者は、映画を通して外国の文化や言葉、生活習慣などを知ることができるからです。映画の中には珠玉の名セリフが数多くあり、実生活で使ってみるのもいいものです。

　映画はストーリーに飽きがきませんから、学習者の興味や関心をひきつけます。映画は場面設定が自然なため、発話される表現も自然です。したがって、言葉を皮膚感覚で習得できます。つまり、生きた言葉の使い方が容易に理解でき、発話される表現を言語用法の知識としてではなく、言語使用の能力として身に付けることができるのです。

　また、異文化を自然に理解できるという点でも映画は有効です。英国映画 *Melody*（邦題『小さな恋のメロディ』）を例に挙げます。学園もので生徒にはすこぶる評判の良い作品です。ロンドンの学校が舞台となっているため、日本との学校生活の違いを知る上でもたいへん有効です。製作後40年以上経つにもかかわらず、この作品は今も精彩を放っています。たとえば、集会のようすの違い、授業中に他の教師が教室に入ってきた

ときの生徒の反応の違い、世界地図の描かれ方の違い等、百聞は一見に如かずです。実際にこの作品を授業で使った際に生徒から次のような思いがけない指摘もありました。「外国ではどこも車は右側通行だと思っていましたが、イギリスでは日本と同じ左側通行だと初めて知りました」。

さらに、日本で「英語」という場合、それは米国英語を指すことがほとんどで、その源流となった英国英語については我が国ではマイナーな存在です。しかし、グローバルな視点から見た場合、米国英語が主流で英国英語が傍流というわけでは決してありません。さらに、源流からはさまざまな流れが生まれ、この地球上にはいろんな種類の「英語」が存在するということも映画を通して学ぶことができます。

3　映画でアクティブ・ラーニング

今、アクティブ・ラーニングが盛んに奨励されています。要は、学習に取り組む学習者の主体的な態度が重視されているわけで、この点でも映画は有効な教材です。

かつて、村松増美という方がいらっしゃいました。同時通訳の神様と言われた方で、英語と日本語を自在に操る氏の言語力は当時の学生の憧れの的でした。著書『私も英語が話せなかった』『続・私も英語が話せなかった』の中で、ご自身の体験から英語の勉強に映画を勧められていました。筆者は大学に入学した1978年に氏の講演を聞く機会がありました。このとき、映画を見て英語の学習をする方法を具体的に教えていただきました。筆者はその方法を学生時代に実践し、効果があったことから、長年にわたり生徒たちに英語学習に映画の利用を奨励しているわけです。氏が教えて下さった方法を述べます。当時は家庭でビデオが自由に見られる環境には程遠く、映画を見ようと思ったら映画館に行くのが当たり前だった時代です。その方法とは、朝から映画館に行き、上映1回目から何度も同じ映画を見るというものでした。1回目は映像と日本語の字幕を見ながらストーリーを理解し、2回目は字幕を見ないで映像を見て英語を聴き取る、3回目は2回目に聴き取れなかったところを注意深く聴く、4回目は気に入った表現をメモする、といった方法でした。お腹がすくと上映の合間に菓子パンを食べたり、朝から晩まで映画館の椅子に座っているとお尻が痛くなったりといった中で、今流に言えばアクティブ・ラーニングをしていたわけです。やろうと思えば学校や家庭で手軽に同じことができる今、映画を活用せずに英語学習をするというのはもったいないと思います。

4　指導計画

卒業というゴールや卒業後に続く英語学習を見据えて、中学校や高校での指導計画を立てることが英語教師として大切なことだと思います。今後は、教科化が決まった小学校でも同じことが言えます。

映画を授業で活用するためにまず必要なことは何でしょうか。若い頃、場当たり的に映画を見せて時間つぶしをした経験が筆者にはあります。それは、「映画がおもしろかった」だけの授業に終わり、英語の授業とは言えないものでした。しかし、この「映画がおもしろかった」を「映画を使う授業がおもしろかった」に変えると自分の授業がおもしろいものになるのではないかと考え、年間指導計画の中に映画を使う授業を組み込んでみました。あれから数十年が経ち、今では3年間を見据えた上で指導計画を立てています。

筆者は、今年度は中学2年生を担当していますが、彼(女)らにとって中学校最初の英語の授業時に、3年間の学習計画を、ハンドアウトを使って説明しました。使用する教材として、検定教科書やその周辺教材のほかに英語の映画も明記しました。活用を予定している映画は、*Melody*（邦題『小さな恋のメロディ』）、*Life of Pi*（邦題『ライフ・オブ・パイ　トラと漂流した227日』）、*Limelight*（邦題『ライムライト』）、*Diana*（邦題『ダイアナ』）などです。このほかに can の導入時に *Pinocchio*（邦題『ピノキオ』）を使うことや、時代の

授業での留意点 (つづき)

流れにも乗って、新作映画も活用することを伝えました。本稿執筆にあたり、*About Time* を夏休みの特別授業で活用しました。

　英語教師は、学習指導要領に明記された目標を達成すべく大らかに授業を組み立てればよいのだ、と筆者は考えています。その核となるのはもちろん検定教科書です。卒業時に教科書をすらすらと音読でき、言いたいことが言えたり書けたりできるようになるための指導計画を立てればよいのです。教科書は大切ですが、それにとらわれ、それを教え込もうとすると、自分がしんどくなり当然生徒もしんどくなります。教科書を離れ、教科書レベルを超える英語に触れることによって、教科書レベルの英語が定着していく生徒のようすをたくさん見てきました。キーワードは、動機付けです。動機付けをすると生徒は伸びて行きます。そのきっかけのひとつが映画です。目標を高めることによって本来の目標に達する、あるいはそれを超えるというのはミラクルではなく、当たり前の結果としてよくあることです。筆者の勤務校では英検の全校受験を実施していることもあり、主体的に英語学習に取り組む生徒が比較的多くいます。在学中に準2級や2級を取得するのはそんな生徒たちです。

　映画を使う授業は、筆者はいつもわくわくします。自分が楽しくないと感じる授業は、生徒にとっても楽しいはずがありません。自分が楽しむために映画を使う授業を指導計画の中で位置付ける、こんな気軽なスタンスでよいと思います。

5　使用する映画

　「どんな映画を使ったらいいですか」という質問をよく受けます。「自分が好きな映画を使ったらいいのですよ」、筆者はいつもそう答えます。自分が楽しいとか感動的と思える作品を使うことによって、自分のモチベーションが高まり、生徒に伝えたいという思いに昇華されるからです。ただし、生徒たちの発達段階にふさわしくない映画やそんな場面のある映画もあるので、そこは気をつけたいものです。

　自分が観たことのない映画をレンタルショップで借りてきて、授業でいきなり映画鑑賞会、というのが最もいけません。理由は2つ。第1に、レンタルショップで借りたものを権利者に無断で上映するのは違法行為です。教師たる者、法を犯してはなりません。第2に、時間つぶしの上映が授業と言えるのでしょうか（過去のある時期の自分の授業の反省です）。計画を立てて授業に臨みたいものです。生徒への礼儀です。

　では、何を使ったらよいかわからないという場合は、どうすればよいのでしょうか。毎年出版されるこの『第○回映画英語アカデミー賞』や、『先生が薦める 英語学習のための特選映画100選』（共に映画英語アカデミー学会監修）を参考にされるとよいでしょう。ところで、『先生が薦める 英語学習のための特選映画100選 中学生編』は秀逸です。この本を中心になって執筆された、名古屋の松葉明先生の映画に対する思いとそれを生徒たちと共有したいという思いが伝わってきて、とても素晴らしいものに仕上がっています。ご一読をお勧めします。

6　英語学習

　英語学習、特に授業時において、どのようにこの作品 *About Time* を活用するか、夏休みの講座で中学2・3年生に行った *About Time* の授業を振り返り、留意点を述べることにします。

6.1　リスニング

　ティムが話す英語は英国英語です。一方、メアリーは米国出身という設定のため米国英語を話します。2人の英語はどちらも聴き取りやすい英語です。

6.2 字幕翻訳・吹替翻訳

　「字幕翻訳」や「吹替翻訳」は、日本語を通して言葉の本質を考えるための活動として位置付けてはいかがでしょうか。言葉の教師として、英語だけでなく美しい日本語も大切にしたいと思いますし、この活動は、言語力や思考力の養成に効果があるからです。英文訳読式の授業での日本語訳とは趣が異なる楽しい活動となります。グループで考えるのもよいでしょう。

　次の学習指導要領で、中学校でも英語の授業は英語で行う旨が明記されるようです。そうすると、授業は一切日本語を使わずにすべて英語で行う先生も出てきそうです。その姿勢を否定はしませんが、筆者は翻訳を取り入れた授業は継続すべきであると考えています。外国語として英語を学ぶ多くの生徒にとって、英語力を高めるには日本語の運用力と自己表現力が欠かせないからです。母語である日本語力以上に英語力が向上しないのは周知の事実です。先程、筆者の勤務校での英検受験について述べましたが、中学校から本格的な英語学習を始めて中学校在学中に準2級・2級を取得する生徒の共通点のひとつは国語の成績がよいことです。彼(女)らが書く日本語の作文にも表現力を感じます。

6.3 異文化理解

　この映画は、劇中劇で使われる英語、日本とは異なる法廷のようすやそこで使われる英語なども学べます。また、店先での会話も米国英語とは別の表現が学べます。57ページの「学習のポイント」や66～67ページの「ワークシート①」を参考になさって下さい。

6.4 音読・暗唱・暗写

　言葉を身に付けるのに音読が不可欠であることは論を俟ちません。しかし、残念なことに熱心に音読をしているのに英語力が向上しない人もいます。その原因は何なのでしょうか。筆者は、その第1の理由に音読する教材を間違っていること、第2の理由に感情移入をしないで棒読みになってしまっていることを指摘したいと思います。

　中学校の検定教科書3学年分の本文すべてを音読し、暗唱できるようになれば英語の基本が身に付くとよく言われます。これには一理あると思います。しかし、教科書によっては不自然な表現も見られるのが現実です。検定教科書という枠の中で使用語彙や表現等に制約があるために仕方がないことなのかもしれませんが、生徒の将来を考えたとき、教師は暗唱する箇所と暗唱しない箇所の取捨選択をすべきだと考えます。自然な英語の宝庫と誰もが認める光村図書の *COLUMBUS 21* など一部の検定教科書以外は3学年分すべての本文の暗唱を生徒に奨励するのは疑問です。使える英語も覚えるけれども、同時に、使えない不自然な英語も覚えることになるからです。また、どんな場面や状況でその表現が使われているのかがわからないまま音読・暗唱を続けても、感情移入なしに覚えた英語からは言語使用の能力は身に付きません。

　映画を使う意義がここにもあります。言葉が実際に使用される場面を映像で確認することによって、言語用法（文法）の知識が言語使用の能力に高まります。したがって、言葉が使われている場面を必ず映像で確認した後で音読練習に入ることを強くお勧めします。つまり、役者になりきって演じるような読み方、「演読」とも言うべき音読を心がけることです。そうすると感情移入がしやすくなり、学習者が主体的に取り組める活動になります。暗唱までつなげて行って、さらに暗写するトレーニングまで行うと完璧です。中学校の教え子が高校生や大学生になってもこの方法で英語学習を続け、英検準1級や1級を取得していることから効果的な方法であることに間違いはないと言えます。

ワークシートの利用の仕方

ワークシートは、「映画使用の授業で検定教科書使用の授業と同等以上の言語使用の能力を身に付ける」というコンセプトで作成しています。リスニング演習から入り、言葉の成り立ちを考え、自己表現につなげていきます。

《ワークシート①》
＜中学1～2年レベル　英検5～4級レベル＞

設問構成　1 リスニング　　　　2 吹替翻訳
　　　　　3 リスニング（確認）　4 字幕翻訳
　　　　　5 ペアワーク　　6 グループワーク

1 リスニング

1.1 1st Listening
字幕なしでこの場面を見て、どういう状況での会話なのかを意識します。

1.2 2nd Listening
この場面を再生し、空所がある文は1文ごとにDVDを停止し聴き取った語を空所に書き入れます。

2 吹替翻訳（英文理解）
ワークシートにある吹替翻訳の日本語で、会話の内容を確認します。なお、ワークシートの吹替翻訳は、すべて尾形由美氏によるものをベースにしています。

3 リスニング（確認）

3.1 3rd Listening
字幕なしでこの場面を見て、会話の内容を確認します。

3.2 4th Listening
答え合わせをし、その後にもう一度この場面を見て、言語使用の場面を確認します。

解答　① Hi　　② Good　　③ today
　　　④ please　⑤ Hello　⑥ fine
　　　⑦ Lovely　⑧ day

4 字幕翻訳（英文理解）

4.1 ルール
字幕についての基礎知識を得て日本語訳を考えると、単なる和訳から翻訳となり、言語力の向上につながります。みんなで考えると盛り上がりますのでグループ活動がお勧めです。

映画に日本語の字幕を付ける字幕翻訳の世界には様々なルールがありますが、主なルールを紹介します。なお、ワークシートの字幕翻訳は、稲田嵯裕里氏によるものをベースにしています。

4.1.1 1秒4文字
字幕にはセリフ1秒あたりの日本語の文字数を4文字にするという字数制限があります。映像を見て、字幕を無理なく読むのにちょうどよい文字数だからです。

4.1.2 句読点なし
字幕には句読点を使いません。句点（。）は1文字分、読点（、）は半文字分のスペースをとります。

　例：○　僕はティム　君は？
　　　×　僕はティム。君は？
　　　○　よろしく メアリー
　　　×　よろしく、メアリー。

解答例　お持ち帰り？ / そう /
　　　　袋に入れますか？ / ええ /
　　　　よい一日を / ありがとう / こんにちは

5 ペアワーク
映像を見ながらペアで役割練習をします。DVDの音声が流れないようにし、字幕を見ながら発話するようにします。感情移入を効果的に行うために、まず日本語で行うのもいいでしょう。

6 グループワーク
その1とその2の場面の映像を見て、どちらが心地よい会話であるか、そして、それはなぜなのかを考えたいものです。この場面は、店先で毎日行われるありふれたコミュニケーションのひとつですが、同じ言葉を使っていても表情ひとつで言葉の伝わり方や会話の雰囲気が変わるということが学べます。

《ワークシート②》
<中学1～3年レベル　英検5～3級レベル>

設問構成　1 リスニング　　　2 翻訳
　　　　　3 リスニング（確認）　4 文法演習
　　　　　5 英作文

1 リスニング

1.1　1st Listening

　主題歌 'How Long Will I love You' の聴き取りです。ティムとメアリーがいつも使っている地下鉄の駅の通路での路上ライブの場面を見ながらリスニングしたいものです。時間の大切さ、家族や大切な人と過ごす時間の素晴らしさに気付く伏線になっている場面だからです。

　曲の背景については「総合評価表」（45ページ）をご参照下さい。

　最初は、ワークシートの歌詞を見ないで曲を聴き、どういう内容の歌なのかをイメージします。

1.2　2nd Listening

　もう一度この場面を再生し、聴き取った語を空所に書き入れます。

2 翻訳（英文理解）

　ワークシートにある日本語の訳詩で、歌の内容を確認します。

3 リスニング（確認）

3.1　3rd Listening

　この場面を再生しながら答え合わせをします。

3.2　4th Listening

　ワークシートから目を離し、この場面を見て歌詞の確認をします。

解答　① love　② long　③ if　④ need
　　　⑤ as　⑥ give　⑦ live　⑧ long
　　　⑨ long　⑩ above　⑪ may

4 文法演習

　既習事項をスパイラルに復習する設問です。何度も繰り返し学習することで、真に自分の力になってきます。ここでは、歌詞に何度も出てくる how long に関連して英語での「どのくらい」の使い分けを整理します。

解答　(1) how long　　(2) how many
　　　(3) how much　　(4) how often
　　　(5) how far　　　(6) how tall [high]
　　　(7) how big [large]
　　　(8) how old　　　(9) how much

5 英作文

　和文を英文にする際にはまず訳しやすい和文にするのがポイントです。また、日本語では主語が省略されることもよくあります。英文には主語が必要なので適切な主語を立てることが大切です。

(1) 50年を主語に立てて、「50年はどのくらいですか」とします。

(2) 文脈のない1文の場合の主語は、「あなたは」と考えるとよい場合が多いです。「あなたはどのくらいの写真を撮りましたか」とします。

(3) ここも「あなたは」を主語に立て、「あなたはどのくらいの水を必要としますか」とします。

(4) こちらも「あなたは」を主語に立て、「あなたはあなたの車をどのくらい使いますか」とします。

(5) ここは「あなたは」を主語に立てると意味が通じません。こういうときは it を主語に立てます。うまく主語が立てられないときは「便利屋 it」と覚えておきましょう。

(6) (8)「弟さんは」「妹さんは」は「あなたの弟は」「あなたの妹は」とします。

解答例　(1) How long is fifty years?
　　　　(2) How many photos [pictures] did you take?
　　　　(3) How much water do you need?
　　　　(4) How often do you use your car?
　　　　(5) How far is it from here to the station?
　　　　(6) How tall is your brother?
　　　　(7) How big [large] is the moon?
　　　　(8) How old is your sister?
　　　　(9) How much is this?

第5回映画英語アカデミー賞受賞　中学生部門

《ワークシート③》
＜中学2〜3年レベル　英検4〜3級レベル＞
設問構成　1〜8 リスニング
　　　　　9 自分が使いたい表現

0　リスニング
　覚えて使いたい表現をリスニングによる空所補充形式で場面ごとに整理します。

0.1　1st Listening
　字幕なしで DVD を見て、どういう状況での会話や発話なのかを意識します。

0.2　2nd Listening
　DVD を1文ごとに停止し、聴き取った語を空所に書き入れます。

0.3　3rd Listening
　答え合わせをし、その後にもう一度 DVD を見て、言語使用の場面を確認します。

1　初対面のとき
　56ページの「学習のポイント」を参考に初対面の挨拶をいくつか整理して覚えたいものです。また、中学2年生で to 不定詞を学習するとき、to meet が to 不定詞であるということの確認もできます。Very pleased to meet you. の前には I'm が省略されています。省略によって、「私は」と強調するような響きがなくなっています。
解答　① pleased

2　介助するときや注意をうながすとき
解答　① have　② right　③ please
　　　④ friend　⑤ because

3　依頼するとき
　動詞を過去形にして言うことによって、控えめな距離感、つまり丁寧さが表れています。中学生にも理解できる仮定法の基本です。
解答　① if　② asked　③ No

4　人を紹介するとき
　ジョアンナのセリフ Nice to meet you. の meet は前述の to meet と同じで to 不定詞です。ここは主語・動詞を補うと It's nice to meet you. となります。最後のメアリーのセリフの中で関係代名詞の whose が使われています。中学校で学習する言語材料ではありませんが、英検3級では出題されています。
解答　① Sorry　② again　③ Hi
　　　④ Sorry　⑤ Tim　⑥ Nice
　　　⑦ whose

5　相手が誰なのかを尋ねるとき
解答　① know　② Mary's

6　職業を尋ねるとき
解答　① After　② Thanks　③ enough
　　　④ think　⑤ one　⑥ What
　　　⑦ what　⑧ do　⑨ I'm

7　良くないことを伝えるとき
　良いことを伝えるときは、I have some good news. と言います。
解答　① bad

8　待ち人が来たとき
　最後のメアリーのセリフ Speak of the devil, that will be her. の使い方には注意が必要です。辞書には、Speak of the devil, and he will [is sure to] appear.（うわさをすれば影がさす）のような記述があります。つまり speak of the devil はその場にいない誰かのことを話題にしていてその人が現れたときに使う表現なのですが、devil という語が使われていることから、この言い方を嫌う人もいます。宗教上の配慮が必要な表現なので、聞いてわかる程度にとどめておくのがいいでしょう。
解答　① Where's　② way　③ know
　　　④ around　⑤ got　⑥ Here
　　　⑦ her

9　自分が使いたい表現

アバウト・タイム　愛おしい時間について

《ワークシート④》
＜中学2～3年レベル　英検4～3級レベル＞

設問構成　1 リスニング　2 字幕翻訳
　　　　　3 吹替翻訳　　4 音読・暗唱・暗写
　　　　　5 英作文　　　6 英作文

1 リスニング

1.1 1st Listening
字幕なしでこの場面を見て、どういう状況での発話なのかを意識します。

1.2 2nd Listening
この場面を再生し、空所がある文は1文ごとにDVDを停止し、聴き取った語を空所に書き入れます。

1.3 3rd Listening
答え合わせをし、その後にもう一度この場面を見て、言語使用の場面を確認します。

解答　① travel　② all　③ live
　　　④ come　⑤ day　⑥ life
　　　⑦ time　⑧ ride

2 字幕翻訳（英文理解）
ワークシートにある字幕翻訳の日本語で、会話の内容を確認します。

3 吹替翻訳（英文理解）

解答例　今日という日について
　　　　僕はもう過去には戻っていない / 毎日 /
　　　　ありふれた / 最後
　　　　愛おしい時間について
　　　　人は誰もが時間を旅している /
　　　　ベスト / すばらしいものになるように

4 音読・暗唱・暗写
ティムがどんな気持ちで発話しているのかを考えたい場面です。

ティムの気持ちについて、グループで意見交換をし、クラス全体で発表した後に、音読練習に入ることをお勧めします。より一層感情移入がしやすくなり、暗唱も自然にできるようになるからです。

Step 4 の、キーワードを見ながら暗唱する練習は、スピーチにつなげる練習です。このときに、DVD の音声が流れないようにします。映像を再生しながら、ティムになりきり、感情を込めて練習すると、生きた言葉の使い方が自然に身に付きます。まさに、生徒1人ひとりが主人公になるトレーニングです。

5 英作文

5.1 自分の意見
I agree with him. / I don't agree with him. / I think that .... / I don't think that .... などの表現を使ってティムの意見に対して自分の立場を明らかにしてから、その理由を書いていくようにするとうまくまとまります。

5.2 みんなの意見
生徒同士が意見交換のできる雰囲気や、英語が苦手な生徒には、得意な生徒がフォローする雰囲気の中で取り組みたい活動です。また、グループの意見をクラス全体に発表する場も作りたいものです。

All the members agree with him. / One of our members doesn't agree with him. / Taro says "...." などのまとめ方ができます。

6 英作文

6.1 *The truth is, I now don't travel back at all.
*the truth is, は「本当のところは」と前置きする言い方になっています。

6.2 *All we can do is *do our best to relish this remarkable ride.
*all we can do は「私たちができるすべて」。
*do our best の do は不定詞で to do our best が本来の形ですが、口語では to を省略するのが一般的です。

解答例　(1) The truth is, the concert was more exciting than basketball.
　　　　(2) All you have to do is do your best to win the game.

第5回映画英語アカデミー賞受賞　中学生部門

ワークシート ①

ティムと店員の会話です。

その1　　　　　　　　　　　　　　　　　　　　　　　　　　　　　（Chapter 13 1:39:55～）

　　Tim:　　①(　　　　　　).

　　Clerk:　②(　　　　　　) afternoon, sir.
　　　　　　Are you eating in or taking away ③(　　　　　)?

　　Tim:　　Ah, take away, ④(　　　　　　).

　　Clerk:　Yeah. No problem. Lovely, that's 4.24 then, please, sir.
　　　　　　Thank you kindly. Lovely. And here's your change, sir. 76 pence change.

　　Tim:　　Thanks.

　　Clerk:　Thank you.
　　　　　　（次の客に）⑤(　　　　　　), there. Are you eating in or taking away?

その2　　　　　　　　　　　　　　　　　　　　　　　　　　　　　（Chapter 13 1:41:48～）

　　Clerk:　②(　　　　　　) afternoon, sir.

　　Tim:　　Good afternoon.

　　Clerk:　Are you eating in or taking away ③(　　　　　)?

　　Tim:　　Take away, ④(　　　　　　).

　　Clerk:　Yeah. No problem. Would you like a bag?

　　Tim:　　That's ⑥(　　　　　　).

　　Clerk:　⑦(　　　　　　), that's 6.23 then, please.
　　　　　　And enjoy the rest of your ⑧(　　　　　　).

　　Tim:　　Thank you. Bye-bye.

　　Clerk:　（次の客に）⑤(　　　　　　), there.

1　英語を聴いて、空所に適切な語を1語ずつ書き入れましょう。

2　吹替翻訳の日本語で会話の内容を確認しましょう。

その1

　　ティム：　やあ。

　　店員：　　こんにちは。
　　　　　　　今日はこちらでお召し上がりですか、お持ち帰りですか。

　　ティム：　持って帰ります。

　　店員：　　お待ちください。全部で4ポンド24ペンスです。
　　　　　　　ありがとうございます。おつりです。76ペンスです。

　　ティム：　ありがとう。

　　店員：　　ありがとうございました。
　　　　　　　（次の客に）こんにちは。こちらでお召し上がりですか、お持ち帰りですか。

その2

　　　ティム：　こんにちは。
　　　店員：　　こんにちは。
　　　　　　　　今日はこちらでお召し上がりですか、お持ち帰りですか。
　　　ティム：　持って帰ります。
　　　店員：　　袋にお入れしますか。
　　　ティム：　いいえ。
　　　店員：　　6ポンド23ペンスです。良い午後を。
　　　ティム：　ありがとう。じゃあ。
　　　店員：　　（次の客に）こんにちは。

3　もう一度英語を聴いて、空所に入れた語が適切かどうか確認しましょう。　　　＊ここで答え合わせ

4　その2の_____部のセリフの日本語訳を、字幕翻訳家になりきって考えましょう。

　その2

　　　ティム：　こんにちは

　　　店員：　　こんにちは

　　　　　　　　_____

　　　ティム：　_____

　　　店員：　　_____

　　　ティム：　_____

　　　店員：　　6ポンド23ペンスです　_____

　　　ティム：　_____

　　　店員：　　（次の客に）_____

　　　　　　　　　　　　　　　　　　　　　　　　　　　　　　　　＊ここで答え合わせ

5　映像を見ながらティムと店員になりきって、その2の対話をペアで役割練習をしましょう。

6　映像でその1とその2の場面をもう一度見ましょう。どちらの場面が心地よいですか。また、それはなぜでしょうか。グループで話し合いましょう。

_____

_____

_____

第5回映画英語アカデミー賞受賞　中学生部門

ワークシート ②

主題歌 'How Long Will I Love You' です。　　　　　　　　　　　　　（Chapter 10 49:43～）

　　　　How long will I ①(　　　　　) you
　　　　As ②(　　　　) as stars are above you
　　　　And longer ③(　　　　) I can

　　　　How long will I ④(　　　　) you
　　　　As long ⑤(　　　　) the seasons need to
　　　　Follow their plan

　　　　How long will I ⑥(　　　　) to you
　　　　As long as I ⑦(　　　　) through you
　　　　However ⑧(　　　　) you say

　　　　How ⑨(　　　　) will I love you
　　　　As long as stars are ⑩(　　　　) you
　　　　And longer if I ⑪(　　　　)

1　歌を聴いて、空所に適切な語を1語ずつ書き入れましょう。

2　日本語で歌詞の内容を確認しましょう。
　　　　どのくらいあなたを愛し続けるのかな
　　　　星が頭上にある限り
　　　　可能な限りずっと

　　　　どのくらいあなたを必要とし続けるのかな
　　　　季節の移ろいが
　　　　続く限りずっと

　　　　どのくらいあなたに尽くせるのかな
　　　　あなたと共に生きている限り
　　　　あなたが言う通りずっと

　　　　どのくらいあなたを愛し続けるのかな
　　　　星が頭上にある限り
　　　　許される限りずっと

3　もう一度歌を聴いて、空所に入れた語が適切かどうか確認しましょう。　　　　＊ここで答え合わせ

アバウト・タイム　愛おしい時間について

4　「どのくらい」という言い方を整理しましょう。
　　(1) 時間が「どのくらい」は　＿＿＿＿＿＿＿＿＿＿＿＿＿＿＿＿＿＿＿＿
　　(2) 数が「どのくらい」は　　＿＿＿＿＿＿＿＿＿＿＿＿＿＿＿＿＿＿＿＿
　　(3) 量が「どのくらい」は　　＿＿＿＿＿＿＿＿＿＿＿＿＿＿＿＿＿＿＿＿
　　(4) 頻度が「どのくらい」は　＿＿＿＿＿＿＿＿＿＿＿＿＿＿＿＿＿＿＿＿
　　(5) 距離が「どのくらい」は　＿＿＿＿＿＿＿＿＿＿＿＿＿＿＿＿＿＿＿＿
　　(6) 高さが「どのくらい」は　＿＿＿＿＿＿＿＿＿＿＿＿＿＿＿＿＿＿＿＿
　　(7) 大きさが「どのくらい」は＿＿＿＿＿＿＿＿＿＿＿＿＿＿＿＿＿＿＿＿
　　(8) 年齢が「どのくらい」は　＿＿＿＿＿＿＿＿＿＿＿＿＿＿＿＿＿＿＿＿
　　(9) 金額が「どのくらい」は　＿＿＿＿＿＿＿＿＿＿＿＿＿＿＿＿＿＿＿＿　　＊ここで答え合わせ

5　4の英語を参考に、次の日本語の内容を伝える英文を作りましょう。
　　(1) 50年ってどのくらい？
　　　　＿＿＿

　　(2) 写真、どのくらい撮ったの？
　　　　＿＿＿

　　(3) どのくらいの水が必要ですか。
　　　　＿＿＿

　　(4) 車をどのくらい（の頻度で）使いますか。
　　　　＿＿＿

　　(5) ここから駅へはどれくらいの距離ですか。
　　　　＿＿＿

　　(6) 弟さんの身長はどれくらいですか。
　　　　＿＿＿

　　(7) 月はどのくらいの大きさですか。
　　　　＿＿＿

　　(8) 妹さんはおいくつですか。
　　　　＿＿＿

　　(9) これはいくらですか。
　　　　＿＿＿＿＿＿＿＿＿＿＿＿＿＿＿＿＿＿＿＿＿＿＿＿＿＿＿＿＿＿＿＿＿＿＿＿＿　＊答え合わせ

ワークシート ③

覚えて使いたい表現を集めてみました。
　どのような場面や状況で使われているのかを映像で確認しながら、空所に適切な語を１語ずつ書き入れましょう。

1　初対面のとき　　　　　　　　　　　　　　　　　　　　　　　　　　　　　　（Chapter 4 0:19:52〜）

　　　Rory:　Hello. I'm Rory. Very ①(　　　　　　) to meet you.
　　　　　　（こんにちは。ローリーだ。君が来てくれて嬉しいよ）

2　介助するときや注意をうながすとき　　　　　　　　　　　　　　　　　　　　（Chapter 5 0:21:01〜）

　　　Carlo:　Can I ①(　　　　　　) your right hand on my ②(　　　　　　) shoulder,
　　　　　　③(　　　　　　)? And your ④(　　　　　　) hold on to your shoulder.
　　　　　　Thank you. Mind the stairs and be prepared ⑤(　　　　　　) it's completely dark.
　　　　　　（じゃあ、右手で私の肩をつかんで。お友達は彼の肩を。そうです。足元に気をつけて階段を降りて下さい。完全な暗闇ですから）

3　依頼するとき　　　　　　　　　　　　　　　　　　　　　　　　　　　　　　（Chapter 5 0:23:40〜）

　　　Tim:　Would it be very wrong ①(　　　　　　) I ②(　　　　　　) you for your number?
　　　　　　（よければ電話番号を教えてくれないかな）

　　　Mary:　③(　　　　　　).　　　（だめ）

4　人を紹介するとき　　　　　　　　　　　　　　　　　　　　　　　　　　　　（Chapter 7 0:36:20〜）

　　　Tim:　①(　　　　　　). It's me ②(　　　　　　).　（ごめんね。また僕だ）
　　　Mary:　③(　　　　　　).　　　（あら）
　　　Tim:　④(　　　　　　).　　　（ごめん）
　　　Mary:　Joanna, this is ...　　　（ジョアンナとこちらは…）
　　　Tim:　⑤(　　　　　　).　　　（ティムだ）
　　　Joanna:　Hello. ⑥(　　　　　　) to meet you.　（よろしく）
　　　Mary:　Tim is a total stranger ⑦(　　　　　　) mother's name is Mary.
　　　　　　（今日初めて会った人なの。お母さんもメアリーなの）

5　相手が誰なのかを尋ねるとき　　　　　　　　　　　　　　　　　　　　　　　（Chapter 8 0:40:47〜）

　　　Joanna:　Oh, hello. Do I ①(　　　　　　) you?　（ああ、どうも。私の知りあい？）
　　　Tim:　No, no, no. I'm a friend of ②(　　　　　　).（いや。僕はメアリーの友達）

6　職業を尋ねるとき　　　　　　　　　　　　　　　　　　　　（Chapter 8 0:42:57 ～）

　　　Tim:　①(　　　　　　) you.　　　　　（どうぞ）

　　　Mary:　②(　　　　　).　　　　　　　　（ありがとう）

　　　Tim:　Ten minutes is long ③(　　　　　　) for any party, I ④(　　　　　　).
　　　　　　　　　　　　　　　　　　　　　（パーティーは10分もいれば十分だ）

　　　Mary:　Yeah.　　　　　　　　　　　　　（ええ，本当）

　　　Tim:　Especially that ⑤(　　　　　　).　（特に今回は）

　　　Rupert:　Evening, all.　　　　　　　　　（こんばんは）

　　　Tim:　God! ⑥(　　　　　) a dickhead.　（なんて軽薄そうなやつ）

　　　Mary:　Yeah.　　　　　　　　　　　　　（そうね）

　　　Tim:　So, ⑦(　　　　　　) do you ⑧(　　　　　　)?　（それで、仕事は何を？）

　　　Mary:　⑨(　　　　　　) a reader at a publisher.　（出版社で原稿を読む係）

7　良くないことを伝えるとき　　　　　　　　　　　　　　　　（Chapter 10 0:51:20 ～）

　　　Mary:　I have some ①(　　　　　　) news.　（あのね、悪い知らせがあるの）

8　待ち人が来たとき　　　　　　　　　　　　　　　　　　　　（Chapter 14 1:18:45 ～）

　　　Tim's father:　①(　　　　　　) Kit Kat, by the ②(　　　　　　)?
　　　　　　　　　　　　　　　　　　　　　（そう言えば、キットカットは？）

　　　Mary:　I don't ③(　　　　　　). She said she'd be here ④(　　　　　　) 3:00.
　　　　　　And you know we ⑤(　　　　　　) purple cupcakes for her especially.
　　　　　　　　　　　　　　　　　　　（3時ぐらいには来るって言っていたんですけど。
　　　　　　　　　　　　　　　　　　　　キットカットのためにパープルのカップケーキ用意したんですよ）

　　　Mary:　⑥(　　　　　　) she is! Speak of the devil, that will be ⑦(　　　　　　).
　　　　　　　　　　　　　　　　　　　　　（来たみたい。噂をすればだね）

　　　　　　　　　　　　　　　　　　　　　　　　　　　　　　　　＊答え合わせ

9　1～8からあなたのお気に入りのセリフや気になる表現を書き出しましょう。

_____

_____

_____

ワークシート ④

ティムが語ります。

今日という日について (Chapter 19 1:54:17～)

The truth is, I now don't ①(　　　　) back at ②(　　　　). Not even for the day.
I just try to ③(　　　　) every day as if I've deliberately ④(　　　　) back to this one day to enjoy it as if it was the full final ⑤(　　　　) of my extraordinary, ordinary ⑥(　　　　).

愛おしい時間について (Chapter 19 1:55:43～)

We're all travelling through ⑦(　　　　) together every day of our lives.
All we can do is do our best to relish this remarkable ⑧(　　　　).

Word Box　the truth is, 真実は、本当のところ　　deliberately 故意に、慎重に
　　　　　as if ... まるで～のように　　extraordinary 非凡な　　ordinary 平凡な
　　　　　relish 楽しむ、享受する　　remarkable すばらしい

1　英語を聴いて、空所に適切な語を1語ずつ書き入れましょう。　　＊ここで答え合わせ

2　字幕翻訳の日本語でセリフの内容を確認しましょう。

今日という日について
今の僕は　1日だって過去に戻らない
この日を楽しむために　自分は未来から来て
最後だと思って　今日を生きている　僕の非凡で　平凡な人生の…

愛おしい時間について
僕たちは一緒に　人生をタイムトラベルしてる
今を精一杯　生きて
すばらしい日々を　かみしめよう

3　＿＿＿部のセリフの日本語訳を、吹替翻訳家になりきって考えましょう。

今日という日について

＿＿＿＿＿＿＿＿＿＿＿＿＿＿＿＿＿＿＿＿＿＿＿＿＿＿＿＿＿＿＿＿。　昨日にさえも。

僕は、＿＿＿＿＿＿＿＿＿を生きている。まるでその日をやり直したときのように。

楽しんでいる。とんでもなく＿＿＿＿＿＿人生の今日が＿＿＿＿＿＿の日だと思って。

愛おしい時間について

＿＿＿＿＿＿＿＿＿＿＿＿＿＿＿＿＿＿＿＿＿＿＿＿＿＿＿＿。　人生という時間を。

そこで＿＿＿＿＿＿を尽くすしかない。その旅が＿＿＿＿＿＿＿＿＿＿＿＿＿＿。

4 愛おしい時間について のティムのセリフの「音読・暗唱・暗写」トレーニングをしましょう。

　　　　　We're all travelling through time together every day of our lives.
　　　　　All we can do is do our best to relish this remarkable ride.

Step 1 　文字を追いながら 5 回音読しましょう。
Step 2 　1 回黙読した後、顔を上げて、文字を見ないで 1 回言いましょう。
Step 3 　穴埋め：空所を補いながら音読しましょう。
　　　　　We're (　) travelling through (　) together every (　) of our (　).
　　　　　(　) we can do (　) do our (　) to relish this (　) ride.
Step 4 　暗唱：キーワードを見ながら Tim になりきって、感情を込めて言ってみましょう。
　　　　　travelling　　　time　　　our lives　　　all　　　relish
Step 5 　このセリフを暗写しましょう。

5 　4 でトレーニングした英文（ティムの意見）について
5.1 　あなたはどう思いますか。英語で書きましょう。

5.2 　グループで意見交換をしましょう。みんなの意見を英語で書きましょう。

6 　網掛け部分の英語を参考に、次の日本語の内容を伝える英文を作りましょう。

　(1) 本当のことを言うと、コンサートはバスケットボールよりわくわくしたよ。

　(2) 君がしなきゃいけないのは、ベストを尽くすことだ。試合に勝つにはね。

＊答え合わせ

第5回映画英語アカデミー賞
高校生部門

プロミスト・ランド

第5回映画英語アカデミー賞受賞　高校生部門

| | プロミスト・ランド | Promised Land | （執筆）井上　雅紀 |

セリフ紹介	映画の終盤、バトラーは演説会場で農民に最後の演説をする前に、レモネードを売っている少女と話をします。 Girl : Lemonade?（レモネードはいかが？） Butler : Is it good?（おいしいかい？） Girl : Really good.（すごくおいしいよ） Butler : Ah, you have a really good spot here.（いい場所にお店を出したね） Girl : I know.（わかってるわ） Butler : [ひと口飲んで] Wow.（うまい） Girl : I know.（でしょ） バトラーは、少女にお金を渡し演説会場に戻ろうとして、少女に呼びとめられます。 Girl : Ah mister? Forgot your change.（すみません。お釣りが…） Butler : Go ahead. Keep it.（あげるよ） Girl : The sign says it's only ¢25. So, it's only ¢25.（25セントと書いてあるでしょ。だから25セントなの） レモネードがいくらおいしいものであっても、定価以上は受け取らないという少女の考え。農民から採掘権を買い取り少しでも会社の儲けにしようとするバトラーにとっては、必要以上に儲けるのは間違いで、商品と価格は同価値であるという基本的な考え方を持つ少女の言葉は新鮮な驚きだったのです。
学習ポイント	「セリフ紹介」で取り上げた部分は、おそらくこの映画を理解する上で重要な考え方を示していると思われます。バトラーは、少女からレモネードを買います。とてもおいしかったのでお金を払い「釣りはいらない」と言うと、少女は、¢25のレモネードを売っているのだから、それ以上お金をもらうことはできない、といってお釣りを受け取ることを断ります。つまり、商品に対してそれ相当の金額が設定してあるため（商品＝金額）、商品を売ったらもらう金額は、それ以上でもそれ以下でもいけない、ということなのです。もし、商品価値以上の金額をもらったら、それはお客を欺くことになるのです。逆に、商品価値以下の金額で売った場合は、売った側が損をすることになります。これは、当然と言えば当然の原理なのですが、日本や米国のような利潤追求が当たり前の資本主義社会の中では、忘れ去られていることです。バトラーもその1人で、会社の利益のために農民に高額のお金を提示してシェールガスの採掘権を買い取ろうとしていました。その結果、最終的に農民の不利益につながることをわかっていたにも関わらず、です。バトラーは少女とのやり取りから、少女の持つ価値基準が最も本質的で正しいと確信するのです。たかがレモネードであっても、いったん値段（金額）が付与されれば、それはその瞬間に商品となり、その値段（金額）の価値を持ったものになるのです。従って、もし少女がレモネードを売って儲けようという意図があったら、¢25の価値のレモネードに¢30の値段をつけて売っていたでしょう。少女は利潤追求ではなく、おいしいレモネードを提供したかったのです。お客に良いものを適正価格で提供すること。これが、バトラーが少女から教えられたことだと言ってよいでしょう。このことが、次の場面で展開される体育館のスピーチにつながり、最終的に彼は会社を退職する（実際には首になる）ことになります。 　バトラーの気持ちの中には「お金を儲けることが本当の幸せにつながるのか？」という疑問があったのでしょう。働いて出世する。一般的な会社なら、係長、課長、部長と順番に。その過程で当然給料も上がっていきます。それが働く人にとって「生きがい」でもあるわけです。バトラーは会社の仕事を真面目にやり遂げようとします。それは当たり前のことです。しかし、人は、自分がやっている仕事が本当に人々のためになるのか、という疑問を持ったら、その仕事に熱意をもって続けることができるのでしょうか。この映画は、その意味で「出世とそれに伴う経済的豊かさ」の追求が「幸せ」の追求に結び付くのか、という疑問を投げかけています。 　まず生徒にこの映画のテーマを考えさせる（バトラーの行動の変化を順番に拾い出せば明らかになります）。次に、最後に彼がとった行動（その結果解雇されます）を考えさせ、彼がなぜそのようなことをしたのかを分析することで、生徒に、現代の日本の中でどう生きるかを考えさせることができるのではないでしょうか。
あらすじ	新しいエネルギーとして注目されるシェールガスの採掘権を取得するために、バトラーはペンシルバニア州マッキンリーにやって来ました。住民の多くは貧しい農民たちです。高額の契約金を提示すると非常に良い感触を得ることができたので順調に行くと思ったのですが、シェールガスを考える集会に参加すると、高校教師のフランクから環境に対する悪影響について問題点を指摘され、形勢は逆転し住民投票で決めることになります。さらに環境保護団体に所属するダスティンという男が現れ、牛が死んでいる写真を見せます。自分自身が農村出身であり農民の生活をよく知っているバトラーは、会社から与えられた任務を進めることが本当に町の人々の幸せにつながるのか、という疑問を持ちながらも、町民の利益になるように自分なりに努力を続けます。彼に理解を示す町民が現れ有利な展開が期待できそうな状況になっていきます。しかし、環境保護団体のダスティンが見せた写真は作り物だったことが判明します。そしてダスティンもまた実は環境保護団体の男ではなく、会社が仕向けた偽の活動家だったのです。すべては会社が仕組んだシナリオ通りに進んでいたのです。そのことに気づいたバトラーは、住民投票の当日町民に、農民の仕事は毎日の地道な積み重ねで報われるもので、その努力を惜しんで目の前の高額な契約金に飛びつく事は「約束された土地」を放棄する事です、と語りかけます。彼は解雇されますが、よき理解者であるアリスのもとに向かいます。
映画情報	原　　作：デイヴ・エッガース 製 作 年：2012年　　　製 作 費：1,500万ドル 製 作 国：米国　　　　言　　語：英語 ジャンル：ヒューマンドラマ カラー映画	公開情報	公 開 日：2012年12月28日（米国） 　　　　　2014年 8月22日（日本） 上映時間：106分　　MPAA（上映制限）：G 興行収入：813万8788ドル 音　　声：英語、日本語

プロミスト・ランド

薦	○小学生 ○中学生 ●高校生 ●大学生 ●社会人	リスニング難易表	発売元：キノフィルムズ（平成28年12月現在、本体価格） DVD価格：3,800円　ブルーレイ価格：4,700円

お薦めの理由	背景にはエネルギーに関連する環境破壊の問題がありますが、実際には題名が示しているように、農民にとって「土地」がどれほど大切か、ということが中心に描かれています。都市部に暮らす人にとって「土地と関わる」という実体験そのものがあまりないのですが、人が生きていく上で土地と関わることの本質的な意味での重要性を、原点から問いかけています。地味ながら深い内容のある映画です。	スピード　3 明瞭さ　3 米国訛　3 米国外訛　1 語彙　3 専門語　3 ジョーク　1 スラング　2 文法　2	
英語の特徴	米国南部が舞台になっていますが、それほど強い南部訛りはありません。バトラーは南部出身ですが、都会に暮らしており、全体的にわりと聞きやすい英語が話されています。最近の米国映画は、あまり訛りを強調しない傾向にあるので、わかりやすくて助かりますが、その反面、例えば『ダヴィンチ・コード』のように、フランス人が流ちょうな米国英語を話すというのには違和感を感じます。		

発展学習

1. ブルース・スプリングスティーン Bruce Springsteen の歌
   　ロック・シンガーですが、その歌詞は米国の労働者の心情と苦しい生活を語っており、他の一般的な歌手のように直接的に恋や愛を歌ってはいません。しかし人気は高く、特に『ボーン・イン・ザ・USA』の爆発的なヒットで大衆（特に労働者階級）の心をつかみました。この映画のタイトルになっている『プロミスト・ランド』を聴きながら訳してみれば、救いようのない状況の中でも「約束の地」を信じて生きる男の姿が浮かび上がります。

   『プロミスト・ランド（Promised Land）』（抜粋）

I've done my best to live the right way	間違ったことをしないで精一杯頑張ってきた
I get up every morning and go to work each day	毎朝起きて、毎日仕事に出かける
But your eyes go blind and your blood runs cold	だけど周りの人間は目が見えなくなり、血も冷たくなる
Sometimes I feel so weak I just want to explode	時々、自分が無力だと感じ、ただ爆発してみたくなる
Explode and tear this town apart	爆発して、この街を切り裂きたくなる
The dogs on the main street howl,	メインストリートの犬たちが吠える
'cause they understand,	あいつらにはわかっているんだ
If I could take one moment into my hands	俺が一瞬だけでもこの手につかみ取ることができたら
Mister, I ain't a boy, no, I'm a man,	ミスター、俺はガキじゃないぜ。男だぜ
And I believe in a promised land.	それに、俺は約束の地を信じている

   ここに描かれているのは、まじめに働いていても知らず知らずのうちに救われない状況に追い込まれていく男の悲痛な叫びではないでしょうか。
   高校生には、暗くてとっつきにくい歌かもしれませんが、例えば『The River』（ザ・リバー）のように、バラード風で静かに語りかけるストーリー性もある歌のほうが導入としては良いかもしれません。

2. ボブ・ディラン Bob Dylan とジョン・レノン John Lennon
   　B. スプリングスティーンと比較する意味で、ボブ・ディランの『Blowing in the Wind』（風に吹かれて）、ジョン・レノンの『Imagine』（イマジン）を取り上げることをお勧めします。英語が比較的やさしいので、取り組みやすいのですが、歌われている内容は深いものがあります。ジョン・レノンの『Mother』（マザー）も簡単に和訳できますが、内容を深く理解するにはグループでの話し合いが必要でしょう。

映画の背景と見所

　重要な背景の1つにエネルギー問題があります。石油が枯渇していく中で、それに取って代わるエネルギーが見つかりません。原子力に頼るしかないようですが、日本における一連の原子力発電所の事故を見ていると、チェルノブイリまでさかのぼらなくても、原発の安全性はほとんど保証されていないのが現状です。そこで登場したのがシェールガスですが、これに関しても実現化は程遠いようです。この映画では、そのガスを扱っていますがエネルギー問題が中心テーマではありません。あくまでも背景です。主人公バトラーが会社のために働く（それは成功すれば出世につながる）ことは現代社会では当然のことである、という前提で展開していきます。しかし、会社がやっていることが果たして「善」なのか、という疑問が生じたら、仕事を続けることはできるでしょうか？農民出身の彼にとって、高額でガスの採掘権を買い取っても、土地を売った農民は本当に幸せになれるのか、という疑問が生じたのです。もし、あなたが彼だったらどうしますか？会社の利益と自らの出世のために町民から土地を買い取りますか…？　ここが見所です。映画ではある意味で理想を語っています。実際には、彼ほど繊細で真面目な意識を持った人間はいないでしょう。多くの会社員は会社の利益のために、かなり真面目な部分を切り捨てていることでしょう。その意味で、この映画は大人の生き方を問う作品といえます。

スタッフ

- 監督：ガス・ヴァン・サント
- 製作・脚本：マッド・デイモン、ジョン・クラシンスキー
- 撮影：リヌス・サンドグレン
- 編集：ビリー・ロッチ
- 音楽：ダミー・エルフマン

キャスト

- スティーヴ・バトラー：マッド・デイモン
- ダスティン・ノーブル：ジョン・クラシンスキー
- スー・トマソン：フランシス・マクドーマンド
- アリス：ローズマリー・デウィット
- フランク・イェーツ：ハル・ホルブルック

この映画のストーリー

グローバル社で働いてるスティーヴ・バトラーは、上司デヴィットと幹部候補としての食事会をすませたあと、最終バスでペンシルバニア州マッキンリーに向かいます。そこで、同僚のスー・トマソンと合流し、町民から天然ガスの採掘権を買い取ることが彼の任務でした。

翌朝、マッキンリーに着いたバトラーは、スーが用意した車に乗り、町の雑貨屋ロブの店に行きます。2人は服を買いますが、ロブに「グローバル社から天然ガスが目的で来た者」ということを見破られてしまいます。

2人は町民が着ている服に着替え、バトラーはある男性の家を訪れます。「お宅は鉱床の大きさだけでなくシェールガスの質も最上級だ」と話し、その上「あなたに数百万がはいる」と伝え、驚く男性にリース契約書を渡します。スーは、子供のいる家で母親に「町に税収が入り潤うので、子供に最高レベルの教育が受けられる」ことを話し良い反応を得ます。

夜、モーテルに戻ったバトラーは会社から土地管理部の部長に決まったメールを受け取り、バトラーの昇進をスーは喜びます。

翌日、バトラーは、町の管理委員会の上級委員ジェリー・リチャーズと話合い協力を依頼しますが、彼は「私は住民の意見を誘導する事もできる。もし、天然ガスのことで悪い話が新聞やテレビに出たらどうする」と脅します。バトラーは見返りとして3万ドルを提示しますが、リチャーズはより高額なお金を請求します。バトラーは「自分は、同じような脅しを何度も経験している。他の町との契約が決まったあと、またこの町に戻ってくるが、今度は、何も示さず町はタダでもらう」と言いますが、リチャーズは納得せず、話合いは決裂します。

夜、バーでバトラーは教師のアリスに出会います。2人は会話がはずみ、バトラーは明日が誕生日と話すアリスにお酒をおごると言います。バトラーは、バーテンダーの女性と勝負して勝ったらお店にいる全員にお酒をおごると約束し、お酒を飲み始めますが結局酔いつぶれてしまいます。

翌朝、バトラーはアリスの家で目が覚めます。アリスから「携帯が30分鳴っていた」と言われ携帯を見るとスーから不在着信が入っていました。バトラーは「誕生日おめでとう」とアリスに言うと急いで彼女の家を出ます。バトラーは車で待っていたスーと演説会場に向かいます。

演説会場では、リチャーズが天然ガスのことを町民に説明していました。ある男性から天然ガスの採掘方法について質問があり、リチャーズが「水圧破砕法」と答えます。するとその男性は「天然ガスはクリーンで有効な資源だが、採掘方法に問題がある」と指摘します。男性の名前はフランク・イェーツで高校の科学教師だと名乗ります。彼は「この問題は複雑なのでそれを指摘したかった」と言って、2～3週間考えた後に多数決で投票しようと提案します。さらにリチャーズは、フランクが「この地域の鉱床の評価格は1億5,000万だ」と言うのを聞いて、自分が提示された額よりはるかに高かったので腹を立て、3週間後の投票を決めます。

バトラーはレストランに行くと、ウェイトレスのリンが「皆、フランクの話はウソだと知ってる」と教えてくれます。バトラーは、スーの元に戻る途中で、偶然、環境保護団体と思われる車を見かけます。

車に乗っていた男性はダスティン・ノーブルで環境保護団体の者でした。「投票の話を聞いたので協力をする」と言って、フランクにガスを採掘した農場で牛が死んでいる証拠写真を見せます。

ロブの店で、スーは「君たちのローラー作戦はダメだ。契約をしたいなら一気に攻めないと」と助言をされ「今夜バーにきて町民と一緒に騒げ」と言われます。そこで、バトラーとスーはバーに向かい、店に入るとスーはロブから「曲を登録しておいたから準備はいい？」と言われます。スーはステージで歌いますが、全く盛り上がりませ

ん。バトラーは改めてアリスに自己紹介すると、アリスはバトラーに電話番号を教えて席を離れます。突然、ステージに立ったダスティンは、環境保護団体の者と名乗り「故郷ネブラスカ州の酪農家の農場が潰され、土地が汚染された」とグローバル社がしていたことを町民に明かします。話しを終えたあとに「ブルース・スプリングスティーンを」と、町民に歌をせがまれます。「ダンシング・イン・ザ・ダーク」を歌い始め、町民から大喝采を浴びます。全く受けなかったスーは面白くなく、バーを去り、バトラーはアリスを見つけて「彼の話はでたらめだ」と伝えて、バーを出て行きます。

　次の日、バトラーとスーが車を走らせていると、道ばたに「グローバル社　帰れ」という看板を見かけます。ダスティンを見つけたバトラーは「グローバル社は90億の大企業なので何でも出来る」と言いますが、ダスティンは「でも今回は失敗だ！主役は住民で土地じゃない」と相手にしません。バトラーは「自分たちは町民を助けているんだ」と訴えますが、ダスティンは「住民の気持ちが変わったので、もうお金の問題じゃない」と言って、立ち去ります。

　モーテルに戻ったバトラーの部屋の扉や2人が乗っている車の窓一面に「グローバル社　帰れ」と書かれたパンフレットが貼られたりと、ダスティンのせいでグローバル社に対しての嫌がらせが始まりました。

　バトラーは、契約に勝つため、そして、町民を思う気持ちを表すにはお祭りのイベントをするしかないと考えます。

　ロブが協力者達を連れて来てくれたので、一緒にお祭りの準備をします。しかし、残念なことにお祭り当日は雨で中止になります。

　モーテルに戻った失意のバトラーは、グローバル社の調査部から資料を受け取ります。それを見たバトラーは、ダスティンの言うことが嘘だと確信します。ダスティンが持ってきた、農場で牛が死んでいる写真はネブラスカ州で撮られたはずですが、写真の端に灯台が写っていたのです。海のないネブラスカ州に灯台があるはずがありません。写真自体がでっち上げだったのです。環境保護団体の写真が偽物である以上、ダスティンの言うことを信用する町民は1人もいないでしょう。そこで、スーは勝ちを確信します。

　モーテルで、バトラーはダスティンを問いつめます。ダスティンは、実はグローバル社が投票阻止のために自分を派遣したことを白状します。ダスティンは自分が架空の環境保護団体を作り出したことと、さらに「君は僕が動かした駒にしかすぎない」と言います。すべてはグローバル社が、ダスティンを反対勢力にみせかけて、実は筋書き通りに事が運ぶように進めていたのでした。

　投票日、演説会場でリチャーズに紹介されたバトラーは、拡大した証拠写真を広げて町民に語り始めます。——僕が、海と灯台の写真をしばらく眺めていたら、潮風のせいで板が落ちペンキがはげかけた納屋をみて、以前祖父と一緒に修理した納屋を思い出した。自分にとっては面倒な仕事だったが、ひと夏置きに祖父と2人でペンキ塗りをしたので納屋は無事だった。「自分の物は自分で守れ」と祖父は物を大切にする事を教えてくれたのだ——　そして、ダスティンが投票を操作するために嘘をついたことを、また彼は環境活動家ではなくグローバル社の者であり、環境保護団体も彼が作り出したものだったと話します。グローバル社は思い通りにするために「莫大な金が眠っている。リスクはゼロだ」と言ったが、明らかに嘘だと話し町民に謝罪をします。土地が汚染されるかどうかについては答えられないが、代々受け継いできた土地はかけがいのないものであると語ると、演説会場を出て行きます。

　スーは本社に一部始終を連絡します。スーは本社に呼び戻されますが、バトラーはクビになります。しかし、バトラーは足取り軽くアリスの家に向かうのでした。

この映画の背景

A. 「プロミスト・ランド」とは？

「プロミスト・ランド」とは普通「約束の地」と訳しますが「神によって約束された土地」のことです。旧約聖書にある「神がイスラエルの人々に約束した土地」のことです。

イスラエル人にとって、国家（土地）を持つことは「悲願」だったわけです。実際、世界中に分散したイスラエル人は、様々な差別や偏見と闘いながら国家建設という運動を約2000年にわたって粘り強く続けてきました。そこから「約束の地」という言葉は別の意味を持つようになりました。それは、「理想の地」または「すべての人々が幸せになれるところ」となったのです。この意味はイスラエル人だけでなく、例えば、米国における黒人奴隷にとっても同じように受け止められ、非人道的な人種差別の中で「約束の地」に行くことを夢見たのです。このことは黒人霊歌（「ディープ・リヴァー」「ジェリコの戦い」など）の中に歌われています。黒人奴隷たちにとって「約束の地」に行くということは、実際には死んで天国に行くことだったわけですが…。

この映画では、米国南部に舞台を設定し、貧しい農民たちが大金につられて土地を手放そうとする展開になっています。主人公バトラーは、地下に眠る新たなエネルギーであるシェールガスの採掘権を買い取る任務を与えられた大企業の社員ですが、大企業が利潤追求のために農民から土地を奪い取ることに疑問を抱き、最終的に「南部の農民にとって土地は『約束の地』なのだ」と気づきます。土地がなければ本当の幸せを得ることはできない、ということなのです。

なお、現在のイスラエルは1900年に国連によって国家として承認されました。周辺諸国（レバノン、シリア、ヨルダン、エジプト、パレスチナ）の反対にもかかわらず、半ば強引に作った国家であるため、いまだに近隣との宗教的・人種的紛争が絶えません。

B. ブルース・スプリングスティーンの歌

ブルース・スプリングスティーンは米国を代表するロック歌手です。ブルース・スプリングスティーンは、この映画のタイトルである『プロミスト・ランド』Promised Landという歌を歌っており、映画の中でも彼の『ダンシング・イン・ザ・ダーク』が歌われる場面が出てきます。

しかし何といってもブルース・スプリングスティーンの最大のヒット曲は『ボーン・イン・ザ・USA』Born in the USAでしょう。この歌が大ヒットした1984年は、ロナルド・レーガンが大統領選で勝利した時で、彼は人気にあやかろうと、選挙演説でブルース・スプリングスティーンについて語ったほどでした。

この歌は、Born in the USA の部分が何度も繰り返されてますので、「USAに生まれてよかった」「俺はUSAに生まれたのだ」と肯定的にとらえられがちですが（レーガンもそう思ったのでしょう）、歌詞の内容は全く逆です。

Born down in a dead man's town
救いのない街に生まれ落ち
The first kick I took was when I hit the ground
物心ついた時から蹴飛ばされてきて
You end up like a dog that's been beat too much
殴られ続けてきた犬みたいに一生を終えるのだ
Till you spend half of your life just covering up
身を守ることに人生の半分を使ってしまうまで
Born in the U.S.A.
アメリカに生まれた
I was born in the U.S.A.
俺はアメリカに生まれた

この内容から、米国を賛美していると考えることはできません。この歌が、大統領選で米国を賛美する歌として引き合いに出されたこと自体が奇妙なことだったと思われます。レーガンは、彼の歌を一度も聞いたことがなかったのでしょう。

● ブルース・スプリングスティーンが訴えるワーキング・クラス（労働者階級）の現実

労働者階級には2種類あります。大学を出て優秀な企業に就職し知的労働に従事する高収入を手にする労働者と、高校を卒業して（あるいは卒業できなくて）農業や工業に従事する肉体労働者です。前者をホワイトカラー、後者をブルーカラーといいます。知的労働者は汗を流す必要がないので、カラー（シャツの襟）が汚れることはありません。ですから、白い襟のシャツを着ていけばよいのです。それに対して、肉体労働者は汗をかきシャツが汚れるので、汚れを隠すために青い襟のシャツを着るのです。両者とも労働者階級でありながら、まったく異なる階級に属しているといってもよいでしょう。ブルース・スプリングスティーンが歌うのは、このブルーカラーの労働者たちなのです。歌詞の中では、彼らの夢や希望よりも、挫折や失望や絶望が描かれています。故郷を愛し、女の子に恋をして、幸せな家庭を作ろうとまじめにあくせく働いている典型的な米国人の姿は、おそらくブルーカラーの全ての人々の心境にぴったり寄り添うものだったのでしょう。その結果、ブルースの歌は多くの労働者階級の人々の心をわしづかみにしました。

C　もう一つの重要なポイント
「ワーキング・クラス（労働者階級）の現実」

米国の地方都市に生まれ育った人達の多くは、高校を卒業したら地元の企業に就職するか、親から譲り受けた職を引き継ぐことが普通だということです。したがって、ほとんどの人々は、地元の土地から離れることもなく一生を終える人もいるのです。その理由の1つとして考えられるのは、小学校を終わった段階で、進学コースに進むか職業訓練課程（職業コース）に進むのかを決めなければならないからです。つまり、一部の優秀な生徒は進学コースへ進むわけですが、それ以外の多くの生徒は職業訓練（つまり訓練をうけて一生、生きていけるだけの技術を身につける）を受けるのです。このことは、例えば『遠い空の向こうに』などの映画を見ればわかります。

『遠い空の向こうに』では、落ちこぼれで父の職業（炭鉱夫）を継ぐしかない主人公が、ロケットを作ることに目覚め、苦手な数学や化学を勉強して最後にはNASAの研究員になったという事実（原作はROCKET BOYS）に基づいています。もし、彼が人工衛星やロケットに強い関心を持たなければ、父と同じ炭鉱夫として一生を終えていたと考えることができます。

このような地方のワーキング・クラスの人々の中には社会的規律を守らず反抗的な若者もいます。一般市民が嫌がることや眉をひそめることを平気でします。なぜなのでしょう？彼らは、高校を卒業し、手に職をつけて、それで食べていけるだけの資格を持っています。南部なら農業に従事しているでしょう。そして、おそらく同じ町の女の子と仲良くなり、デートをして結婚するでしょう。そして、子供が生まれ…それはそれで幸せでしょうが、しかし、どこかで歯車が狂うと（例えば、失業・病気・薬物やアルコール依存症）、だれが助けてくれるのでしょうか？失業したら、米国の失業率は日本よりかなり高いという現実の中では簡単に職を見つけることはできません。

地方都市が持つ閉塞状況の中で、もがいてもあがいても幸せをつかむことができないワーキング・クラスの存在が米国が抱える大きな問題の1つなのです。このようなワーキング・クラスの現実や心情を的確にとらえて歌ったのがブルース・スプリングスティーンで、ここに彼の人気の秘密があります。他の歌手のように愛とか夢については一切触れず厳しい現実の中で生きていかざるを得ないワーキング・クラスの人々の真実が歌われているからです。

ブルースの歌は、英語が聞き取りにくく暗い内容のものがほとんどですが、人の心に響く歌詞であることは間違いありません。

 この映画の見所

1．映画全体から感じられる見どころ

この映画には、派手な見せ場はほとんどありません。大声をあげて笑ったり、怒鳴ったり、号泣したりする場面は全くありません。すべての描写が控えめです。しかし、その控えめで抑えた描写が逆に観客を少しづつ映画の中に引き込んでいく効果を生み出しているのです。

物語は、それほど複雑ではありません。大企業（グローバル社）がやる気満々の会社員（バトラー）を田舎町に送り込んで町民たちを大金で釣ってだまし、地下に眠る安全なエネルギーといわれるシェールガスを採掘する権利を買い上げようとする話です。従って、面白おかしく作ろうとするならば、バトラーを企業戦士として描き、そんな男が町民たちと激しく対立したり、逆に心を通わせたりする場面を取り入れれば、見せ場も多く設定できるでしょう。

しかし、主演のマット・デイモンが書いた脚本はそのようなものではなく、極めて地味です。大事件や大事故は起こらず、比較的穏やかにストーリーは進行するのです。演技についてもオーバーな感情表現は全くありません。従って、見どころというほどの場面は少ないのですが、この映画のテーマに触れる部分を抜き出してみると、そこはやはり重要なポイントが込められています。例えば、最後の部分、体育館でバトラーが町民たちに話をする場面がありますが、その前にレモネードを売る女の子が出てきます。この少女の場面は「お金を得る」「お金を稼ぐ」ということの本質的な原則を表していますので、その意味で重要な場面といえます。しかし、さらりと描かれているので、おそらくそれほど印象に残る場面ではありません。

つまり、脚本を書いたマット・デイモンも監督のガス・ヴァン・サントも、強調したい場面があっても派手な演出をしないで、意図的に抑えているのです。それは、他の場面でもいえることで、例えば酒場で１人で飲んでいるバトラーが町民たちに詰め寄られて、バトラーが殴られるという場面があります。普通の米国映画なら、大声で叫んで殴りかかり乱闘シーンになるところですが、この映画では、少し腹を立てたバトラーが荒げた口調で話すだけですぐに殴られておしまいです。このような控えめの演出方法で、ありきたりの派手な演出を故意に避けているわけです。嘘っぽい派手な演出ではなく、より真実味が伝わってくる抑えた演出。まずこれがこの映画全体の見どころといってもよいでしょう。

2．印象的な場面

①町の酒場で殴られるバトラー

町民たちは、バトラーが町民をだまして儲けようとたくらんでいる男だと思っているので、最初は遠くから胡散臭い目で見ていますが、やがて少しづつ彼を取り囲むように近づいていきます。バトラーは気配を察して、思わず本音を言ってしまいます。―「今の生活が貧しいと思うのなら、ただ待っているだけでは何も変わらない。自分で何とかするんだ。金がほしいのなら金を稼ぐんだ。金がすべてだ！」黙って聞いていた町民の１人がバトラーを殴りバトラーは倒れます。

バトラーはなぜ殴られたのでしょう？彼は、自分が農村出身であることから、町民の気持ちを理解していると思っています。従って、自分が持ってきた「儲かる話」は町民の生活を良くするものだと信じています。しかし、それは大きな間違いです。彼は町民の気持ちを全く理解していません。だから、殴られたのです。

この時、町民たちは一言も言いません。バトラーの言ったことを聞いて、自分たちの気持ちを全く理解していないのだ、ということを悟り、そしてバトラーに自分たちの気持ちをどれだけ説明しても理解できないだろうということが、彼らにわかったからです。

②酒場での歌と農民の絶望感

環境保護団体の男ダスティンが、客から求めら

れて「ダンシング・イン・ザ・ダーク」(ブルース・スプリングスティーン詩・曲)を歌い、町民たちから大喝采を受けます。それは、この歌こそ地方に住む貧しい米国人の絶望感を的確にうたい上げているからなのです。

その歌詞の一部を紹介します。
「ダンシング・イン・ザ・ダーク」
　　夜、起き上がり
　　言うことは何もない
　　朝になって家に帰り
　　毎日同じ気分でベッドに入る
　　体はくたくたで
　　自分にウンザリしている
　　　　　(中略)
　　鏡に映る自分の姿を確かめ
　　服と髪型と顔を変えたいと思う
　　何も成就できないだろう、こんなところに
　　住んでいては…

何と暗い歌詞でしょう！ここで歌われている内容は、米国労働者階級(ブルーカラー)の人々の一面の真実を伝えているのです。

ブルーカラーの人々が置かれている貧困の現実については、次のように分析する人もいます。
　(1) 先祖代々伝えられた広大な土地を持つ
　(2) しかし、収入は少ない
　(3) 養うべき家族がいる
　(4) 代々受け継いできた土地を手放すことはできない

つまりいくら一生懸命働いても、収入はたかが知れているのです。しかも、収入が少ない土地だからといって売り払うこともできないのです。その結果、農村部では、慢性的な貧困状態が続いているわけです。

③レモネード売りの少女とそれに続く体育館でのバトラーのスピーチ

映画の最後、町民投票の当日にバトラーは体育館に集まった町民に語りかけます。このスピーチの前に彼は女の子からレモネードを勧められ、買って飲みます。あまりのおいしさに彼は「釣りはいらない」といいますが、その少女は「25セントのものを25セントで売ったのだから、それ以上は受け取ることはできない」と言ってお釣りを受け取ろうとしません。ガスの採掘権を安く買い取るという仕事(少しでも利益を上げることが目的)を進めてきたバトラーにとって、これは実は大きな驚きだったはずです。「商品」と「価格」の価値は同じであるべきです。なのに、彼がやってきたことは「実際の価値より安く買い上げること」だったわけですから。

そして、バトラーのスピーチが始まります。

ここで、牛の死体が写っていた写真(ダスティンが示したもの)は実は偽物であること、また、ダスティンは環境保護団体ではなくグローバル社の者であることも暴露します。町民の間に動揺が広がります。さらにバトラーは、自分が採掘権を安くで買い取ろうとしたことについて素直に謝ります。しかし、彼はそのことよりも、少年のころ自分の家にあった納屋について話し始めるのです。その納屋は、風雨にさらされながらも朽ち果てることはなかった。なぜなら、祖父と2人で1年おきに修理をしていたから。実はバトラー自身、その仕事が嫌だったのですが、祖父はこう言ったのです。「俺たち2人以外に誰がこの納屋を守るんだ？」

バトラーは、こう言いたかったのでしょう…昔から受け継がれてきたもの(この場合は土地)は簡単に手放してはいけない。それはかけがえのない財産だから。自分たちのものは自分たちで守るべきだ、と。

ここでバトラーは、実に淡々と自らの思いを語ります。ダスティンの許しがたい行為についても、声を荒げることはありません。そして、投票について、どちらに入れるべきかは語らず、静かに会場を去ります。

この場面は、この作品のなかで一番の見どころといえるでしょう。

この映画の英語の特徴

A. 英語の訛り（なまり）について

A-1 「どさ」と「ゆさ」の話から

日本語には地方によっていろいろな訛りがあります。例えば「ありがとう」という標準語を関西では「おおきに」といったりします。これは「方言」です。日本語の方言と英語の訛りは違います。そこで、日本語の方言を考えて見ましょう。

● 「どさ」と「ゆさ」

青森県の津軽で、2人の町民がすれ違いました。すると、1人が「どさ」と言うと、もう1人が「ゆさ」とこたえました。皆さんは、これがどんな会話かわかりますか？彼らは津軽弁で話をしていたのです。「どさ」は「どこさ行くの？」（どこへ行くのですか？）、「ゆさ」は「湯さ行ぐどご」（風呂に行くところさ）という意味なのです。

A-2 英語の場合は、日本語の方言とは違って、まず「発音」が違うことが大きな特徴です。

米国英語と英国英語の発音を比べてみましょう。例えば **can't** は米国では「キャン**t**」、英国では「カーン**t**」のように言うことがよく例として出されます。**dog** を米国では「ダッグ」、英国では「ドッグ」のように言うことを、英語を習い始めたころに気がついた人も多いと思います。**dog, hot, lot, not, mop** のように アルファベット文字の [o] を [ア] と発音するのが米国英語です。また、米国英語の特徴の1つに [t] をはっきり発音しない傾向があります。例えば、**twenty** が「トゥエニー」、**Not at all.** が「ナラロール」、**pick it up** が「ピキラッp」のように聞こえます。**little** が「リル」と発音されるのを不思議だと思った人は多いでしょう。これは [t] と [l] を発音するとき、口の中で舌の位置が全く同じなので [t] と [l] が続くと1つになってしまうからです。「私はどうしたらいいのだろう」という意味で使われる **What'll I do?** の場合も、[t] と [l] が続いているので [t] の音が抜け落ちて「ホワルアイドゥー」のように聞こえます。

この米国と英国の発音の違いを面白く描いた場面が、映画『ラブ・アクチュアリー』*Love Actually* の中にあります。英国人の男性が米国に行き、米国人の女性たちと **bottle, straw, table** の発音をして大いに受ける（**table** は受けません）のです。**bottle** と **straw** はかなり違いますので、実際にその場面を映画で見て楽しんでください。

A-3 オーストラリアの英語（オージー・イングリッシュ Aussie English といいます）の特徴

発音に特徴があり、「エイ」を「アイ」と発音することがあります。例えば、**I went to the hospital today.** では **today** の発音が「トゥダイ」となり、**today** が **to die** のように聞こえてしまいます。すると「私は死ぬために病院に行った」という意味になってしまいます。

A-4 米国の南部訛り

南部訛り（**Southern drawl** といいます）の発音に、母音をゆっくり伸ばすという特徴があります。例えば、**five** を「ファイヴ」ではなく「ファーヴ」のように言ったりします。日本語でも、**space** を「スペイス」と言わず「スペース」と言うのと似ています。ただし、この映画の中では南部訛りはほとんど聞かれません。

B. 単語が異なる語と綴り（spelling）が異なる語

綴りは米国では **elevator**、英国では **lift** になります。他にも単語が異なるものがあります。

日本語	米国英語	英国英語
映画	movie	film
クッキー	cookie	biscuit
アパート	apartment	flat
フライドポテト	French fries	chips
(建物の)1階	first floor	ground floor

また、同じ単語で綴りが異なる場合があります。

日本語	米国英語	英国英語
飛行機	airplane	aeroplane
劇場	theater	theatre

リスニング難易度表

評価項目	易 → 難					コメント
会話スピード Conversation Speed	Level 1	Level 2	**Level 3**	Level 4	Level 5	登場人物が、静かに落ち着いて話す場面がほとんどのため、会話のスピードは比較的一定しています。早くなるのは、酒場でのけんかの場面だけです。
発音の明瞭さ Pronunciation Clarity	Level 1	Level 2	**Level 3**	Level 4	Level 5	南部が舞台ですが、それほど強い南部訛りは聞かれません。英語は発音によって出身階級がわかることがありますが、この映画ではそれほど明確な違いはありません。
米国訛 American Accent	Level 1	Level 2	**Level 3**	Level 4	Level 5	米国内で地方によって訛りが聞かれますが、この映画ではそれほど強い南部訛りはほとんど聞かれません。むしろ聞きやすい感じがします。
米国外訛 Foreign Accent	**Level 1**	Level 2	Level 3	Level 4	Level 5	舞台が米国の南部であり、米国人以外の登場人物はいませんので、外国訛はほとんど聞かれません。
語彙 Vocabulary	Level 1	Level 2	**Level 3**	Level 4	Level 5	一部、ガス採掘に関する専門用語が出てきますが、特に難解というほどではなく、会話の前後関係から推測できるものと思われます。
専門用語 Jargon	Level 1	Level 2	**Level 3**	Level 4	Level 5	特に契約の場面では契約特有の専門用語が使われています。最初は聞きづらいかもしれませんが、同じ単語が何度も使われますので聞き取れるようになります。
ジョーク Jokes	**Level 1**	Level 2	Level 3	Level 4	Level 5	主人公バトラーが真面目な性格のせいかジョークを言う場面はほとんどありません。米国映画には珍しい現象です。
スラング Slang & Vulgarity	Level 1	**Level 2**	Level 3	Level 4	Level 5	感情をあらわにする場面がほとんどなく、スラングはあまり使われていません。
文法 Grammar	Level 1	**Level 2**	Level 3	Level 4	Level 5	日常的な会話がほとんどのため、それほど難解な文法は出てきません。

　南部の農民たちの町が舞台ですが、南部訛はほとんど聞かれません。都会からやってきたバトラーとスーが話す英語とそれほど大きな違いはなく、比較的わかりやすい英語で話されているといってもよいでしょう。その意味で、高校生にとって聞き取りにくい強い南部訛りはありません。英語学習者にとって「訛り」は聞きなれない発音であり、時に他の音が付加されたりすることがあるので苦手と感じる人が多いようです。南部訛りのほか、スペイン語訛りとかフランス語訛りとかの外国語訛りについても、聞き取れるようになるまでに慣れるには相当時間がかかると言われていますから。また、地下に眠っているシェールガスの採掘方法に関する専門用語が一部出てきますが、高校生にとって完璧に和訳して理解する必要はありません。一字一句日本語に置き換えることよりも、内容理解を優先させて、ガス採掘に問題があることを理解することの方が大切です。和訳を重要視する日本の英語教育の弊害なのでしょうか。

セリフ紹介

1. 大企業から送り込まれた主人公の目から見た、貧しい農民たちのある意味「出口がない」状況が表れているセリフです。

　　We can't sell the scenery, can't we?　「景色を売ることはできないんだろ」

〈解説〉雑貨屋のロブが言う言葉です。実際土地の人々（農民）にとっては、何も売るものがないのです。このセリフには貧しい農民たちのどうしようもない現実を認めざるを得ない悲しみが隠されています。彼らは、生まれてからずっと親から受け継いだ土地で農業を営み収入を得ています。しかし、農業収入は十分ではありません。彼らは、その土地に住み着いたまま、貧乏な一生を終えることになることを知っているのです。このセリフは、そんな彼らが自嘲的に言うジョークですが、実際、このジョークには笑えません。真実味があるからです。

2. 様々な運動に科学者として関わってきたと思われるフランクですが、いわば敵対関係にあるバトラーに対して心情を打ち明けます。年を取って自分の一生を振り返ってみて、感慨深げにいうセリフです。

　　I guess I'm lucky, lucky to be old enough to have a shot at dying with my dignity. I'm worried for us.
　　「私は幸運だと思う。もう年を取ったが、最後にひとつ輝いてから尊厳をもって死んで行けるなんて幸運なことだ。ただ、気になるのは町の人々のことだ」

〈解説〉このフランクのセリフはなかなか深い意味があります。彼は、一時期おそらく活動家として第一線で先頭に立って活躍していたでしょう。そんな彼が故郷に戻り老後は教師として静かに一生を終えるつもりだったのですが、ガス発掘の問題が浮上したため、その問題と直面せざるを得なくなってしまったのです。それを彼は「幸運」と呼んだのです。客観的な態度だと批判はできますが、彼にとっては、心残りはあるが、この問題にかかわることができて、死ぬ前にもう一度熱意をもって取り組むことができたことを単純に「幸運」と受け止めているのです。

3. この映画の中で3回登場するレモネード売りの少女とバトラーのセリフを紹介します。映画の終盤、投票の日にバトラーが体育館で町民に話をする直前の場面です。

Lemonade Girl: Lemonade?　　　　　　　　　　（レモネードはいかが？）
　　Butler: Is it good?　　　　　　　　　　　　（おいしいかい？）
Lemonade Girl: Really good.　　　　　　　　　　（とっても）
　　Butler: Ah, you have a really good spot here.　（いい場所に店を出したね）
Lemonade Girl: I know.　　　　　　　　　　　　（そうね）
　　　　　［バトラーはレモネードを飲む］
　　Butler: Wow.　　　　　　　　［ひと口飲んで］（これはうまい）
Lemonade Girl: I know.　　　　　　　　　　　　（そうでしょ）
　　　　　［バトラーはお金を払い体育館へ行こうとする］
Lemonade Girl: Ah mister? Forgot your change.　（あ、待って。お釣り忘れてますよ）
　　Butler: Go ahead. Keep it.　　　　　　　　（あげるよ。取っておきな）
Lemonade Girl: The sign says it's only ¢25. So, it's only 25.
　　　　　　　（看板に25セントと書いてあるでしょ。だから25セントだけでいいの）
　　　　　［バトラーは釣り銭を受け取る。少女はにっこりと笑う］

〈解説〉ここでバトラーは何かに気づきます。彼は少しでも利益を上げるために、町民に甘い話を持ち掛けて採掘権を買い取ろうとしていましたが、その金額はバトラー側（会社）に大きな利益が入るように設定されているのです。しかし、本来、商品と価格は同価値であるべきです。それが原則です。レモネードがいくらおいしくても、売る側が25セントと決めたら、それ以上の金額を取ってはいけないのです。レモネード売りの少女から、バトラーはこのことを再認識させられたのです。

4．映画の最後、体育館でのバトラーのスピーチです。

　グローバル社（バトラー）の提案に賛成か反対かの投票をするために、町民たちが体育館に集まっています。彼は、なぜか「納屋」の思い出話をはじめます。

BUTLER: … I was looking at this picture…（中略）…and found myself staring at this this barn. The, the wood's chipping away and the, the paint's flaking off there. Probably from all the salt water in the air. But it… it reminded me of my grandfather's barn. That barn was the, the bane of my existence. It was, it was immaculate, we used to… We painted it every other summer, just, just him and me. I'd ask him why? Why, why do we have to do this? And uh, he'd look at me and say, "This is our barn, who else is gonna do it?" I used to think the guy was crazy. And stubborn, and proud. But see, I think… he was just trying to teach me what it meant to take care of something.

「（中略の後）納屋に気づいた。板は欠け落ちペンキも剥げている。たぶん潮風のせいだろう。これを見ていたら祖父の納屋を思い出した。その納屋は僕の悩みの種だった。でも、その納屋は無傷だった。ひと夏おきに、祖父と2人だけでペンキを塗り直したからだ。僕は訊いてみた『どうしてこんな面倒なことをするの？』そしたら、祖父は僕を見てこう言った。『これはうちの納屋だ。他に誰がやるんだ？』以前は、祖父がイカれていると思っていた。頑固でプライドが高い奴だと。だけど、今思うと、祖父は僕に何かを大切にするということの意味を教えたかったんだと思う」

〈解説〉ここでバトラーは、祖父との思い出話で「納屋」を「大切なもの」として話していますが、実は「納屋」は農民にとって大切なもの、つまり「土地」のことなのです。頑固者の祖父だったが、実は彼が正しかった。大切なものをきちんと手をかけて守ったのだから。これがバトラーが言いたかったことなのです。そして、ダスティンが環境活動家ではなく、投票を有利に導こうとグローバル社が送り込んだ男であることを暴露します。驚きを隠せない町民たちに、バトラーは、自分自身も町民を欺いて契約を取ろうとしていたことを正直に謝ります。そして、最後に次のように締めくくります。

BUTLER: …But where, where we are now, where we're headed… We might be betting more than we think. Everything that we have is on the table now. And that's just not ours to lose. But this is still our barn.

「私たちは今この場所からどこへ向かおうとしているのか？私たちは思っている以上のものを期待しているようだ。しかし、私たちには、目の前にあるものしかないのだ。それを失うべきじゃない。それが私たちの納屋なんだ」

〈解説〉バトラーが言いたいのは、自分たちの厳しい現実が分かっているし、持っているものは土地しかないのだ。その大切な土地を守るのは自分たちしかいないのだ…と、「土地」を「納屋」に例えて語っているのです。なぜなら、その「土地」こそ神から与えられたかけがえのない「約束の土地」だからです。

第5回映画英語アカデミー賞受賞　高校生部門

> # 学習のポイント

主人公の心の変化と人間的成長を考える

　この映画は地味な映画です。従って、授業で印象的な場面を見せたくても、生徒が喜びそうな心に残る場面がほとんどないのです。つまり、この映画は、一場面をとりあげるのではなく、作品全体を通して鑑賞することが重要です。授業で映画を扱う場合、実は映画全体をまるまる鑑賞することが一番深く理解できることになるのです。

　では、この映画の何が面白いのか。この映画に関しては、主人公バトラーの精神的変化です。

　これを映画のストーリーの進行に沿って順番に分析してみることにしましょう。

１．最初、バトラーはどんな人間だったのでしょうか？

　彼が上司と面接をする場面で始まります。うまく受け答えができれば、上司から信頼されて新しい仕事が彼に与えられます。大きな出世のチャンスです。農村出身のバトラーにとって、大企業で働くことは非常に大きな意味があります。上司との会話の中で彼はこう言います。「自分の経験から、農業の町で工場が閉鎖されたら産業がなくなり廃墟になるしかない」と。つまり、米国の農業はそれを支える産業で成り立っているのです。農業だけで生きていける道は非常にすくない、と言っても過言ではありません。そのため、この映画を理解するための大前提として米国の農村は貧困状態の中にある、ということを知っておく必要があります。

　この時、彼は完全に仕事人間です。貧しい農家に生まれたという事実もありますが、大企業で働くことがおそらく彼の夢だったのでしょう。会社のために尽くす。会社の利益のために働く。そのためには多少の自己犠牲は仕方がない…そんな企業戦士として彼が描かれています。

２．マッキンリーの町へ着いてからの彼の心境の変化をたどってみましょう。

（１）町民に契約を持ち掛ける

　町民から何とか契約を取るために、彼は同僚のスーと一緒に行動します。町民を説得する言葉も巧みです。契約を結んだあと町民が大金を手にして幸せになることができると、実際に信じている様子がうかがえます。

（２）説明会での驚き

　すんなり進むと思った説明会で、フランクという高校教師からガスの採掘法の危険性について指摘され、その場で決めることができず、町民の投票で決定することになります。その後、会社からは担当を交代させられそうになりますが、彼は続行を申し出て認められます。会社にとっては利益の追求がすべてであり、役に立たない人間は即刻交代させるのが企業論理なのです。バトラーにとってみれば、ここで仕事を下ろされたらすべてがゼロになってしまいます。何が何でも町民投票を自分に有利になるように持っていくしかありません。

（３）町民の協力

　投票の日まで数週間あるため滞在しているバトラーたちに好意を持つ町の人たちが、アドバイスをしてくれます。お金が儲かる話（ビジネス）として契約の話を進めることよりも、町民の気持ちをつかむことが大切だと教えられてスーと2人で酒場へ行きます。つまり、町民との関わり合いの中から理解をしてもらおうという努力を試みるわけです。バトラーは、人と人との交流があって初めて心が通じ合うものだということがわかっているのです。

（４）ダスティンの登場

　環境保護団体の男ダスティンが町にやって来ます。ガスの採掘法が原因で彼の故郷の酪農家庭では牛などの家畜が死んだことを町民に訴えます。彼の出現で町民の対応は冷ややかなものになり、ますますバトラーたちの活動はやりにくくなります。そして何よりもバトラーの気持ちの中に疑問がわいてきます。「自分が一生懸

命やっていることは、本当に農民たちのためになっているのだろうか？」という疑問です。
(5) バトラーの悩み
　この段階で、バトラーは2つの考え方の間で苦しむことになります。
　1つは、会社のためにではあるけれども、ガス採掘の契約を結ぶことが貧困に苦しむ農民を救うことができる、という思い。もう1つは、契約を結んだあとガス採掘で家畜が死ぬような環境汚染になった場合、農民は土地も家畜も失うことになるのではないかという不安。どちらかを選ぶことができないバトラーは、酒場で冷ややかな目で見た農民に「金がほしいのなら、なぜ契約を結んで大金を手に入れないのだ」と不満を吐露し農民から殴られてしまいます。農民にしてみれば、貧しいからお金はほしい。しかし、代々受け継いできた大切な土地を目の前のお金のために売ってしまって本当に大丈夫なのか、という不安がある中でやすやすと契約を結ぶことができない、というジレンマの中にいるのです。そのことを理解しないバトラーを町民は許すことができないので、バトラーは殴られて当然と言えます。
(6) 町民との関わり合い
　自分も農家出身であり農民の悩み・苦しみを知っているため、バトラーは農民との触れ合いを「祭り」という企画で生み出そうとします。（雨のため祭り企画は失敗しますが）この段階では「やはり農民を救ってやろう。それが会社の利益にもなることだから」という考えに基づいて行動していますが、同僚のスーには理解できません。なぜならスーは全くの会社人間だからです。
(7) フランクの理解
　祭りは失敗でも、一部の町民からはバトラーの人間性（悪人ではないこと）が理解されます。採掘に反対したフランクがその1人です。町の人々の将来を心配するフランクの真摯な態度にバトラーは感銘を受けます。
(8) ダスティンの正体が暴かれる
　環境保護団体の人間だと思っていたダスティンが、実はグローバル社の人間だったことが判明し、ダスティンが仕組んだたくらみが明らかになります。この段階で、もしバトラーが会社人間だったら「ダスティンは偽物だった」と農民に伝えれば、投票は間違いなくグローバル社が望む通りの結果になります。バトラーは、利益のためなら何でもするという企業にショックを受けます。
(9) レモネード少女
　投票の日、会場に入る直前、バトラーはレモネードを売る少女と会話をします。少女はお釣りを受け取ろうとはしません。この姿勢こそがビジネスの基本なのだ、とバトラーは悟ります。本当に良いものを、それに見合う価格で売ること。これを、バトラーに当てはめて考えれば、自分が自信をもって勧めることができるものを売るのがビジネスだから、グローバル社の採掘権は環境保護の面で疑問がある以上「本当に良いもの」とは言えません。
(10) バトラーの結論
　農民出身のバトラーは「土地」がいかに大切なものかよく理解しています。体育館でのスピーチで「土地」を「納屋」に例えて語ります。この段階で、彼は明確な結論を出しています。
　農民にとって、一番大切なものは土地であること。お金に目がくらんで、土地を手放すことは危険であること…。大切なものは、たとえ苦しくてもきちんと手をかけて守ること。会社の利益より農民の幸せを選んだのです。この段階で彼の悩みはもうありません。

以上、バトラーの人間的成長という視点でとらえれば、この映画が意図するものを理解することができると思います。

授業での留意点

A．ブルース・スプリングスティーン（Bruce Springsteen）

　この映画のタイトルになっている「プロミスト・ランド」の意味については、すでに「この映画の背景」で解説してあるので、ここでは同じ題名の歌を歌っているブルース・スプリングスティーン（以下、B・スプリングスティーン）について学習してみましょう。

　映画の中で、ダスティンがB・スプリングスティーンの歌を歌う場面があります。そこで、ダスティンは町民から拍手喝采を浴びます。それほどB・スプリングスティーンの歌は米国民に評判が良いのです。彼を支持する層は高校生のような若い人々ではなく、もっと年齢が高い「大人たち」です。ですからヒット・チャートを賑やかにすることはあまりありませんが、アルバムを出せば確実に多くのファンが買い求めるだけの根強い人気があります。

　その高い人気の理由は何でしょう。

　答えは明白です。B・スプリングスティーンの歌詞が多くの一般庶民を引き付けるからです。もちろんB・スプリングスティーンの歌唱力も必要ですし曲の作りも重要です。しかし、何といっても「歌詞」の魅力が圧倒的です。彼の歌には、一般受けするようなラブソングはほとんどありません。歌に歌われているのは、米国の普通の人々（庶民）で、つまり労働者階級の人々なのです。生活の苦しさや人生のほろ苦さといったものを感じることがない（あるいは感じる必要がない）十代の若者ではなく、大人になってそれなりの生活を手にしたもう若くはない人たちが感じる閉塞感。その原因がはっきりわからないまま、なぜか将来に期待を持つことができないのです。彼らは決して幸せではなく、幸せになることができないのです。

　そこで、B・スプリングスティーンの代表作の1つである『マイ・ホームタウン』My Hometown の歌詞を読んでみましょう。使われている単語は、それほど難しいものはありません。高校生レベルで十分理解できる英語です。比較的スローなテンポで淡々と歌っていますので、他の曲と比べて英語は聞き取りやすく授業で取り上げて生徒に聞かせるにはうってつけだと思います。味わってほしいのは特に歌詞の内容です。現代の米国の社会問題と一庶民の生活をさりげなく関連付けて、いいようのない虚しさを感じさせてくれる点で非常に興味深いと思うのは私だけではないでしょう。

My Hometown　　　　　　by Bruce Springsteen

1. I was eight years old and running with a <u>dime</u> in my hand
   Into a bus stop to pick up a paper for my old man
   <u>I'd</u> sit in his <u>lap</u> in that old <u>Buick</u> and <u>steer</u> as we drove through town
   He'd <u>tousle</u> my hair and say, "Son, take a good look around, this is your hometown."
   This is your hometown
   This is your hometown
   This is your hometown

2. In '65 tension was running high at my high school
   There was a lot of fights between the black and white
   There was nothing you could do
   Two cars at a light on a Saturday night in the back seat there was a gun
   Words were passed, in a shotgun <u>blast</u>
   Troubled times had come, to my hometown

  My hometown
  My hometown
  My hometown

3. Now main street's <u>whitewashed</u> windows and vacant stores
  Seems like there <u>ain't</u> nobody wants to come down here no more
  They're closing down the <u>textile</u> mill across the railroad tracks
  <u>Foreman</u> says these jobs are going, boys, and they ain't coming back to your hometown
  Your hometown
  Your hometown
  Your hometown

4. Last night me and Kate we laid in bed
  Talking about getting out
  Packing up our bags maybe heading south
  I'm thirty-five, we got a boy of our own now
  Last night I sat him up behind the wheel and said, "Son, take a good look around, this is your hometown"

[注] dime：10セント硬貨 I'd = I would lap：ひざ
  Buick：ビュイック（50年代に活躍した米国製自動車）
  steer：車のハンドルを握る tousle：（髪などを）乱す blast：爆発
  whitewashed：漆喰が塗られた ain't：（俗）isn't, don't, didn'tなどを合わせたすべての否定形
  textile：織物 foreman：工場長

[要旨]
1. 俺が8歳だった頃、よく親父の車に乗せてもらった。親父の膝の上に座りハンドルを握ってドライブしたものだ。親父は俺の頭をなでながらこう言った。「よく見ておけ。これがお前のホームタウンだ」
2. 1965年、俺の高校では緊張が高まっていた。白人と黒人間で争いがあったが、できることは何もなかった。土曜の夜に銃が火を噴いた。俺のホームタウンにトラブルが起こっていたのだ。俺のホームタウンに。
3. メインストリートの店は空っぽで、誰も来たいと思わない。織物工場は生産中止になり、工場長が言うには仕事はなくなってしまうとさ。お前のホームタウンには。
4. ケイトと一緒にベッドに入り、町を抜け出すことを話し合った。鞄をまとめて南にでも向かおうか。俺は35歳で息子が1人。息子に車のハンドルを握らせて俺はこう言った。「よく見ておけ。これがお前のホームタウンだ」

 1. では、子供のころの楽しかった思い出が語られます。父親と一緒に車のハンドルを握らせてもらいますが、2. になると、高校での白人と黒人の対立が激化したときの状況が語られます。これはアーカンソー州リトルロック高校で1957年に実際にあった有名な人種差別事件について歌っています。黒人が初めて高校に入学することに対し、白人側から激しい反対運動がおこり、白人たちが学校を取り巻いて登校する黒人学生9人を阻止する事態にまで発展しました。大統領は軍隊を差し向け黒人学生を登校させたという有名な事件です。
 この事件の前（1955年）にローザ・パークスがバスで白人席に座ったために逮捕されるという事件があり、これがきっかけとなってキング牧師をリーダーとする公民権運動が始まっていました。リトルロック高

校事件の後、対立は激化しますが、キング牧師は非暴力を標榜して最後(暗殺される)まで武器を持つことはありませんでした。3. では、町の産業が消えていく状況が語られます。工場は閉鎖され仕事はなくなるのです。一市民にとって何の抵抗もできないのです。そして 4. では、結婚して息子がいる「俺」にはそんな町を出ていくしかない追いつめられた状況が歌われます。1. と同じように「これがお前のホームタウンだ」と息子に言いますが、1. と 4. では「俺」が置かれた状況は全く違うのです。4. の息子は果たして幸せな未来をつかむことができるのでしょうか。幸せな1. と比べ 4. では何と寂しく救いがないことでしょう。

これが、多くの米国の労働者が共有できる感情なのです。

これほどまでに労働者階級の貧困と閉塞感を歌う歌手はB・スプリングスティーン以外にいないといってよいでしょう。

B．ボブ・ディラン（**Bob Dylan**）

　B・スプリングスティーンに影響を与えた人物がいます。1963年『風に吹かれて』**Blowin' in the Wind** の大ヒットで一躍有名になったボブ・ディランです。甘ったるいラブソングではなく厳しい現実を取り上げたという点で大きな影響を与えたと思われます。しかしボブ・ディランが歌う世界はB・スプリングスティーンとは少し異なります。B・スプリングスティーンが米国における労働者階級の閉塞感を取り上げているのに対し、ボブ・ディランは米国に限らず誰もが抱える疑問や問題を、個人的な視点を含めてきわめてラディカル（急進的、過激）な形で、あるいは抽象的な形で提示しています。ボブ・ディランの方が世界観は大きく多様性があり、使われている語彙も難解なものが多くあります。2016年ノーベル文学賞に輝いたのも納得できます。ボブ・ディランを紹介するには1曲では不可能ですが、ここでは比較的理解しやすい作品を取り上げてみました。『激しい雨』**A Hard Rain's Gonna Fall** というディランの初期の作品ですが、その一部を紹介します。

A Hard Rain's Gonna Fall　　　by Bob Dylan

Oh, what did you see, my blue-eyed son?
Oh, what did you see, my darling young one?
I saw a newborn baby with wild wolves all around it,
I saw a highway of diamonds with nobody on it,
I saw a black branch with blood that kept drippin',
I saw a room full of men with their hammers a-bleedin',
I saw a white ladder all covered with water,
I saw ten thousand talkers whose tongues were all broken,
I saw guns and sharp swords in the hands of young children,
And it's a hard, and it's a hard, it's a hard, it's a hard,
And it's a hard rain's a-gonna fall.

［注］drippin'：（液体が）滴る　　bleedin'：出血する

ひどい雨がふりそうなんだ　　ボブ・ディラン
（訳　片桐ユズル・中山　容）

なにを見たの　青い目のむすこ？

なにを見たの　わたしのかわいい坊や？
　生まれたての赤ん坊がオオカミにかこまれているのを見た
　ダイヤモンドのハイウエイを見たけど、だれもいなかった
　くろい枝から血がしたたりつづけるのを見た
　部屋いっぱいの男たちが血のしたたるハンマーをもっていた
　白いはしごが水につかっているのを見た
　一万人のおしゃべりが舌がだめになっているのを見た
　ちいさな子どもが手に鉄砲や剣をもっているのを見た
　それで、ひどい、ひどい、ひどい、ひどい
　ひどい雨が降りそうなんだ

　この歌の歌詞は全部で5番まであります。
1番は「どこへいってたの、青い目のむすこ？」 Where have you been, my blue-eyed son? で始まり、
2番は、ここに紹介した「なにを見たの、青い目のむすこ？」で始まり、
3番は「何が聞こえたの、青い目のむすこ？」で始まり、
4番は「だれにあったの、青い目のむすこ？」で始まり、
5番は「なにをしようというの、青い目のむすこ？」で始まっています。
いずれも最後は、「ひどい雨が降りそうなんだ」が繰り返し歌われ、最後の問いかけ（なにをしようというの？）の答えとして、「毒だんごが水にあふれ…執行人の顔は隠され…魂は忘れられた、ふかい黒い森の深みまで歩き…考え、しゃべり、呼吸する…すべてのひとびとに見えるようにしたい…」と締めくくっています。
　B・ディランの歌詞には様々な特徴がありますが、この歌でも顕著なのは「韻」です。son-one, it-it, drippin'-bleedin',（broken-children）のように多くの韻が踏まれています。（ただし、broken-children は音よりも見た目で '-en' が同じという共通性）
　このように、ボブ・ディランの歌はブルース・スプリングスティーンよりもいっそうラディカルであり、B・スプリングスティーンが典型的な米国人が持つ問題を個人的な視点から訴えようとしているのに対し、B・ディランは人間（現代人も含めて）が抱える問題を、彼独自の思想に裏打ちされた形であぶりだすことに成功しているといってよいでしょう。B・スプリングスティーンが米国内で圧倒的な人気を誇っているのに対し、B・ディランは世界的な規模で高い評価を受けていることが理解できます。その意味で、2016年にノーベル文学賞を受賞したことは、元来、歌と歌詞は密接に関連しあうもので旋律（メロディー）と歌詞を切り離して聴くことは不可能なものです。それにもかかわらず、ノーベル賞の選考委員会が、ディランに歌手としてではなく「詩人」として文学賞を与えたということは、歴史上初という意味も含め、改めて歌詞の重要性を見直す大きな機会になったと思います。また、ディランと同時代、特に1960年代のシンガー・ソングライターたち（例えば、ポール・サイモン、ジョン・レノン、キャロル・キング、フレディー・マーキュリー、CSN&Y など）の歌詞が、ディランと同じように人生や人間に対する深い洞察を感じさせる点を考えると、もっと評価されても良いと考えます。
　試しに、ジョン・レノンの『マザー』Mother やサイモンとガーファンクルの『サウンド・オブ・サイレンス』The Sound of Silence、CS&N の『木の舟』Wooden Ships、クィーンの『ボヘミアン・ラプソディー』Bohemian Rhapsody の歌詞を訳してみてください。クオリティの高さに驚嘆することでしょう。

第5回映画英語アカデミー賞受賞　高校生部門

ワークシートの利用の仕方

《ワークシート①》

[解答例]

A. 1. (b)
   2. spot
   3. (3) わかってるわ。
      (4) そうでしょ。
   4. You forgot your change.
   5. ahead
   6. Teke it. / You can have it.
      You may have it. / It's yours. など
   7. 和訳：看板に25セントと書いてあるでしょ。だから25セントだけでいいの
      少女は25セントでレモネードを売っていて、それ以上お金を儲ける気持ちはありません。また、おいしいレモネードを提供したいので、お客様が喜んでくれると嬉しいのです。

[解説]

レモネードを売る少女は、実は映画の冒頭にも出てきます。しかし、この時は、少女は姿を見せずバトラーとスーの会話の中で「女の子がレモネードを売っている」という形で出てくるだけです。次は、バトラーがお祭りのイベントの準備をしている時に少し姿を見せます。最後に、バトラーが体育館でスピーチをする直前に会話をするのがこの少女です。あえて2回レモネード少女を登場させたのは意図的といえます。それだけ観客に印象付けたかったからでしょう。その意味でこの場面は重要な意味を含んでいると思われます。

1. (a) は Do you want to...? は「...を飲みますか」という表現になります。
   (b) は Would you like to...? で「...はいかがですか」となります。
   (c) の Why don't you ...? は「...したらどうですか」と相手に、何かをすすめる表現です。

「レモネードはいかが？」という意味で尋ねたわけですから、答えは(b)。

2. 聞き取りなので解説不要

3. 話しの流れをつかむために、すぐ前のバトラーのセリフを和訳して考えてみましょう。
   (3) バトラー：「（商売するのに）本当にいい場所を選んだね」を受けて言うセリフですから、「わかってるわ」くらいが妥当ではないでしょうか。
   (4) バトラー（レモネードを飲んで）：「これはおいしいねぇ」と、本当においしそうに飲みます。そのすぐ後に、レモネード少女が「私にはわかってたのよ」といった感じなので、「そうでしょう」という訳が自然だと思われます。

4. レモネード少女が「お釣りを忘れましたよ」と、バトラー（相手）に向かって言っているので、省略されているのは You。

5. Go ahead. で「どんどん進めなさい」という意味なので、ここでは「お釣りはいらないよ」という意味になります。

6. Keep it. は「（お釣りはいらないから）取っておきなさい」の意味です。他の英語に置き換えると、Take it. (it = the change) や、You may have it. などがあります。「それはあなたのものだよ」の意味で It's (all) yours. のような表現でも大丈夫です。

7. バトラーが「お釣りはいらない」といった理由は、レモネードがとてもおいしくて25¢では安すぎると思ったからです。少女にしてみれば、お釣りはもらっておいた方が得です。しかし「おいしいレモネードを25¢で提供すること」が少女の目的なので、25¢以上の利益を得てはいけないのです。

　バトラーはお釣りをもらってからスピーチをするために体育館の中に入っていきます。彼は明らかに価格と商品の価値との関係を再認識したと思われます。レモネード少女と会話を交わしたことが、彼のスピーチに影響を与えたことは間違いないでしょう。

B. ペアの対話練習は、まず「真似」から始めま

しょう。DVD を何度も見て、発音がそっくりに聞こえるくらい練習してみてください。暗記するのはその後で構いません。この量の会話なら、数回聞けば覚えることができるでしょう。

　発音・イントネーションだけでなく感情も入れて真似をすることが上達の秘訣です。

《ワークシート②》

[解答例]
1. ①短くすませます。
　　⑤一年おきの夏に
2. 和訳：ここに灯台と海が写っている。
　〈バトラーが伝えたいこと〉
　海のない場所の写真に灯台や海が写っているということは、この写真は本物ではないということ。
3. ア．**After a while, he found himself playing the video game for more than one hour.**
　イ．**When she woke up, she found herself (being) one of the most famous persons in the world.**
4. **of**
5. ⑥ **I'd = I would**
　⑦ **he'd = he would**
6. 他に誰がやるのだ。
　（こんなことをするのは他に誰もいない）
7. **pride**
8. 和訳：彼（祖父）は、何かの世話をするということの意味を私に教えたかっただけなんです。
　〈バトラーが伝えたかったこと〉
　納屋の修理をすることは嫌な仕事でした。納屋を修理していたおかげで長く使うことができました。皆さんの土地も、売ることもできず面倒なものですが、納屋のように大切にしてこそ初めてその価値がわかるものなのです。土地を手放してはいけません。

[解説]
レモネード少女との会話から何かを教えられたバトラーは、ダスティンが持ち込んだ写真の「嘘」を町民に伝えながら、もっと大切なものについて語ります。それが「納屋」です。祖父と一緒に修理をしていた納屋は、手間をかけたおかげでいつまでも完璧でした。物を大切にするということはそういうことだと、つまり「いやなことでもそれが大切なことならば（あるいは守るべきものならば）やるべきことはやらなければならないということ」。それが、祖父から教えられたことでした。祖父から学んだことを、農民たちに置き換えてみると、大切なものとはいったい何だろうか、とバトラーは彼らに問いかけているのです。

　この「納屋」の話は、高校生にとっては少しわかりにくいかもしれません。しかし、農家の人々がどれだけ苦労をしているかを考えてみましょう。例えば、天候によって農作物の成長は左右されます。寒くなれば温室にストーブを持ち込んで、温めてやらなければ育たない果実や花があります。このような具体的例を挙げて話せば理解できるのではないでしょうか。

1. ① **brief** は「短い」の意味です。（=**short**）
　⑤ **other** を加えると「〜おきに」の意味になります。
　〈例〉 **every day**　　　：毎日
　　　　every other day　：一日おきに
　　　　every week　　　：毎週
　　　　every other week：一週間おきに
2. ダスティンが提示した写真は、ガスを採掘した後に牛が死んだことを指し示すものです。まわりに海がないネブラスカ州なのに灯台が写っているのです。
3. **find oneself ＋ ...ing** で「自分自身が〜であることに気づく」という意味になります。
4. **remind A of B** で「AにBのことを思い出させる」の意味になります。
5. 「以前はよく〜したものだ」（過去の習慣）を表す **would** になります。
6. 英語の反語表現。
7. **be proud of ...**「を自慢する、〜を鼻にかける」の意味です。

《ワークシート③》
[解答例]
（1）(He) Tried to get you to vote the way he wanted you to vote.
（2）ダスティンが思う通りに皆さんに投票させようとしたこと
（3）③皆さんはまさに投票しようとしています。
　　⑤グローバル社は、皆さんがグローバル社が思っている通りにするだろうと予期しているのです。
（4）ア
（5）a bunch of money
（6）意味：危険なしで、安全なまま
　　他の例：sugar free：糖分ゼロの
　　　　　　barrier free：バリアフリーの、障害物なしの
　　　　　　tax free：非課税の
（7）1．足下に莫大なお金が眠っていること
　　2．それを取り出すことができること
　　3．しかも安全に
（8）グローバル社のようにガスを狙ってほかの会社がくること
（9）下線部⑨に同じ。（8）の答えと同じ。

[解説]
（1）try to... で「～しようとする」
　　get ＋人＋ to... の形で「(人)に～させる、～してもらう」と使役を表します。
　　（例）It is not easy to get him to stop smoking.
　　「彼にタバコをやめさせるのは簡単ではない。」
　　the way... ：…する方法で
（2）what he did を直訳すれば「彼がしたこと」。つまり「ダスティンがしたこと」とは、下線部①のことです。ダスティンは、わざと偽の写真を見せてガス発掘に反対していると思わせておいて、あとでその写真が偽物であると分かるように仕組んでいたのです。ダスティンを信用した農民たちは、当然反対投票をするでしょう。しかし、写真が偽物とわかれば、もうダスティンを信用することはできません。そうなれば、バトラー側（グローバル社側）の賛成投票に回ることになります。そうなれば、バトラーの勝利になり、グローバル社が望む結果が得られることになるのです。
（3）③ be about to...で「～しようとする」「まさに～しようとしている」の意味です。
　　⑤ ここで they は Global 社のこと。
　　you はバトラーが話している人々つまり農民たち。
　　them は Global 社を指しています。
　　この文のあとに省略されている英語を考えてみると、...you'll let them do what they want to do. となり、「皆さんは彼ら（グローバル社）がやりたいと思っていることをさせるだろう」という意味になります。（この let は使役動詞で「…に～させてあげる」）
（4）下線部④のすぐ前の文で、Dustin works for Global. They couldn't afford an environmental presence.「ダスティンはグローバル社で働く人間だ。グローバル社には環境に配慮した工場などを建てる余裕はありません」とバトラーは言っているので、答えは ア になります。
（5）「足の下に多額の金が眠っている。それを掘り出す…」のだから、「多額のお金」
（6）risk は「危険」「恐れ」。日本語でも「リスクを冒す」などと言います。...free は「～がない」「～がはいっていない」の意味で最近よく使われます。risk free は「危険なことはなしで」「安全なまま」。他の例としては、日本語になってしまった感がある barrier free（障害物なしの、バリア・フリーの）、sugar free（糖分ゼロ）、caffein free（カフェイン抜きの）、など身近に使われている言葉がいくつか見つかると思います。
参考までに、「糖分ぬきの」は sugarless のように ...less で「～なしの」を表すこともあります。homeless（ホームレス）、

priceless（値段がつけられない→お金で買えない、大変貴重な）のほか、careless（不注意な）、動詞に着けて countless（無数の）などがあります。

(7) すぐ前の、バトラーが町民に語った嘘のことを指します

(8) これは町民の質問ですから、町民にとって重要なことであり、ダスティンが偽物の環境保護団体の男であったということは問題ではありません。自分たちの生活にとって最も重要なことは、貧しい生活から抜け出すために「ガスが高い値段で売れるのか」ということなのです。なので this「このこと」とは、他の会社が採掘権を買いに来ること、になります。

(9) 下線部⑨this を受けていますから(8)の答えと同じです。

《ワークシート④》

[解答例]

SPEECH　A

1. 目的は2つあります。
   ひとつは、海がない州（ネブラスカ）で撮影された写真なのに灯台や海が写っているということは、その写真は偽物であることを町民に伝えること。
   もうひとつは、ダスティンは、写真が偽物であることがわかるように仕組んだ、ということ。そうすれば、投票は間違いなくバトラー側の勝利になること。

2. 納屋は祖父と一緒に修理していたのでずっと完璧だったのです。祖父にとっての納屋は生活するのに大切なものでした。修理をするのは大変なことで、誰かが必ずやらなけらばならないことでした。誰もやる人がいなければ、自分でやるしかないと思うくらい大切なものだったのです。

3. 嫌なことでも、納屋を駄目にしないためには、修理を最後までやり遂げなければなりません。何かをなしとげるということは、そういう義務がつきまといます。その義務を果さなければいけなりません。そして、たとえ嫌なことでも、しっかりやれば必ず努力は報われるものです。

SPEECH B
1. 自分の希望通りに投票してもらうために、ダスティンは嘘をついたこと。彼は環境保護団体の人間ではありません。グローバル社の一員なのです。
2. 農民をだましてガスの採掘権を買い取ろうとしたこと。

SPEECH C
1. そんなことはないと思う。
2. 農民たちにとっての土地

[解説]
ワークシート②～④を順番に読んでいけば、バトラーがスピーチの中で言いたかったことが理解できると思います。

理解のためのポイントは

① ダスティンが示した写真は偽物だったこと。
② その写真が偽物であることを故意にわかるようにしていたこと。
③ ダスティンは、グローバル社が送り込んだ社員だったこと。
④ 町民はガス採掘に反対の投票をするつもりだったけど、ダスティンの写真が偽物だとわかったので賛成に投票することになるということ。
⑤ しかし、バトラーは、自分が農民に嘘をついて採掘権を安く買い取ろうとしていたことを恥じて、素直に謝ったこと。
⑥ その原因の1つに、レモネードを売る少女との会話が重要な影響をバトラーに与えていると思われること。
⑦ バトラーと祖父が修理していた「納屋」は、農民にとっての「土地」であり、手放してはいけない「約束された土地」であること。

特に、ワークシート④のスピーチは、映画全体を鑑賞しなければ、答えを導き出すことが難しい面もあります。深い内容を持った作品ですので、何度も見直して挑戦してみて下さい。

ワークシート ①

<レモネード少女との会話の場面>

A. DVDで次の場面<レモネード少女との会話>を見て、あとの問いに答えなさい。

    The girl: (1) <u>Lemonade?</u>

    Butler: Is it good?

    The girl: Really good.

    Butler: Ah, you have a really good　(2) (space / spot) here.

    The girl: (3) <u>I know</u>.

    Butler: Wow.

    The girl: (4) <u>I know</u>.

    The girl: Ah, Mister?

    The girl: (5) <u>Forgot your change</u>.

    Butler: (6) <u>Go (　　)</u>.　(7)Keep it.

    The girl: (8) <u>The sign says it's only ¢25. So, it's only</u> ¢25.

1．下線部（1）で、省略されている語句として最も適切なものを次から選びなさい。
    (a) (Do you want to drink) lemonade?
    (b) (Would you like to drink) lemonade?
    (c) (Why don't you drink) lemonade?

2．（2）の（　　）内から適切な語を、聞き取って選びなさい。

    _____

3．下線部（3）と下線部（4）は、どちらも I know.ですが、この対話の流れから考えて、どのように和訳すると最も自然になると思いますか。ペアまたはグループで考えてみましょう。
   ［考える上でのヒント］
    ・すぐ前の Butler のセリフをまず和訳してみましょう。
        バトラー：「　　　　　　　　　　　　　　」
   レモネード少女：(3)（　　　　　　　　　　　　）

バトラー:「　　　　　　　　　」
レモネード少女:(4)(　　　　　　　　　)

4．下線部(5)で省略されている語を1語補って全文を書きなさい。

　　_____

5．下線部(6)の(　)内に入る語を聞き取って書きなさい。

　　_____

6．下線部(7) Keep it. を、他の英語に書き換えた場合、どのような表現がありますか。
　　ペアまたはグループで考え、2つ以上書きなさい。

　　①_____

　　②_____

　　③_____

7．下線部(8)で、このレモネード売りの少女が言いたかったことはどんなことだと思いますか。
　　ペアまたはグループで考えてみましょう。
　　[考える上でのヒント]
　　　・まず、この少女の英語のセリフを和訳しましょう。
　　　・レモネードは美味しいのでしょうか。
　　　・Butlerが「お釣りはいらない」と言ったのはなぜでしょうか。
　　　・お釣りはもらった方が得でしょうか。
　　　・このセリフのあと、少女は何をしましたか。
　　　・そしてButlerはどうしましたか。

　　和訳＝_____

　　_____

　　_____

B．この対話を暗記して、ペアで練習しましょう。

第5回映画英語アカデミー賞受賞　高校生部門

ワークシート ②

<体育館でのスピーチ１>

主人公のバトラーが、投票のために集まった町の人々に行うスピーチです。
このスピーチは、３つの部分に分けることができます。
　①最初は、写真を見せながら、祖父との思い出の納屋について語ります。
　②次に、ダスティンやグローバル社のことを語ります。
　③最後に、町民の質問に答えて、町の人々は何をどう考えるべきか、ということについて語ります。
少し長いのですが、この映画のテーマにかかわる重要なスピーチです。

◎ DVDで次の場面＜バトラーの体育館でのスピーチ①＞を見て、あとの問いに答えなさい。

Butler: ①I'll be very brief. I know there's been a lot of talk about this, *this picture. So, I've brought it to show everybody, ②that's the light house and the ocean. I was looking at this picture… looking at it for a while last night, for a long while, and ③found myself staring at this *barn. The, the wood's *chipping away and the, the paint's *flaking off there. Probably from all the salt water in the air. But it… it reminded me ④(　　) my grandfather's barn. That barn was the, the *bane of my existence. It was, it was *immaculate, we used to… We painted it ⑤every other summer, just, just him and me. ⑥I'd asked him why? Why, why do we have to do this? And uh, ⑦he'd look at me and say, "This is our barn, ⑧who else is gonna do it?" I used to think the guy was crazy. And *stubborn, and ⑨proud. But see, I think…⑩he was just trying to teach me what it meant to take care of something.

　（注）**this picture**: 環境保護活動家のダスティンが持ってきた数頭の死んだ牛が写っている写真。ガス採掘の結果、有毒ガスが発生し牛が死んだという証拠写真。この写真はネブラスカ州で撮影されたものとなっている。（ネブラスカ州には海はない）
　（語注）barn: 納屋　　chip: 削り取る　　flake:（ペンキなどが）はげ落ちる　　bane: 悩みの種
　　　　　immaculate: 少しも汚れていない、無垢な　　stubborn: 頑固な

1．下線部①、⑤を和訳しなさい。

　①_____

　⑤_____

2．下線部②を和訳し、バトラーが町民に伝えたいことを書きなさい。

　和訳＝_____

　_____

3．下線部③を参考にして、次の日本文を英語で書きなさい。

　ア．しばらくして、彼は1時間以上ビデオ・ゲームをしていることに気がついた。

　　_____

　イ．目を覚ますと、彼女は自分が世界中で最も有名な人物の1人になっていることが分かった。

　　_____

4．（　　　）④内に入る適切な語を書きなさい。

　　（　　　　　）

5．下線部⑥I'd、⑦he'dは短縮形ですが、それぞれ短縮しない形で書きなさい。

　⑥I'd＝
　　_____

　⑦he'd＝
　　_____

6．下線部⑧は「反語」の表現が使われています。反語表現に込められた意味も補って和訳しなさい。
　〔例〕　How can you stand all these noises?
　　　　　よくこんな騒音に耐えられるね。（耐えられる人は誰もいないよ。）

　和訳＝_____

7．下線部⑨の名詞形を書きなさい。

　　_____

8．下線部⑩を和訳し、この言葉を通してバトラーが町民に伝えたかったことを、ペアまたはグループで考えて書きなさい。

　和訳＝_____

　_____

　_____

第5回映画英語アカデミー賞受賞　高校生部門

ワークシート ③

<体育館でのスピーチ２>

A. DVDで次の場面<バトラーの体育館でのスピーチ②>を見て、あとの問いに答えなさい。

Butler: Okay. Well, you all know that Dustin lied. ①he wanted you / get you / tried to / the way / to vote / to vote. And that's exactly ②what he did, because ③you are about to vote exactly as he wants you to vote. Because Dustin is not an environmentalist. Dustin works for *Global. They couldn't afford an *environmental presence here. So… so ④they created their own. They're trying to make this decision for you and ⑤they're *betting that you'll let them. This is a real farm. And they told these people exactly what… what I've told a lot of you, in fact I've… I've looked a lot of you right in the eye and told you that there's a bunch of money under your feet, and we can get ⑥it out, ⑦risk free. Guaranteed. Clearly, ⑧that's not true. I'm sorry.
　　　　　　　（動揺する町民たち）
Farmer: Look, is ⑨this gonna happen here?

Butler: I… I honestly don't believe that, that ⑩it will. But they know that the only reason we're all gathered here is to ask the question: what if ⑩it did? And I, I don't know what to tell you. I don't know what to say anymore. But where, where we are now, where we're headed… We might be betting more than we think. Everything that we have is on the table now. And that's just not ours to lose. But this is still our barn.

（注）*Global: グローバル社（バトラーが働く企業）
　　　*environmental presence: ガス採掘に関した環境に配慮した工場や会社などの施設
　　　*be betting + that節: …を望む、予期する

1. 下線部①が「彼は、彼が思う通りに皆さんに投票させようとしたのです。」という意味になるように、語群を並べ替えなさい。ただし、主語のHe は省略されています。

_____

2. 下線部②「彼がしたこと」とは具体的に何をしたのでしょう。

_____

3. 下線部③、⑤を和訳しなさい。
　　ただし⑤は、they、them、youが何を指しているかを明らかにすること。

　③_____

　⑤_____

102

4. 下線部④they created their own.「彼ら（会社）は独自の方法を考えた」とは、具体的にどんなことを意味していますか。次の中から適切なものを選び○をつけなさい。

　　ア．バトラーの活動を邪魔する役割として、偽の環境活動家ダスティンを送り込んだこと。

　　イ．農民出身であるバトラーを選んで、農民の説得にあたらせたこと。

　　ウ．高額な採掘料を提示して町民をだましたこと。

5. 下線部⑥itは何を指していますか。本文中の英語で答えなさい。

　　_____

6. 下線部⑦risk freeとは、どんな意味ですか。また、他にfreeのつく表現を探して書きなさい。

　　risk freeの意味＝_____

　　freeのつく表現＝_____

　　_____

7. 下線部⑧で「それは本当ではありません」と、バトラーは言っていますが、「それ」とは何のことですか、3つ書きなさい。

　　①_____

　　②_____

　　③_____

8. 下線部⑨this「このこと」とは、具体的に何を指していますか。日本語で書きなさい。

　　_____
　　_____

9. 下線部⑩itは、ふたつとも同じことを表しています。それは何でしょうか。

　　_____

ワークシート ④

<体育館でのスピーチ3>

バトラーのスピーチをまとめて聞いてみましょう。

SPEECH A

Butler: I'll be very brief. I know there's been a lot of talk about this, this picture. So, I've brought it to show everybody, that's the, the lighthouse and the ocean. I was looking at this picture… looking at it for a while last night, for a long while, and found myself staring at this, **this barn**. The, the wood's chipping away and the, the paint's flaking off there. Probably from all the salt water in the air. But it… it reminded me of my grandfather's barn. That barn was the, the bane of my existence. It was, it was immaculate, we used to… We painted it every other summer, just, just him and me. I'd asked him why? Why, why do we have to do this? And uh, he'd look at me and say, "**This is our barn,** who else is gonna do it?" I used to think the guy was crazy. And stubborn, and proud. But see, I think…he was just trying to teach me what it meant to take care of something.

SPEECH B

Butler: ［1］Okay. Well, you all know that Dustin lied. Tried to get you to vote the way he wanted you to vote. And that's exactly what he did, because you are about to vote exactly as he wants you to vote. Because Dustin is not an environmentalist. Dustin works for Global. They couldn't afford an environmental presence here. So… so they created their own. They're trying to make this decision for you and they're betting that, you'll let them.

［2］This is a real farm. And they told these people exactly what… what I've told a lot of you, in fact I've… I've looked a lot of you right in the eye and told you that there's a bunch of money under your feet, and we can get it out, risk free. Guaranteed. Clearly, that's not true. I'm sorry.

SPEECH C

Farmer: Look, is this gonna happen here?

Butler: I… I honestly don't believe that, that it will. But they know that the only reason we're all gathered here is to ask the question: what if it did? And I, I don't know what to tell you. I don't know what to say anymore. But where, where we are now, where we're headed… We might be betting more than we think. Everything that we have is on the table now. And that's just not ours to lose. But **this is still our barn**.

QUESTIONS:
SPEECH A
1．バトラーは、まずダスティンが持ってきた写真を見せて「灯台と海」が写っていることを示します。バトラーはどんな目的でこの写真を町民に見せたのでしょうか。

_____

2．次にバトラーは、写真に載っていた「納屋」の話を始め、次に祖父と一緒に修理した自分の家にあった納屋のことを語ります。その納屋は、祖父にとってどんな意味があったと思いますか。
グループで話し合って書きなさい。

_____

3．その納屋は、祖父と一緒に修理をさせられていた彼にとっては悩みの種だったのですが、祖父が彼に教えたかったことは何だったのでしょうか。

_____

SPEECH B
1．［1］の部分で、バトラーは、ダスティンがどんな男だったと言っていますか。すべて書きなさい。

_____

_____

2．［2］の部分で、最後にバトラーは謝ります。何について彼は謝ったのでしょうか。

_____

SPEECH C
1．農民の1人が「こんなことはまたあるのか」と尋ねます。それに対しバトラーは何と答えていますか。

_____

2．そのあと、バトラーは最後に「それでもこれが私たちの納屋なんです」という言葉で締めくくっていますが、our barn「私たちの納屋」に象徴されているのは何でしょうか。

_____

第5回映画英語アカデミー賞
大学生部門

きっと、星のせいじゃない。

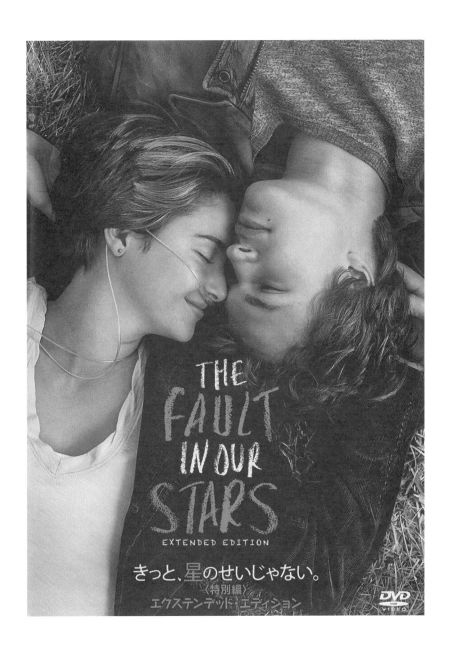

きっと、星のせいじゃない。 The Fault in Our Stars	（執筆）安田優・井上裕子・轟 里香　船本弘史・村上裕美

セリフ紹介

（1）ヘイゼルの鬱の原因
　The booklets and the websites always list depression as a side effect of cancer. Depression's not a side effect of cancer. It's a side effect of dying.

（2）サポートグループでのヘイゼルの自己紹介（パトリックの質問に対する心のつぶやき）
　You mean besides the terminal cancer?

（3）オーガスタスが抱く不安
　Oblivion.（中略）I intend to live an extraordinary life. To be remembered.

（4）ヴァン・ホーテンの説明
　The tortoise has a ten-yard head start. In the time it takes you to run ten yards…the tortoise has moved maybe one yard,（中略）the question of "how" turns out to be so complicated that no one really showed it until…

（5）オーガスタスの再発の告白
　I don't suppose you can just forget about this. You know, just treat me like I'm not dying.

（6）ヘイゼルの弔辞リハーサル
　Some infinities are simply bigger than other infinities. A writer that we used to like taught us that.

学習ポイント

本作品の学習ポイントとして以下の5つを取り上げてみました。

（1）タイトル
　映画の原作はジョン・グリーンの小説 The Fault in Our Stars です。タイトルはシェークスピアの The Tragedy of Julius Caesar に出てくるセリフのもじりです。翻訳本は『さよならを待つふたりのために』金原瑞人訳（岩波書店）、映画の邦題は『きっと、星のせいじゃない。』です。原題と邦題を比較してみましょう。

（2）医学英語
　サポートグループ参加者達の自己紹介・ヘイゼルの闘病生活のフラッシュバック・医師による病状説明の場面では様々な医学英語が出てきます。難解な病名などはギリシャ語やラテン語からきています。語源を調べてみましょう。

（3）ヘイゼルの愛読書
　ヘイゼルはオランダ在住アメリカ人作家の『大いなる痛み』（An Imperial Affliction）を愛読書としています。恋人となるオーガスタスにもその本を紹介します。ヘイゼルは本の結末が気になってしかたがありません。やがて2人は著者に会いに行く機会を得ます。ヘイゼルの愛読書がストーリーの鍵となっています。ヘイゼルが愛読書の中で気に留めている文章や作家を敬愛する理由、オーガスタスがヘイゼルにメールで送った本の感想に注目してみましょう。

（4）ヘイゼルとオーガスタスの出会いと別れ
　ヘイゼルとオーガスタスはサポートグループの集まりの場で出会います。再発せずに順調にきているオーガスタスは積極的にヘイゼルにアプローチします。日本語と英語の口説き文句を比較してみましょう。やがて、2人は恋人同士になり、2人の合言葉もできます。合言葉 okay はシンプルですが、イントネーションを変化させることで微妙なニュアンスを伝え合っています。参考にしてください。途中、ヘイゼルは呼吸困難に陥り救急搬送されます。そして自分の病状が思わしくないことを認識し、オーガスタスと距離を置きます。相手を思いやるがゆえに揺れ動く心を読み取ってみましょう。弔辞のリハーサルではヘイゼルが感動的なスピーチをします。ピーター・ヴァン・ホーテンの言葉も引用しています。

（5）旅立つ者と残されし者
　再発の無念さを吐露するオーガスタスに対しヘイゼルはどのような言葉をかけるのか注目してみましょう。また、ヘイゼルと両親が衝突する場面があります。家族であるがゆえの苦悩や葛藤にも目を向けてみましょう。

あらすじ

　この映画の主人公ヘイゼルは末期ガンを患う女の子です。また、オーガスタスは骨肉腫を患い、片足を失った18歳の男の子です。この2人はガン患者たちの支援グループで運命の出会いを果たします。ある日、ヘイゼルはオーガスタスに、ガンをテーマとするお気に入りの小説『大いなる痛み』の話をします。彼女は、著者のピーター・ヴァン・ホーテンが死を理解していると考え心酔しています。小説を読んだオーガスタスはその唐突な終わり方に不満を感じています。他方、ヘイゼルは、人間は人生という文章の途中で突然死ぬのだから、それが真実だと主張します。しかし同時にヘイゼルは登場人物のその後が気がかりでしかたがありません。行動力に富むオーガスタスのおかげで、ガンの子ども患者の願いをかなえる財団の助けが得られることになり、ヘイゼルは作家ピーター・ヴァン・ホーテンの住むアムステルダムに行く機会を手に入れます。登場人物のその後について彼に問いかけるヘイゼルでしたが、返答は彼女を落胆させるものでした。彼は作り話に未来はなく、物語は結末とともに終わるのだと伝えるのです。ヘイゼルとオーガスタスは幻滅してピーター・ヴァン・ホーテンの家を後にします。米国への帰国間際、オーガスタスはヘイゼルにガンが全身に転移していることを告白します。そして、舞台が米国に戻ってから、オーガスタスは死を迎え、物語もまたクライマックスを迎えることになります。

| 映画情報 | 製作年：2014年　製作国：米国　言語：英語　配給会社：20世紀FOX　ジャンル：ドラマ、青春、ロマンス | 公開情報 | 公開日：2014年6月6日（米国）　　　　　2015年2月20日（日本）　上映時間：126分　MPAA（上映制限）：PG-12　興行収入：1億2,485万3,062ドル（米国） |

きっと、星のせいじゃない。

薦	○小学生 ○中学生 ●高校生 ●大学生 ○社会人	リスニング難易表	発売元：20世紀フォックス ホーム エンターテイメント ジャパン（平成28年12月現在、本体価格）DVD価格：1,419円 ブルーレイ価格：1,905円	
お薦めの理由	ヤングアダルト小説が原作であり、若者たちを主人公とする物語です。ガンに冒され、死を意識しながらも懸命に生きるヘイゼルとオーガスタスの2人には、健康な若者と違うところがあるのかという問いをはじめとして、大学生が考慮すべき点が多く含まれる作品です。原作小説も平易な英語で書かれており、上級学習者は映像だけでなく書籍も併せて活用することでバランス良く英語力を向上させられます。	スピード	3	
		明瞭さ	4	
		米国訛	2	
		米国外訛	1	
		語彙	3	
英語の特徴	ほとんどの登場人物が標準的な米国英語を話します。なかでも注目すべきポイントは、10代の若者であるヘイゼルとオーガスタスがそれぞれの心の内をストレートに表現する心理描写です。また、SNSを用いたチャットでは、ごく短い表現のなかに2人の関係がにじみ出ている場面も見逃せません。さらに、病気に関する用語も多く、どれも難解な語彙ばかりですが、語彙力を伸ばすうえでぜひ参考にしたいところです。	専門語	4	
		ジョーク	2	
		スラング	2	
		文法	2	

発展学習

主人公の2人は10代ですが、病気のため永くは生きられないという状況におかれているため、「意味のある人生とは何か」という問題について考えます。主人公ヘイゼルのボーイフレンドのオーガスタスは、初めは、何か目立ったことをして多くの人の記憶に残ることが意味のあることだと考え、そのようなことを何も成し遂げられずに命が尽きる自分の人生を惨めなものだと考えていたようです。これに対し、ヘイゼルは、何か華々しいことを成し遂げることが人生を意味あるものとするのではない、愛する人や友達や家族がいてそういう人たちの記憶に残れば、それが満足できる人生だと主張します。

この映画のような状況でなければ、高校生や大学生くらいの年齢では、時間は無限に続いていくように思えるかもしれません。また、意義のある人生や生きる意味などについて真剣に考えたことのない学生もいると思われます。同じ年代の主人公の会話を通して、どんな人にとっても与えられている時間は無限ではないことに気づき、意味のある人生とはどのようなものか考えてみることは、重要な経験となるでしょう。

ヘイゼルがオーガスタスに呼び出され夕食時に外出しようとしたときの、ヘイゼルと両親との会話からは、英語表現に現れる話者のものの見方について学べます。母が使った"stay healthy"という表現にヘイゼルが激しく反発したことから、動詞 stay + 形容詞で文字通りには「その状態にとどまる」という意味になることが分かります。また、母の言った"even if you died"をヘイゼルが"when"と訂正したことからは、接続詞 if と when や仮定法に対する理解が深まります。母の最初の表現では、接続詞 if を使うとともに、動詞が仮定法過去になっており、ヘイゼルが死ぬことが仮定の話になっています。これに対し、ヘイゼルは"when"と訂正しています。ヘイゼルが"When."といった後、母親が言い直した文の"Even when you die, ..."では、whenを使うとともに、動詞は現在形になっています。英語表現の違いにより、出来事（この場合は「ヘイゼルの死」）が起こる可能性に対する見方が現れています。このような点に、学生の注意を引くことができます。

この場面は、内容的には、家族に対するそれぞれの深い思いが伝わってくる場面です。両親は、食事をしないヘイゼルを心配しますが、ヘイゼルは最初激しく反発します。ヘイゼルは、ICU（集中治療室）で瀕死の状態のときに、母親なんてやめたい、と母が言うのを聞いてしまったことが、ずっと心にかかっています。自分がいることで母を苦しめているのではないか、自分などいなくなればいいのではないかと思っていたようです。母が、あれは間違いだった、母であることは最高の喜びと言ったときのヘイゼルの表情から、単に「うれしい」という言葉では表せない深い感情が汲み取れます。表情やセリフから、ヘイゼルだけでなく両親の気持ちも推測することができます。

映画の背景と見所

『きっと、星のせいじゃない。』は、ジョン・グリーンの小説『さよならを待つふたりのために』(2012年)を翻案した作品です。グリーンは10代のティーンエイジャーを主要な読書層とするヤングアダルト小説を執筆する作家として、また弟のハンク・グリーンとともに、YouTubeチャンネルのVlogbrothersに動画を投稿するブロガーとしても著名です。小説家としては『きっと、星のせいじゃない。』や共作作品も含め、6作品をこれまでに発表しています。いずれの作品も「マイケル・L・プリンツ賞」や「エドガー賞」などの文学賞を受賞したり、ベストセラーリストに名を連ねたりと、好意的に受容されている作品ばかりです。『きっと星のせいじゃない』以外に、グリーンの処女小説である、*Looking for Alaska*（2005年）も映画化が進行中とのことです。さらに、グリーンの3作目の小説 *Paper Towns*（2008年）も既に映画化され公開済みです。4作目でモーリーン・ジョンソン、ローレン・マイラクルというヤングアダルト作家との共作短編集も映画製作が進行中です。これまでに出版されたグリーンの作品は、大学生と年齢の近い若者を登場人物としており、描かれている内容をよりリアルに感じ取れ、出来事を身近に感じながら英語学習を進められるでしょう。『きっと、星のせいじゃない。』をグリーン原作の他の映画やグリーンの小説と併せて活用することで、さらなる英語力の向上に役立つのではないでしょうか。

スタッフ	監督：ジョシュ・ブーン 脚本：スコット・ノイスタッター　マイケル・H・ウェバー 原作：ジョン・グリーン 音楽：マイク・モーギス、ネイト・ウォルコット	キャスト	ヘイゼル：シャイリーン・ウッドリー オーガスタス：アンセル・エルゴート フラニー：ローラ・ダーン ピーター・ヴァン・ホーテン：ウィレム・デフォー アイザック：ナット・ウルフ

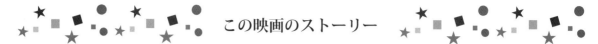

この映画のストーリー

　この映画の主人公ヘイゼル・グレース・ランカスターは末期ガンを患い、酸素ボンベが手放せない女の子です。また、オーガスタス・ウォーターズは骨肉腫を患い、そのために片足を失った18歳の男の子です。オーガスタスが足を切断することで「生存 / survive」したと発話する場面がありますが、実際には、両者の病気は現在進行中であり、この2人を軸に物語は展開します。

　彼らはガン患者たちのサポートグループで出会います。17歳の終わりの冬、ヘイゼルの母フラニーは娘が鬱だと決めつけます。また医者も食の細さや外出しないこと、繰り返し同じ本を読んでいることなどを理由にヘイゼルが鬱状態にあると診断します。ヘイゼル本人は「鬱はガンの副作用ではなく、鬱は『死ぬこと』の副作用」であると主張します。しかし彼女の母と医者は、ヘイゼルにガン患者のサポートグループに参加して「同じ旅の仲間を作り」新しい発見をすることを勧めるのです。「同じ旅」に送り出す側と、送り出される側との間の温度差が見られます。

　サポートグループでは、「精巣ガン」を克服したパトリックをリーダーとして、参加者が各々の名前や「急性骨髄性白血病」、「急性リンパ性白血病」、「神経芽細胞腫（しんけいがさいぼうしゅ）」などの病状を紹介し合い、個々人（こ こじん）の物語が共有されます。乗り気ではないヘイゼルは差し障りのない話でその場をやり過ごします。その後も彼女の意思に反して、両親は同世代の友人作りのためにもグループ参加を強く勧めます。2度目にグループに参加したとき、ヘイゼルはオーガスタスと運命の出会いを果たします。オーガスタスはそこで彼の「不安は忘却」であると語ります。「人の記憶に残る人生を送りたいので、忘れ去られるのが不安」だと。それに対し、ヘイゼルは「忘却は必然」であり、不安なら無視すべきだと答えるのです。セッションの間、視線を交わしながら。ここでは「網膜芽細胞腫」を患い早晩視力を失うことになるアイザックとも出会います。

　オーガスタスの家に向かう車中で、ヘイゼルは13歳で甲状腺ガンが見つかりステージ4という絶望的状態であったことや、手術、放射線治療、化学療法など手が尽くされたけれども状況が好転しなかったことなどを話します。家に着いたとき、彼は病気ではないヘイゼル自身の物語—彼女の興味や関心事—について尋ねます。そこで話題に上がるのがヘイゼルのお気に入りの小説『大いなる痛み』（An Imperial Affliction）です。ピーター・ヴァン・ホーテンによるこの物語はガンをテーマとしています。この作家は存命中にも関わらず死を理解しているとヘイゼルは考え心酔しているのです。オーガスタスのメッセージから、この小説は文章途中で終結しているように思えるタイプの結末であるとわかります。

　失恋したアイザックを慰めるためにヘイゼルを家に呼んだオーガスタスは、頁が欠落したような結末は失礼だと小説に対するさらなる不満を漏らします。ヘイゼルは、人間は人生という文章の途中で突然死ぬのだから、それが真実だと主張します。同時にヘイゼルは、作家に手紙で小説結末のその後について尋ねる程、主人公アンナの死後に残された人たちの行く末を気にかけています。ヘイゼルの思いを知ったアイザックは作家の秘書ルドヴィクにメールし、作家自身から返事を得ることに成功します。ヘイゼルは、転送メールアドレスに自分自身の思いを託したメールを送ります。物語の後日譚を知りたいと。そして作家から、答えられないが機会があれば来訪をという返答を得ます。ただ、彼女のアムステルダム行きは金銭・健康上の問題から難しいと思われました。

　しかしオーガスタスは、ガンの子供患者の願いをかなえるジーニー財団の手助けを得て、ヘイゼルの願いを実現させようとします。ヘイゼル自身は願いの権利を既に使っていたため、オーガスタスは代わりに自らの願いを使ったのです。実は彼自身の死期を悟りながら。ところがヘイゼルの容態は悪化し、薬が有効な間にアムステルダムへと

いう望みを医者から否定されます。むなしさを感じるヘイゼルは、余命について憂慮し、オーガスタスを傷つけないために2人の関係を進められないと告げます。渡航は難しいと思われた矢先、ヘイゼルは作家の秘書からのメールで、3日間に短縮されたものの、両親や医者の尽力でアムステルダム訪問が可能になったことを知ります。

　アムステルダム到着後、ヘイゼルたちは、ヴァン・ホーテンの秘書が手配したロマンティックなレストランで夕食を楽しみ、翌日に作家の家を訪ねます。しかし、そこでの出来事は期待を裏切るものでした。スコッチを片手に、ヴァン・ホーテンは初めて読者に返事をしたことを後悔していると発言します。不承不承、話を聞く作家に、ヘイゼルは本の結末、アンナ以外の人々のその後について問いかけます。作家は大音量でスウェーデンのヒップポップを流しながら、重要なことは意味不明な歌詞ではなく、声から感じることだと告げます。また、亀との競争を例に挙げ、無限に大小があることの証明について言及することで、ヘイゼルの問いに答えようとします。彼女の再三の問いかけに、作家は作り話に未来はなく、物語は結末とともに終わるのだと伝え、さらに彼女たちを落胆させます。物語結末後に何が起きたのか、知りたい答えを手に入れることなく、彼女たちは作家宅を後にします。

　秘書ルドヴィクは埋め合わせに、ヘイゼルとオーガスタスをアンネ・フランクの家へと案内します。フランク家で唯一「生存 / survive」できたのはアンネの父オットーだけだと、秘書は話します。続けて、そのとき思うのは…悲惨なことではなく…残された美しいことであり、身の回りの美しいものを思い浮かべて、幸せがどんなものだったか思い出すのだと、幸せになるのだというアンネの語りが流れます。次の瞬間、ヘイゼルとオーガスタスはキスをし、周りからの拍手に包まれます。眠るように恋に落ち、2人は肉体的にも結ばれるのです。帰国の途につく間際、オーガスタスはヘイゼルに胸から肝臓まで全身にガンが転移していることを告白します。

　舞台は米国へと戻り、オーガスタスはヘイゼルと失明したアイザックに、彼の弔辞を依頼します。それから、彼らがアイザックの元の彼女モニカの家に卵を投げつけるという出来事があった夜、オーガスタスの体調は悪化し、病院に搬送されます。退院後、新聞に載るような大活躍をしたかったと言うオーガスタスに、ヘイゼルは彼女と家族とこの世界、それだけでも無意味ではないと話し、愛していると伝えます。決して彼を忘れないので、それで満足してほしいと。

　ある夜、オーガスタスの呼出しに応えて出かける間際、ヘイゼルは母と言い争います。ヘイゼルは自分の死が母親業を終わらせることに言及しますが、フラニーは娘の死後も母であり続けることが最高の幸せだと答えます。ヘイゼルは彼女の死が母の人生の終わりとなることを案じていましたが、母がヘイゼル亡き後も、苦しみながら社会福祉士として人生を送る意志を示したことで安心するのです。

　待ち合わせの教会で、ヘイゼルはオーガスタスとアイザックを前に、涙を流しながら気持ちを込めた弔辞を読み上げます。8日後、オーガスタスは亡くなり、ヘイゼルは彼の葬儀へと向かいます。そこに思いもよらない人物、ヴァン・ホーテンが現れます。ヘイゼルは皆の前で恋人として別れの言葉を伝えますが、それは予め準備したものではなく、生き続けていく彼の両親を慮（おもんぱか）った言葉でした。葬儀後、作家はヘイゼルに手紙を手渡します。手紙はオーガスタスがヴァン・ホーテンに対して、ヘイゼルのための弔辞の添削を依頼するものでした。オーガスタスがヘイゼルへの思いを伝える言葉が、亡くなったオーガスタスの声で語られ、オーガスタスが彼自身の選択に満足していること、そして彼女も同様だとうれしいと語りかけ、ヘイゼルが okay と目を閉じながら返答するところで映画は幕を閉じます。　　　（安田　優）

 ## この映画の背景

1. 原作者ジョン・グリーンと彼の作品：

　『きっと、星のせいじゃない。』は、ジョン・グリーンの小説『さよならを待つふたりのために』を翻案した作品であり、映画も小説も原題は *The Fault in Our Stars* となっています。この作家は1977年8月27日、インディアナ州のインディアナポリスに生まれました。リベラルアーツの名門校ケニオン・カレッジで、英文学と宗教学で学位を取得しています。当初は司祭になりたいと思っていたようですが、小児病院での末期患者の子どもたちとの触れ合いを経て、作家を志すようになったようです。

　グリーンは10代のティーンエイジャーを主要な読書層とするヤングアダルト小説を執筆する作家です。そして、弟のハンク・グリーンとともに、**YouTube** チャンネルの **Vlogbrothers** に動画を投稿するブロガーとしても有名です。『きっと、星のせいじゃない。』との関連では、グリーン自身がこの小説の最初の2章を読みあげる映像が公開されており、映画と小説の両方を活用して授業を展開する際に、学習素材の1つとして取り入れられます。小説家としては『きっと、星のせいじゃない。』や共作も含め、6作品をこれまでに発表しています。いずれの作品も文学賞を受賞したり、ベストセラーリストに名を連ねたりと、好意的に受容されている作品ばかりです。

　処女作『アラスカを追いかけて（*Looking for Alaska*）』（2005）は、ティーン向けに書かれた作品の中で最も優れた著作にその栄誉が与えられるマイケル・L・プリンツ賞を2006年に獲得しています。伝記好きの高校生を主人公に据えたこの作品も現在、映画化が進行中です。また、2作目の *An Abundance of Katherines*（2006）でも再び同賞候補に挙がっています。この作品はキャサリンという名の複数の女の子とデートを重ねてきた男の子が主人公です。

　さらに、3作目の『ペーパー・タウン（*Paper Towns*）』（2008）も10代の少年を主人公とする作品です。2009年に、優れた長編ミステリー作品に対して与えられるエドガー賞ヤングアダルト部門を受賞しています。こちらも映画化されており、2015年7月に全米で公開され3,000万ドル程の興行収入をあげています。

　4作目は *Let It Snow: Three Holiday Romances*（2008）で、ヤングアダルト作家のモーリーン・ジョンソン、ローレン・マイラクルとの共作です。各作家が紡ぎ出す3篇の物語が相互に関連する形で編まれた短編集であり、やはり少年少女を登場人物としています。この作品もまた、2017年後半に映画公開が予定されています。

　5作目の *Will Grayson, Will Grayson*（2010）はデイビット・レヴィサンとの共作です。タイトルが示す通り、*Will Grayson* という同じ名前で知られる2人の男の子が主人公です。レヴィサンもまた、ヤングアダルト作家で、『ボーイ・ミーツ・ボーイ（Boy Meets boy）』という作品で有名です。この作品は **LGBTQ**（**Lesbian / Gay / Bisexual / Transgender / Queer**）すなわち性的少数者を扱う優れた文学作品を称えるラムダ賞児童文学・ヤングアダルト部門を受賞しました。このレヴィサンとの共作ということで、*Will Grayson, Will Grayson* は、偶数章と奇数章がそれぞれ異性愛者である *Will Grayson* の視点と、同性愛者である *Will Grayson* の視点という、2人の視点から提示される興味深い構成になっています。

　『きっと、星のせいじゃない。』（2012）の原作小説はグリーンの6作目となります。映画版翻訳タイトルは広く知られているように、シェイクスピア作品『ジュリアス・シーザー』の一節 "The fault, dear Brutus, is not in our stars but in ourselves, that we are underlings." から取られたものです。翻訳小説版のタイトルは、主要登場人物の状況を明示しています。100万部を超える発行部数を誇り、2013年に子どもやティーンが選ぶ文学賞である「子どもたちが選ぶ文学賞」で、"Book of the Year" を受賞しています。

2.『きっと、星のせいじゃない。』と読書：

　読書は私たちの人生に最も大きな影響を与える行為の1つです。本からは知識だけでなく、人生の指針となることも含めていろいろな事柄を学ぶことができます。『きっと、星のせいじゃない。』では、主人公ヘイゼルを翻弄する一要素として、また物語を展開させる上でも、架空の本『大いなる痛み（*An Imperial Affliction*）』が重要な役割を果たしています。ヘイゼルの小説に対する姿勢から、観客は、書籍と読者との距離をどのように保つべきか、という問題について考える手がかりを得られます。そして、その問題について深く考察することで、映画やその登場人物に対する理解も深まるでしょう。

　もちろん、作家の意図や発言、また伝記的事実と作品との関係や、読者と作品との関係については多様な立場が存在します。しかし、この作品において注目すべきは、作家と作品との関係を、読者はどのように捉えるべきかという論点でしょう。つまり、世に出された作品をどのように扱うべきなのかという問題です。授業などでこの映画に関する議論を行う際にも、有益なトピックと言えるでしょう。著名な作家である井伏鱒二は、かつて、短編小説「山椒魚」を全集に収録する際にその結末を一部削除しました。この変更に対して、野坂昭如は否定的見解を示しました。作家が一度世に送り出した作品は、作家の手を離れているわけです。同時に、新たに手を加えられた「山椒魚」は全く別個の独立した作品だと取り扱うこともできるでしょう。「山椒魚」をめぐる議論の紹介を契機として、この映画の議論へとつなげていくと考えをまとめやすいかもしれません。

　この映画において、ヘイゼルは『大いなる痛み』の登場人物のその後を知りたいと切望しています。ヴァン・ホーテンが物語は結末とともに終わると話すように、登場人物のその後については読者の想像力に任されるべきなのでしょうか。それとも、あくまでも、その作品を創り出した作者の言葉に頼るべきなのでしょうか。『大いなる痛み』をめぐる出来事は、ヘイゼルの内面的成長にも大きな影響を与えています。読者と作品、そして作者に関する考察は、深い作品理解へとつながります。

　ちなみに、『きっと、星のせいじゃない。』の原作者ジョン・グリーン自身は、この物語の執筆に関して、末期患者との経験が作品に影響を与えていること、子どもたちは健康な人と何ら変わりがないということなどを語っています。彼の言葉を、この映画あるいは小説の理解・解釈に取り入れるべきなのでしょうか。あるいは、文学・映像作品が社会的・文化的に構築されるとするなら、作家の経験や思考もやはり文化や社会に影響を受けたものであり、その虚構作品は作品が生み出される社会における思考様式を反映している、と考えるべきなのでしょうか。この作品を、理論を用いて分析まではしないとしても、いろいろな視点を学習者に与えて、新たな視点から物事を捉える機会を授けることは有用でしょう。

　また、グリーンは作品中で、ウォルト・ホイットマンなど他作家に言及することがあります。この映画でもタイトルがシェイクスピア作品からの借用です。作品内容とそこで言及されている他作家・他作品についての関係について検討することも、作品理解の新たな可能性を開いてくれるでしょう。

　映画は黎明期から小説と密接な関係があります。この映画は原作も小説であり、作品内にも小説が登場します。原作小説の大きな影響力が、この商業映画の製作へとつながったわけですが、書物とそこに刻まれた内容は、社会や文化にも大きな力を及ぼします。時には、ヘイゼルがそうであったように、私たちの人生において重要な役割を果たすこともあります。議論の一トピックとして、読み手と作品・作家との関係に目を向けさせることは教育的にも有用であると考えます。

　　　　　　　　　　　　（安田　優・轟　里香）

 この映画の見所

映画の邦題は、「きっと、星のせいじゃない。」ですが、英語の原題は "The Fault in Our Stars" となっており、意味が逆になっています。異なる点は、国の文化的価値観による理解の視点の違いともいえますが、このギャップを考察することも映画の見所といえます。映画観賞後の印象は十人十色ですが、本作に関しては多くの人が言葉にならない切なさを感じるのではないでしょうか。

切なさは何に起因するのでしょうか。この点を解明することが「きっと、星のせいじゃない。」の見所を紹介することにつながると思います。

作品を通して、描かれたヘイゼルの最も辛い現実は以下の通りです。
① 主人公ヘイゼル・グレース・ランカスターが肺に転移した甲状腺がんと闘っています。自身の死を意識するだけでも辛いことですが、死後の家族を案じています。
② ヘイゼルが心を許し愛したオーガスタス・ウォーターズが、骨肉腫の突然の再発のため若くして亡くなります。
③ ヘイゼルが求めた愛する家族の死の悲しみを、乗り切る言葉や方法は誰にも教えてもらえず、愛するオーガスタスの死を経験することにより皮肉にもその答えを見出します。

以上3点が作品の切なさを集約すると考えます。その他の点についても考察してみましょう。

1．若者の死

死は生を受けた生き物に必ず訪れることは誰もが承知のことです。しかし、死の瞬間がいつ自分に訪れるかはだれも意識せず生きているのではないでしょうか。平均寿命が80歳近い現代社会では、特に若者は死について考える機会が少ないでしょう。その意識の裏返しにあるのは、病気と闘い毎日を辛い治療と戦う同世代の人たちへの配慮や思いやりの欠如と繋がっているのではないでしょうか。

映画の冒頭のシーンに、カフェで男女が仲睦まじくしている様子を、複雑な気持ちで見つめるヘイゼルにはそこに自身の姿を重ねてみることができず客観視した視線を投げかけています。

また、ヘイゼルの体内に潜むがん細胞の影響でいつ命が尽きるかもわからない不安は、両親のあふれる愛情で以ってしても癒されるものではありません。両親への愛が強いほど自分のせいで2人を悲しませていると感じています。自身を爆弾と称し、全てを破壊する存在と見なしています。

ヘイゼルが何度も病院に運ばれ死の淵をさまようシーンが描かれていますが、そのたびに父や母が必死になって命を取り留めようとしている姿を薄れる意識の中で見てきました。自分のせいで両親が悲しむ姿を見てきただけに、自分が罪深い存在とさえ思っています。この様な心理や父母の立場や子の立場により苦渋の違いがあることも作品を通して気付くことができます。病を持ち誕生した子どもに対して親、特に母親は自身を責めがちです。また、子どもは自分が生まれてきたことで両親を悲しませていると考えてしまうこともあります。親の子に対する愛は深く、1分1秒でも生きてもらいたい、また、病気と闘いながらも少しでも同世代の若者と同じ経験をしてもらいたいと願うものです。

ヘイゼルの母が、病気を抱えて生きる人の集会に参加することを盛んに進めるのは、家族以外の人と交流を持つことに加え、病と共存するたくましい人たちとの出会いを期待していると想像できます。

病気になると家族のそれぞれの立場で罪の意識を感じることもあるようですが、映画のタイトル「きっと、星のせいじゃない。」の真意をどのように受け止めるかを観賞した人に問うているのではないでしょうか。

2．生と死から見つめる生

ヘイゼルは、がん細胞が肺へ転移し機能が低下したのたことが原因で、鼻に装着する酸素吸入器が

手放せない生活をしています。外観からも自分が健康な若者と一線をひいた位置にあることを認識しています。

アンネ・フランクの隠れ家を見学した際、階段を3階まで登るのにも酸素量が不足し、ヘイゼルには大変な運動量でした。このような、日常的な体調の不具合を感じているヘイゼルは常に死を見つめてきました。ヘイゼルに生きる意味や生きる力を与えたオーガスタスは、外見上は全く病の怯えや不安を感じずに生活しているように見られました。ヘイゼルと出会ったサークルで彼が語った自己紹介には、病に対する達観した潔さが見られました。骨肉腫を発症したために切除した足を見せ、装着した義足を"this baby"と呼び、"And now I'm part cyborg, which is awesome."とたくましく生きる姿勢が見えました。骨肉腫を1年半前に発症し、命と引き換えに苦渋の決断で足を失ったことは容易に理解できます。オーガスタスは再発の不安を微塵も感じさせず、明るく前向きに生きている姿が、ヘイゼルとは対照的に描かれています。彼の生を見つめる視線は、ヘイゼルの愛読書の作家ヴァン・ホーテンに会えるよう、懸命に手を尽くす姿、また生きる時間を大切にする彼の前向きな姿勢に顕れています。結末のない作品のその後を知りたいと思うヘイゼルの願いは、ヴァン・ホーテンの心ない応対により踏みにじられます。作品の登場人物と同じ運命をたどっているヘイゼルに気休めは不要と判断したヴァン・ホーテンの冷たい待遇にはヘイゼルの立場から見ると腹立たしいですが、真実は誰にもわからないことをヴァン・ホーテンなりの示し方で答えたと考えられます。その証は、短い夏の出会いではありながらも深く理解し合い、愛し合ったオーガスタスが骨肉腫の再発のため、予想だにしない生涯をとじた際、悲しみにうちひしがれながらも、ヘイゼルは最後のシーンで"okay"と言う言葉を発して微笑む姿から見て取れます。最愛の人を亡くして悲しむ気持ちと、その人と過ごした日々の記憶の比率が次第に中和されて、いわゆる「心の中に生きる」という意味を理解したのではないのでしょうか。

この経験は映画の中でヘイゼルがヴァン・ホーテンの小説のその後を追求したとしても得られるものではありません。さらに、オーガスタスとの強い結び付きが生まれていなければ到達できなかった心情です。『幸せの青い鳥』のように、ヘイゼルが、答えは自分の中にあることを見出した瞬間が"okay"にこめられているのではないでしょうか。オーガスタスの亡き後も彼女はオーガスタスの存在を身近に感じていると思います。

3．映画が気付かせてくれること

この映画には多くのメッセージがみられます。そのいくつかを、学習者から引き出すことができます。

4つ例をあげてみましょう。
①命には限りがあります。
②同じ時間を共有する同世代の人の中には、ヘイゼルやオーガスタスのように明日をもしれない命の灯と戦っている人がいます。
③親の愛は深く、どんな時も愛する子どもに寄り添います。
④希望を持って、与えられた生を存分に生きましょう。

これらのメッセージが挙げられるかもしれません。いずれも簡単なことだと思う人もいるかもしれませんが、この映画を観賞することにより、その一つひとつがいかに大きなテーマであるかに気付くでしょう。

最後に、この映画を特に是非医療関係や教職関係、社会福祉学部の学生にみてもらいたいです。また、生きる意味を見いだせないで命を断とうする人にも是非見てもらいたいです。生きたくとも生きられない人がいることや、自分には普通の行動が実は別の視点から見ると特別の行動に見える人もいることに気付いてもらいたいと思います。

（村上　裕美）

この映画の英語の特徴

舞台は米国中西部にあるインディアナポリスですが、映画の中で話されている英語は標準的な米国英語と言ってよいでしょう。ここでは、地理的な方言・変種や階級によるわずかな発音の違いより、重い病気を抱えながらも懸命に生きる十代の若者の、繊細でありながら豊かで生き生きとした感情表現が、作品のいたるところにちりばめられていますので注目してみましょう。

＜本作に見る十代の若者ことば＞

ヘイゼルは、喜びや悲しみといった感情を素直に表現します。例えば、「友達」であるオーガスタス（以下、作中にも多く用いられる「ガス」とします）の「wish（願い）」をアムステルダム行きのために使ってもらえると聞いて、ヘイゼルは思いもよらなかった展開を It's super insane!（超ありえない！）と言って喜びます。この「super」の用法は、何かに対する強い思いを伝える時に好んで使われる表現です（例：(I'm) super happy!「すごく嬉しい！」）。また、タイミング悪くヘイゼルの病状が悪化し、一度アムステルダム行きの話がダメになったときには、I want to go to Amsterdam, Gus. And I want Van Houten to tell us what happens after his book. I also don't really want this particular life. と、自分が望むことと望まないことをはっきりと言います。さらに続けて、I mean, it's really just the sky. The sky is making me sad. と言い、彼女にとって頭上に広がる空は空虚なものに映るだけで、それが耐え難いものであると切実に訴えています。

ところで、ガスも誠実で飾り気のない十代の若者ですが、ヘイゼルよりも少し年上で、大人びたところがあるように描かれています。まるで奇をてらうような彼の言動が、ヘイゼルの「まっすぐさ」と対比をなす構図で描かれているところも見逃せません。例えば、ガスはタバコをくわえながら火をつけないことを指して、人を殺す力を与えないことの「metaphor（象徴）」と言い、これにはヘイゼルも「あきれた」とも「感心した」とも取れる複雑な表情で応えるシーンがあります。また、ガスの病状が急激に悪化し、ガソリンスタンドでヘイゼルに助けを求めるシーンでは、I wanted to do something for myself, you know? と、米国の十代なら誰でも抱く自立への強い気持ちを、命に関わる重大な状況下にあるガスが吐露しています。（なお、この部分が先述のタバコのmetaphor と結びつけられているところも興味深い構成になっていると言えるでしょう。）

＜ソーシャル・ネットワーキングの活用＞

スマートフォンの普及にともない、何気ない日常の「会話」もいわゆる SNS を介して行われることが多くなっています。映画の中でも、重要なところが SNS の会話によって展開するシーンがあります。例えば、ヘイゼルとガスはただの「友達関係」のまま思いとどまろうとしますが、ガスも今の関係を受け入れるシーンがあります。その晩、SNS で2人が交わした次のやりとりは、非常に面白い内容になっています：

Hazel : Thank you for understanding...
　　　　...Just friends
Gas　 : Okay...
Hazel : Okay...
Gas　 : OMG!! Stop flirting with me!

彼らの okay は、2人だけの合言葉のような意味をもっています。ヘイゼルはガスをただの「友達だ」と言っておきながら、2人の絆を確認するかのように okay を使います。それに対してガスが「思わせぶりなことをするな！」とたしなめるシーンは、重い病気を抱える2人なればこそのためらいと隠しきれない本心が垣間見えるシーンとしても見ごたえがあります。

＜ジャンルに関係するキーワード＞

本作では、病名をはじめとする医療用語が度々出てきます。難しい病名を片端から覚える必要はないかもしれませんが、この機会にジャンル特有の表現をいろいろと調べることによって語彙力を伸ばすこともできるでしょう。　　　（船本　弘史）

リスニング難易度表

評価項目	易 → 難					コメント
会話スピード Conversation Speed	Level 1	Level 2	**Level 3**	Level 4	Level 5	全体的にどの登場人物も一般的な日常会話の速さなので、聞き取りはそれほど難しくありません。ただし、感情の起伏に応じて英語にも緩急がつけられます。
発音の明瞭さ Pronunciation Clarity	Level 1	Level 2	Level 3	**Level 4**	Level 5	英語に限りませんが、いわゆる若者ことばにありがちな舌足らずな発音が多く見られます。そのため、語や句の境界が曖昧に感じられることもあります。
米国訛 American Accent	Level 1	**Level 2**	Level 3	Level 4	Level 5	舞台は米国中西部の都市ですが、特に強い訛りはなく、英語の話し方が直接ストーリーに影響することもありません。ごく標準的な英語です。
米国外訛 Foreign Accent	**Level 1**	Level 2	Level 3	Level 4	Level 5	オランダのレストランでウェイターがオランダ語なまりの英語を話します。しかし発音は明瞭で、注文する場面の会話も典型的な表現が使われています。
語彙 Vocabulary	Level 1	Level 2	**Level 3**	Level 4	Level 5	病名など専門的な用語では苦労する部分もあります。その点を除けば、標準的な口語で頻繁に使われる語彙・イディオムの知識があれば十分理解できるレベルです。
専門用語 Jargon	Level 1	Level 2	Level 3	**Level 4**	Level 5	全体の場面を見るとほんの一部のシーンに限られますが、病名などの医学用語があります。内容まで含めて考えると、最も難しい部類の専門用語と言えるでしょう。
ジョーク Jokes	Level 1	**Level 2**	Level 3	Level 4	Level 5	オーガスタスが言う metaphor や盲目のアイザックが車に卵を投げつけるシーンなどは見所の1つですが、特別な予備知識がないと理解できない程ではありません。
スラング Slang & Vulgarity	Level 1	**Level 2**	Level 3	Level 4	Level 5	そもそもスラングは間接的・暗示的な表現で聞き取りにくい言葉ですが、この映画では、それらしき表現自体が多くありません。
文法 Grammar	Level 1	**Level 2**	Level 3	Level 4	Level 5	大学生であれば、特に難しいと感じるような構造的に込み入った文はほとんどありません。高校卒業程度の知識があれば十分に理解できるレベルです。

　一般的に、高校生ぐらいの若者が話す英語はともすれば発音が不明瞭であるために語と語の境界がはっきりせず、聞き取りにくく感じられるかもしれません。映画では、ガスの英語にそのような特徴がよく見られます。しかし、全体的に見れば会話のスピードや内容、使われている単語は日常会話として標準的なレベルであり、英語学習に役立てるという鑑賞の仕方に向いていると言えるでしょう。

　本作では、自己紹介、空港、病院、レストランでの会話など、英語のテキストでもよく見かける場面設定が多く盛り込まれています。映画では、こういった場面で頻繁に聞かれる典型的な表現がたくさん使われています。会話もスムーズで聞き取りやすい自然な速さと言えるでしょう。TOEIC のリスニング問題などでも、会話がおこなわれている場面を問う問題がよく見られますが、そういったリスニング対策にも、この映画はうってつけの教材として活用することができます。

（船本　弘史）

セリフ紹介

統計によれば、1981年以降、日本人の死因の第1位はガンです。近年は10代〜40代のガン患者が増加傾向にあるそうです。では、もし、あなたが末期ガンと宣告されたらどうしますか。どんな言動をとりますか。どんな言葉をかけてほしいですか。ここでは、主人公ヘイゼルと恋人オーガスタスのセリフを中心に末期ガン患者の心情が読みとれる箇所を紹介します。また、ヘイゼルが敬愛する作家ヴァン・ホーテンの哲学的説明の箇所を紹介します。

【1】ヘイゼルの鬱の原因 Chapter 1 ＜0:01:23〜＞

Mother : She just eats like a bird, she barely leaves the house.
Hazel : I am not depressed, Mom.
Mother : She's reading the same book over and over.
Doctor : She's depressed.
Hazel : (<u>The booklets and the websites always list depression as a side effect of cancer. Depression's not a side effect of cancer. It's a side effect of dying.</u>) 本やネットには必ず鬱がガンの副作用として挙げられている。鬱はガンの副作用ではない。死ぬことの副作用だ。

> 家に引きこもって同じ本を読むヘイゼルに対し、担当医師は鬱と診断します。

【2】サポートグループに参加するヘイゼルの自己紹介 Chapter 2 ＜0:03:43〜＞

Patrick : Who's next? Hazel?
Hazel : I'm Hazel. Thyroid, originally…but now with quite the impressive satellite colony in my lungs.
Patrick : And how are you doing?
Hazel : (<u>You mean besides the terminal cancer?</u>) All right. I guess.
　　　末期ガンであることは別にしてということ？
Patrick : We're here for you, Hazel.

> パトリックの質問に対し、ヘイゼルは一瞬戸惑います。

【3】オーガスタスの不安 Chapter 3 ＜0:08:46＞

Patrick : And how are you feeling, Gus? Maybe you'd like to share your fears with the group?
Augustus : <u>Oblivion</u>. 忘却
Patrick : Oblivion?
Augustus : Yeah. You see, <u>I intend to live an extraordinary life. To be remembered.</u>
　　　特別な人生を送りたい。人の記憶に残る人生をね。

> Chapter 22では、オーガスタスがヘイゼルに再発の無念さを吐露します。

【4】ヴァン・ホーテンの説明

1. 亀と人間のパラドックス Chapter 17 ＜1:06:13〜＞

Let's imagine you're racing a tortoise. <u>The tortoise has a ten-yard head start.</u> <u>In the time it takes you to run ten yards…the tortoise has moved maybe one yard</u>, and soon, forever. You're faster than the tortoise, but you can never catch him, you see? You can only decrease his lead. Now, <u>certainly, you can run past the tortoise as long as you don't contemplate the mechanics involved.</u> But <u>the question of "how" turns to be so complicated that no one really showed it until Cantor's proof that some infinities are bigger than other</u>

亀は10ヤード（約10メートル）先からスタート。君が10ヤード（約10メートル）進む間に亀は1ヤード（約1メートル）進む。確かに君は亀を追い越せるよ この理論をよく考えなければの話だが。 この理論を打ち破るのは非常に難しく誰も証明できなかった。　　　カントールが無限に大小があることを証明するまではね。

きっと、星のせいじゃない。

infinities. I assume that answers your question.

2. 全ての細胞は細胞から生じる Chapter 17 ＜1:51:47〜＞

Van Houten : And that's your answer, "Omnis cellula e cellula." Life comes from life.
　　　　　　　　　　　　　　　　　　　「全ての細胞は細胞から」（ラテン語）

Hazel　　　 : I'm really not in the mood.

Van Houten : You don't want an explanation?

ヴァン・ホーテンは小説の主人公を自分の娘と重ねていることを吐露します。

3. 亡き娘のこと Chapter 26 ＜1:51:47〜＞

Van Houten : You remind me of her.　君はあのこのことを思いださせるよ。

Hazel　　　 : I remind a lot of people of a lot of people.

Van Houten : My daughter was eight. And she suffered beautifully for so long.
　　　　　　　娘は8歳だった。　　　長期にわたりひどく苦しんだ。

Hazel　　　 : She had leukemia like Anna?

Van Houten : Just like Anna.

「トロッコ問題」については、サンデル教授（ハーバード大学）の講義（Youtube）を参考にして下さい。

4. トロッコ問題 Chapter 26 ＜1:52:37〜＞

Van Houten : Are you familiar with the Trolley Problem?
　　　　　　　There's a thought experiment in the field of ethics…Philippa Foot was an English philosopher…
　　　　　　　倫理学の思考実験なんだが

Hazel　　　 : Oh, my God.

Van Houten : Hazel, I'm trying to explain something to you. I'm trying to give you what you wanted.

【5】オーガスタスの再発の告白 Chapter 20 ＜1:23:28＞

Augustus : No. I'm okay.

Hazel　　 : You're okay?

ヘイゼルよりも症状が深刻ではなかったオーガスタスが再発してしまいます。

Augustus : Okay. I don't suppose you can just forget about this. You know, just treat me like I'm not dying.
　　　　　　君に忘れろって言っても無理だと思う。　　　　　　　　　今まで通りに接してくれ。

【6】ヘイゼルの弔辞リハーサル Chapter 24 ＜1:43:14＞

I'm not going to talk about our love story, because I can't.（中略）There are infinite numbers between zero and one. There's a point-one, point-one-two, and point-one-one-two, and…and an infinite collection of others. Of course, there is a bigger infinite set of numbers between zero and two…or between zero and a million. Some infinities are simply bigger than other infinities. A writer that we used to like taught us
　　　　　　　　　　　　　　　　　無限には大小がある。　　　　　　　　　　2人が好きだった作家が教えてくれた。
that.（中略）And, God…do I want more days for Augustus Waters than what he got. But, Gus…my love
　　　　　　　　　　与えられた日数より長くオーガスタス・ウォーターズにも生きてほしい。
I cannot tell you how thankful I am for our little infinity. Hold on. You gave me a forever within the
私達の小さな無限に本当に感謝している。　　　　　　　　　　あなたは限られた日々で私に永遠を
numbered days. And for that, I am…I am eternally grateful.
与えてくれた。　　　あなたに……永遠に感謝します。

リハーサルの弔辞の方がより感動的です。

（井上　裕子）

第5回映画英語アカデミー賞受賞　大学生部門

学習のポイント

　このアメリカ映画は末期ガンと闘う若者の単なるラブストーリーではありません。長くは生きられない主人公ヘイゼルが生きることの意義を模索していく姿が描かれています。恋人や作家との対話には哲学的要素も含まれており、ヘイゼルのモノローグとダイアローグからは末期ガンを宣告された患者の心のひだを感じることができます。また、ヘイゼルと両親、ヘイゼルと恋人、ヘイゼルと医療関係者、ヘイゼルとサポートグループ仲間、ヘイゼルとアムステルダム在住米国人作家のそれぞれのレジスター（言語使用域）の違いにも注目してみてください。さらに、ヘイゼルと恋人がやり取りするメールが映像の中に出てきますので、カジュアルなメールの特徴を見つけてください。また、作家とのやりとりのフォーマルなメールも参考にして下さい。サポートグループの自己紹介に出てくる病名は少し難しいかもしれませんが、ギリシャ語やラテン語の語源を知ることで意味が推測できるようになります。是非、医学英語の学習にも活用してみてください。なお、この作品はジョン・グリーンの小説が原作となっており、翻訳本『さよならを待つふたりのために』が岩波書店から出ていますので、映画を観る前に読んでみましょう。会話の内容が推測しやすくなります。また、映画を観終わってから英語の原作を読んでみるのもよいでしょう。英語表現がさらに定着します。ここでは、授業で取り上げたらよいと思われる学習ポイントをテーマごとに紹介します。

【1】タイトル Chapter 1 ＜0:01:08～＞

　The Fault in Our Stars はシェークスピアの戯曲『ジュリアス・シーザー』（*The Tragedy of Julius Caesar*）に出てくるセリフ 'The fault, dear Brutus, is not in our stars, but in ourselves, that we are underlings.' をヒントにしています。

【2】医学英語

1. サポートグループ Chapter 3 ＜0:07:00～＞

　'acute myeloid leukemia'（急性骨髄性白血病）, 'acute lymphoblastic leukemia'（急性リンパ性白血病）
　'neuroblastoma'（神経芽細胞腫）, 'testicular cancer'（精巣ガン）
　'thyroid terminal cancer'（甲状腺の末期ガン）
　'retinoblastoma'（網膜芽細胞腫）／ Chapter 3 ＜0:08:23～＞ 'osteosacroma'（骨肉腫）

2. ヘイゼルのこれまでの闘病生活 Chapter 4 ＜0:13:32～＞

　手術（surgery）, 放射線（radiation）, 化学療法（chemo/chemo therapy）

3. ヘイゼルの緊急入院 Chapter 11 ＜0:36:40＞

　'edema'（水腫）, 'tumor'（腫瘍）, 'treatment'（治療）, 'long-term effects'（長期的効果）
　'endothelial growth'（内皮増殖）, 'decay'（壊疽）, 'vascular inhibition'（血流障害）
　◎医師の専門的説明を聴き取ってみましょう。

4. オーガスタスの再発の告白 Chapter 20 ＜01:21:36～＞

　Augustus : Just before you went into the hospital,（中略）I felt an ache in my hip. So, I had a PET scan and…
　◎医学英語はギリシャ語やラテン語の語源を活用しましょう。

【3】ヘイゼルの愛読書 'An Imperial Affliction'

1. ヘイゼルが気に留めている文章 Chapter 1 ＜0:02:04～＞

　'Pain demands to be felt.'

2. ヘイゼルが作家を敬愛する理由 Chapter 5 ＜0:17:15～＞

　Hazel : The author, his name is Peter Van Houten. He's the only person I've ever come across in my life… who, A, understands what it's like to be dying…but, B, hasn't actually died.

きっと、星のせいじゃない。

3. オーガスタスがヘイゼルにメールで送った本の感想 Chapter 6 ＜0:19:49～＞

　A book can't end in the middle of sentence?! What in God's name is this maddness! AAAAHHH!

4. ヘイゼルのヴァン・ホーテンへの質問 Chapter 17 ＜01:04:17～＞

　Hazel : We have some questions.（中略）Specifically to those who Anna leaves behind.

5. ヘイゼルの質問に対するヴァン・ホーテンの答え Chapter 17 ＜1:06:14～＞

　Van Houten : Let's imagine you're racing a tortoise. The tortoise has a ten-yard head start.（中略）but you can never catch him, you see?

6. ヴァン・ホーテンの最後の答え Chapter 26 ＜1:51:45～＞

　Van Houten : And that's your answer, "Omnis cellula e cellula."

　◎ヘイゼルの作家に対する心の動きに注目しましょう。ヘイゼルはオーガスタスの葬儀の帰りに初めてヴァン・ホーテンが愛娘を失っていたことを知ります。

【4】ヘイゼルとオーガスタスの出会いと別れ

1. オーガスタスのアプローチ Chapter 3 ＜0:10:46～＞

　Hazel 　　　: Why are you looking at me like that?

　Augustus : Because you're beautiful.

　Hazel 　　　: Oh, my God.

　Augustus : I enjoy looking at beautiful people.

2. 2人の合言葉 Chapter 8 ＜0:28:25～＞

　Augustus : Perhaps 'okay' will be our 'always.'

3. 返事がないヘイゼルに宛てたオーガスタスのメール Chapter 12 ＜0:41:47～＞

　This silence is deafening.

4. お互いの本音を吐露 Chapter 12 ＜0:44:15～＞

　Hazel 　　　: …but I can't let this go on any further.

　Augustus : Why not?

　Hazel 　　　: Because I don't want to hurt you.

　Augustus : I'm saying I wouldn't mind.（中略）It'd be a privilege to have my heart broken by you.

　Hazel 　　　: Gus, I'm a grenade.

5. 教会での弔辞リハーサル Chapter 24 ＜1:44:50～＞

　Hazel : You gave me a forever with in the numbered days. And for that I am eternally grateful.

　◎相手を思いやるがゆえに揺れ動く心を読みとってみましょう。

【5】旅立つ者と残されし者

1. ヘイゼルとオーガスタスの最後のピクニック Chapter 22 ＜1:34:16～＞

　Augustus : I always thought I would be a hero（中略）I mean, I was supposed to be special…

　Hazel 　　　: You are special.（中略）You get me, and you get your family, and get this world, and that's it. And if that's not enough for you, then I'm sorry, but it's not nothing.

2. 両親にとってヘイゼルを失うこと Chapter 23 ＜1:38:27～＞

　Mother : Losing you…That is gonna hurt like hell…I'm taking classes in social work.

　Father 　: We didn't want you to feel abandoned.

　◎身近な人の病気や死についてディスカッションしたり、エッセイを書いてみましょう。　　（井上　裕子）

授業での留意点

1. 映画のテーマとしての「病気」

　「病気」をテーマの1つとする映画は数多く存在します。実話をもとにした作品もあれば、小説など虚構をもとにした作品もあります。また、『きっと、星のせいじゃない。』のように、実在する病気を患う主人公が登場するもの、SFやホラーに見られるように架空の病気やウイルスに感染する主人公が登場するものなど、映画の題材としての「病気」は、1つのジャンルとして確立していると言えます。

　時代を問わず、「病気」が取り上げられやすいテーマである理由は、深刻な病気に蝕まれる主人公という設定が、「泣ける映画」や「感動する映画」として、多くの観客に受け入れられやすいからかもしれません。作品によっては「お涙頂戴」ものに成り下がっているものもありますが、カタルシスを得るために映画を観ることも、映画鑑賞の理由としては妥当かもしれません。観客が物語の主人公に感情移入し、登場人物の人生を追体験できることは映画の醍醐味の1つです。泣くという行為がもたらす効能については諸説ありますが、精神状態の安定など何かを求めて映画鑑賞する人もいるのかもしれません。また、映画を通して、観客の多くは普段、意識することのない「死」や「生命」について考えることができ、有意義だと思います。

　また、DVDなどのメディアが発達した現在では、周りに人がいない環境での作品鑑賞も簡単です。誰にも知られずに泣ける環境が与えられ、「泣ける映画」の需要は高まっているのかもしれません。性同一性障害のブランドン・ティーナを主人公とする『ボーイズ・ドント・クライ（Boys Don't Cry）』(1999)のタイトルが表すように、家父長制社会においては「男の子は（人前で）泣かないもの」という考えが今も一般的です。男が人前で涙を流すことは社会規範から外れるため、公の場で男が大泣きした場合は注目の的になるわけです。しかし、プライベートな視聴環境では、涙を流しづらい男性の観客も人目を気にせず、感動の涙を流すことができます。

　『きっと、星のせいじゃない。』は安っぽい「お涙頂戴」ものではありませんが、人によっては泣ける作品でしょう。大学の授業では、男女が混在するケースが多いと思います。この映画を機会に、涙と男らしさや女らしさについてのステレオタイプ的な考え方を学生たちへ問いかけるところから授業を始めてみても面白いかもしれません。

2. 「病気」と「障害」という概念の前提

　本作を大学で活用する際、広い意味での「病気」とはいったい何か、という問題について考えてもらってはどうでしょう。このことに考えをめぐらせると、「障害」とは何かという疑問も併せて浮かんでくるかもしれません。2つの概念の区分は難しいものです。「治療の可能性」や「心身に否定的な影響を与える状態が続く期間」など、判断の目安になるものはあるかもしれません。しかし、これらの概念には重なり合う部分もあり、「病気」と「障害」を分ける厳密な定義は単純ではありません。日本語でも「病気」と「障害」という概念は境界線が曖昧です。そして、英語でも"disease"（病気）や"disorder"（障害）などの表現は、互いに置換できることがあります。まず、英語における「病気」と「障害」に一致する代表的な語の定義（The Longman Dictionary of Contemporary English より）をいくつか見てみましょう。

● 「病気」を表す語とその定義：

(1) ailment	an illness that is not very serious
(2) disease	an illness which affects a person, animal, or plant
(3) disorder	a mental or physical illness which prevents part of your body from working properly
(4) illness	a disease of the body or mind, or the condition of being ill

(5) malady	an illness
(6) sickness	the state of being ill

● 「障害」を表す語とその定義：

(1) disability	a physical or mental condition that makes it difficult for someone to use a part of their body properly, or to learn normally
(2) disorder	a mental or physical illness which prevents part of your body from working properly
(3) failure	an occasion when a machine or part of your body stops working properly
(4) handicap	if someone has a handicap, a part of their body or their mind has been permanently injured or damaged. Many people think that this word is offensive.
(5) impairment	a condition in which a part of a person's mind or body is damaged or does not work well

　まず、「病気」に関する英訳の定義では、"ill" または "illness" という語が共通して含まれています。"ill" 自体の定義は "suffering from a disease or not feeling well" であり、「標準的な」健康状態を基準にすると、調子がよくない様子を表しています。一方、「障害」に関する英訳の定義では、(1)～(3)の定義に "properly" が、また (4) と (5) の定義には共通して "damaged" が使われています。"properly" には「適切に」や「正しく」といった訳語をあてることが多いように、大前提として、「適切に機能する状態」が標準的状態として想定されています。同様に、"damaged" も「損傷を受けていない状態」を標準的状態として想定し、はじめて意味が成立するものです。また、"disorder" の訳としては「病気」と「障害」のどちらも用いられることがありますが、英語での "disability" と "disorder" の定義自体もほぼ相似的です。つまり、英語でも「病気」と「障害」の2つの概念の間には、この点で曖昧性が見られるわけです。

　「病気」と「障害」は、どちらも「健康な状態」と「そうでない状態」を二分法的に捉える表現と言えます。授業内で、この映画を活用する際には、社会や文化において、「病気」や「障害」がどのように捉えられているかについても、学生に検討させるとよいでしょう。例えば、私たちが日常生活で「病気」や「障害」という言葉を使う場合に、2つの概念の間に共通するものが存在するのかどうかを考えさせることも有効でしょう。さらに、健康/病気・障害という二分法的構図に注意を促すことは、社会における規範や偏見などについても、学生に熟思させるよい機会となります。二分法では、1つの項に特権的位置づけが与えられているにも関わらず、それが当たり前のものとして提示されることが多くあります。それによって、多くの人が差別的な考えであるとあまり意識しないうちに、偏見や差別が生まれたり、個々の差異を覆い隠すステレオタイプが生まれたりするわけです。仮に差別的な考えではないとしても、「健常者」が「障害・病気」を抱える人たちを、自分たちとは異なる存在だという考えを、無意識のうちに植え付けてしまう可能性があります。また、「障害・病気」を抱える人たち自身がそのような考えを持ってしまう可能性も否めません。この映画において、ヘイゼルやオーガスタス、アイザックのように「病気」や「障害」を抱える登場人物が、またフラニーやヴァン・ホーテンなど「健常者」とされる登場人物が、どのような考えを持って行動しているのかを学生に注目させることで、活発で有意義な議論へと導くことができるかもしれません。

3. この作品における「病気」や「障害」に関する表現

　この作品のセリフには "ill" や "sick" など病気全般に関する表現だけでなく、"cancer"（癌）などの具体

授業での留意点 (つづき)

的な病名を表す表現や、"blind" や "deaf" などの障害に関する表現も使われています。"blind" と "deaf" という語は、すべてアイザック絡みの発話内に見られます。

(1) "So, after that surgery, I'm just gonna be totally blind."（00：07：53）

(2) "I'm blind, but I'm not that blind."（01：26：51）

(3) Hazel : Gus, I think we should wait until dark.
　　Gus 　: It's all dark to Isaac.
　　Isaac : Dude, I'm not deaf. I'm just blind. So I can hear when you make fun of my disability.
　　Gus 　: I'm sorry.
　　Isaac : And I don't love it.

　授業では、"deaf" や "blind" が何を含意するのかを、学生に考えてもらうとよいでしょう。"blind" を例に取ると、会話中、(2)の2つ目の "blind" を除いて、この語は身体面において目が見えない状態を表しています。一方、"I'm not that blind." という文の "blind" は視覚的に「目が見えない」ではなく、「判断力がない」（to completely fail to notice or realize something）という意味で使われています。映画の文脈において "deaf" は身体的な障害という意味で使われていますが、「耳を傾けない」という意もあります。この作品では使われていませんが、"mute" も身体的に「口がきけない」状態だけでなく、「話さない」状態を表すのにも使われる語です。これらの表現は、「判断力がない」や「口がきけない」という、欧米社会において一般的に否定的なニュアンスを持つ二次的意味を持っています。このことに学生の注意を向けることには教育意義があります。これらの意味は「見えない二分法」に支えられています。つまり、これらの意味が成立する前提として、目が見える状態が「当たり前」で「正常である」という認識が隠れているのです。対置される形で、「正常ではない」状態の障害という認識が生まれます。これらの語に限らず、言葉の意味を検討することで、社会や文化における考え方の一端を垣間見ることができます。そこに気づかせることで、さらに深い洞察へと学生を誘えるでしょう。

　また、学生に気づかせるとよい点がもう1つあります。**Harry M. Benshoff** と **Sean Griffin** が著書 *America on Film* で言及するように、西欧文化では "disability" は、精神、身体、感情や発達面における様々な「障害」を指し示す包括語です。実際、彼らが指摘するように、1990年代に制定された、障害を抱える米国人に関する法律（**ADA**：Americans with Disabilities Act）では、「障害」の種類、重症度、継続期間などは区別されていません。しかし、「障害」には個人差があり、その度合いは千差万別なはずです。例えば、"blind" と言ってもその度合いには個人差があるわけです。そのことを意識せずに "blind" などの表現を使ってしまうと、個性を覆い隠してしまうことになります。それ故に、これらの表現を使用する/されている際には、個人差も意識することが望ましいでしょう。

　この映画においても、「病気」や「障害」に関する表現が含まれているセリフなどを考察する際には、表層上の意味だけでなく、背後に見え隠れする規範的考えも意識させてはどうでしょう。(1)のセリフ中に "**totally blind**" という表現があります。物語後半に視力を失うアイザックのセリフであり、見え方の度合いを意識した副詞が用いられています。アイザック自身は目が見えなくなる当事者として、見えなさにも度合いが存在することを意識しているわけです。この "blind" という表現自体に「健常者」と比べて「劣る」という否定的価値が、その二次的意味として「判断力がない」という否定的価値が与えられているとするなら、アイザックの発話は重層的な意味を帯び、観客はそこからさらに彼の心情を慮ることができるのではないでしょうか。

　ここで取り上げたセリフはすべて「病気」や「障害」を抱える人物間で交わされています。人種やジェン

ダー絡みの表現にもあてはまりますが、文化的・社会的に否定的な価値を付与されている語をその当事者が使う場合と、当事者ではない人が使う場合とでは、その語が含意するところが変わってしまう場合があります。特に、ここで取り上げた"blind"や"deaf"という表現は、当事者以外が使う場合、差別的と捉えられることもあるため注意が必要です。このような問題に学生の意識を向けさせることで、言葉の持つ意味に注意を払い、相手を思いやるというコミュニケーションの基本姿勢を身につけられるかもしれません。

また、さらなる議論へつなげるため、「政治的に正しい表現」の検討や「言葉狩り」の是非を取り上げてみてもいいでしょう。この作品にも出てくる"blind"や"deaf"は、前者が"visually-impaired"、後者が"hearing-impaired"や"hard of hearing"などで置換されることがあります。アメリカ黒人を表す表現が"Black"や"African American"へと変わってきたことからもわかるように、「政治的に正しい」表現は時代ごとに変わります。また"queer"のように、権力側が同性愛者を侮蔑する意を込めた否定的表現を、同性愛者が自らに言及する概念として、意図的に使い始めたものもあります。これらは論争的な問題であるが故に、学生間に英語力の差異はあるとしても、英語での活発な議論や討論に容易につなげられる話題でもあります。この作品を1つのきっかけとして、アクティブな授業展開を試みてはいかがでしょうか。

4. この映画を使った授業運営の一方策として

映画素材が、入手しやすいオーセンティック、かつ効果的な英語学習教材であることについては、多く語られてきました。この書籍も映画を活用した効果的な英語授業の展開を提案するものです。しかし、昨今では大半の大学で、特定のテキスト使用が求められたり、テキスト選択の幅が限られていたりするようです。そのため、例えば『きっと、星のせいじゃない。』を活用するとすれば、数回の授業用の「投げ込み」教材として活用する場合が多いかもしれません。もちろん単発教材として、文化的・社会的背景の理解も深めながら、ワークシート中心に本書を活用するだけでも、学生の学習意欲は高まり、英語力向上にもつながると思います。映画を題材とした他教材と併用することで、学習効果はさらに高まるでしょう。半期あるいは通年授業で、学びの内容に一貫性を持たせ、大学生の学びにふさわしいテキスト例としては、『アビリティとアメリカン・フィルム（*Ability and American Film*）』（英宝社）があります。

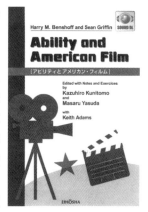

これは先述の *American on Film* をもとに、多様なエクササイズが加えられたものです。新旧映画13作品が取り上げられており、階級、人種、ジェンダー、セクシュアリティ、そしてアビリティという視点から、各映画の議論が展開されています。各章では、映画論読解を通して、知的刺激を得ると同時に、差別や偏見などの構造を読み解く力を養うことができます。また、深い洞察力にもとづく意見の発信へとつなげられるテキストでもあります。現代社会には人種的・性的なものを含めて多様なマイノリティが存在します。また、彼らが直面する問題は、同時に私たちが取り組むべき問題でもあります。『きっと、星のせいじゃない。』の考察にも役立つ考え方を提供する『アビリティとアメリカン・フィルム』をメインにして、この映画とワークシートなどを、授業の集大成として活用することも一案です。学生が学修した知識を使って、どの程度まで自らの議論を組み立て、独自の見解を英語で発信することができるようになったか、を判断する材料としても役に立ちます。

映画を観て「楽しむ」あるいは「感動する」という経験は貴重なものです。しかし、大学での授業ということを考えるならば、同時に学生に知的刺激を与える形で、映画を活用することが求められるのではないでしょうか。そして、この映画はそのどちらのニーズも満たす作品です。

（安田　優）

ワークシートの利用の仕方

《ワークシート①》

はじめに

　この映画は、若くして命にかかわる病と闘う若者が描かれているため、作品中の随所に心情がうかがえる語彙使用が見られます。映画のシーンの中で見落とされそうな自己紹介の中にみられる心情を読み取ることができる箇所が多々見受けられます。ワークシートの問題を解きながら英語の発見と心情の発見を目指しています。

　医療専門用語が使用されている箇所もあります。難しい語も英英辞典を使用することで和訳語で理解できない情報も入るため、英英辞典を使用する機会を提供しています。

　また、日常使いの語彙に学習者が文法で学んでいる項目が頻繁にみられたり、なかなか教科書の学習では出会えない語彙遣いに出会う機会を設けています。

　このワークシートは学習者の語学面と心情面の両方に働きかけることを目指しています。そのため、単なる英語学習教材としてだけではなく、英語を媒介とした心理学、看護や医療分野などの学習者にも使用してもらいたい学習内容にデザインしています。

　特に、カウンセラーや看護師、医師等の専門職に就く人には、この映画に登場する病と闘う人々と実際に接することになります。命と向き合う厳しい状況に遭遇した際どのように理解し接することができるのかを考える大切な機会となり、学ぶことが多い作品と思われます。人の心情を汲み取る力は幼いころから感性が磨かれる経験を通して培われます。学習者が若い場合は、なかなか Isaac や Augustus の気持ちに寄り添い、その心情を汲み取ることは難しいかもしれません。しかし、学習者と同年の青年が目のガンのため、すでに片方の目を摘出し、さらにもう片方の目をこれから手術を受けて摘出しようとしている状況を、自分のこととして置き換えて考えることができます。自分ならどのように振る舞うのか、何をして過ごすのかな、周りに人にどのように接してもらいたいかなど、多くの問いかけをすることで人に寄り添う経験を積むことができるのではないでしょうか。

解答例

設問①　このタスクは最初に提示しましたが、ワークシートの学習を終えてから実施するとさらに読み方に工夫が加わり、よい成果が得られると思います。

設問②　Oxford Online Dictionary では **A task or situation that tests someone's abilities.** とあり、視覚を失う Issac に対して前向きで肯定的な表現が使用されていることがわかります。

設問③　**No**
　　　　Yes / No question であるが、日本語の返答で考えると誤りになることに気付かせます。

設問④　Oxford Online Dictionary では **A rare malignant tumor of the retina, affecting young children.** と定義され和英辞典の病名以外の情報も得ることができます。

設問⑤　**younger**
　　　　日本語に現れない表現で英語では、比較級が頻繁に使用されていることに気付かせます。

設問⑥　**another**
　　　　学習者が不得手とする不定代名詞の確認

設問⑦　**the other**
　　　　学習者が不得手とする不定代名詞の確認

設問⑧　**totally**
　　　　学習者は「完全に」という和訳から **totally** という副詞が、出にくいと思われます。

設問⑨　直訳は「我々は君のためにここにいます」となるが、このグループの活動の趣旨から考えると、より傍に寄り添う表現に訳すことができます。
　　　　解答には様々な表現が考えられ、学習者の感性を引き出すことができます。
　　　　解答例:「われわれが傍にいますよ」

《ワークシート②》

はじめに

　ワークシート1と同じ目的でデザインしていますが、ここでは、映画の結末にみる Augustus の突然の病状悪化と死を微塵も感じさせない彼の明るさと力強さのなかに、自己紹介の中で影を落としている心情に注目する機会提供を試みています。いつ、また再発するかもしれない不安を押し殺し、生を見つめる Augustus の心情を映画を通して学習者と考える機会になると思います。若い学習者の周りにも人に言えず病と闘っている人がいることも考えられます。そういう人への配慮や理解を深める貴重な機会をこの映画は与えてくれます。外観に症状が現れない病もあり、この作品を通して携帯電話から目を離しよく周囲を観察して支援できる気持ちや知識を持つことの大切さも伝えられるのではないでしょうか。

　また、Augustus の自己紹介を受けて Hazel が自主的に発話する内容に、病気とその結果として訪れるかもしれない死について語る内容はこのワークシートに取り上げたセリフに加えて考察することができます。Augustus と Hazel が共通した死の恐怖に対する姿勢を持っていることが伺えます。人は何歳になっても死を恐れるとすれば、まだ若い2人がその恐怖の真っただ中に居ながら忘却により生き抜こうとする姿を注視したいものです。以下に Hazel の言葉を5つ紹介します。

Hazel

1. I just want to say that there's gonna come a time when all of us are dead.
2. There was a time before humans and there's gonna be a time after.
3. It could be tomorrow, it colud be a million years from now.
4. And when it does, there will be no one left to remember Cleopatra or Muhammad Ali or Mozart left alone any of us. Oblivion's inevitable.
5. And if that scares you, then I suggest you ignore it.

解答例

設問①　和英辞典では見られない情報を学習者に発見してもらう狙いがあります。
　　　　Oxford Online Dictionary では A malignant tumor of bone in which there is a proliferation of osteoblasts. と定義されています。英語串刺し辞典の One Look Dictionary の Quick definition には、

> ▸ noun: malignant bone tumor; most common in children and young adults where it tends to affect the femur.

と定義されています。

設問②　have lost
　　　　単純過去では過去の事実を伝えるのみになるが、切断以降その状態が続いていることを示す完了時制から重い事実が伝わります。

設問③　Oxford Online Dictionary では A fictional or hypothetical person whose physical abilities are extended beyond normal human limitations by mechanical elements built into the body と定義されています。

設問④　ローラーコースターには up and down があるからこそ変化が得られますが、彼の病では down は病状悪化や病に負けることを意味する為、強がっていると捉えることができます。また、Hazel の手前もあることは見逃せない一面です。

設問⑤　④にみた強い心を持続させようとする Augustus の本心に気付き、only goes up と話した Augustus に提示したと考えることができます。

設問⑥　④と関連しますが、恐怖を忘却の彼方に追いやるというこの発話には、1年半前に発症した骨肉腫への恐怖がいかに大きいかを物語っています。若い学習者に、考えてもらいたい箇所です。

（村上　裕美）

《ワークシート③》

扱う場面は、Chapter 22（1:30:06～1:37:03）の後半部分（1:33:28～1:36:08）です。Chapter 22 で、主人公ヘイゼルのボーイフレンドのガスは、病状が悪化します。病状が小康状態となり、家に戻ったガスを、ヘイゼルは公園に連れて行きます。死期が近いことを悟っているガスは、自分はまだ何も成し遂げていない、人生に悔いが残る、という内容のことをヘイゼルに告げます。ヘイゼルはこれをたしなめます。

ワークシートに取り掛かる前に、まず背景を説明してから場面全体を視聴します。次に、ワークシートの問にそって場面を区切りながら視聴し、問を解いて行きます。

問1 Chapter 22 の後半部分（1:33:28～1:36:08）
会話を聞いてから、空所を埋めさせます。映画の日本語字幕を参考にしてください。ただし、字幕は直訳にはなっていませんので、その点を説明し、なるべく聞き取って書かせるようにしてください。

解答
1. thinking 2. hero 3. publish
4. supposed 5. remembered 6. enough
7. meaningful 8. nothing 9. remember
10. good

問2 日本語を英語にする問題です。答えはほぼそのまま場面に出ています。ここの日本語は、訳しやすいように、映画の日本語字幕とは変えてあります。

解答例
1. I was supposed to be special.
2. Do you think that the only way to lead a meaningful life is for everyone to remember you?
3. I'm going to (gonna) remember you.
4. I just wish you would be happy with that.

発展問題
内容について、考えを深める問題です。

主人公の2人は、10代ですが、病気のため永くは生きられないという状況におかれているため、「意味のある人生とは何か」という問題について話し合っています。ガスは、初めは、何か目立ったことをして多くの人の記憶に残ることが意味のあることだと考え、そのようなことを何も成し遂げられずに命が尽きる自分の人生を惨めなものだと考えていたようです。これに対し、ヘイゼルは、何か華々しいことを成し遂げることが人生を意味あるものとするのではない、愛する人や友達や家族がいて、そういう人たちの記憶に残れば、それが満足できる人生だと主張します。

この映画のような状況でなければ、高校生や大学生くらいの年齢では、時間は無限に続いていくように思えるかもしれません。また、意義のある人生や生きる意味などについて真剣に考えたことのない学生もいると思われます。同じ年代の主人公の会話を通して、どんな人にとっても与えられている時間は無限ではないことに気づき、意味のある人生とはどのようなものか考えてみることは、重要な経験となるでしょう。

まず学生に考えさせてください。何人かの学生に発表させたり、グループで話し合わせたりするのも良い方法です。先生が解答例を述べるのは、最後にするほうがいいですが、学生がなかなか考えが思いつかない場合は、ヒントを与えることができます。

《ワークシート④》

扱う場面は、Chapter 23（1:37:03～1:39:31）です。ここでは、主人公ヘイゼルがボーイフレンドのガスに呼び出され、夕食時に外出しようとします。両親は、食事をしないヘイゼルを心配しますが、母の使った"stay healthy"という表現をきっかけに、ヘイゼルは激しく反発します。家族に対するそれぞれの深い思いが伝わってくる場面です。

ワークシートに取り掛かる前に、まず背景を説明してから場面全体を視聴します。最初に日本語

字幕で、次に英語字幕で同じ場面を見て、全体の流れをつかみます。それから、ワークシートの英文を読み、問を解いていきます。全体を一文ずつ訳す必要はなく、問に関係した部分の英語のみいくらか解説すれば十分でしょう。なお、英語字幕にある文のうち、何人かが同時に話すなどして聴き取りにくい文は、ワークシートの英文では省略しています。

問1

①では、"stay healthy"（直訳すると「健康でいなさい」）という表現について考えます。母は「体に気をつけて」というつもりで言ったと思われますが、ヘイゼルは激しく反発します。動詞 stay ＋ 形容詞で「その状態にとどまる」という意味になるので、文字通りには現在健康である、ということになり、重病を患っているヘイゼルは反発したのでしょう。②では、母の言った "even if you died" をヘイゼルが "when" と訂正したことについて考えます。前者は接続詞 if を使うとともに、動詞が仮定法過去になっており、ヘイゼルが死ぬことが仮定の話になっています。これに対し、ヘイゼルは "when" と訂正しています。ヘイゼルが "When." といった後、母親が言い直した文の "Even when you die, ..." では、when を使うとともに、動詞は現在形になっています。英語表現の違いにより、出来事（この場合は「ヘイゼルの死」）が起こる可能性に対する見方が現れています。このような点に、学生の注意を引くと、接続詞 if と when や仮定法に対する理解が深まるでしょう。

解答例

①stay healthy

　ヘイゼルの反応

　"Okay, I'm not healthy, and I'm gonna die."

理由

不治の病で死にそうなのに体に気をつけるようにと言われたことに苛立ったから。自分の気持ちが十分理解されていないという思いがあるから。

②Even if you died

　ヘイゼルの反応

　"When (I die)."

理由

自分が死ぬのは、確実なことだと思っているから。

問2

内容について、考えを深める問題です。まず学生に考えさせてください。登場人物の表情もよく観察するように勧めます。何人かの学生に発表させたり、グループで話し合わせたりするのもよい方法です。登場人物の立場に立って考えるように勧めてください。

"I'll always be your mother."（下線部③）

ヘイゼルは、ICU（集中治療室）で瀕死の状態のときに母が "I'm not gonna be a mom anymore."（母親なんてやめたい）と言っていたのを聞いてしまったことが、ずっと心にかかっています。自分がいることで母を苦しめているのではないか、自分などいなくなればいいのではないかと思っていたようです。母があれは間違いだった、母であることは最高の喜びと言ったときのヘイゼルの表情から、単に「うれしい」という言葉では表せない深い感情が汲み取れます。

"This is the best news."（下線部④）

母が、社会福祉士の勉強をしており、他の家族の助けになりたいと思っている、ということを聞いたときのヘイゼルの言葉です。ヘイゼルは、自分がいなくなったとしても、他の人の助けになることに母が生きがいを見出そうとしていることを知りました。自分が死んだ後、両親が生きる希望を失ってしまうのではないかと心配していたヘイゼルは、安心したのかもしれません。また、生きがいを福祉の仕事に見出そうとしている母に誇りを感じることができたのでしょう。さらに、母にそのような人生観を抱かせたきっかけが自分の病気であるということから、自分の人生にも意味があると感じたのかもしれません。表情やセリフから、ヘイゼルだけでなく両親の気持ちも推測させましょう。

（轟　里香）

ワークシート ①

映画の主要登場人物が自己紹介をするシーンを観て、各設問に答えましょう。

Leader

Isaac, I know that you're facing some ①challenges right now.

Do you want to share with the group? Or maybe your friends here?

Isaac

(②), I'll share.

Hey, guys. I'm Issac.

I have ③retinoblastoma.

We had surgery on one eye when I was (④).

So this is a glass eye.

And then I'm going to the hospital to have (⑤) surgery to take out

(⑥) eye.

So, after that surgery, I'm just gonna be (⑦) blind.

But, I'm lucky, because I have this beautiful, smoking hot girlfriend,

who's way out of my league, Monica.

And I have a great friends like Augustus Waters to help me out.

So, that's what's up. Thanks.

Leader

⑧We're here for you, Isaac.

Thank you.

Your turn Gus. Yeah, sure.

きっと、星のせいじゃない。

設問①　ペアを組んで各セリフを音読箇所を交代して2度読みなさい。

設問②　下線部①challenge の意味を英英辞典を調べて書き出しなさい。
_____
_____
_____
_____

設問③　（　②　）に入る返答を選びなさい。
　　　　（Yes / No）

設問④　下線部③retinoblastoma の意味を英英辞典を調べて書き出しなさい。
_____
_____
_____
_____

設問⑤　（　④　）に入る語を選び○で囲みなさい。
　　　　（young / younger）

設問⑥　（　⑤　）に入る語を選び○で囲みなさい。
　　　　（other / another）

設問⑦　（　⑥　）に入る語を選び○で囲みなさい。
　　　　（other / the other）

設問⑧　（　⑦　）に入る「完全に」という語を答えなさい。
　　　　（　　　　　　　　　　）

設問⑨　下線部⑧を映画の内容に沿うように訳しなさい。
　直訳：_____
_____
_____

　意訳：_____
_____
_____

ワークシート ②

映画の主要登場人物が自己紹介をするシーンを観て、各設問に答えましょう

Augustus

I'm Augustus Waters.

I'm 18 years old and I had a touch of ①osteosarcoma about a year- and-a half ago.

So, I (②) this baby as a result.

And now I'm part ③cyborg, which is awesome.

But really, I'm just here at Isaac's request.

Leader

And now are you feeling, Gus?

Augustus

I'm grand, yeah.

④I'm on a roller coaster that only goes up, my friend,

Leader

⑤Maybe you'd like to share your fears with your friend.

Augustus

⑥My fears? Oblivion.

Leader

Oblivion?

Augustus

Yeah.

You see, I intend to live an extraordinary life.

To be remembered.

So, I'd say if I have any fears, it would be to not do that.

きっと、星のせいじゃない。

(ワークシート①②　村上　裕美)

設問①　下線部①osteosarcoma を英英辞典で調べて定義を書き出しなさい。
_____
_____
_____
_____

設問②　（　②　）に入る語を選び○で囲みなさい。
　　　　（lost/ have lost）

設問③　下線部③cyborg を英英辞典で調べて定義を書き出しなさい。
_____
_____
_____
_____

設問④　下線部④で Augustus のどのような心情が読み取れるか答えなさい。
_____
_____
_____
_____

設問⑤　下線部⑤でなぜ leader は fear と言う語を用いたのか考えて答えなさい。
_____
_____
_____
_____

設問⑥　下線部⑥から読み取れる Augustus の心情を答えなさい。
_____
_____
_____
_____

ワークシート ③

Chapter 22 (1:30:06～1:37:03) をまず視聴しましょう。

問1 Chapter 22の、ヘイゼルとガスの公園での会話の部分(1:33:28～1:36:08)の2人の会話を聞いて、次の空所を埋めましょう。日本語の字幕を参考にしてください。

Hazel : What are you _____1_____ about?

Gus : Oblivion. I know it's kid's stuff or whatever, but...I always thought I would be a _____2_____. I always thought I'd have a grand story to tell. You know, something they would _____3_____ in all the papers, and... I mean, I was _____4_____ to be special.

Hazel : You are special, Augustus.

Gus : Yeah, I know. But...you know what I mean.

Hazel : I do know what you mean, I just don't agree with you. You know this obsession you have with being _____5_____ ?

Gus : Don't get mad.

Hazel : I am mad. I'm mad because I think you are special. And is that not _____6_____? You think that the only way to lead a _____7_____ life is for everyone to remember you, for everyone to love you. Guess what, Gus. This is your life, okay? This is all you get. You get me, and you get your family, and you get this world, and that's it. And if it's not enough for you, then I'm sorry, but it's not _____8_____. Because I love you. And I'm gonna _____9_____ you.

Gus : I'm sorry. You're right.

Hazel : I just wish you would be happy with that.

Gus : Hey. It's a _____10_____ life, Hazel Grace.

Hazel : It's not over yet, you know.

(gonna=going to)

ヘイゼル：何考えてるの？
ガス　　：忘却。ガキみたいだけど、俺…ヒーローになりたかった。新聞に載るような大活躍をしたかったんだ。特別な人間を目指してた。
ヘイゼル：特別だよ。
ガス　　：そうだけど。わかるだろ？
ヘイゼル：わかるけど、賛成できない。そんなに記憶に残りたい？
ガス　　：怒るな。
ヘイゼル：怒るよ。私にとって特別なだけじゃダメ？　意味ある人生っていうのは、全員に覚えられて愛されること？　でも、残念でした。これがあなたの人生なの。私と家族とこの世界。それだけ。不満かもしれないけれど、無意味じゃない。私があなたを愛してる。ずっと忘れない。
ガス　　：ごめん。確かにそうだ。
ヘイゼル：それで満足してよ。
ガス　　：いい人生だ。
ヘイゼル：まだ終わってないし。

問2　上の部分を参考にして、次の日本語を英語にしてみましょう。
1. 私は特別な人間になるはずだった。

2. 意味ある人生を送る唯一の方法は、全ての人に記憶されることだと思っているのですか？。

3. 私があなたのことを覚えています。

4. あなたがそれに満足してくれればいいのですが。

発展問題
あなたは、「意味のある人生」とはどのようなものだと思いますか？ヘイゼルとガスの会話を参考にして考えてみましょう。

ワークシート ④

Chapter 23 (1:37:03〜1:39:31) を、まず日本語字幕で視聴しましょう。次に、英語の字幕を見ながら同じ場面を見てみましょう。

以下は、この場面のセリフです。これを見ながら、問に答えてみましょう。

Hazel : Can I have the keys?
Mother : Where're you going?.
Hazel : I have to go.
Mother : Hazel, you have to be hungry. You didn't even eat lunch.
Hazel : I'm just not hungry. I'm aggressively un-hungry.
Mother : Hazel, I know Gus is sick, but you got to take care of yourself.
Hazel : This has nothing to do with Gus.
Mother : Well, then you've got to ①**stay healthy**. Come on, just eat something, honey.
Hazel : "Stay healthy"? Okay, I'm not healthy, and I'm gonna die. Do you realize that? I'm dying, and you're gonna be here, and you're not gonna have anyone to look after, or hover around, and you're not gonna be a mother anymore, and I'm sorry but there's nothing I can do about that. So can I please go?
Mother : Why would you say that to me?
Hazel : Because you said that.
Mother : What are you talking about?
Hazel : In the ICU.
Mother : Hazel. That's not the truth. I was wrong. All right? ②**Even if you died**…
Hazel : "When."
Mother : Even when you die, ③**I'll always be your mother**. It's the greatest thing I'll ever be.
Hazel : That is my biggest fear, Mom. When I am gone, you're not gonna have a life anymore. You're just gonna sit and you're gonna stare at walls or you're gonna off yourselves or…
Father : Hazel, honey, we're not gonna do that.
Mother : Losing you. That is gonna hurt like hell. But you of all people know it's possible to live with pain. You just do it. I'm taking classes in social work.
Hazel : Wait, you're what?
Mother : You know, if I can take what we've been through and help other people, maybe counsel families.
Hazel : Mom, how could you not tell me this?
Father : We didn't want you to feel abandoned.
Hazel : Feel abandoned? You guys, this is…④**This is the best news.**
Mother : You go. Okay? Baby.

(gonna=going to)

きっと、星のせいじゃない。

(ワークシート③④　轟　里香)

問1　この場面で、ヘイゼルは、母の使った言葉の表現（下線部①と②）に反応しています。どのように反応していますか。またその理由を考えてみましょう。

①stay healthy

　　ヘイゼルの反応

　　_____

　　理由

　　_____

②Even if you died

　　ヘイゼルの反応

　　_____

　　理由

　　_____

問2　次の時のヘイゼルの気持ちを、セリフと表情から考えてみましょう。

母に、"I'll always be your mother."（下線部③）「いつまでもあなたのお母さんよ」と言われたとき。

"This is the best news."（下線部④）「最高のニュースだわ」と言ったとき。

第5回映画英語アカデミー賞
候補映画

2015年発売開始の主な新作映画DVD

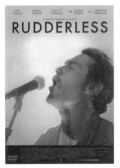

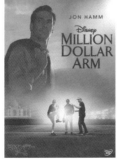

アイ・フランケンシュタイン	I, Frankenstein	（執筆）山﨑　僚子

セリフ紹介

　悪魔界の王子ナベリアスが、狙っているもの。それは、200年前にヴィクター・フランケンシュタイン博士によって創り出された人造人間アダムと死者蘇生の秘密が書かれたヴィクターの研究日誌です。研究日誌は、ガーゴイルの女王リオノアによって厳重に保管されているはずでしたが、ナベリアスたちの手元にわたってしまうのです。

Adam　　： Do you understand what the journal is to me? It's the chronicle of how I came to be. Who I am. What I am.
　　　　　（大事な日誌だ。俺が創られた過程やだれなのかがわかる。何なのかも）
Leonore： You are a unique, lonely being rejected by both your maker and the rest of humanity. And, as a result, you are filled with rage. You do not need a book to tell you that.
　　　　　（創った人や人間からも嫌われた存在よ。ゆえに怒りで満ちている。日誌を読む必要もない）(Chapter 16)

　自分は何者なのか、何のために生まれてきたのか。人間の手によって産み出され、その醜さゆえに嫌悪され、捨てられたアダムはアイデンティティの問題に苦しめられてきました。Chapter 7 でも、"I am not human, nor gargoyle, nor a demon. I am like none other"（人間じゃないしガーゴイルでもなく―悪魔でもない。俺は俺1人だけ）と胸のうちを明かします。フランケンシュタイン博士が産み出した人造人間、つまり唯一無二の存在であるからこそ、アダムは私たちが経験しようのない孤独感と戦わなければいけないのです。自己の存在意義に戸惑い、苦しむアダムの心境が吐露されたセリフです。

学習ポイント

　人間の知らないところで繰り広げられる、悪魔と天使、ガーゴイルの戦いを中心に描かれます。悪魔がガーゴイルに倒されたときは、"descend"（堕ちる）と表現され、逆にガーゴイルが倒されたときは、"ascend"（昇る）という英語が使われます。ガーゴイルたちは、リオノアに対し常に"Your Majesty"と呼びかけます。リオノアを唯一の女王として尊敬の念を込めて、このように呼ぶのです。

　【確認の表現】悪魔もガーゴイルも集団で戦うため、仲間同士の意思疎通をしっかり図る必要があります。そのため、相手の情報の信ぴょう性や自分の言ったことを理解したかを確認する表現がたびたび登場します。例えば、Chapter 6 で、部下からアダムに関する報告を受けたナベリアスが"You are certain?"（確かなのか？）と聞いています。この表現は"You are certain of what you tell me?"（あなたの言うことは間違いないですよね？）というように相手に確認を取るときに応用できそうです。また同じ certain を使って、Chapter 12 でナベリアスは"How certain are you it will come for her?"（やつは彼女の所へ？）と部下に聞いています。How certain are you …? で、どの程度確かだと思って発言しているのかを確かめているのですね。ほかにも、Chapter 6 で"Is that understood?"（分かったか？）と自分の言っていることを、相手が理解したかを確認する表現もでてきました。

　【忠告や非難する表現】この映画は思惑を異にする者同士が協力し合う場面も多く、相手の不注意を非難したり、再考を求めたりする表現も出てきます。Chapter 7 でリオノアが、悪魔との戦いに人間を巻き込んでしまったアダムに"You care only about yourself"（自分のことしか考えていない）と叱責します。彼を非難しているのですね。それに対しアダムは、"I'll be more careful next time"（気をつける）と答えています。care の形容詞、careful が使われているところに注目です。Be careful.（気を付けて）、という意味で日常よく使います。Be careful の後に getting home. と付け加えて、Be careful getting home. にすると、（帰り道に気を付けて）と言うこともできます。また、Chapter 9 では、悪魔に連れ去られたリオノアを救うため、ギデオンは、フランケンシュタイン博士の研究日誌をリオノアと交換に悪魔に渡す決意をします。ギデオンの部下は、死体蘇生の秘密が悪魔たちに知られることを恐れ、持ち出さない方が良いと忠告します。その際、"I beg you to reconsider"（そんな）や"Authority is not the problem. It is dangerous. You must know this"（権限はともかく危険です）などと言い、引き留めようとしています。まず、I beg you to….（どうかお願いですから）は、特に目上の人にお願いするときに使える表現です。to は弱く発音されますので、聞き取ることができないかもしれませんが、忘れないようにしましょう。忠告するときは、後者のように助動詞 must を使ったり、危険だからと渡すべきでない理由を付け加えたりすると説得力が増します。

あらすじ

　200年以上前、ヴィクター・フランケンシュタイン博士によって創造された人造人間は、自分の仲間をもう1体創ってほしいという願いがかなわず、怒りのあまりヴィクターの妻、エリザベスを殺害します。その後、ヴィクターは人造人間を追い詰める途中、力尽きて他界します。人造人間がヴィクターを埋葬しているところを悪魔達に襲われますが、ガーゴイル達に助けられ、彼らの聖域に案内されます。ガーゴイル達は大天使ミカエルによって創造され、人類を悪魔の手から守るために戦ってきたのです。人造人間は「アダム」という名前を与えられ、共に戦うことを提案されますが、アダムは武器だけを手に入れ、ガーゴイルのもとを離れます。200年の時を経て、現代に生き続けるアダムの前に、またもや悪魔が現れ、ガーゴイルを交えた戦いが再燃します。アダムは、ワセックスと言う名前の人間として生きる悪魔、ナベリアスに雇われている研究者、テラと出会い、初めて人間と交流をもちます。ナベリアスに拉致されたテラは脅され、フランケンシュタイン博士の日誌をもとに、死体蘇生を始めてしまいます。成功すれば、何千、何万という悪魔に命が吹き込まれ、世界を征服することになるでしょう。アダムとガーゴイル達は、テラが軟禁されている研究室に向かいます。これまで、ガーゴイルの仲間になることさえ拒み、1人で生きてきたアダムには、いまや守るべき存在があるのです。アダムはナベリアスの企みを阻止し、テラを救うことができるのでしょうか。

映画情報

製作年：2013年
製作費：6,500万ドル（推定）
製作国：オーストラリア、米国
配給会社：ポニー・キャニオン
ジャンル：アクション、ファンタジー、SF

公開情報

公開日：2014年1月24日（米国）
　　　　2014年9月　6日（日本）
上映時間：92分
MPAA（上映制限）：PG-13
画面アスペクト比：2.35：1

アイ・フランケンシュタイン

発売元：ポニーキャニオン
（平成28年12月現在、本体価格）
DVD価格：1,800円　ブルーレイ価格：2,500円

薦	○小学生　●中学生　●高校生　●大学生　○社会人

リスニング難易表	
スピード	3
明瞭さ	3
米国訛	2
米国外訛	1
語彙	3
専門語	3
ジョーク	1
スラング	1
文法	1

お薦めの理由
メアリ・シェリーの『フランケンシュタイン』を基にして、人造人間のその後を描いていますので、原作を読んだことのある人にとっては、必見の映画と言えるでしょう。もちろん、全く知らない人にも、原作に触れる良い機会となりそうです。悪魔とガーゴイルが対照的に描かれていますので、登場人物の関係を容易く理解することができます。内容や英語に集中しやすいこともお薦めの理由です。

英語の特徴
アダムを米国人、ナベリアスを英国人俳優が演じている以外は、ほとんどの登場人物をオーストラリア人俳優が演じています。しかし、オーストラリアの訛りは感じられず、聞き取りやすいでしょう。悪魔とガーゴイルが殺し合いをする場面もありますが、あまり生々しくありません。また、きたない言葉で罵ることも、ほとんどありませんので、中学生、高校生でも安心して視聴できると思います。

発展学習

【原作に触れてみよう】メアリ・シェリーは19歳のときに、『フランケンシュタイン』の執筆を始めました。いったいどのようにして、死体を蘇生させて人造人間を創り出すというストーリーを考えついたのでしょう。原作を読めば、謎の一端に迫ることができるかもしれません。原作は19世紀初頭に書かれたものですが、それほど難しくありませんし、分量もほどほどですので、読解力を試すチャンスになるでしょう。日本語の翻訳や、『フランケンシュタイン』に関する著作もたくさん出版されていますので、そういったものに触れてみるのも良いかもしれません。

【希望を述べる表現】英語で会話をする際、自分が相手にしてほしいと思っていることをはっきりと述べることも重要だと思います。この映画から、自分の希望を伝える表現を学び、さらに相手に何をしてもらいたいか尋ねる表現に応用してみましょう。Chapter 15 でワセックスの正体を知ったテラが同僚のカールに電話で危険を知らせる際、"I want you to leave Wessex"（今すぐ研究所を出て）と言います。I want you to ＋動詞の形で、相手にこうしてもらいたい、と希望を伝える表現を覚えましょう。例えば、I want you to carry the bags（鞄を持ってほしい）、や I want you to leave the TV on.（テレビをつけたままにしておいてほしい）、というように to の後の動詞を変えるだけで、いろんな場面で使うことができそうですね。さらに Do you want me to ＋動詞？で相手が何を望んでいるかを聞くことができるようになりましょう。例えば、相手の鞄が重そうだなと思ったら、Do you want me to carry the bags?（鞄を持ちましょうか？）とか、Do you want me to pick you up at the airport?（空港まで迎えに行こうか？）と聞くことができます。相手に何かしてあげたいなと思った時に、具体的な相手の希望が分かったほうが、より相手の気持ちに寄り添えそうです。

【様々な「思う」】私はこう思う、と英語で言いたいとき、すぐに think を思い浮かべる人が多いのではないでしょうか。思う、という意味の動詞にもいろいろあり、適切な使い方を知る必要があります。この映画に出てくる場面から考えてみましょう。アダムを見つけたナベリアスの部下が、報告に来る Chapter 6 の場面に注目しましょう。部下は、仲間7人をアダムに倒されたが、自分は逃げてきたと告げます。彼は "Well, I thought you'd want to hear this"（"お耳に"と思い）とナベリアスに伝えますが、ナベリアスは、アダムを倒さず逃げ帰ってきたことを許せないようです。"Yes, you presume. You presume to know what I want"（なるほど思ったわけか。"私の望みを心得てる"と）と返答しています。さて、日本語字幕では同じ、「思う」と訳されている、think と presume ですが、think や believe と異なり、presume または assume は、「根拠はないがそうだと思う」という意味です。suppose や guess も確信はもてないけれど、「おそらくそうだと思う」という時に使います。

映画の背景と見所
古典ゴシック小説の傑作『フランケンシュタイン』の人造人間がもし、現代まで生き延びていたとしたら…。フランケンシュタイン博士の人造人間が現代に生きる姿を、『アンダーワールド』のスタッフが描くアクション・ファンタジー映画です。『アンダーワールド』同様、全体的に暗めの色調に統一され、教会や城などゴシックの要素を垣間見ることができます。この映画をより楽しむためには、メアリ・シェリーの『フランケンシュタイン』を知っておくと良いでしょう。というのも、これまで『フランケンシュタイン』は何度も映画化されてきましたが、1931年にボリス・カーロフが演じた、首にボルトの刺さった、よたよたと歩き、言語を話すことのできない「怪物」のイメージがまだ強いのではないかと思うのです。1994年の映画『フランケンシュタイン』で、ケネス・ブラナー監督によって、これらの誤解はある程度解かれ、原作により忠実に映像化されました。原作の人造人間は本作のアダム同様、高い知性をもつ存在として描かれています。そしてアダムは、これまでの映像作品における、フランケンシュタイン博士の怪物たちとは異なり、現代的に描かれています。悪魔にもガーゴイルにも阿ることなく、自ら信じる道を歩み続ける、進化した人類と言っていいかもしれません。映像作品を時代順に見比べ、人造人間の描かれ方がどのように変容してきたかをみるのも興味深いでしょう。

スタッフ
監督・脚本：スチュアート・ビーティー
製　　作：ゲイリー・ルチェッシ
編　　集：マーカス・ダーシー
撮影監督：ロス・エメリー
美　　術：ミシェル・マクガヒー

キャスト
アダム　　　　　　　　　　　　　：アーロン・エッカート
ナベリアス/チャールズ・ワセックス：ビル・ナイ
テラ・ウェイド　　　　　　　　　：イヴォンヌ・ストラホフスキー
リオノア　　　　　　　　　　　　：ミランダ・オットー
ギデオン　　　　　　　　　　　　：ジェイ・コートニー

アメリカ・スナイパー	American Sniper	（執筆）松葉　明

セリフ紹介

この映画をよく表しているセリフを登場順に紹介します。　　　　　　　（Chap：BDのチャプター番号と時間）

○ Wayne : You don't ever leave your rifle in the dirt. 「絶対ライフルを地面に置いて立ち去るな」（Chap.1 4:01～）
　　このセリフには、①銃口などに土が入って誤作動や暴発を防ぐための安全面と、②男は気軽に自分の得物（武器）を手放さないという戒めが含まれていると思われます。銃の正しい使い方を教えることは、開拓精神に富んだテキサスならではのようです。息子のクリスは"Yes, sir."「わかりました」ときっぱりと答えます。

○ Wayne : There are three types of people in this world : sheep, wolves and sheepdogs.　　　（Chap.1 4:51～）
「この世には3種類の人間がいる：羊、狼、そして番犬だ」
　　主人公クリスの父親ウェインが、熱い思いを子供たちに語ります。そして番犬になるよう父親に言われた長男クリスは、その言葉に従い、弟を守り、国を守るべく軍人になるのです。（右頁の「発展学習」にこの続きがあります）

○ Chris : God, country, family, right ? 「神、祖国、家族、だろ？」　　　　　　　　　　　　　　（Chap.7 60:18～）
　　軍隊の同僚に、クリスが自分の心の基盤（守るべきもの）を言うセリフです。

○ Mads : Your dad, he is a hero. 「君のパパは英雄だよ」　　　　　　　　　　　　　　　　　（Chap.8 74:09～）
　　クリス父子がお店のガチャガチャで遊んでいると、義足の若者がクリスの息子（Colton）に語りかけます。彼は戦場でクリスに命を救われた経験があったのです。そして"He saved my life and helped me get back to my little girl. So thank you for lending him to us."と加えます。息子のコルトンも誇らしげです。

学習ポイント

中学生でも聞き取れそうなセリフを集めてみました。

○ Chris : You're the most beautiful thing I've ever seen.　　　　　　　　　　　　　　　　　（Chap.6 52:03～）
　　　　　　　　　　　　　　　　　　「君は僕が今まで見てきたなかで最高に美しい」
　　Taya : I have an alien growing inside of me.　「私の中に育っているエイリアンがいるわ」
　　今すぐに生まれそうになるまで大きくなった、妊娠中の妻タヤのお腹を見た夫婦の会話です。妊娠中の女性はそんな感じがするものでしょうか。映画『エイリアン（1979年）』が連想される面白いセリフです。

○ Marc : Lex talionis. Eye for an eye.　「報復の決まりだ。目には目をだ」　　　　　（Chap.8 84:00～）
　　仲間を殺された怒りに燃えるマークがこう言います。'Lex talionis'はラテン語で「同害復讐法」という意味です。「目には目を」の意味はわかりますね。

○ Chris : Don't pick it up. Drop it ! 「それを拾うな。　捨てろ！」　　　　　　　（Chap.9 95:22～）
　　米軍の戦車にバズーカ砲を撃とうとした男を射殺したクリスが、それを拾おうとした男の子に言うセリフです。かつて、対戦車手榴弾を投げようとした男の子を射殺した経験をもつクリスは、子を持つ親として、二度と同じ経験をしたくないという表情がよく出ています。この映画の名場面のひとつです。

○ Taya : Hello ?　　　　　　　「もしもし？」　　　　　　　　　　　　　　　　　（Chap.11 108:02～）
　　Chris : Baby ?　　　　　　　「やあ？」
　　Taya : Chris ? Baby, I can't hear you. 「クリス？　あなた、聞こえないわ」
　　Chris : I'm ready. I'm ready to come home. I'm ready to come home, baby.
　　　　　　　　　　　　　　　　　「準備はできた。家に帰る。家に帰る準備ができたんだ」
　　宿敵ムスタファを射殺し、同僚ビグルスの仇を討ったクリスは、もうこれ以上戦場にいることに耐えられなくなります。戦闘が続く中、妻に携帯電話で自分の心情を伝える場面での会話です。

○ Chris Kyle was killed that day by a veteran he was trying to help.　　　　　　（Chap.13 124:07～）
「クリス・カイルはその日、彼が援助活動をしていた退役軍人によって殺害されました」
　　本作の最後に、字幕となって出てくるのがこれです。中学英文法の知識で十分理解できます。'veteran'は「経験豊富な人」の意味でカタカナ語として使われていますが、ここでは「退役軍人」の意味です。また、「その日」とは2013年2月2日で、奇しくもこのころに、彼の伝記の映画化が決まったのです。

あらすじ

　テキサス生まれのクリス・カイルは、厳格な父から番犬のような人間になれと育てられました。そんなクリスは、子どもの頃からカウボーイになるのが夢で、ロデオでは名手となりました。しかし、1998年アフリカでのアメリカ大使館爆破事件を契機に、軍人になることを決意します。私生活では、その頃に知り合ったタヤと結婚し、幸せな日々を送ろうとしていました。

　2001年に起こった同時多発テロによって、イラクに派遣されたクリスは、狙撃手としてその手腕を発揮するようになります。2003年、米国兵たちに向かっていくイラク人の少年と、アバヤ姿のその母らしき2人を発見します。その手には対戦車用手榴弾があるのです。狙撃すべきか、否かで迷いますが、彼は冷静に2人を射殺し、これが初仕事となり、彼は類い稀な腕をもつ狙撃手として歩み始めるのでした。

　160人もの敵を射殺した彼は、いつしか軍の中で伝説（レジェンド）と呼ばれるようになります。そして元オリンピック選手の敵方の狙撃手「ムスタファ」と死闘を繰り返すことになり、友の死や、深傷を負った弟の除隊などにより、クリスは少しずつ PTSD（心的外傷後ストレス障害）になっていきます。同僚の仇を討つことに成功して帰還したクリスは、もはやかつての彼ではありませんでした。そして運命の2013年2月2日を迎えることになります。

映画情報

製作年：2014年（平成26年）
製作国：米国
配給会社：ワーナー・ブラザース
言　　語：英語、アラビア語
第87回（2014年）アカデミー賞音響編集賞受賞

公開情報

公開日：2015年1月16日（米国）
　　　　2015年2月21日（日本）
上映時間：132分　　MPAA（上映制限）：R15+
音　　声：英語、日本語
字　　幕：日本語、英語

アメリカン・スナイパー

薦	○小学生 ●中学生 ●高校生 ●大学生 ●社会人	リスニング難易表

発売元：ワーナー・ブラザース・ホームエンテイメント
（平成28年12月現在、本体価格）
DVD価格：1,429円　ブルーレイ価格：2,381円

リスニング難易表	
スピード	2
明瞭さ	3
米国訛	3
米国外訛	2
語彙	3
専門語	3
ジョーク	2
スラング	3
文法	2

お薦めの理由

いきなり自爆しようとしている男の子を、射殺すべきか否かで始まる場面では、きっとこの映画は'重い'と感じてしまうのではないでしょうか。そして、全編を通してハラハラドキドキの場面が連続して、あらためて戦争の怖さを教えてくれます。米国では評価が賛否両論となった本作ですが、一見の価値は十分あります。米国での戦争映画歴代ナンバー1の興行収入を得たのにも納得がいく作品です。

英語の特徴

テキサス出身の主人公クリスは、その土地特有のゆったりした話し方をするので、その点では聞き取りやすく、また、幼い子に語りかける英語も容易に理解できます。

一方、軍事用語や、戦地で軍人が早口で交わす会話では難易度がぐんと高くなります。しかも、口汚い言葉や隠語も多く出てきます。そんな英語は、自分が使うのではなく、知識として知っておくにとどめましょう。

発展学習

ちょっぴり長めで難しいセリフのやりとりに挑戦してみましょう。概要がつかめれば十分です。

○ Wayne : Some people prefer to believe that evil doesn't exist in the world, and if it ever darkened their doorstep, they wouldn't know how to protect themselves. Those are the sheep. And then you've got predators. They use violence to prey on the weak. They're the wolves. And then there are those who've been blessed with the gift of aggression, and the overpowering need to protect the flock. These men are the rare breed that live to confront the wolf. They are the sheepdog.（Chap.1 4:58～）

「この世に悪は存在しないと信じたがる人はいる、そしてひとたび悪がやってくると、自分たちをどうやって守るかがわからない。それが羊だ。そして暴力を使って弱者を餌食にする捕食者がいる。そいつらが狼だ。そして戦う力に恵まれ、（羊の）群れを守らずにはいられない希な存在であり、狼に立ち向かえるもの。それが番犬だ」

「この世には3種類の人間がいる」といった父ウェインの続きのセリフです。'prey on ...' は「～を捕食する」の意味で、'pray'「祈る」と同音です。他にも難しい語は多く出ていますので、辞書で調べてみましょう。

○ Doctor : Do you ever think that you might have seen things or done some things over there that you wish you hadn't? 「君はむこう（イラク）で見たことや、やったことをなかったことにしたいと思ったことは？」
　Chris : Oh, that's not me. No. 「いや、私はそういうんじゃないんだ。違う」（Chap.12 116:33～）
　Doctor : What's not you? 「君が違うってどういうこと？」
　Chris : I was just protecting my guys, they were trying to kill our soldiers and I, I'm willing to meet my Creator and answer for every shot that I took. The thing that haunts me are all the guys that I couldn't save. Now I'm willing and able to be there but I'm not, I'm here I quit.

「私は仲間を守っていただけで、自分が撃ったことは神様に会ってすべてを説明したいくらいです。悔やんでいるのは救えなかった連中のことです。あっち（イラク）にいられて、できるはずなのに私はいない。私は辞めてしまってここにいる」

4回もの派遣（Tour Four）で除隊したものの、精神的に病んでいるクリスと軍医とのやりとりです。帰還する度に無口になっていくクリス。帰国しても正常でないために真っ直ぐ自宅に帰れず、酒場で意味なく過ごす様子も描かれています（Chap.11 112:31～）。'creator' は「創造主」のことですが、ここでは「神」という意味です。

映画の背景と見所

○ 原作はクリス・カイルの自伝「ネイビー・シールズ 最強の狙撃手」です。これは「ニューヨーク・タイムズ」紙のベストセラー第1位を13週にわたって独走しました。そして、実際に映画化されると決まった頃、主人公クリス・カイルは米国の退役軍人に殺害（2013年2月2日）されてしまったのです。

○ 撮影は、建築物がイラクに似ているモロッコの首都ラバト、そしてカリフォルニア州各所で行われました。

○ 主人公役のブラッドリーは、クリスと年齢がほぼ同じで、演じるにあたって、約18kg増量して役に臨みました。

○ 戦闘の最中、クリスとタヤが携帯電話で会話のやりとりをする場面が幾度も出てきます。携帯電話の発達した現代では、兵士の家族にとって、戦争は家にいても体験できるものになったのです。
　　　　　　　　　　　　（Chap.4 34:46～、Chap.5 45:49～、Chap.11 108:02～）

○ テロリストたちが乗っている車に 'TOYOTA' の文字が大きく出ます（Chap.5 49:35）。頑丈で、悪路でも故障の少ないことで有名な日本車は、米軍のトラックでも使われています（Chap.8 80:14）。

○ エンドロールは無音になっています（Chap.13 127:14～）。映画を見終えた後、振り返ってじっくり考える効果があります。そして、クリスの子どもたちに配慮して、主人公が殺される場面はあえて撮影されていません。

スタッフ

監督・製作：クリント・イーストウッド
脚　　本：ジェイソン・ホール
編　　集：ジョエル・コックス　他1名
原　　作：クリス・カイル
撮　　影：トム・スターン

キャスト

クリス・カイル　：ブラッドリー・クーパー
タヤ・カイル　　：シエナ・ミラー
マーク・リー　　：ルーク・グライムス
ビグルス　　　　：ジェイク・マクドーマン
ウェイン・カイル：ベン・リード

イミテーション・ゲーム ―エニグマと天才数学者の秘密―
The Imitation Game

(執筆)岡田　泰弘

セリフ紹介

"Sometimes it is the people who no one imagines anything of who do the things that no one can imagine."
（時として誰も想像しないような人物が、想像できない偉業を成し遂げる）

　本作のエッセンスが凝縮されたこのセリフは、劇中3回登場します。最初は寄宿学校時代の場面で、友人のクリストファーは、クラスメイトがアランをいじめるのは彼が「異質」であるからだと述べた後で、このように言ってアランを励まします。2回目は、若き数学者ジョーンの才能を高く評価していたアランが、暗号解読チームへの参加を固辞するジョーンを説得するために彼女の家を訪れた際に、このセリフを述べます。3回目は映画の最後の場面で、強制的なホルモン治療の影響で肉体的にも精神的にも衰弱しきっていたアランに対して、今度はジョーンがこのセリフを返します。ジョーンはドイツ軍の暗号エニグマの解読により多くの人々の命が救われた事実を挙げて、アランが成し遂げた「普通」の人にはできない偉業を讃えます。

　やや複雑な構造をした文ですが、文法的にみるとこの文は people を強調する強調構文です。この文には who が2つありますが、1つ目の who は people を先行詞とする関係代名詞です。2つ目の who が強調構文の中で強調される語句（people）の説明を導くものになります。強調構文は通常 It is...that という形をとることが多いのですが、この文のように強調する名詞が人の場合は、that の代わりに who や whom を用いることもあります。ちなみに、この文の最後にある that は強調構文の that ではなく、things を先行詞とする関係代名詞です。

学習ポイント

　第二次世界大戦でドイツ軍に対する情報戦の最前線で戦った英国の暗号解読チームに焦点を当てたこの作品では、情報や諜報活動に関するさまざまな英語の語句や表現を、具体的な文脈の中で効果的に学習することができます。

　まず、この映画のテーマでもある「暗号」を表すもっとも一般的な英語は code です。「暗号を解く」は "break a code"、"crack a code"、"decode a message" などと表現します。他に暗号を表す語には、cryptograph があります。本作の中でも cryptography（暗号解読法）、cryptographer（暗号解読者）、cryptographic（暗号の）、encrypt（暗号化する）、decrypt（暗号を解読する）など、cryptograph の派生語や関連語が登場します。

　次に押さえておきたい語句は、情報や文書などを「機密扱いにする」という意味の classify です。映画の中では、"Alan Turing's classified military file"（チューリングの極秘軍歴）について警部たちが詮索している場面があります。公文書館などに保管されている機密扱いの文書には通常 "classified" という赤いスタンプが押され、一定の決められた期間を経て「機密扱いが解かれる」（declassified）と、一般に公開されてアクセス可能となります。

　最後に注目したいのが、この映画のもっとも重要なキーワードである intelligence です。intelligence には「知能、理解力」に加えて、「情報、諜報、諜報機関」という意味があります。海外で諜報活動を行うもっともよく知られた機関として、米国の CIA（米国中央情報局）と英国の MI6（英国情報局秘密情報部）が挙げられますが、正式名称は Central Intelligence Agency と Military Intelligence 6 です。

　本作において intelligence は、「諜報、諜報機関」という意味では以下のように使われています。"Polish Intelligence smuggled it (an Enigma machine) out of Berlin."（ポーランド情報部がドイツからエニグマ解読機を入手した）、"They codenamed it Ultra. It became the largest store of military intelligence in the history of the world."（彼らは情報の暗号名を「ウルトラ」とした。その量は世界の軍事諜報史上最大の規模となった）次に intelligence が「情報」という意味で使用されている例として、以下の文が挙げられます。"He (Churchill) won't share a shred of intelligence with the Soviets. Not even information that will help them against the Germans."（チャーチルはソ連に情報提供するのを恐れている。有効な対ドイツ情報でさえもだ）、"Stalingrad. The Ardenne. The invasion of Normandy. All victories that would not have been possible without the intelligence."（スターリングラード。アルデンヌ。ノルマンディー上陸作戦。すべて我々の情報なくして勝利は不可能だった）

　それでは、日本語で同じように「情報」と訳される intelligence と information には、一体どのような違いがあるのでしょうか。これはとても重要な点ですので、右ページの「発展学習」でさらに詳しく解説します。

あらすじ

　これは第二次世界大戦中の英国で、もっとも難解と言われていたドイツ軍の暗号「エニグマ」の解読に挑んだ、数学者アラン・チューリングの波乱に満ちた人生を描いた物語です。英国南部のブレッチリー・パークにある暗号解読施設に呼ばれたアランは、言語学者やチェスのチャンピオンを含む数人とチームを組み、エニグマの解読という極秘任務を軍の上層部から命じられます。傲慢で協調性に乏しいアランは、他のメンバーと協力して作業することなく1人で暗号解読装置を作り、それに寄宿学校時代に恋心を抱いていた少年の名をとって「クリストファー」と名付けます。孤立無援の状態で行き詰っていたアレンでしたが、公募で採用された若き数学者で、その後彼と婚約することになるジョーンの助言に従うことで他のメンバーとの仲を修復し、その後チームは一丸となってクリストファーによる暗号の解読に全力で取り組みます。チームはついにエニグマの解読に成功しましたが、そこから先はこの事実をドイツ軍に知られることなく、情報を制御しながら連合軍を勝利に導くというさらに困難な課題が待ち受けていました。戦争に勝利した後もエニグマの解読については極秘事項とされ、その後も長い間彼らの功績が公にされることはありませんでした。戦後はケンブリッジ大学で人工知能の研究に従事していたアランでしたが、ある日男性との性行為が発覚して有罪となり、強制的なホルモン療法を受けた後、1954年に自殺します。享年41歳でした。

映画情報

製　作　費：1,400万ドル
製　作　年：2014年
製　作　国：米国、英国
言　　　語：英語、ドイツ語
ジャンル：伝記、ドラマ

公開情報

公　開　日：2014年12月25日（米国）
　　　　　　2015年 3月13日（日本）
上映時間：115分
興行収入：9,112万1,452ドル（米国）
受　　　賞：アカデミー賞脚本賞

イミテーション・ゲーム ーエニグマと天才数学者の秘密ー

薦	○小学生　○中学生　○高校生　●大学生　●社会人	リスニング難易表		発売元：ギャガ（平成28年12月現在、本体価格）DVD価格：3,800円　ブルーレイ価格：4,800円
お薦めの理由	第二次世界大戦期の英国軍による暗号解読をテーマにした本作を通して、戦争、軍隊、情報、諜報活動などに関するさまざまな英語の語句や表現を、具体的な文脈の中で学ぶことができます。戦時下の暗号解読施設という特殊な環境が舞台となっていますが、そこで繰り広げられる会話は一部の専門的なものを除いて一般的な内容が多く、日常的な英会話で使用できる表現が数多く散りばめられています。	スピード	3	
		明瞭さ	3	
		米国訛	5	
		米国外訛	5	
		語彙	4	
英語の特徴	主人公のアランを演じるカンバーバッチを始め、登場人物の多くはゆっくりと、明瞭な発音の英国英語を話しています。スラングもそれほど多く使用されていませんので、英国英語にあまり慣れ親しんでいない人でも比較的聞き取りやすいでしょう。戦争、軍隊、諜報活動に関する専門的な語彙が数多く出てきますが、背景知識があれば文脈から推測することも十分可能です。	専門語	4	
		ジョーク	3	
		スラング	2	
		文法	3	

発展学習

ここでは本作を読み解くための2つのキーワードについて解説します。

まず、「学習のポイント」でも取り上げた intelligence です。この映画において、intelligence は「諜報、諜報機関」または「情報」という意味で使われていました。それでは、日本語で同じく「情報」と訳される information と比較して、intelligence という語にはどのようなニュアンスがあるのでしょうか。『インテリジェンス入門－利益を実現する知識の創造（第2版）』（慶應義塾大学出版会、2009年）の中で、著者の北岡元氏は「インテリジェンス」を以下の3点にまとめて定義しています。「①インテリジェンスとは、インフォメーションから生産される。②生産の工程は、インフォメーションの収集、加工、統合・分析・評価・解釈からなる。③インテリジェンスとは、判断・行動するために必要な知識である」この定義に基づき本作におけるインテリジェンスの意味を考えてみると、「対独戦に勝利することを目的とした戦略を立案・実行するために、英国軍が必要とする知識」ということになります。そのような知識は、ドイツ軍の暗号化されたインフォメーションを収集（通信の傍受）、加工（暗号の解読）、統合・分析・評価・解釈というプロセスを経て生産されています。つまり、アランたちのチームが取り組んでいたエニグマの解読という作業は、まさに対独戦を勝利に導くための国家レベルでの「インテリジェンス」（intelligence）の創造だったわけです。さらに、インテリジェンスは国際安全保障政策の現場のみで使用されるものではなく、国家、企業、個人といったさまざまなレベルでなされる戦略の立案および実行を分析する際にも有効的に活用できる概念です。

この映画を理解するうえでもう1つの重要なキーワードは normal です。アランは同性愛者であることを含めて、少年時代からまわりの友人たちとは「異質」（different）な存在だったことで疎外感を感じてきました。そのような彼に理解を示したのが友人のクリストファーと、同性愛者だと薄々感づきながらも彼と婚約したジョーンでした。最後のシーンで、ジョーンはアランに以下のようなセリフを述べています。"Now, if you wish you could have been normal, I can promise you, I do not. The world is an infinitely better place precisely because you weren't."（あなたが普通を望んでも、私は絶対にお断り。あなたが普通じゃないから、世界はこんなにすばらしい）彼女のこの言葉には、社会の中で「普通」（normal）とされていること（異性愛もその1つ）に対して疑いのまなざしを向け、さまざまな規範の強制により「異質」なものとして抑圧、排除されている人々の連帯を模索する「クイア」（queer）という概念に通じるものがあります。実際にジョーン自身も、当時のジェンダー規範から逸脱したある種「クイア」な存在でした。みなさんの中にも日常の会話で「普通」という言葉を無意識に使ってしまう人が多いのではないかと思いますが、この映画は「規範的」（normative）なものに対する私たちの意識を見つめ直すきっかけを与えてくれます。

映画の背景と見所

この映画は第二次世界大戦でドイツ軍の暗号「エニグマ」の解読に大きく貢献し、また現在のコンピューターの基礎となる人工知能や電子計算機の研究、開発において大きな役割を果たした、英国人数学者アラン・チューリングの壮絶な人生に関する実話に基づいています。第二次大戦中のブリッチリー・パークでのエニグマ解読の物語を中心に、そこに寄宿学校に通っていた少年時代の回想と、戦争終結後の現在の場面が挿入されるような形でストーリーは展開します。このように3つの時代が複雑に入り組んだ構成により、映画を見ている人はまるでもう1つのエニグマ（暗号）を解くような感覚で、多くの謎に満ちたチューリングの人生の物語に引き込まれていくことでしょう。

本作ではチューリングが同性愛者であったこと、特に少年時代の同級生クリストファーに対する思いが、エニグマ解読という偉業達成の大きな原動力となったことに焦点が当てられています。しかし、エンドロールで示されているように、英国では1885年から1967年の間に、約4万9,000人の同性愛の男性が「わいせつ罪」（gross indecency）で有罪となり、チューリングもそのうちの1人でした。近年になってチューリングの名誉を回復するための請願や署名活動が行われた結果、2009年にブラウン首相が当時の英国政府の差別的な処遇に対して公式な謝罪を行い、さらに2014年にはエリザベス女王が彼に死後恩赦を与えました。

スタッフ

- 監督　　　　　　：モルテン・ティルドゥム
- 脚本・製作総指揮：グレアム・ムーア
- 編集　　　　　　：ウィリアム・ゴールデンバーグ
- 撮影　　　　　　：オスカル・ファウラ
- 音楽　　　　　　：アレクサンドル・デスプラ

キャスト

- アラン・チューリング　：ベネディクト・カンバーバッチ
- ジョーン・クラーク　　：キーラ・ナイトレイ
- ヒュー・アレグザンダー：マシュー・グード
- スチュワート・ミンギス：マーク・ストロング
- デニストン中佐　　　　：チャールズ・ダンス

第5回映画英語アカデミー賞　候補映画

インサイド・ヘッド　Inside Out

（執筆）澤田真須美

セリフ紹介

ライリーの一番幸せだった思い出球に触れようとしたカナシミとそれを阻止したヨロコビの会話です。
Joy　　　　：Whoa! Sadness! Stop! You're hurting Riley!（やめて！カナシミ！またライリーを悲しませるの！）
Sadness　：No,no,no! I did it again!（どうしよう。またやっちゃった）
Joy　　　　：If you get in here, these core memories will get sad.（あなたがいると特別な思い出が悲しくなっちゃう）
　　　　　　I'm sorry. Riley needs to be happy.（悪いけど、ライリーを幸せにしたいの）
ヨロコビはライリーを幸せにするために、カナシミを残して司令部に戻る決心をした途端、崖から思い出ごみ箱に落ちてしまいます。その絶体絶命の危機の中、ヨロコビは思い出球を見て大切なことに気づきます。
Joy　　　　：It was the day the Prairie Dogs lost the big play-off game.（プレイリードッグが大切な試合で負けた時だ）
　　　　　　Riley missed the winning shot. She felt awful.（ラストチャンスを外しちゃって。落ち込んでた）
　　　　　　She wanted to quit.（ホッケーをやめたいと思った）
Joy　　　　：They came to help because of sadness.（悲しんでたからみんなが来てくれたんだ）
　　　　　　We have to get back there.（カナシミと何とかして戻らなきゃ）
Sadness　：Riley is better off without me!（ライリーには僕なんていない方がいいんだ）
　　　　　　I only make everything worse!（僕のせいで何もかもめちゃくちゃ）
悲しみがあるからこそ喜びがあることに気づくこの作品のテーマとなる感動的な場面です。

学習ポイント

【感情の表現】この作品は、11歳反抗期真っ盛りの少女ライリーが引っ越し先で幸せに暮らせるように彼女の脳の中の感情達が悪戦苦闘するストーリーです。主人公はライリーではなくこの感情達です。感情が5人のキャラクターとして登場します。5人から感情を表す語をまず学んでいきましょう。Joy（ヨロコビ）はライリーを楽しませるためいつも面白いことを考えつきます。Sadness（カナシミ）は皆の足手まといになってばかり。ヨロコビとは正反対でいつもネガティブで場を暗くしてしまいます。Fear（ビビリ）は行動を慎重にしてライリーを危険から守ってくれます。Disgust（ムカムカ）はライリーを嫌なものから遠ざけます。Anger（イカリ）は嫌なことがあると抑制力を欠き怒り出します。この感情達がそれぞれの色で描かれていることも興味深いことです。ヨロコビは黄、カナシミは青、ビビリは紫、ムカムカは緑、イカリは赤です。それぞれの色のカードを作ってセリフを覚えて劇をするのも楽しいです。
【歌】小学生は歌が大好きです。ライリーが幼い頃作った短い歌を取り入れてみましょう。
Who's your friend, who likes to play? Bing Bong, Bing Bong.（友達は誰なの。遊びたいのは誰なの。ビンボン！）
His rocket makes you yell "Hooray" Bing Bong Bing Bong.（ロケットに乗って「やった！」と叫ぶよ。ビンボン！）
Who's the best in every way and wants to sing this song to say.（誰がいいの？誰とこの歌を歌いたい？）
1人っ子のライリーは様々な空想をして天真爛漫に遊んでいました。ビンボンはそんなライリーの空想から生まれた親友です。自作の歌を歌いながら壁にビンボンとロケットを描きました。ビンボンはピンク色の象でもあり『不思議の国アリス』のチェシャ猫でもありイルカでもあります。鼻を使って楽器を弾きライリーとコンサートをします。幼い頃こんな空想をした経験はきっと誰にでもあるでしょう。子供達はすぐにこの愛くるしいビンボンの虜になります。正しく意味を理解するのは難しいかもしれませんが、単調なメロディーなので子供達は簡単に口ずさめます。
【ビンボンの行動】ヨロコビとビンボンは思い出ごみ箱から脱出するため、空想のロケットでライリーの歌を歌って地上を目指しますがうまくいきません。ビンボンはライリーの幸せを願ってある決心をし、ヨロコビに言います。"Come on, Joy! One more time. I got a feeling about this one."（もう一回がんばろう！今度は上手くいく気がするよ）そしてまた2人で歌って飛び立ちます。「もっと大きな声で歌おう！」と励ました後、ビンボンは自ら思い出ごみ箱に飛び降り消えていきます。地上に到達したヨロコビにビンボンが底から叫びます。"You did it! Go! Go! Save, Riley!"（やったぁ！行くんだ！ライリーを救って！）ビンボンの気持ちを悟ったヨロコビはカナシミを連れ司令部を目指します。ライリーのために犠牲となるビンボンの行動の尊さを子供達は感じます。また忘れてはいるけれど幼い頃からの経験がいつか自分の助けになることを悟ることもできるかもしれません。

あらすじ

生まれたばかりのライリーにはヨロコビの感情しかありません。しかし次第に、カナシミ、ビビリ、ムカムカ、イカリの感情が生まれます。ミネソタの田舎で幸せに育ったライリーは、11歳の時、父の起業のため家族で大都会サンフランシスコへ引っ越します。ライリーの新生活が楽しくなるように、頭の中ではヨロコビをリーダーに5つの感情が奮闘します。ライリーを幸せにするために何故カナシミが必要なのでしょうか。ヨロコビは、カナシミを輪に閉じ込めてしまいます。しかしカナシミが輪から飛び出しライリーの思い出球に触れたことで、楽しい思い出が悲しい思い出に変わっていきます。元に戻そうとしたヨロコビは、誤ってカナシミと共に脳の司令部から放り出されます。ヨロコビが司令部にいなければライリーは幸せにはなれません。司令部に戻るためにヨロコビはカナシミを連れてライリーの頭の中を駆け巡ります。その途中、ヨロコビは思い出のごみ箱に落ちてしまいます。初めて号泣するヨロコビはその時、ライリーが一番幸せだったお気に入りの思い出球を発見します。ヨロコビはその球に触れて「悲しみがあるから喜びがある」という大切なことに気づきます。そしてヨロコビはカナシミを連れて司令部に帰ります。以前はヨロコビがライリーの感情操作をしていましたが、ハンドルが5つに増えライリーを幸せにするための1つのチームとなります。こうして感情たちもライリーも成長していきます。

映画情報

製作国：米国
製作費：17億5,000ドル
製作会社：ピクサー・アニメーション・スタジオ
配給会社：ウォルト・ディズニー・ピクチャーズ
言　語：英語

公開情報

公開日：2015年6月19日（米国）
　　　　2015年7月18日（日本）
上映時間：95分
興行収入：8億5,680万9,711ドル
映倫区分：G

インサイド・ヘッド

| 薦 | ●小学生　○中学生　○高校生　○大学生　●社会人 | リスニング難易表 | 発売元：ウォルト・ディズニー・スタジオ・ジャパン （平成28年12月現在、本体価格） MovieNEX価格：4,000円 |

リスニング難易表	
スピード	4
明瞭さ	3
米国訛	1
米国外訛	1
語彙	2
専門語	3
ジョーク	2
スラング	1
文法	2

お薦めの理由
子供達は登場するキャラクターの可愛らしさに夢中になるでしょう。作品にはライリーの感情だけではなく、パパやママ、その他の人の感情も登場します。大人の感情達は穏やかです。お互いを思いやり、チーム一丸となってパパやママを幸せにするため働きます。作品を観た大人達は単純に笑い、楽しみ、苛立っていた反抗期や思春期の感情に溢れた頃の自分を思い出すことができます。

英語の特徴
標準的な米国英語です。スラングは少ないと言えます。11歳の多感な子供の感情達の会話が主なので、スピードは早めです。"long-term memory" "core memory" など脳科学の専門用語が少し出てきますが、その時は日本語の字幕を頼ると良いでしょう。それ以外は難しい単語も文法も出てきません。設定が面白く映像が素晴らしいので自然に作品に惹きつけられることでしょう。

発展学習
【ミネソタとカリフォルニア】ミネソタの田舎で楽しく暮らしていたライリーは、大都会カリフォルニア州サンフランシスコに引っ越しますが馴染めません。米国のこの2つの対照的な地域について学習するのもいいでしょう。カナダ国境に接したミネソタ州は、アラスカ州を除けば米国最北の州です。ミネソタの由来はこの州を流れるミネソタ川にあります。ネイティブアメリカンの言葉で mni は「水」、sota は「曇り空のような」を意味します。この州は「1万湖の国」というニックネームがあるほどたくさんの湖があります。大陸性気候で、冬と夏の気温差が大きく、冬は零下20度を下回ることもあり「アメリカの冷蔵庫」とも言われます。一方サンフランシスコは米国を代表する世界都市で、カリフォルニア州の経済、工業の中心地です。シリコンバレーやカリフォルニア大学バークレー校にも近く、コンピューター系の企業もたくさんあります。地中海性気候で1年の気温差があまりありません。急坂が多く深い霧に覆われることでも有名です。またサンフランシスコは過去2回大地震が起きました。1回目は1906年、マグニチュード7.8の大地震でした。当時の人口約40万人に対し約3,000人が亡くなり、米国の最も被害の大きい自然災害の1つです。2回目の大地震は1989年です。この時はマグニチュード6.9でした。たくさんの建物や高速道路などが崩壊しました。以上のようなこの2つの地域の代表的な特徴が作品では頻繁に描かれます。ミネソタ時代のライリーは幼い頃から湖でスケートを楽しみ、プレイリードッグズ（ミネソタなど北米の草原に生息するリス科の動物。可愛らしく日本でも人気）というアイスホッケーチームで活躍します。サンフランシスコに到着するとライリーの頭の中の感情達は脳の司令部で会話をします。Joy: "Is that great?"（すごくない？） "It's not made out of solid gold like we thought, which is kind of a disappointment, but still …"（金でできていると思っていたよ。がっかり。でもすごい！）初めてゴールデンゲートブリッジを見た時の会話です。またサンフランシスコの地震はよく知られているようです。Fear: "I sure am glad you told me earthquakes are a myth, Joy. Otherwise I'd be terrified right now."（地震は作り話だとヨロコビが教えてくれたからほんと良かったよ。でなきゃ今頃怯えていたよ）ライリーのミネソタの親友メグも聞きます。Meg: "Do you like it there? Did you feel any earthquakes? Is the bridge cool?"（そっちはどう？地震あった？橋はすごかった？）Anger: "These are my kind of people!"（俺みたいな奴がいっぱいいるぞ）騒々しい交通に対するイカリの言葉です。風景描写はもちろんのことユニークな会話で街が紹介されます。

【アメリカの小学校】ライリーの通う小学校はとても自由です。ピアスを2個付けたり、髪を半分染めていたりお洒落な服装の小学生もいます。教室の机は椅子と一体型です。ランチタイムはトレーを持って戸外で食事をしたり、スカイプで友達と会話し、スマホを持っています。作品を題材に異文化について話し合うことも楽しいです。

映画の背景と見所
今迄にもピクサー・アニメーション・スタジオは人形、虫、車、魚などに人格を持たせた楽しい作品を製作し大ヒットさせてきました。今回は斬新にも人の心に宿る感情を擬人化させたユニークな作品です。原題の Inside Out には「裏表に」という意味があります。ストーリーの表側は、反抗期の少女の引越し先での葛藤を描いた単純なものです。しかし裏側では感情達が少女を幸せにするため悪戦苦闘の旅をします。また感情達の世界にも「裏表」が存在します。ライリーを幸せにできるのは自分だけと信じているヨロコビが主導権を握り、ヨロコビをはじめ他の感情達はカナシミの存在を疑問に感じ隔離します。不必要な自分を自覚しているカナシミですが、無意識にライリーの思い出球に触れてしまいます。ライリーと感情は直結しているのだから仕方がありません。ヨロコビが何をしてもライリーの心は動きません。ましてやイカリやムカムカやビビリがやっても上手くいきません。最も大切なのはカナシミなのです。ヨロコビが作る金色の思い出球にカナシミが触れた時、珠は青色に変化し、さらに輝きを増していきます。幸せは全ての悲しい記憶の上にあり、喜びと悲しみは「表裏」一体なのです。子供達はキャンディの涙を流す可愛いビンボンの行動に号泣しながら、喜びも悲しみもどんな経験も大切であることを感じることでしょう。第88回アカデミー賞、第73回ゴールデングローブ賞を受賞した楽しくて感動的な作品です。

スタッフ
- 監督：ピート・ドクター、ロニー・デル・カルメン
- 製作：ジョナス・リベラ
- 製作総指揮：ジョン・ラセター
- 脚本：ピート・ドクター、メグ・レフォーブ
- 音楽：マイケル・ジッキアーノ

キャスト
- ヨロコビ：エイミー・ポーラー
- カナシミ：フィリス・スミス
- イカリ：ルイス・ブラック
- ビンボン：リチャード・カインド
- ライリー：ケイトリン・ディアス

インターステラー / Interstellar

（執筆）山本 幹樹

セリフ紹介

"wormhole" とは何か知っていますか。では "sphere" や "dimension" は？もちろん、知らなくても大丈夫。ロミリーという人物に教えてもらいましょう。少し長いですが、宇宙船に乗ったクーパーと、ロミリーとの会話を引用します。以下の場面を字幕なしかあるいは英語字幕で見てください。ここではあえて日本語訳を伏せておきます。

Cooper : It's a sphere.
Romilly : Of course it is. What you--? You thought it would just be a hole?
Cooper : No, it's just that all the illustrations I've ever seen, they….
Romilly : In the illustrations, they're trying to show you how it works. So they say you want to go from here to there. But it's too far, right?
Cooper : Mm-hm.
Romilly : So a wormhole bends space like this, so you can take a short cut through a higher dimension. Okay, so to show that, they've turned three-dimensional space into two dimensions which turns a wormhole in two dimensions, a circle. What's a circle in three dimensions?
Cooper : A sphere.
Romilly : Exactly. A spherical hole.

学習ポイント

　筆者は、語彙や表現は「出会い」であると考えます。人生において、幾人に、またどんな人に出会うかで、人々の生き方も変わってくるように、どれだけの量のどのような語彙や表現に出会うかも、その人の人生に大きく影響すると思います。まさに、「出会い」が人を変えると思います。英語学習において、これらを習得することは必要不可欠ですが、覚えるのはなかなか大変ですよね。しかし、語彙や表現を身につければ身につける程、読む、聞く、書く、話す全ての能力がアップすることは間違いありません。たった1度で語彙あるいは表現を覚えた経験はありませんか。それは、出会い方が大変印象的であるためです。2016年3月に英語字幕翻訳家の戸田奈津子さんが映画英語アカデミー学会で講演されました。レオナルド・ディカプリオ氏の言葉を引用されましたが、「これはあのレオの言った言葉だから」と、はっきり覚えていると話されました。誰のどんな言葉か、あるいはどんな場面か、そういった、特に特徴的な場面で聞いた語彙や表現は、忘れがたいと思います。ですので、出会いの場に貪欲に足を運んで行くことをお薦めします。実際にネイティブスピーカーに会うだけでなく、映画、洋楽、ニュース等、出会いの場はあちこちにありますし、自分の興味のある分野なら、出かけやすいと思いませんか。

　この映画は、そういった「出会い」に最適であることをお話ししたいと思います。科学の、特に宇宙に関する用語が満載ですが、同じジャンルで纏めて、語彙を増やしていくことが可能です。映像を見ながら語の意味を予測し、その予測が合っているか確かめる方法が効果的です。上記の場面では、ロミリーが絵を描いて、ある現象をクーパーに教えています。"wormhole" とは、ブラックホールとは異なり、木星のそばに突如現れた別の銀河をつなぐ穴です。その先に、人類が生存可能かもしれない星がある、と仮定されています。"wormhole" を見て、"It's a sphere." と驚くクーパーに、「もちろん、そうだ」とロミリーは教えています。映像を見ると "sphere" は「球体」であることが分かります。さて、ロミリーは、"wormhole" の働きを説明し始めました。紙に、2つの離れた点と点を書き、それを線で結びます。紙の点と点と合わせて曲げます。彼のセリフ "a wormhole bends space like this" の "bend" は「曲げる」ということが分かります。更に、その合わせた紙をペンでぶすりと刺し、穴をあけます。その穴が "wormhole" で、「"two dimension" においては "circle" となる」、「では "three dimension" においては？」との問いにクーパーは「球体（"a sphere"）」と答えます。そうです、ここで "dimension" は「次元」であることが予想できませんか？これには、数学的な知識が必要ですが、皆さんは既に高校で学習していると思います。二次元においては「円」（面）、三次元においては「球体」となります。これだけの語彙や表現をこのシーンで習得することができます。宇宙の現象を語るのに、決して難解な表現をしているわけではないこともお分かりでしょう。

あらすじ

　舞台は近未来。地球は絶滅の危機にあり、農作物が病気でほとんど育たない中、人々はなんとか繁殖することのできるオクラやトウモロコシを育てながら細々と暮らしています。時々おこる砂嵐で、多くの人が肺を患い、また植物が絶滅しつつあるため、酸素が得られず窒息の危機にもさらされています。主人公のクーパーは元宇宙飛行士ですが、妻を亡くし、義理の父ドナルド、息子のトム（15歳）、娘のマーフィー（10歳）と、農業を営みながら、一日一日をなんとか暮らしています。あるときから、彼らの住む家の書斎に、不思議な出来事が起こるようになりました。目撃者はマーフィーで、彼女は幽霊の仕業だとクーパーに訴えますが、彼は信用しません。トムとマーフィーは、それぞれ学校に通いますが、そこでは、科学に興味を持つことを異端とし、アポロ13号の月面着陸が嘘であったこと、かつて人類が宇宙へ飛び出したことはなかったと教えます。マーフィーは、父親に似て科学が大好きで、大変優秀なのですが、学校のそうした教育に反発し、問題児扱いされています。あるとき、担任教師との面談にクーパーが呼び出されます。トムを進学させたいという彼に、学校側は農家になることを勧め、マーフィーの「問題行動」をやめさせるように促します。しかし、娘が正しいことをクーパーは暗に主張し、マーフィーは停学となってしまいます。その日に彼らが学校から帰ると、再び不思議なことが起こっていました。

映画情報

製　作　年：2014年
製　作　費：1億6,500万ドル
製　作　国：米国、英国
言　　　語：英語
ジャンル：SF　配給会社：ワーナー・ブラザース

公開情報

公　開　日：2014年11月7日（米国）
　　　　　　2014年11月11日（日本）
上映時間：169分
興行収入：6億7,502万17ドル
字　　　幕：英語字幕、日本語字幕

インターステラー

薦	○小学生　○中学生　●高校生　●大学生　●社会人	リスニング難易表	発売元：ワーナー・ブラザース・ホームエンターテイメント （平成28年12月現在、本体価格） DVD価格：1,429円　ブルーレイ価格：2,381円

		リスニング難易表	
お薦めの理由	簡単に言えば、米国の英雄が地球の危機を救うという内容です。しかし、同様の映画とは異なり、特に前半は、SF映画とは思えない程、リアリティに満ちています。家族愛、反戦といったテーマも織り込まれており、メッセージ性に溢れ、スケールの大きさや思わぬ展開に引き込まれると思います。また、「なるほど」と思えるような意味深いセリフが多く、名言の宝庫でもあると言えるでしょう。	スピード	3
		明瞭さ	2
		米国訛	3
		米国外訛	4
英語の特徴	主人公の話し方に特徴があります。ぼやくような、つぶやくような話し方をすることもあり、アクセントの弱い部分は不明瞭な箇所が多いかもしれません。しかし、会話の一文一文が短く、割と単純なので、語彙力がカバーできれば、聞き取れるようになるでしょう。語彙は科学や宇宙に関する専門用語のような難しいものも登場しますが、あまりスピードは早くなくスラングもほとんどありません。	語　彙	2
		専門語	3
		ジョーク	3
		スラング	2
		文　法	3

発展学習

　この映画は、単にジャンルがSFであるというだけでなく、文学作品へも案内してくれます。ブランド博士が口癖のようにつぶやく詩があります。この詩 "Do not go gentle into that good night" は、英国の詩人ディラン・トマス（Dylan Thomas, 1914-1953年）によるもので、映画では、ブランド博士が、宇宙へ出発するクルーたちへのメッセージとして詠んだり、死の床でつぶやいたりします。この詩が本作において重要な位置を占めているのは言うまでもないでしょう。「一体誰の詩だろう？」「どんな意味があるのだろう？」と、調べたくなりませんか。映画のセリフには、詩や小説が引用されたり、下敷きになっているものが多く、そのことを知っていればいる程、ますます映画が楽しめることになりますし、作品自体に深さが増します。第一連を引用します。Do not go gentle into that good night, / Old age should burn and rave at close of day; / Rage, rage against the dying of the light. ブランド博士は呼びかけるように語ります。物語の中ではどのような意味があるのでしょうか？詩は短く、抽象的な表現も多いため、難解に感じるかもしれませんが、曖昧さも強い分、解釈は自由です。この映画との間にどういう意味付けをするか、是非、これを見た人と語り合ってみてください。詩に関して言えば、日本の詩もそうですが、1つ、自分が暗唱できるものがあると良いですね。

　また、この作品は、あちこちに名言がちりばめられてもいます。自宅で不思議な現象を目撃するマーフィーは、そのことについて訴えても、クーパーが反応を示さないので、"You [Cooper] said science was about admitting what we don't know." （お父さんは『科学とは分からないことを認めることだ』と言ったじゃないの）と言います。他にも、クーパーと、アメリアとの会話で、アメリアは、自然は「悪ではない」（"not evil"）と言います。これは、The Philosophers Magazine という雑誌の編集者 Julian Baggini の言葉に由来すると考えられます。彼は、東日本大震災によせて記事を書いており、その中で "Tsunami" を旧約聖書になぞらえていますが "Nature is not evil, simply amoral" と表現しています（http://www.independent.co.uk/voices/commentators/julian-baggini-nature-is-not-evil-simply-amoral-2241007.html）。「科学とは何か」、「自然とは何か」と考えたことはありませんか？上記のような名言は、何も有名人ばかりから出てくるものではありません。筆者は授業で、学生達に自分の専攻する学問について、毎回尋ねるようにしています。例えば、教育学部なら「教育とは何か」、工学部なら「工学とは何か」について問いかけます。すると、数々の名言が飛び出します。"Education is an art." あるいは "Engineering is the future." 等々です。とても味わい深いと思います。このように、「科学とは何か」、「自然とは何か」、「人間とは何か」と言った哲学的な観点で映画を見て、自分らしい言葉を作り出し発信していくこともお勧めしたいものです。

映画の背景と見所

　SF映画で、これまでの同ジャンルの映画や小説が下敷きになっています。例えば、宇宙空間の映像は『2001年宇宙の旅』を思わせます。"gravity"、"black hole"、"wormhole" といった宇宙用語がキーワードで、またクーパーやアメリアの間で交わされる言葉に "theory of relativity" がしばしば登場します。これは、アインシュタインの「相対性理論」を指していますが、この映画では、重力の影響により、地球より宇宙や他の星の時間がゆっくり進むと考えられています。そのため、父親が数時間を宇宙で過ごすことは、地球での何年分にもなり、親子の年齢が逆転してしまうことになります。物語の進行と同時に、人々がクーパーに説明していくので、物事の経緯や事象について、理解しやすいのではないかと思います。またブランド博士の考案した計画「ラザロ計画」（Lazarus Mission）は新訳聖書に出てくる人物「ラザロ」に由来しますし、クーパーの娘がマーフィーの法則から来たマーフィーである等、製作者の遊び心だけでなく、作中の人々の運命に対する権威を感じずにはいられません。

　この映画の見所はたくさんあります。クーパーと娘のマーフィーの強い絆であるとか、マン博士の哲学が披露されるところ、ブランド博士の思惑が暴かれるところ等々。さらに、映画の結末は、視聴者に1つの疑問を投げかけます。この演出は監督のクリストファー・ノーランならではであるとも言えるでしょう。

スタッフ	監　督　：クリストファー・ノーラン 脚　本　：クリストファー・ノーラン 　　　　　ジョナサン・ノーラン 製　作　：エマ・トーマス、クリストファー・ノーラン 　　　　　リンダ・オブストイ	キャスト	クーパー　　　　　　　：マシュー・マコノヒー アメリア・ブランド　　：アン・ハサウェイ マーフィー（子供時代）：マッケンジー・フォイ ブランド教授　　　　　：マイケル・ケイント マン博士　　　　　　　：マット・デイモン

イントゥ・ザ・ウッズ	Into the Woods	（執筆）三井　敏朗

セリフ紹介

　Once upon a time, in a far off kingdom, there lay a small village at the edge of the woods.
『イントゥ・ザ・ウッズ』の冒頭を飾るこのセリフは、おとぎ話の決まり文句です。日本の昔話の「むかしむかしあるところに」と同じく、物語はこの一言をきっかけに幕を開くのです。おとぎ話の主人公たちが一堂に会する本作にはこのようによく知られた決まり文句がたくさん登場します。英語ではどのように表現するのか調べてみましょう。
　Mother said, "Straight ahead" Not to delay or be misled（0:19）
森でオオカミに誘惑された赤ずきん（Little Red Riding Hood）の「お母さんに寄り道しちゃだめよと言われたの」というセリフです。映画では赤ずきんがオオカミと掛け合いで歌う Hello, Little Girl の歌詞に登場します。
　Little Red Riding Hood : My, Grandmother. You're looking very strange. What big ears you have.
　Wolf : The better to hear with.（0:29）
おばあさんに化けたオオカミと赤ずきんの会話です。おとぎ話の中でも最もよく知られた場面の1つでしょう。
　We must search immediately for the maiden who fits this slipper.（1:04）
シンデレラに登場する王子の「この靴にぴったりと合う女性を探せ」というセリフです。
　And so, with the kingdom filled with joy, those who deserved to were destined to live happily ever...
冒頭にあげた"Once upon a time"と対になるセリフです。本来ならば"live happily ever after"（いつまでも幸せに暮らしました）と続くはずなのですが、本作では大事件が巻き起こり、最後の一言はかき消されてしまいます。

学習ポイント

　『イントゥ・ザ・ウッズ』はさまざまなおとぎ話の主人公たちが交錯する物語ですので、そこに描かれるのはあまり日常的な状況とは言えないかもしれませんが、それでも実際の会話に役立つ表現や興味を引くようなフレーズも多数見つけられます。ここではいくつかのハイライトシーンの中から、そのような会話を探してみましょう。
① まずは Jack と母親の会話です。よく知られた「ジャックと豆の木」の物語の通り、ウシと引き換えに魔法の豆を手に入れた Jack は意気揚々と帰宅するのですが、もちろん母親から激しく叱り飛ばされます。
　Jack: But they're magic. The man said.　　Jack's mother: Get your head out of the clouds.（0:32）
下線部は空想、白昼夢にふけることを意味する "have one's head in the clouds" をもとにしたセリフです。「（頭を雲から出して）しっかりと目を覚ましなさい」というところでしょうか。
② 次は Baker's wifeとCinderella との会話です。
　Baker's wife : But you will return to the Festival tomorrow eve?　　Cinderella : Yes. No. I don't know.
　Baker's wife : You don't know? What I wouldn't give to be in your shoes. Well, your slippers.（0:36）
願いがかなってダンスパーティーに行くことができた Cinderella ですが、王子を振り切って城から逃げ出してしまいます。下線部は「～の立場になるなら」という慣用句です。Baker's wife は「もし、わたしがあなただったら」と言っているのです。ただ相手が Cinderella ですので shoes を slipper と訂正するのを忘れてはいません。slipper はダンス用の上靴のことを指しており、日本語で言うスリッパのような室内履きのことではありません。
③ Baker と王子の従者 The Steward との会話です。巨人に村を荒らされ、帰るべき家を失った人びとは森の中へと逃げ込んでいきます。Baker は従者にこれからどうするんだ、と詰め寄ります。
　Baker　　　: What is the royal family going to do?
　The Steward : How should I know? I don't make policy, I just carry it out.（1:18）
policy は「政策」、carry...out は「（要請通りに）実行する、遂行する」の意味です。いわゆる「お役人」らしい、開き直った無責任な言葉です。思わず苦笑させられるのではないでしょうか。
④ 最後は Baker 夫婦の会話から、うろたえて心配ばかりの夫にいら立った妻が言い放ったセリフをあげます。
　Baker : (What if we get lost?) What if the giant comes back?　　Baker's wife : What if, what if!（1:24）
「もしも、もしもばっかりじゃないの」というところでしょう。自分では腰を上げずにうわ面だけの言葉を口にする人間は、ときに人をいら立たせてしまいます。この辺りはどうやらおとぎ話の中も現実の世界も同じようです。

あらすじ

　ある日、子どものいないパン屋夫婦の前に魔女が姿を現します。彼らに子どもが授からないのは、魔女にかけられた呪いのせいだったのです。夫婦は呪いの魔法を解くのに必要な4つのアイテムを探して、不気味で危険な森の奥へと踏み込みます。そこで出会ったのは赤ずきん、オオカミ、シンデレラ、「ジャックと豆の木」のジャックなど、おとぎ話の主人公たちです。彼らもそれぞれの思いを胸に、森の中に集まっていたのです。彼らの力を借りて魔女の宣告した期限ぎりぎりにアイテムを揃えることのできたパン屋夫婦は、呪いから解き放たれます。シンデレラは王子と結ばれ、また貧しかったジャックは魔法の豆の木を登り、巨人の国から宝物を持ち帰ります。おとぎ話の通りにジャックを追ってきた巨人は、途中で木を切り倒され、地面に墜落して命を落としてしまいました。それから1年が過ぎ、誰もが自分の望みをかなえ、物語がハッピーエンドを迎えるかと思われたそのとき、彼らの村とお城を新たな悲劇がおそいます。夫を奪われた巨人の女が、報復に現れたのです。巨人から逃れて森をさまよううちに、彼らは自分がつかんだ幸せはいつわりのものだったことに気がつきます。自分が真に求めるものが何かをはっきりと悟ったのです。力を合わせて巨人を倒したとき、赤ん坊を授かりながらも、あらゆることに自信を持てなかったパン屋はついに父親としての自覚に目覚めます。赤ん坊に自分たちが経験してきた話を聞かせる彼の声とともに、物語は幕を閉じます。

映画情報

製作年：2014年　　製作国：米国
製作費：500万ドル　　言　語：英語
製作会社：ウォルト・ディズニー・ピクチャーズ
配給会社：ウォルト・ディズニー・スタジオ・モーション
　　　　　ピクチャーズ

公開情報

公開日：2014年12月25日（米国）
　　　　2015年　3月14日（日本）
上演時間：125分
興行収入：1,273万5,659ドル
映倫区分：G

イントゥ・ザ・ウッズ

薦	○小学生　○中学生　●高校生　●大学生　●社会人	リスニング難易表		発売元：ウォルト・ディズニー・スタジオ・ジャパン（平成28年12月現在、本体価格）MovieNEX価格：4,000円
お薦めの理由	悪びれることなく自己愛を貫く王子や、自立して母親のもとから去っていく Rapunzel など、誰もが知っているおとぎ話のキャラクターたちが少しばかりひねった形で登場します。彼らの本心などを想像しつつ見ると、物語がさらに楽しめるかと思います。おとぎ話と言っても、少々ブラックな味付けのユーモアもあり、大人が見ても十分に楽しめる作品に仕上がっているのではないでしょうか。	スピード	4	
		明瞭さ	4	
		米国訛	3	
		米国外訛	1	
		語彙	3	
英語の特徴	Wolf が口にする "Whither away so hurriedly?" のように、おとぎ話風のやや古風な言い回しや発音などもありますが、セリフには全体的に聴き取りやすく、易しい英語が使われています。またせっかくの歌を中心としたミュージカルですので、多様な歌詞をじっくりと味わってほしいと思います。韻の踏み方や日本語には訳せない言葉遊びなど、意外な発見もあるはずです。	専門語	2	
		ジョーク	4	
		スラング	2	
		文法	2	

発展学習

　ミュージカル『イントゥ・ザ・ウッズ』には魅力的な歌がたくさん登場します。ストーリー展開やセリフが歌で語られるのです。歌詞の内容がわからなくても、キャラクターたちが歌い踊るのを見ていれば十分に楽しめます。それがミュージカルの魅力の1つではありますが、ここではあえて歌詞の世界に踏み込んでみましょう。

　物語はオープニング曲の Into The Woods で幕を開けます。I wish のリフレインに続いて、登場人物たちがそれぞれの望みや願いを語っていくのです。歌詞の一部を見てみましょう。

　　Jack　　　　　：*I wish my cow would give us some milk. I wish you'd give us some milk or even cheese.*
　　Jack's mother：*I wish my son were not a fool. I wish the cow was full of milk.*

貧しい暮らしをしている母子には、お金に換えるものと言ったらもはや年取ったウシしか残されていません。しかし息子の Jack は少々頭のネジがゆるいで、何か失敗をしでかしそうなことが母親の歌に暗示されます。

　　Baker　　　　：*I wish we had a child, I want a child.*
　　Cinderella　：*More than riches and the Ball I wish to go to the Festival.*
　　Little Red Riding Hood：*I wish. It's not for me. It's for my granny in the woods. A loaf of bread. Please*

Baker は子どもが望み、Cinderella の唯一の願いはお城の舞踏会に行くこと。Little Red Riding Hood は森に住むおばあさんへのお土産にしたいからと、パンをせがみます。こうして歌に導かれるように、主要な登場人物たちはそれぞれの理由を胸に、薄暗い森の奥深くへと入り込んでいきます。

　次にあげる歌は Cinderella に逃げられてしまった Prince がつらい胸の内を歌い上げる Agony（「苦悩」）です。

　　Cinderella's Prince：*Am I not sensitive, clever, well-mannered, considerate, passionate, charming?*
　　　　　　　　　　　　　As kind as I'm handsome and heir to a throne?

「これほど聡明で情熱的で魅力的な、しかも王位の継承者である自分から逃げ出す女性がいたとは」と言うのです。苦悩に引き裂かれるように切々と歌う Prince ですが、誰もが知るおとぎ話の王子とは一味異なっているようです。

　最後は魔女が歌う Witch's Lament です。娘の Rapunzel に見捨てられ1人取り残された魔女が、遠ざかっていく娘の後姿を見つめながら歌います。

　　Witch：*Children can only grow from something you love to something you lose.*

死んだウシを生き返らせたり、城の周りを一瞬にしてイバラで囲ったりと、恐ろしい力を持った魔女ですが、去っていった娘に向ける愛情と悲しみは、ありふれた人間たちと変わりがないようです。

映画の背景と見所

　『イントゥ・ザ・ウッズ』は1987年初演の同名のブロードウェイ・ミュージカルをもとに製作されました。ブロードウェイ版の原作者ジェイムズ・ラパインが本作では脚本を担当しています。基本的なストーリーは同じで、映画の中で歌われる歌もスティーブン・ソンドハイム作のブロードウェイ版から移植されたものです。変更点としては、ブロードウェイ版ではジャックの母親は従者に殴り殺されるのですが、映画ではただ突き飛ばされただけになっているなど、全般に過激な描写が減り、ソフトな内容となっています。最初に映画化の話が出たのは1990年代の初期で、以降製作スタジオやキャストの変更などの紆余曲折がありましたが、2014年ついにディズニースタジオのもと、ジョニー・デップやメリル・ストリープらのビッグネームの出演で製作が開始されました。監督のロブ・マーシャルは2002年に同じくブロードウェイの『シカゴ』を映画化し、翌2003年にアカデミー作品賞他、全6部門での受賞を果たしました。メリル・ストリープは40才の頃、魔女の役は引き受けないという "no witch rule" を自ら定めていたのですが、結局本作でそのルールを破ることとなりました。パン屋の妻を演じたエミリー・ブラントは英国出身で、『プラダを着た悪魔』（2006年）でメリル・ストリープと共演しています。シンデレラ役のアナ・ケンドリックは『マイレージ、マイライフ』（2009年）でオースティン映画批評家協会賞の助演女優賞を受けています。

スタッフ	監　督：ロブ・マーシャル 脚　本：ジェームズ・ラパイン 原　作：スティーブン・ソンドハイム 　　　　ジェームズ・ラパイン 音　楽：スティーブン・ソンドハイム	キャスト	魔　女：メリル・ストリープ パン屋の主人：ジェームズ・コーデン パン屋の妻：エミリー・ブラント オオカミ：ジョニー・デップ シンデレラ：アナ・ケンドリック

エクスペンダブルズ3　The Expendables 3

（執筆）岡島　勇太

セリフ紹介

Barney　　　 : You know, it's very hard for me to say this, but at one time, you guys were the best. Maybe still are. But nothing lasts forever. Hard as it to hear, we aren't the future any more. Unfortunately for us, we're part of the past.

Christmas : You, uh, you done swingin' with us?

Barney　　　 : As I see it, if we keep this life up, the only way this thing ends, for all of us, is in a hole in the ground, and no one giving a shit. Now if that's the way I'm supposed to go out, I can live with that. For me. But what I can't live with – and won't live with – is taking you with me.

　今の仲間たちは年を重ねながらも、未だに素晴らしい力を発揮し続けています。しかしそれは永遠に続くことはなく、いつかは過去になってしまうのです。しかも仕事の内容から、この仲間たちとの終わりは死に直結しています。したがって、ここで潮時であることをバーニーが仲間に伝えているセリフです。

Barney　　　 : This is exactly what he knew would happen. Us, tearing at each other. This stops now. We can do this. But only if we do this together. If we work as a team. We just may get out of this alive. And you, I want to make it work. That's simple.

　危険な状況にもかかわらず、ベテランのチームと若手のチームがいがみ合っている時にバーニーが言ったセリフです。短いセリフを1つ1つ力強く言うことによって、力を合わせる重要さを全員に気付かせようとしています。

学習ポイント

【武器、兵器、機器の単語の学習】
　作品中のセリフから武器、兵器、機器に関する単語を探し出してみましょう。
blade（ナイフ）、knife（ナイフ）、bomb（爆弾）、next-gen weapons（次世代兵器）、motion detector lasers（動作検出装置レーザー）、biometric sensors（生体認証センサー）、nuclear weapons（核兵器）、chopper（ヘリ）、GPS tracker（GPSトラッカー）、C-4（プラスチック爆弾）、signal jammer（信号妨害器）、armor（防護服）などです。

【熟語の学習】
　登場人物のセリフより熟語を抜き出し、その熟語を使って文を考えてみましょう。
Drummer : He's out of the picture. から out of the picture（蚊帳の外）を抜き出します。
Barney　 : No one giving a shit. から give a shit（気にする）を抜き出します。
Doc　　　 : Cut me loose. からそのまま cut me loose（解放する）を抜き出します。
例：They are talking cheerfully, but I am out of the picture.（彼らは楽しそうに話しているが、私は蚊帳の外だ）

【off の意味の違いについての学習】
　状況に応じて、off は様々な意味で用いられます。作品のセリフから off が使われているセリフをいくつか取り上げ、比較してみましょう。
Christmas : Your friend is a little off.
　off は口語で「狂って」や「頭がいかれて」という意味があるので、この場面ではそれらの意味で使われています。
Bonaparte: Hey, did you turn off the auto-pilot?
　一方で、この場面の off は「機能などが切れて、止まって」という意味で用いられています。
Barney: Are we off course?
　また、この場面で off は「…からそれている」という意味で用いられています。

【比較級の学習】
　この作品のいくつかのセリフに比較級が使われています。まずは、比較級が使われているセリフをいくつか書き出してみましょう。それから、比較級を用いた英文を考えてみましょう。
Galgo : I am healthier than I look, stronger than I look, faster than I look.
例：I am stronger and tougher than 100 soldiers.（俺は100人の兵隊よりも強くて、タフだぜ）

あらすじ

　バーニーとエクスペンダブルズ（消耗品軍団）は、囚われていた消耗品軍団の一員であるドクを救出しました。それから息つく暇もなく、ある人物を殺害する依頼を遂行しに次の場所へ向かいました。射撃できる位置から殺害対象を見てみると、その人物はかつての仲間で、バーニーが殺害したはずのストーンバンクスという男でした。死んだはずのストーンバンクスの姿を見てバーニーが動揺したため作戦は失敗し、仲間の1人であるシーザーが重傷を負いました。これ以上仲間たちを危険にさらすことはできないと考えたバーニーは、これまでの仲間たちと別れを告げ、ストーンバンクスを倒すために新しい仲間を探し始めます。新しい仲間たちは、これまでの消耗品軍団のメンバーよりも若く、最新式の機械の扱いにも長けていました。何とかストーンバンクスを捕縛し車で移動しているところ、ストーンバンクスの仲間が彼を救出しにやってきました。その際にスマイリー、ソーン、ルナ、マーズたちが、ストーンバンクスに捕まってしまいます。ストーンバンクスから逃れることができたバーニーは彼らを助けるために、自分1人で仲間の救出に向かおうとしていました。救出の準備をしている時に消耗品軍団に加入を希望するガルゴや、かつての仲間たちが待っていました。果たしてバーニーたちは、無事に若手のメンバーを救出することができるのでしょうか。そして、宿敵のストーンバンクスを倒すことができるのでしょうか。

映画情報

製作費：9,000万ドル
製作国：米国、フランス、ブルガリア
言　語：英語、スペイン語
撮影場所：ルーマニア、ブルガリア
ジャンル：アクション

公開情報

公開日：2014年 8月15日（米国）
　　　　2014年11月 1日（日本）
上映時間：126分　MPAA（上映制限）：PG-13（米国）
オープニングウィークエンド：1,587万9,645ドル（米国）
興行収入：3,932万2,544ドル（米国）

エクスペンダブルズ3

薦	○小学生　○中学生　○高校生　●大学生　●社会人			リスニング難易表	発売元：松竹 （平成28年12月現在、本体価格） DVD価格：3,300円　ブルーレイ価格：3,800円

お薦めの理由	有名なアクションスターが多数出演しているので、興味を持って映画を鑑賞することができます。したがって、自然とたくさんの英語を聞くことができます。また、荒々しい傭兵たちの会話が主なので、普段触れる機会が少ない表現を聞くことができます。特に仲間内で使うような表現やののしり言葉が多く出てくるので、英語を話す地域に赴く前にこのような言葉に対応するための事前学習に向いています。	スピード	3
		明瞭さ	3
		米国訛	2
		米国外訛	3
		語彙	3
英語の特徴	主人公であるバーニーが会話をする場面が多いので、まずはバーニーの英語の特徴を紹介します。バーニーは米国発音で、スピードは通常の会話のレベルです。声が低く、くぐもっているので、注意してセリフを聞き取りましょう。全体的な言葉の特徴として、ののしり言葉の多さを挙げます。しかし、実際にののしり言葉を使用する際には注意が必要なので、知識として学ぶことに留めておくことをお勧めします。	専門語	2
		ジョーク	4
		スラング	5
		文法	3

発展学習

【used toを使って、英文を考える学習】
Gunnar : Why do they call you 'Doctor Death'?
Doc　　：…Used to be a medic. That was a long time ago.
　used to を使って、かつてはこうだったという自分の昔の慣習などについて相手に伝える練習をしてみましょう。
例：I used to play video games when I was a child.（私は子供の頃によくテレビゲームをしていたものだ）
　この際に、ゲームや映画などの単語は複数形で書くことに注意しましょう。

【ののしり言葉の単語についての学習】
　この映画ではいくつかのセリフの中で、ののしり言葉の単語が所持品を表現するために用いられています。
Doc　　：That's my shit.
Barney : That is your shit.
　shitが「持ち物」や「所持品」を表す単語と差し替えられています。また、
Doc　　：What the hell is that?
Caesar : This bitch will solve all your problems.
　この場面でシーザーはかなり大きな武器を装備しています。その姿を見たドクは、隠密作戦にあまりにもそぐわない武器のことを hell で表現しています。一方シーザーは、武器を表す単語と bitch を差し替えています。

【自分の家族を紹介する英文を考える学習】
Barney : If you're looking to go the family route, this is the wrong job for you.
Luna　 : There are different kinds of family. When my life is on the line, that's my family fighting with me.
　自分の家族はどのような家族でしょうか。英語で説明してみましょう。
例：My family encourages me to try anything that I want to do.
　　（私の家族は、私がやりたいことに挑戦するように励ましてくれる）

【自分の考えを英文でまとめる学習】
Trench : If your guys wanted to fight, why didn't they just get married?
　結婚のイメージについて英語で説明してみましょう。
例：In my opinion, a marriage is a start line of life.（私の意見では、結婚は人生のスタートラインです）

映画の背景と見所

　この作品はエクスペンダブルズシリーズの3作目です。時代背景は現代で、舞台は米国およびソマリア、ロシア、メキシコ、ルーマニアです。これまでの作品と違う点は、初めて消耗品軍団のシーザーが長い期間離脱します。これはシーザー役のテリー・クルーズのスケジュールが、別の作品の撮影スケジュールと重なっていたためです。見所として最初に挙げられることは、新たに有名な俳優が出演しているところです。消耗品軍団には、バーニーの古くからの仲間であるドクを演じたウェズリー・スナイプスと、スペイン出身の傭兵であるガルゴを演じたアントニオ・バンデラスが加わりました。他にも、CIA のドラマー役を演じたハリソン・フォードや宿敵であるストーンバンクス役を演じたメル・ギブソンなど主演作が有名な俳優が多数出演しています。次に、消耗品軍団に若手4人組が加わったことも見所のうちの1つです。消耗品軍団に若い傭兵が加わるという構図は、前作エクスペンダブルズ2においても見られました。しかし前作では、若い傭兵は1人で、作品の序盤で殺害されています。一方、今回の作品では4人に増え、物語の終盤まで活躍します。また今作品は、昔の仲間との再会も見所のうちの1つです。古くからの仲間であるドクは拘束されていましたが、消耗品軍団に救出され、その後活躍しています。一方、かつての仲間だったストーンバンクスは消耗品軍団の敵となっています。2人の昔からの仲間が、消耗品軍団の敵か味方かの違いが見所です。

スタッフ / キャスト

スタッフ			キャスト	
監督	：パトリック・ヒューズ		バーニー・ロス	：シルベスター・スタローン
脚本	：シルベスター・スタローン		リー・クリスマス	：ジェイソン・ステイサム
	クレイトン・ローゼンバーガー		ガルゴ	：アントニオ・バンデラス
	カトリン・ベネディクト		マックス・ドラマー	：ハリソン・フォード
音楽	：ブライアン・タイラー		コンラッド・ストーンバンクス	：メル・ギブソン

	おみおくりの作法	Still Life	（執筆）三井　美穂

セリフ紹介

　孤独のうちに亡くなった人たちの「おみおくり」を仕事にしているジョン・メイ自身も孤独な生活を送っています。ひとりきりのオフィスとひとり住まいのアパートをただ往復するだけの毎日です。職業柄万が一に備え、40代で自分の墓地を準備しています。見晴らしもよく、いずれ育つ若い木が、墓参りの人たちのために木陰を作ってくれる気持ちのいい場所です。ところがビリー・ストークの「おみおくり」の準備をするうち、ジョン・メイはその墓地をビリーに譲ろうと決意します。ここに墓参りに来るビリーの娘ケリーを、木陰がやさしく守ってくれるはずです。

Cemetery Manager : Good views.　　　　　　　　　　見晴らしがいいですね。
John May　　　　 : Aren't they? Lovely.　　　　　　そうでしょう？気持ちいいところです。
Cemetery Manager : And you'd like to…　　　　　　それであなたがお望みなのは…
John May　　　　 : I'd like to make it available for someone else.　ほかの人に使ってもらいたいんです。
Cemetery Manager : Family member?　　　　　　　　ご家族に？
John May　　　　 : No family. Just a friend.　　　　 家族はいません。友人です。(01:12:10-)

　ジョン・メイの決心には様々な理由が考えられますが、ケリーとの出会いによって、孤独に生きてきた父と娘を結びつけたいと願ったのは間違いないでしょう。孤独だったジョン・メイにもこうしてふたりの「友人」ができ、新たな一歩を踏み出すことができるのです。生きている人だけでなく、亡くなった人とのつながりも、人生を満たしてくれるものです。

学習ポイント

1. まずはタイトルの意味を考えるところから始めましょう。"still life"とは絵画で言う「静物（画）」のことです。この作品はまさに静物画のような印象を与えます。ではストーリーとの関係はどうでしょうか。"still"は「動かない」「静かな」という形容詞と「それでも」の意味の副詞があります。"life"にはよく使う意味の他に「実物」「写真」「（肉体の死を乗りこえた宗教的）再生」などの意味もあります。この2つの語を組み合わせると「平穏な生活」はジョン・メイの毎日を表し、「動かない人」なら「死者」の意味になります。ちなみに"still birth"は「死産」です。「それでも、もう一度生きる」"still, life"というのも、全編見終えたら頭に浮かんでくるでしょう。

2. 聴き取りやすいシーンを抜き出してリスニングの練習をしましょう。ジョン・メイのセリフは聞きやすいので、ポイントを絞って場面を選ぶといいと思います。例えば次のようなシーンの英語を聴き取ります。

   (1) パン屋でのシーン
   ①白衣を着るときにジョン・メイが言ったセリフ（32:00-）"I only have to wear this when I see people… people who don't bake anymore."「白衣を着るのはもうパンを焼かない方たちと会うときだけ」は、初対面の人に死者の話はできないと考えたジョン・メイのちょっとしたユーモアです。聞き取った後に"I only have to…when…"を応用して文を作るのもいいと思います。
   ②パン屋の元同僚にビリーについて尋ねたときの会話（33:30-）には日常使いたい表現がたくさん出てきます。ロールプレイや応用作文をしてもいいでしょう。会話の一部はこんな感じです。
   John May : I found this in his home. Do you know who she might be?
   Shakthi　 : No idea. Looks a bit like him. Daughter?
   John May : Yes. That's what I think. It would be nice to give it to her if she's alive. He must have loved her.

   (2) ジョン・メイの上司が解雇を言い渡すシーン（25:00-）では、"We let you go"を使っています。ジョン・メイが繰り返す"You let me go?"のほうが聴き取りやすいので、こちらのほうで「解雇する」の英語を確認します。"let someone go"は「自由にする」の意味で、解雇"fire"の遠回しな表現です。

　その他、葬儀に参列するようにビリーのかつての恋人を説得するシーン（43:30-）、父の死を告げられ、ケリーが父の思い出を語るシーン（55:50-）、ケリーの母親について尋ねるシーン（01:01:00-）なども、日常会話の練習に役立ちます。特にケリーと次に会う約束をするシーン（01:17:30-）は、会話のスピードが遅いので、ふたりのひとことひとことを聴き取ることができます。

あらすじ

　ジョン・メイはロンドンのケニントン地区の役所に22年勤め、ひとりきりで亡くなった人々の葬儀の段取りを受け持っています。けっして事務的に仕事を片付けたりはしません。遺品や写真を調べ、故人にふさわしい弔辞や音楽を選ぶのです。また故人の親類や友人を探し出し、葬儀の日程を知らせます。そうやって亡くなった人に誠意を尽くし、その最後の旅立ちを尊厳に満ちたものにするのがジョン・メイの「おみおくりの作法」です。それでも葬儀に参列するのはたいてい彼ひとりだけ。

　あるときジョン・メイのアパートの向かいに住む男性ビリー・ストークが亡くなります。近所に住んでいたにもかかわらず顔も知らなかったことにジョン・メイは愕然とし、ビリーの最後の旅立ちのために調査を始めます。ところが役所は経費節減のため、無駄なことに時間をかけすぎるジョン・メイを解雇します。「死者はどんな葬儀かなんて気にしない」からです。ビリーの葬儀を最後の仕事として、ジョン・メイはビリーが生きた軌跡をたどってイングランド中を旅します。そしてついにビリーの娘を探し出したとき、ジョン・メイの新しい人生が始まる兆しが見えてきますが…。

　ジョン・メイを含め、人々の孤独な人生の断片が描かれています。ラストの思いがけない展開は、見る者の胸を打ちます。

映画情報

製作国：英国、イタリア　製作年：2013年
製作会社：レッドウェーヴ・フィルムズ
　　　　　エンバーゴ・フィルムズ
撮影場所：ロンドン
配給会社：ビターズ・エンド

公開情報

公開日：2015年1月16日（米国）、1月24日（日本）
　　　　2015年2月6日（英国）
上映時間：91分
受　　賞：第70回ベネチア国際映画祭オリゾンティ部門監督賞、最優秀作品賞他

おみおくりの作法

薦	○小学生　○中学生　○高校生　●大学生　●社会人	リスニング難易表	発売元：ポニーキャニオン （平成28年12月現在、本体価格） DVD価格：3,800円

お薦めの理由	もしもたったひとりで死んでしまったら、そのあとはいったいどうなるんだろう、友人は葬儀を仕切ってくれるだろうか、誰が参列してくれるのだろうか、などと考えたことのあるおとなにお薦めの映画です。重いテーマを淡々とした日常風景の中に描いているので、息苦しく感じることなく見ることができます。セリフが少ないので、個々に取り出して吟味しやすいです。	スピード	4
		明瞭さ	4
		米国訛	-
		米国外訛	5
英語の特徴	全体的に会話は少なめです。早口の人物もいますが、ジョン・メイとケリーのセリフは比較的ゆっくりで明瞭です。セリフはすべて英国英語です。英国英語に慣れていないと聞き取りに苦労するかもしれませんが、訛りの強くないジョン・メイのセリフは聞き取りやすいです。「死」がテーマですが、陰惨な場面やセリフはありません。四文字言葉もなく、誰もが安心して聞くことができます。	語彙	4
		専門語	4
		ジョーク	2
		スラング	2
		文法	2

発展学習	1. 「孤独死」がテーマですから、ジョン・メイの仕事、死や葬儀に関する語彙やフレーズに注意しましょう。ハリウッド映画の非日常的な死ではなく、市井の人々の死ですから、実際に遭遇し得る場面です。 キー・ワードとして次のようなものがあげられます。 　hit by a bus (バスにはねられる), investigation (調査), scattering ashes / ash scattering (散骨), 　human ashes (遺灰), hearse (霊柩車), cemetery (墓地), funeral (葬儀), coffin (柩), bereaved (遺族), 　bereavement (死別), pass away / decease (亡くなる), deceased (故人), cremation (火葬), 　the sole attendant at the funeral (葬儀の唯一の参列者) 始めにキー・ワードをチェックした後、関連する場面を見て英語で場面を描写します。またその語が使われているフレーズを聴き取ったりするといいでしょう。例えば次のような場面で聴き取りの練習ができます。 　"Unfortunately, as you know, your father has passed away." "There's no obligation to attend." (10:00-) 　"They've just taken the number 3 for cremations this afternoon." (48:25) 2. 英国の葬儀の様子を日本と比較し、文化的背景を知ることもできます。葬儀は教会で行われていますが、宗派によってディテールがことなるのが映像でわかります。例えばオープニングのシーンに着目しましょう。1つ目の葬儀は「アメージング・グレース」が流れるプロテスタントの葬儀。2つ目は映画 Pulp Fiction のテーマとしても使われた「ミシルルー」が流れるギリシャ正教の葬儀。司祭が thurible という香炉を振っています。ジョン・メイが "Father" と呼びかける3つ目の葬儀はカトリックで、流れる音楽はバグパイプの演奏で「スコットランド行進曲」。日本の葬儀でももちろんそうですが、「キリスト教」とひとことで括るのはなかなか難しいようです。このような違いを調べる作業はいかがでしょうか。 3. 英国の埋葬に関してはどうでしょう。葬儀場の棚にプラスチックのケースの山が見えてきますが、馴染みのない私たちにはよくわかりません。そのプラスチックの中身をジョン・メイが木の根元にまくところでようやく日本の「骨壺」と同じようなものだと気づきます。後半ジョン・メイの後任の女性がいくつものプラスチックの灰を1カ所にまとめて撒くシーンがありますが、悲しいくらい事務的です。ゾンビ映画などから欧米は土葬のイメージが強いですが、英国では本作のように火葬も増えてきているようです。European Federation of Funeral Service によると、1960年には35％弱だった火葬が2012年には74％を超えています。これはどうやら費用の問題のようで、ジョン・メイが解雇されたのも、実はここに原因があったと言えるでしょう。

映画の背景と見所	「おしっこが入っているから美味しい」ミートパイをおそるおそる口に入れてみる、ジャガイモの皮むき機に指を突っ込もうとする、トラックからアイスクリームが落ちたことを大声で運転手に知らせるが結局持ち帰って食べる、腹立たしい上司の車に立ちションするなど、ジョン・メイが時折見せるとぼけた味が魅力です。このあたりはセリフのない演技で表現されていますが、大切なシーンです。こういった静物画的シーンがなかったら、ジョン・メイの印象も映画の印象も大きく変わっていたでしょう。 ひとり暮らしの老人、家族やコミュニティとのつながりを断たざるを得なかった人、切り捨てられた人、忘れ去られた人など、さまざまな孤独の形があります。孤独な死それ自体は寂しいことですが、人生はその一点に集約されているわけではなく、そこに至るまでの生きた証はいたるところに残っていると思わせてくれる、やさしい視点でこの作品は描かれています。生きている時も死んだ後も、いつも誰かが見ていてくれるのです。このまなざしはまた、英国北部の港町や田舎町、ロンドンの庶民的な場所を暖かく見守ります。「時間の無駄遣い」などとは無縁の、ひとつの場所、ひとりの人との出会いに、思いを託したシーンを味わいたい映画です。監督は『フル・モンティ』(1997年)をプロデュースしたウベルト・パゾリーニで、新聞記事からヒントを得て脚本を書いたようです。

スタッフ	監督・脚本・製作：ウベルト・パゾリーニ 製　　　　　作：フェリックス・ヴォッセン　他2名 編　　　　　集：ギャヴィン・バックリー　他1名 音　　　　　楽：レイチェル・ポートマン 美術監督　　　：リサ・マリー・ホール	キャスト	ジョン・メイ　：エディ・マーサン ケリー　　　　：ジョアンヌ・フロガット メアリー　　　：カレン・ドルーリー プラチェット　：アンドリュー・バカン ジャンボ　　　：キアラン・マッキンタイア

| カムバック！ | Cuban Fury | （執筆）山﨑　僚子 |

セリフ紹介

ジュリアに一目ぼれしたブルースですが、美人で上司の彼女と自分は釣り合わないと思っています。奥手なブルースに妹のサムが忠告します。

Bruce : She is not of my world. （彼女は僕とは世界が違う）
Sam　 : Oh and what world is that, the world of not even trying?（それってあきらめの世界？）
Bruce : Yeah, indeed, the planet. She's Beautiful, Way Out Of My League, and also my boss, so knock it on the head.（彼女は高根の花の惑星に住んでて、僕の上司だ）
Sam　 : Oh, that well-known place. Is that right next to precious comfort zone? A place you've never even stepped out of ever. All I'm saying is that if you really like something, you've got to put yourself out there. Got to reach out and grab it.
（お兄ちゃんがいる安全地帯の近くじゃないわけ？　本当に好きなら、努力して手を伸ばしてつかまなきゃ）

年を重ね、社会に出て、自分の立場が明確になると、サムの言うところの「安全地帯」から一歩踏み出すことは容易なことではありません。ですが、何もしないまま、"knock it on the head"（やめる）のはもったいないことです。あきらめる前に、何か努力をしてみる、「安全地帯」から踏み出してみる。たとえどのような結果に終わってもその試みが人を成長させるのかもしれません。そしてそのことは恋愛に限ったことではないのではないでしょうか。ちなみにブルースのセリフの "Way Out Of My League" は「不釣り合い、高根の花」という意味です。

学習ポイント

【簡単な単語で、自己表現】この映画はサルサをテーマとしていますが、サルサの専門用語はほとんどでてきません。ですから、サルサ未経験の方でも英語学習に活用することができると思います。それどころか、映画を観ると、登場人物たちがそれほど難しい単語を使うことなく会話を進めていることに気が付くと思います。英語学習がある程度進んだ人なら、一度は聞いたことのある単語だけで、会話をしていることに驚くかもしれません。たとえば、Chapter 1 で、ある事件をきっかけにブルースがサルサをやめた時、"I never turned up that night. I just phoned him and told him…" と振り返ります。このセリフの中で、一度も目にしたことのない単語はなかったのではないでしょうか。新しい単語を覚えることももちろん重要です。しかし、難しい単語を覚えるばかりでは、英語学習が続かなくなってしまう恐れもあります。紹介したセリフのように、難しい英単語を使わなくても、英語は十分話すことができると思います。単語やイディオムを覚えるインプットばかりでなく、時々、自分の知っている単語だけで、自分の考えや状況を説明するアウトプットの練習も行ってみてください。ネイティブの友人や英語学習の仲間に聞いてもらったり、間違いを指摘してもらったりできれば良い練習になるでしょう。独学の方は、英語で日記をつけることをお勧めします。Chapter 3 で、ブルースは、ジュリアがサルサをしているとサムに次のように報告します。"I was at the pub. She came in. I followed her. And she was salsa dancing." When などの接続詞を用いて、長めの文章を組み立てることもできますが、会話では、このブルースのセリフのように順を追って短い文章で細切れに説明することも可能です。もちろん接続詞を用いた複雑な文章を話すことは、大人らしい印象を与えます。簡単な文章と複雑な文章をうまく織り交ぜると良いでしょう。

【定番以外の言い方】この映画を通して定番以外、かつ非常に良く使われる言い回しを学ぶことができます。Chapter 2 のブルースとジュリアが初めて声をかわす場面をご覧ください。"Nice to meet you, Bruce" というジュリアに、ブルースは "Likewise, Julio" と返します。"Nice to meet you, too" という返答が定番かもしれませんが、"Likewise" も同じ意味で、よく使われます。"Good luck!" などといわれたら、「私もあなたの幸運を祈っているよ」と、"Likewise!" と言ってあげましょう。Chapter 6 では、ブルースが "I'm bushed" と言います。これは "I'm exhausted" または "I'm worn out" と同じ意味で、「へとへとに疲れた」という意味です。その直後の "hit the hay" は "go to bed" と同じ意味で「寝る」の別の言い方です。さきほど、自分の知っている単語や言い方で表現することをお勧めしましたが、そうしている間によく使う単語、パターンがあることに気が付くかもしれません。そんな時、自分の定番の言い方以外の表現も積極的に使うことで、英語表現の幅を広げてみましょう。

あらすじ

少年ブルースは妹のサムとペアを組み、将来を期待されるサルサダンサーとして、英国で注目を集めていました。しかし、全国大会決勝の直前にある事件が起こり、大会、そしてサルサからも去ってしまいます。そして25年が過ぎブルースは天才少年の面影を残さない、ぽっちゃり体型の会社員になっています。結婚どころか、女性との浮いた話も一切なく、同じように冴えない男友達とゴルフをしながら、互いを慰めあう日々です。そんなある日、新しい上司として、米国からジュリアが同じ職場に赴任します。ブルースは美しいジュリアに一目ぼれ。しかもジュリアがサルサが趣味と知り、ブルースの心は躍ります。ブルースは少年時代の恩師ロンの元を訪れもう一度指導をお願いしますが、ブルースの今の体型を見たロンはなかなか親身になってくれません。そのうち、同僚のモテ男ドリューもジュリアに言い寄りはじめ、ブルースの純粋な心は千々に乱れます。ブルースの本気を知ったロンから厳しいレッスンを受けるようになったブルースは次第に少年時代のサルサに夢中だったときの気持ちを思い出していきます。さらにサルサを通して、個性的な友人と出会い、新たな生活が始まるのです。さて、サルサ仲間からサルサのコンテストがあると聞いたブルースは一念発起し、サムとともにステージに上がります。ブルースはかつての輝きを取り戻し、ジュリアに気持ちを伝えることができるのでしょうか。

映画情報

製　作　年：2014年
製　作　国：英国
ジャンル：コメディ、ロマンス、スポーツ
配給会社：カルチュア・パブリッシャーズ、シンカ
言　　　語：英語、ペルシャ語、スペイン語

公開情報

公　開　日：2014年 2月14日（英国）
　　　　　　2014年10月25日（日本）
上映時間：98分
MPAA（上映制限）：R
オープニングウィークエンド：5万7,105ドル

カムバック!

薦	○小学生　○中学生　○高校生　●大学生　●社会人	リスニング難易表	発売元：カルチュア・パブリッシャーズ（平成28年12月現在、本体価格）DVD価格：3,800円　ブルーレイ価格：4,700円

お薦めの理由	職場での会話が多い点が、大学生や社会人の学習者にお薦めの理由です。仕事内容の専門的な話だけではなく、歓迎パーティや懇親会のボーリングの場面などでは、仕事以外の場面で同僚同士がどのような会話をしているのか、垣間見ることができます。とはいえ、コメディ映画ですので、身構えずにユーモアを楽しみながら、英語学習に取り入れることができる点が最大の魅力だと言えます。

スピード	3	
明瞭さ	4	
米国訛	1	
米国外訛	2	
語彙	3	
専門語	1	
ジョーク	4	
スラング	3	
文法	2	

英語の特徴	基本的に英国英語で話されます。ジュリアが米国から赴任した上司という設定ですから、米国英語との違いを楽しむのも良いかもしれません。大人同士の会話が大半を占め、スピードは遅くも速くもありません。特にドリューが卑猥なジョークを連発しますので、高校生以下の視聴には注意が必要です。ドリューだけではなく、他の登場人物も、親しい人同士の会話ではFワードを使います。

発展学習	【英語でユーモア】英語で、冗談やユーモアを交えることを難しいと感じる人は多いのではないでしょうか。確かに母国語ならいざ知らず、第2言語でユーモアをきかせた会話をするのは簡単ではありません。しかし、大島希巳江が『世界を笑わそ！』（研究社）の中で強調しているように、コミュニケーションにおけるユーモアは、（特に初対面の）相手との緊張感を和らげる非常に重要な役割を果たしているように思います。この映画はコメディですから随所に笑いが込められていますが、その中で私たちでも参考になるだろう場面を紹介しましょう。Chapter 2 でジュリアが自分の歓迎会で、スピーチをする場面に注目してください。ジュリアはスピーチの途中テムズ川の汚さをからかう冗談を言うのですが、場は白けてしまいます。そこで "... hopefully I can prove to you that I'm a better sales manager than I'm a public speaker"（スピーチより営業管理が得意だと証明するわ）と続け、会場の笑いを誘います。米国から着任した女性の上司ですから、やっかみ半分の陰口を言う社員も少なくないでしょう。しかしジュリアの何とか周りを和ませようとするユーモアは、周囲との距離感を縮め、新しい環境にすばやくなじむことを可能にしています。ジュリアは社会的立場があるばかりでなく、ドリューと違い、人間的にも魅力的な女性ですので、彼女のユーモアは私たちも真似て問題ないでしょう。歓迎会の途中、ジュリアがブルースと廊下でぶつかる場面をご覧ください。ブルースの "Are you all right?" に対し、彼女は "Where am I? Am I in England? No, fine" と笑いを交えて言っています。このようなちょっとしたユーモアも、ぶつかってしまった気まずさを消してくれますね。 【単語当てクイズ】Chapter 7 で、ブルースとロンが board game で遊ぶ場面に着目してみましょう。ある単語の説明文を読み上げ、相手はその単語が何なのか当ててゲームを進めているようです。例えば1問目は "eye piece for one eye" です。答えはぜひ映画で確認してください。この単語当てクイズは、英語学習に応用することができます。解答するためには、相手の英語の説明を注意深く聞く必要があり、さらに多くの単語を知っておかないと答えることができません。クイズを通して新しい単語を覚えていくことがきます。複数人でのゲーム形式で行うと楽しいですし、1人で英語のクロスワードパズルに挑戦するのもお薦めです。また、同じゲームの場面でブルースが "Say hello to my little friend" のセリフを言った俳優をロンに答えさせようとします。これは映画『スカーフェイス』（1983年）でのアル・パチーノの名セリフですね。ロンは解答を知っているのですが、ブルースにアル・パチーノの物まねをするように言います。ブルースの物まねが似ているかどうかは、ご覧になったみなさんの判断にお任せしますが、この誰かの物まねをして、英語を話してみるのも良い練習になります。物まねのお手本は、映画の中にたくさんいます。好きな俳優の物まねをしながら、自然な発音やイントネーションを会得するのはいかがでしょうか。

映画の背景と見所	英国のコメディ俳優、ニック・フロストが原案、主演を務めるラブ・コメディです。ニック・フロストはこれまでサイモン・ペッグと共にコメディ作品に関わってきており、英国でも非常に人気があります。この映画でも、親友サイモン・ペッグが一瞬登場しています。ドリューを演じるクリス・オダウドは日本でも人気となったテレビシリーズ『ハイっ、こちらIT課』に出演していましたので、なじみのある人が多いかもしれません。ダンスに魅せられた少年が、偏見にめげず大成するというストーリーは、2000年の映画『リトル・ダンサー』（英語題 Billy Elliot）を思い出される方も多いのではないでしょうか。好きなことを貫いた『リトル・ダンサー』のビリーに対し、周りの反応に耐えることができず、あきらめてしまったのが、この映画のブルースと言えるでしょう。しかし、現実には、幼いころの夢を追い続けるということは非常に難しいものなのではないでしょうか。大人になったときふと、思い描いていた人生ではなかったと気が付き、戻ることのできない昔に思いをはせることもあるのではないでしょうか。ブルースも一度は見切りをつけたサルサの世界に戻ることで、本来の自分を取り戻していきます。原題は Cuban Fury ですが、日本語題の『カムバック!』の方が、映画の内容をよくあらわしているかもしれません。ニック・フロストが半年のトレーニングを経て挑んだサルサを踊る場面は圧巻です。

スタッフ	監督：ジェームズ・グリフィス 脚本：ジョン・ブラウン 製作：ニラ・パーク 原案：ニック・フロスト 撮影：ディック・ポープ	キャスト	ブルース：ニック・フロスト ジュリア：ラシダ・ジョーンズ ドリュー：クリス・オダウド サム：オリヴァー・コールマン ビジャン：ケイバン・ノバク

君が生きた証　Rudderless

(執筆) 長岡　亜生

セリフ紹介

Quentin : Those were good jams.
Sam : That was okay.
Quentin : No, really good jams.
Sam : Yeah.
Quentin : Yeah, it was pretty great.
Sam : Okay.
Quentin : You seriously have no desire to go out and play those?
Sam : Good night, Quentin.
Quentin : Just hold on.... You heard us, right? You can't tell me that didn't dial you up just a little bit.
Sam : It was nice, okay?
Quentin : Nice? Are you kidding? Hold on... Nice? That was not just nice, okay? ... I bet that was even better than you imagined...

サムの歌に惚れ込んだクエンティンが、サムの元を訪れ、2人で心ゆくまでジャムセッションを楽しんだあと別れを告げるシーン（Chapter 6, 0:35:41～）。いい演奏だったと興奮気味に言うクエンティンと、たいしたことはなかった、と冷めているサムの掛け合いの面白さが際立ちます。

クエンティンは、"good" → "really good" → "pretty great" とだんだん「よかった」度を高めていきます。サムに、今夜の演奏は最高だったと認めさせ、2人で一緒に演奏しようと言わせたいのです。しかし、「いい感じだった」と言うだけで、乗ってこないサムにクエンティンは、「冗談じゃない。想像をはるかに超える出来だったはずだ」と迫ります。

これに対してサムは、どのような反応をみせるのでしょうか。

学習ポイント

ともに演奏することで打ち解け、親しくなっていくサムとクエンティン。ファンの女の子たちに話しかけることができないクエンティンにサムは、次のようにアドバイスをします。(Chapter 9, 0:54:09～)

Sam : You want me to send one of them over here on my way out? ... Come on. Look, I can get my head around the (1) stage fright, but not this. They're just hoping to talk to you guys. This is (2) fish in a barrel.... What's the worst that could happen?
Quentin : Gee, I don't know. I think looking like an idiot and fainting would rank right up there.
Sam : Okay, so don't do that.
Quentin : You know, (3) your advice sucks.
Sam : Does it?
Quentin : Oh, yes, yes it does. Bad. Like, but just listen to yourself. I say, "I'm nervous." You say, "Don't be nervous." I say, "I feel sick." You say, "Don't puke." I say "I don't wanna go over there..."
Sam : Okay, I get it. I get it. All right, well, first listen. Don't go to (4) hit on them. Go over to talk to them.... they're begging to talk to you. So stand up. Good man. Listen. You're gonna ask them about the show. A little market research. See if they like the band. Okay? Come on. Look, try to focus on them. All right? Go. All right, go. Have a nice night.

(1) ステージ（人前）であがること、緊張すること
(2) 「朝飯前の、たやすくできること」の意。"be like shooting fish in a barrel"（もともとの意味は「たるの中の魚を撃つ」）で使われることが多い。
(3) 「あなたのアドバイスは最低だ」の意味。suck は俗語で「最悪である、最低である、ひどい」の意。「緊張する」と言えば「緊張するな」、「吐きそう」と言えば「吐くな」というサムのアドバイスが下手であるとクエンティンは言うのです。
(4) 「hit on + (人)」で、「異性に言い寄る、ナンパする」の意。サムは「口説くんじゃなくて会話をするんだ」、「市場調査だと思って感想を聞いてこい」とクエンティンの背中を押しています。

息子を亡くしたサムと父のいないクエンティンは、いまや親子のようです。サムは父親として女の子への声のかけ方を代理の息子に伝授するのです。音楽を通して2人の関係が変化しますが、それが会話からも伝わります。

あらすじ

やり手の広告会社幹部だったサムは、大きな契約をまとめ、祝杯をあげようと大学生の息子ジョシュを強引に呼び出します。ところがジョシュは現れず、待ち合わせの店のテレビに映し出されたのはジョシュの通う大学で起きた銃乱射事件の速報ニュース。ジョシュは帰らぬ人になってしまったのでした。

事件から2年後、サムは会社を辞め、酒浸りになって湖のボート上ですさんだ生活を送っていました。そんな彼の前に別れた妻エミリーが息子の遺品をもって現れます。そこには生前ジョシュが書き溜めていた自作曲の歌詞とデモCDがありました。失意から立ち直れないサムでしたが、CDを聞いて息子の才能に驚き、音楽に魅了されます。息子が遺したギターを片手に息子の曲を歌うようになったサムは、ある日ライブバーの飛び入りステージに参加します。サムの演奏に心を動かされた青年クエンティンは、翌日サムの元を訪れ、もっと多くの人にその歌を聞いてもらうべきだと力説します。彼の情熱に押し切られ、サムは親子ほど年の違うクエンティンとバンドを組むことになります。

「ラダーレス」と名付けられたバンドは、たちまち人気を博し、バーでレギュラーの座を射止め、さらにロックフェスへの出演依頼が舞い込みます。ところがサムは素直に喜べません。バンドの楽曲が実は死んだ息子の作曲であることをメンバーには言えずにいたのです。そこには隠された理由があったのでした。

映画情報

製 作 年：2014年　撮 影 年：2013年
製 作 国：米国
製 作 費：500万ドル（推定）
配給会社：ファントム・フィルム
ジャンル：ドラマ

公開情報

公 開 日：2014年1月24日（米国）
　　　　　2015年2月21日（日本）
上映時間：105分
受　　賞：シカゴ国際映画祭
　　　　　主演男優賞（アントン・イェルチン）

君が生きた証

薦	○小学生 ○中学生 ●高校生 ●大学生 ●社会人	リスニング難易表		発売元：ハピネット（平成28年12月現在、本体価格）DVD価格：3,900円
お薦めの理由	銃乱射事件というとても米国的な事件を少し違う角度から描いた作品で、親子の絆、人間関係について考えさせられるファミリードラマです。「この映画のメインキャラクターのひとつは音楽である」と本映画の監督も述べていますが、登場人物のひとりが遺した存在感のある美しい歌を用いて学習に取り組めることが、何よりもこの映画をお薦めする理由です。	スピード	3	
		明瞭さ	3	
		米国訛	1	
		米国外訛	1	
		語　彙	3	
英語の特徴	会話スピードはやや速めですが、標準的な米国英語が話されます。発音も明瞭で、全体的に聞きとり難易度はそれほど高くありません。語彙は日常会話レベルがほとんどで、専門用語としては音楽用語が多少出てきますが、これも難解なものではありません。教室での視聴において留意すべきシーンなどはありませんが、四文字言葉やののしり表現が多用されていますので、注意が必要です。	専門語	1	
		ジョーク	1	
		スラング	1	
		文　法	2	

発展学習

　この映画には多くの曲が使われています。歌詞を理解することで映画の内容についての理解を深めることができます。さらに英語特有の音声変化やリズムを体得するのに歌は非常に役立ちます。
　英語の歌を使って、次のように学習してみましょう。
　① 日本語字幕を表示させながら何回か聞き、聞きとれた箇所を書きとってみましょう（ディクテーション）。
　② 英語の歌詞を確認し、歌詞を見ながら曲を聞き、口ずさんでみましょう。歌えるようになるまで練習します。

　ここでは、映画のラストシーンでサムが歌う意味深い曲を選びました。下に挙げたのは冒頭のみですが、父から息子へのメッセージがこめられます。他にも作品中自分の気に入った歌があれば、ぜひそれを使って学習を進めましょう。残念ながらDVDでは英語字幕が出ませんが、映画のサントラCD発売元のサイトには歌詞・対訳が出ています。参照してください。→ http://www.rambling.ne.jp/new/news-3093/

♪Sing Along♪　（Chapter 14, 1:34:29～）

Stuck in your confine / Chewin' it over	閉じ込められたまま ／ 状況を噛みしめる
Caught in your headlights / Stop staring	ヘッドライトに目がくらみ ／ 見つめるのをやめる
Don't know what's on my mind	僕の頭はどうなってる？
What am I thinking? / Whatever I say is a lie	僕は何を考えてる？ ／ 僕の言うことは全部ウソ
So stop staring / Tread carefully	だからもう見ないでくれ ／ 気をつけて進んでくれ
Take a breath and count the stars	ひと休みして星を数えてごらん
Let the world go round without you	君がいなくても世界は回っていく
If you're somewhere you can hear this song	もしどこかでこの歌が聞こえたら
Sing along	一緒に歌おう
Close your eyes and count to ten	目を閉じて10まで数えてごらん
Maybe love is the only answer	愛だけが答えかもしれない
I will find a way to sing your song	僕は何とかして君の歌を届けるから
So sing along	一緒に歌おう

映画の背景と見所

【タイトル】英語タイトルは"Rudderless"ですが、これは主人公サムがクエンティンという若者と結成するバンドの名前です。"rudder"は、「船の舵」、"rudderless"で、「舵のない」「明確な方針のない」の意。主人公サムのすみかとなっているボートにかけて、また息子を事件で失った父として、途方に暮れ、どうしてよいかわからない指針のなさがあらわされています。

【事件の真相】突然の銃乱射事件で息子を亡くし、精神的に不安定になり仕事も辞めざるをえないサムでしたが、息子の死にまつわる事情に関しては詳細が示されないまま物語は進行します。その後ショッキングな事実が明らかになりますが、隠されたヒントがいろいろあるので、ジョシュのお墓、犠牲者名の刻まれた記念碑など、背景となる事物も見逃さないように視聴してください。

【監督・俳優】米国の名脇役俳優メイシーによる初監督作品です。監督自身も、ライブバーのマスターとして登場しています。主人公2人による吹き替えなしの歌とギター演奏も見逃せません。サムを演じるクラダップは、映画『あの頃ペニー・レインと』（Almost Famous, 2000年）でもロックミュージシャンを演じ、力強いギター演奏を披露しています。

スタッフ	監　督：ウィリアム・H・メイシー 脚　本：ケーシー・トゥウェンター、 　　　　ジェフ・ロビソン、ウィリアム・H・メイシー 音　楽：ソリッドステート、イーフ・バーズレイ 撮　影：エリック・リン	キャスト	サム　　　　：ビリー・クラダップ クエンティン：アントン・イェルチン エミリー　　：フェリシティ・ハフマン ケイト　　　：セレーナ・ゴメス デル　　　　：ローレンス・フィッシュバーン

ゴーン・ガール	Gone Girl	（執筆）大貫　優香

セリフ紹介

Amy : Come on. Show me that darling Nickey smile. You asshole.
　　　（やってよ、ステキなニックのスマイルを、あんたは大バカ野郎）
（中略）
Amy : I went to the bar where he works to surprise him. And out he comes with this girl who had no business being in a bar. On the very first night that we met we walked by a bakery that was having their sugar delivered. And it was in the air, everywhere. A sugar storm. And before he kissed me he leaned in and did this. -And guess what. He did the exact same thing with her. （彼を驚かそうとバーへ迎えに行った。彼は女と出てきた。まだ若すぎる小娘と、私が彼と出会った晩、パン屋の横を通ると粉砂糖が辺り一面に舞っていた。粉砂糖の嵐、私にキスする前、彼は腕を伸ばしこうやった。彼は小娘にまるで同じことをした）

このシーンでエイミーは、記者会見で多数のフラッシュにさらされているニックが作り笑いをするとわかっており、ニックが予想通りのタイミングで予想通りの作り笑いを見せ、ほくそ笑みながら侮蔑の言葉を吐き出します。その直後隣人グレタとの会話でも以前ニックが浮気相手に自分を口説いたときと同じように口説き、その時の所作までそっくりであった話をして、彼がいかにマニュアル人間であり、しかもエイミーがその事や夫であるニックの事を実はよく理解していたのがわかるシーンです。そして最初のセリフで出てきた「You asshole.」は、そんなニックの人間性を決して嫌っているわけではなかったであろう彼女だからこそ口についたセリフと言えます。

学習ポイント

【0:9:23〜0:9:51】通報したニックと現場に着いたボニー刑事とギルピン巡査の会話です。

玄関 (0:9:23〜0:9:32)	Nick : Come on in. Hey. Boney : Mister Dunne. Gilpin : Hi. Boney : I'm Detective Rhonda Boney. This is Officer James Gilpin. We understand there are concerns about your wife.
リビング (0:9:32〜0:9:45)	Nick : I don't know where my wife is. And I came home to this. Now, I don't panic easily… but it's weird, right? Boney : Mind if we look around? Nick : Please.
階段 (0:9:46〜0:9:51)	Boney : How long have you two been here? Nick : Two years in September. We used to live in New York. Gilpin : City?

このシーンでは、0:9:23〜0:9:51の28秒間の会話の中で単語は71ワードが使われており、重文も比較的少ないので、ゆっくりとした会話となっています。さらに、映像も家の中をゆっくり移動しながらなので映像構成情報も平易でセリフごとに間もあるため、映像も英語もシンプルなシーンと言えます。
　次に、英語の解説をすると、刑事たちがニックの通報を受けて駆けつけて来た際のシーンという、状況としては非日常的ですが、セリフだけ追うとよくある自己紹介のような会話が行われています。本シーンのからくりとしては、刑事との問答を通して観客の私たちも一緒にニックの詳しいバックグラウンド情報が分かる仕組みになっており、ニックがいつ、なぜ引っ越してきたかなどがきちんと伝えられます。会話の内容は極めて端的で、ほぼ中学生の教科書レベルのボキャブラリーで賄うことができ、またそうした会話の映像シーンを使った実践学習が可能です。セリフの文法項目に着目すると、"We understand there are concerns about your wife." で、that 節が省略されており、その that 節の中に there are の強調構文が入っています。"How long have you two been here?" では、現在完了形である have + 過去分詞が使われており、複数を表す you を強調する two の機能なども学習ポイントになるでしょう。

あらすじ

　ライターの仕事をしていたニックとエイミーはニューヨークで出会い、結婚をします。しかし、ニックは出版社からの契約を切られます。そして、ニックの母親ががんで看病が必要になり、彼はエイミーにミズーリ州に戻る事を提案。2人はミズーリ州の田舎町に引っ越します。エイミーは周囲に友人がいなく、夫は望んだ仕事を失ったことで空虚に過ごす時間が増え、お互いに疎外感を感じます。そこで、エイミーはニックに「子供を持ちたい」と提言するのですが、「母親も死んで、人生の一番大変な時期に無理だ」と突き放されます。ある日、結婚5周年を迎えたニックは家に帰ると妻エイミーの姿はなく、家には荒らされた形跡がありました。エイミーが事件に巻き込まれた可能性があると思い警察を呼ぶニックですが、警察やメディアは彼が浮気をしていたり、夫婦間の金銭問題などがあった事実を嗅ぎ付けニックを疑います。妻の手掛かりを探ると、なぜか自分ばかりが追い込まれて行く現状に、ニックは妻が失踪を偽装し自分に濡れ衣を着せているのではないかと疑念を抱きます。その頃、失踪しているはずのエイミーは別人に為り替わり遠く離れたモーテルに隠れています。エイミーの失踪は、彼女がニックを陥れるために仕組んだものだったのです。ニックは、疑念を抱きながらも、雇った敏腕弁護士・ターナーと双子の妹マーゴと共に記者会見を開き、エイミーに戻ってきてほしいとメディアで訴え物語はここから大きく動いていきます。

映画情報

原　　作：ギリアン・フリン
　　　　　『ゴーン・ガール（英語版）』
製 作 年：2014年　　製 作 費：6,100万ドル
製 作 国：米国　　　配給会社：20世紀フォックス
ジャンル：ミステリー、サスペンス

公開情報

公 開 日：2014年10月　3日（米国）
　　　　　2014年12月12日（日本）
上映時間：149分　　MPAA（上映制限）：R15+
音　　声：英語、日本語
字　　幕：日本語、英語

ゴーン・ガール

薦	○小学生　○中学生　●高校生　●大学生　○社会人	リスニング難易表	発売元：20世紀フォックス ホーム エンターテイメント ジャパン（平成28年12月現在、本体価格）DVD価格：3,800円　ブルーレイ価格：4,752円
お薦めの理由	この映画は、ファム・ファタール的存在であるエイミーが、夫のニックをあの手この手で、徹底的に破滅に追い込むサスペンス映画です。その姿は典型的なファム・ファタール像そのものだと言えます。ですが、今作品はそのサスペンス映画の旧来のひな型プロットに「メディア」と言う現代的要素が新たに加えられているところが特徴的で、ジャンルというものが時代と共に変容していく過程に立ち会える映画です。	スピード　4　明瞭さ　2　米国訛　1　米国外訛　2　語彙　3	
英語の特徴	エイミー等の主要な人物は標準的な米国英語を話します。エイミーがモーテルに潜伏している時は出身地を偽るため南部訛りで話しますが、発展学習でも触れたように、きつい訛りではありません。感情的な場面では、会話のスピードは標準よりも少し早めですが、専門用語は殆ど出てきません。スラングは、エイミーやニックが感情をあらわにする際に多く使われますので、教材等で使用する際には留意が必要です。	専門語　3　ジョーク　1　スラング　5　文法　3	

| 発展学習 | 【1:15:40-1:17:19】ここでは、エイミーが逃亡先で知り合ったグレタとの会話のシーンを取り上げます。
Greta : Hey, neighbor. It's been weeks since I had anyone decent next door.
Amy　 : Well, I don't know how decent I feel.
Greta : As long as you don't own a python and blast death metal at 4 AM we're gonna be best friends.
Amy　 : All right. Nice meeting you.
Greta : I'm Greta.
Amy　 : I'm Nancy.
（中略）
Greta : Hey. Nancy. It's hot again today. So, where are you from? Let me guess. Nebraska?
Amy　 : New Orleans.
　発展学習としては、このシーンをきっかけに米国の地域文化学習が出来ます。エイミーはニューヨーク生まれなので英語に特有な訛りはほとんどありません。彼女は失踪中の身である為、自分の素性を偽っており、名前だけではなく、話し方も南部訛りに変えて出身地を隠しています。エイミーは万全の体勢なのですが、発音は本来の南部訛りから程遠く、隣人のグレタから出身地について尋ねられた時、比較的訛りが少なく標準語とされている中西部にある「Nebraska?（ネブラスカ出身だ）」と言われてしまいます。
　南部訛りとは、母音を伸ばすことや、一単語を伸ばして発音したりと文章全体もゆっくりと話します。これは、'Southern Drawl'（南部引き伸ばし）と言われる発音の仕方です。それでも、エイミーが南部訛りの強い 'Deep South' と呼ばれる米国最南端に位置する5州（ルイジアナ州、ミシシッピ州、アラバマ州、ジョージア州、サウスカロライナ州）の1つ、ルイジアナ州のニューオーリンズ出身であると偽り、押し通そうとする辺りがサスペンス・ミステリーといった映画の内容とは少し違ったコミカルなシーンです。
　また、言語だけでなく人種別の人口構成比率（demography of race and ethnicity by state）を見るとニューオーリンズでは、人口の67.25%をアフリカ系アメリカ人が占めており、ネブラスカでは人口の87.3%を白人が占めています。こうした、地域文化を掘り下げると白人であるエイミーの容姿自体も、アフリカ系アメリカ人の多いニューオーリンズ出身とみなされ易いステレオタイプのイメージを体現しているとは言い難く、彼女の出身地がニューオーリンズではなく、白人の多いネブラスカ出身だと間違えられた原因になっているのが理解できるようになるはずです。 |
|---|---|

| 映画の背景と見所 | 本作は、米国で2012年に刊行し、6,000万部以上を売り上げ大ヒットしたギリアン・フリンの同名小説が原作で、映画の方でも彼女は脚本を手がけました。監督は、『ドラゴンタトゥーの女』や『セブン』のデヴィット・フィンチャー。第72回ゴールデングローブ賞では、デヴィット・フィンチャーが「監督賞」、ギリアン・フリンが「脚本賞」を受賞しました。
　また、映画の中で、平凡な夫役を演じた主演のベン・アフレックは、ゴールデンラズベリー賞でラジー・リディーマー賞（役選びで著しい改善が見られた人物に送られる賞）、そして今作の一番の魅力ともいえるクリーピーな妻役を演じたロザムンド・パイクは、第87回アカデミー賞でアカデミー主演女優賞の他、多数の賞を獲得しました。
　今作は昔からあるサスペンス映画に、現代特有の「メディア」と言う要素をプロットに取り入れています。それは、劇中にテレビやインターネットなどの複合メディアが登場している事や、それを利用する形でエイミーが報道陣の前で悲劇の妻を演じイメージ操作をして夫を陥れている事からわかります。その現代的メディアを表象する存在として登場するテレビキャスターのエレンもまた女性であり、職位を利用して事件の印象を自分の思い通りにイメージ操作し、結果スパイダーウーマンのような存在としてニックを追い込む様が、この映画に更なる気味悪さを与えます。 |
|---|---|

スタッフ	監　督　：デイビッド・フィンチャー　編　集　：カーク・バクスター　撮　影　：ジェフ・クローネンウェス　音　楽　：トレント・レズナー、アッティカス・ロス　美　術　：ドナルド・グレアム・バート	キャスト	ニック・ダン　　　：ベン・アフレック　エイミー・ダン　　：ロザムンド・パイク　デジー・コリングス　：ニール・パトリック・ハリス　ターナー・ボルト　：タイラ・ペリー　ボニー刑事　　　　：キム・ディケンズ

猿の惑星：新世紀	Dawn of the Planet of the Apes	（執筆）松葉　明

セリフ紹介

この映画の印象深いセリフを、登場順に紹介します。　　　　　　（Chap：DVDのチャプター番号と時間）
○ "APE NOT KILL APE."「エイプ（猿）はエイプ（猿）を殺さない」　　　　　　　（Chap.3 8:50～）
　猿はおろかな人間のように殺し合いはしないと、猿の村落にアルファベットで書かれてあります。教育係のオランウータンのモーリスが子猿たちに手話で教えています。もちろん、この文は名詞の単数・複数の点でも文法上正しくありませんが、伝えたいことは十分わかります。人間は殺し合いをしているので、その対比として使われています。このセリフはこの後、エイプのシーザー（Chap.18 60:10～）、コバ（Chap.37 115:06～）が使っています。
○ Caesar : Home. Family. Future.「家庭。家族。未来」　　　　　　　　　　　（Chap.6 20:33～）
　人間との戦争を辞さないコバに対して、戦争が起こることになる大切なものをシーザーが挙げています。
○ Caesar : Apes do not want war.「エイプは戦争を望まない」　　　　　　　　　（Chap.7 23:52～）
　人類の痛ましい戦争の歴史を知っているシーザーが言います。シーザーをよく知っているマルコムも、ドレイファスが報復として猿たちの潜む塔を爆破するのを阻止するとき、"They don't want a war."（Chap.36 110:07～）と言います。我々人間は "Humans do not want a war." と言いたいですね。
○ Caesar : Ape(s) always seek strongest branch.「エイプはいつも最も強い枝を求める」（Chap.31 97:54～）
　日本語の諺でいうと、「寄らば大樹の蔭」「長い物には巻かれよ」といった感じでしょうか。自分の右腕として信頼していたはずのコバに裏切られて、その地位を奪われたシーザーが息子に言うセリフです。

学習ポイント

○ タイトルの『猿の惑星』を英語でどういうでしょうと中学生に質問すると、少し英語ができる生徒でも10人が10人 'Monkeys' 'Planet' と答えてきます。私自身、'ape'「類人猿」の語を、1968年のこのシリーズ第1作品で知りました。オリジナルタイトルを調べると、語彙を増やすことができます。
○ 人間のリーダー、ドレイファスが群れとしてやってきた猿の軍団を見て言います。　（Chap.7 22:48～）
Dreyfus : That's a hell of a lot more than eighty！「あれは80頭どころじゃないではないか」
　猿を発見したマルコムらから、猿たちは80頭かそこらと聞いていたのですが、シーザー率いる猿たちの数はそれよりはるかに多かったのです。
○ コバがシーザーを挑発するかのように息子ブルーアイズの前で彼に言います。　　（Chap.18 59:11～）
Koba : Caesar loves humans more than apes.　More than your sons.
　　　　　　　　　　　　　　　「シーザーはエイプより人間が好き。　自分の息子よりも」
中学2年で習う比較級の練習になる文です。
○ マルコムとシーザーの会話です。前作の一部が出ています。　　　　　　　　　（Chap.33 102:55～）
Malcolm : Who is that on the video？「ビデオの人は誰？」
Caesar　 : A good man, like you.　　　「いい人だよ、君みたいに」
今では廃墟となったシーザーが育った家で、ビデオ映像に幼い頃のシーザーと、育ての親のウィル（ジェームズ・フランコ）が登場します。良い人間を知っているシーザーは、ウィルにマルコムを重ねているようです。
○ 猿同士の会話は、特にゆっくり、はっきりで非常にわかりやすいものになっています。（Chap.36 108:24～）
Koba　　 : Caesar has no place here.　Apes follow Koba now.
　　　　　　　　　　　　　　　「シーザーの居場所はここにはない。　エイプたちもうコバに従う」
Caesar : Follow Koba to war.　　　「コバに従って戦争をするのか」
Koba　　 : Apes win war！　Apes together strong！　Caesar weak.
　　　　　　　　　　　　　　　「エイプ戦争に勝つ！　エイプ集まると強い！　シーザー弱い」
Caesar : Koba weaker.　　　　　　「コバもっと弱い」
シーザーが復活して群れに戻り、コバと対決するときに言い合うセリフです。Be 動詞が省略されていても十分わかります。また、一語ごとゆっくり発音するので容易に聞き取ることができます。

あらすじ

前作『猿の惑星：創世記』で、人間に反旗を翻して10年、シーザーは約2000頭の猿の群れを率いるリーダーとして山奥に君臨していました。一方、人類は10年前に発生した新型ウィルスが拡散して、ほとんどが死亡し、免疫のある僅かな者だけが密かに暮らしていました。

　ある日、ダムの電力を求めて猿たちの村落へやってきたマルコムたちは、不意に遭遇した猿に驚き、仲間のカーヴァーは思わず銃で一頭に怪我をさせてしまいます。争いを好まないシーザーはそれを許し、人間社会へ群れを率いて人間たちの前に現れ、不可侵を約束させます。しかし、どうしても電力が必要と考えるマルコムは、開戦を主張するリーダーのドレイファスを説得し、3日間の猶予をもらって再度シーザーのもとを訪れます。一方、猿たちの間でも人間に虐待を受けた経験をもつコバは、開戦を主張しますが、マルコムの人柄を認め、彼を信じるシーザーは、1日の猶予を与えます。マルコム、シーザーともに人間と猿の共存の道を探っていたのです。

　ところが人間不信の強いコバは、シーザーを裏切って彼を銃で撃ち、村に火を放ってそれらを人間の仕業として軍団を率いて人間に攻撃を始めます。ドレイファスもまた、攻めてきた猿への徹底抗戦を行います。深傷を負ったシーザーを助けたマルコムたちは、果たして平和を取り戻すことができるのでしょうか。

映画情報 / 公開情報

映画情報	公開情報
製作年：2014年（平成26年） 製作国：米国 配給会社：20世紀フォックス 言　語：英語 前作『猿の惑星：創世記』（2011年）	公開日：2014年7月11日（米国） 　　　　2014年9月19日（日本） 上映時間：131分 MPAA（上映制限）：G 音　声：英語、日本語　　字　幕：日本語、英語

猿の惑星：新世紀

薦	●小学生　●中学生　●高校生　●大学生　●社会人	リスニング難易表		発売元：20世紀フォックス ホーム エンターテイメント ジャパン（平成28年12月現在、本体価格） DVD価格：1,419円　ブルーレイ価格：1,905円
お薦めの理由	1968年に製作された『猿の惑星』は、SF超大作とそのラストシーン、物語に秘められた当時の社会を風刺したことで有名です。シリーズ化された旧作が全5作品あります。 　第2話となる新シリーズの本作品は、現代の社会問題を背景に、人類に警鐘を鳴らす作品といえます。そして、息もつかせない物語の展開と、実在するかのような猿たちの動きに圧倒されること間違いなしの秀作です。	スピード	2	
		明瞭さ	3	
		米国訛	2	
		米国外訛	2	
		語　　彙	3	
英語の特徴	猿同士の会話はサイン・ランゲージ（手話）中心なので、英語を聞き取る量はぐっと減ります。また、人と猿、猿同士の会話では平易な語がゆっくりと発話され、初期の英語学習者でも十分に理解できるものとなっています。 　冒頭のニュースと人間同士の会話は、標準的な米国英語ですが、少し専門用語が出てくるので難しく感じられます。しかし、語彙を増やす機会と捉えて辞書で調べてみましょう。	専門語	3	
		ジョーク	2	
		スラング	2	
		文　　法	3	

発展学習

　ちょっぴり難しいけれど、印象深い箇所を紹介します。難しい語と語句は、辞書を引いて確認しましょう。
○　冒頭のテレビでのニュースから　　　　　　　　　　　　　　　　　　　　　　　　　　　　　　　　　　　　　　　（Chap. 1 01:00～）
　A physician : If you have a fever and cough or a sore throat, stay home....
　　　　　　　　　　　　　　　　　　　　「もし発熱や咳、のどが痛いなら、家にいてください。…」
　新型ウィルスの発生で、内科医（physician）がテレビを通して家庭に注意を呼びかけます。ここまでは中学生レベルの英語です。その後、地球上に起こるウィルス蔓延による人類危機のニュースが流れます。
○　猿をかばうエリーと、あくまで猿を敵対視するカーヴァーの会話です。このセリフだけで2人の猿に対する感情がわかります。　　（Chap.13 42:34～）
　Carver : They already killed off half the planet.　「奴らもう地球上の半分を殺しやがった」
　Ellie　 : Come on.　「何言ってるの」
　Carver : What ?　「何だって？」
　Ellie　 : You can't honestly blame the apes.　「猿たちを責めるべきではないわ」
　Carver : Who the hell else am I going to blame ?　It was the Simian Flu.
　　　　　　　　　　　　　　　「じゃあ誰を責めればいいんだ？　猿インフルエンザだろ」
　Ellie　 : It was a virus created by scientists in a lab.　「研究室で科学者たちに創られたウィルスだわ」
　　'simian'「猿」、'flu'「'influenza' インフルエンザの短縮形」、'kill off'「大量に殺す」です。
○　信頼関係を築き上げたシーザーとマルコム最後の会話です。　　　　　　　　　　　　　　　　　（Chap.38 117:35～）
　Caesar　 : War has already begun.　Ape(s) always started war.　And human, human will not forgive.　You must go
　　　　　　　before fighting begins.　I am sorry, my friend.
　　　　　　　　「戦争は始まった。　エイプが戦争を始めた。　そして人間は許さないだろう。
　　　　　　　　　戦闘が始まる前に行った方がいい。　すまない、友よ」
　Malcolm : I thought we had a chance.　「（共存する）チャンスはあると思ったんだが」
　Caesar　 : I did, too.　「私もだ」
　この後、シーザーは家族、仲間たちとともに移動し始めます。猿と人間と全面戦争の行方はどうなるのでしょうか。次回作への期待がかかるラストシーンとなっています。

映画の背景と見所

○　映画『猿の惑星』は、リメイク作品を含めて全8作品あります。第1作目（1968年）の衝撃的なラストシーンはあまりにも有名です。しかし、それ以上にどの作品も当時の時代背景（人種差別や東西冷戦等）を、猿を通して比喩や隠喩を使って表現していました。新シリーズとなった前作『猿の惑星：創世記（2011年）』は、現代医療の問題を中心にしています。そして、殺し合いはしないと言っていたエイプ（猿）が、銃という武器を手にして、進化（?）するにつれ、人間のようになっていくのは皮肉といえます。
○　映画の舞台はゴールデン・ゲート・ブリッジ（金門橋）からわかるように、サンフランシスコです。前作でも橋を隔てた人間と猿の世界が象徴的でした。
○　前作のパフォーマンス・キャプチャーがさらにパワー・アップして、その猿たちの映像に驚いた人は多いでしょう。撮影の95%以上が実際の森林の中で、キャプチャーカメラを駆使して行われたそうです。
○　ダムでの発電に成功した後、明かりの点いたガソリン・スタンドに流れる歌「ザ・ウェイト」は、ザ・バンドの代表曲です。実はこの曲、1968年発売の彼らのファースト・アルバムに収録されており、それは記念すべき『猿の惑星』オリジナル版が公開された年でもあるのです。　　　　　　　　　　　　　　　　　　　　　　　　　　　（Chap.22 67:39～）

スタッフ	監　　督　　：マット・リーヴス 脚　　本　　：マーク・ボンバック　他2名 製　　作　　：ピーター・チャーニン, p.g.a.　他3名 製作総指揮　：トーマス・M・ハンメル　他1名 キャラクター・クリエイト：リック・ジャッファ　他1名	キャスト	シーザー　　：アンディ・サーキス マルコム　　：ジェイソン・クラーク ドレイファス　：ゲイリー・オールドマン エリー　　　：ケリー・ラッセル コバ　　　　：トビー・ケベル

サンシャイン/歌声が響く街	Sunshine on Leith	(執筆) 山﨑 僚子

セリフ紹介

　この映画の最大の魅力と言える歌の歌詞の一部を紹介しましょう。
"When I wake up, well, I know I'm gonna be. I'm gonna be the one who wakes up next to you. When I go out, well, I know I'm gonna be. I'm gonna be the one who goes along with you. … When I'm lonely, well, I know I'm gonna be. I'm gonna be the one who's lonely without you. And when I'm dreaming, well, I know I'm gonna dream. I'm gonna dream about the time I had with you. And when I go out, well, I know I'm gonna be. I'm gonna be the one who's thinking about you. When I come home, yes, I know I'm gonna be. I'm gonna be the one who comes back home to you. I'm gonna be the one who's coming home to you"
（朝目覚める時にはあなたの隣で目覚めたい。出掛ける時には2人で一緒に歩きたい。… 寂しい気持ちになる時は君を想って寂しがりたい。もしも夢を見る時は2人の思い出の夢を見たい。遠く離れている時はあなたのことを想っていたい。故郷へ戻る日が来たらあなたの待つ家に帰りたい）
"And I would walk 500 miles. And I would walk 500 more. Just to be the man who walked a thousand miles. To fall down at your door"（そして500マイル歩いて、君に会いに1000マイル歩いて、ドアの前に倒れ込む）
　The Proclaimers の代表曲、"I'm Gonna Be（500 Miles）"の1部です。大切な人と分かち合える時間があれば、たとえ離れていてもその人を想うことができれば…。いつも曇り空のリースに陽の光が注がれるように、美しい歌声が映画のクライマックスを輝かせます。ザ・プロクレイマーズのファンの方もそうでない方も、必見の名場面です。

学習ポイント

【スコットランド特有の英語】この映画を英語学習に活用するにあたって、まず知っておきたいのはこの地方特有の英語です。映画を観ると、aye という言葉が出てくるので、すぐに気付くのではないかと思います。Yes より、もう少し軽い感じで yep や yeah とよく似たニュアンスです。発音は、前の部分を強めでかつ長めに発音されています。カタカナで表現しますと「ア～ィ」のような感じです。ほとんどすべての登場人物が使います。wee も覚えておきたいスコットランド特有の英語で、「ちっちゃな」とか「少し」という意味です。little と同義だと覚えてください。Chapter 1 でアリーの姉が "Look at you, my wee brother, the war hero." とアフガニスタンからアリーが戻ってきたことを喜びます。my wee brother は my little brother ですから、「私の弟」という意味だと分かりますね。続けて、アリーの姉は自分の子供に "Having you Uncle Ally to stay for a wee while" と言いますがこれも for a little while、つまり「少しの間」となります。Chapter 5 では、リズが両親の結婚25周年について、アリーに "25 years makes your head spin a wee bit, doesn't it?" と述べています。"make someone's head spin" で「（主語のせいで）頭がくらくらする」という意味です。もう "wee" の感覚がつかめてきたでしょうか。ほかにも、"lassie" や "lasses" という聞きなれない単語が出てきますが、これらもスコットランドで特に使われる単語で、両方「女の子」という意味です。Chapter 10 でロブが料理本の値段を "17 quid" と言います。quid はスコットランドだけでなく、英国独特の表現で pound のことです。英国人は友人同士のくだけた会話のときに、pound（ポンド）の代わりに quid を用いることがあります。

【励ましの表現】この映画には、友人同士で励ましたり、困っている人に手を差し伸べたり、慰めたりする時の表現が多数登場します。人間関係を円滑に進める上で、役立ちそうな表現をご紹介しましょう。Chapter 3 で、忘れたい過去を歌いながら告白しあう場面があります。リズから歌うように勧められたイヴォンヌは "I can't. What am I going to say?" としぶります。リズは "You'll be fine" と後押ししています。また、Chapter 6では、リズにプロポーズをする決意をしたアリーに、デイヴィーは "Why not? Just go for it" と背中を押します。一方、Chapter 4 では地雷で足を失ったロニーを見舞うデイヴィーは "Is there anything I can do?" とどんな手助けが必要か聞いています。困難にぶつかっている友人がいたら、このような表現を用いて、励ますことができそうです。また、人生はいくら頑張ってもすべてがうまくいくものではありません。Chapter 12で、リズへのプロポーズに失敗したアリーに、デイヴィーは、"I wish it could have worked out better" と慰めています。自分も相手と同じくらい、残念に思っていると伝えることで、がっかりしている友人の気持ちを軽くしてあげられるといいですね。

あらすじ

　舞台は、スコットランドの海岸沿いの港町、リース。結婚25周年を迎えるロブとジーンは、娘のリズと静かに暮らしていました。そこへ、アフガニスタンでの兵役から息子のデイヴィーとリズの恋人、アリーが無事に帰還します。ロブとジーンは、結婚25周年パーティーの準備に大忙し。リズもアリーとの久々のデートを満喫。デイヴィーは、リズの親友イヴォンヌとたちまち恋に落ちます。ところが、パーティーの途中、ジーンは、ロブが昔、浮気をしていたこと、その女性との間に隠し子がいることを知ってしまいます。スコットランドを飛び出し、海外での活躍を夢見るリズは、アリーからの突然のプロポーズに、戸惑い、断ってしまいます。一方イヴォンヌは、デイヴィーの家族との固い絆を目の当たりにし、孤独を感じずにいられません。ついに相互の理解の行き違いから彼女は、デイヴィーのもとを去る決意をしてしまうのです。すべてが順調に思えた3組のカップルは、突然重い決断を迫られてしまいます。喜びや愛おしさ、それゆえの孤独や絶望。6人それぞれの心情を丁寧に綴った作品です。相手を想うからこそ、真剣に悩みぬき、希望あふれる未来を模索する様子がいきいきと描かれています。人生には時に苦しい時期もあるかもしれない、それでも人生は、それほど悪いものではない、大切な人がいる限り。家族の絆と友情、そしてパートナーへの愛情がぎっしり詰まった極上エンターテイメント・ミュージカル映画です。

映画情報

製作年：2013年
製作国：英国
言　語：英語
撮影場所：エディンバラ、スコットランド、英国
ジャンル：コメディ、ミュージカル

公開情報

公開日：2013年10月4日（英国）
　　　　2014年 8月1日（日本）
上映時間：100分
MPAA（上映制限）：PG
画面アスペクト比：16:9スコープサイズ

サンシャイン/歌声が響く街

薦	○小学生 ○中学生 ○高校生 ●大学生 ●社会人	リスニング難易表		発売元：ギャガ（平成28年12月現在、本体価格）DVD価格：3,800円 ブルーレイ価格：4,800円
お薦めの理由	なんといっても、随所に流れる美しい歌の数々が、お薦めの理由です。この映画の歌の部分の良い点は、同じ歌詞が繰り返し歌われることが多い点です。何度も繰り返し、同じ歌詞を聞くことで頭に歌詞とメロディが残りやすく、初めて映画を観た人でも、簡単に口ずさむことができるでしょう。メロディにのせて歌うことで、単語と単語を切らずに、滑らかに発音する練習になると思います。	スピード	4	
		明瞭さ	4	
		米国訛	3	
		米国外訛	3	
		語彙	3	
英語の特徴	スコットランドのリースが舞台です。スコットランド出身者を中心とした英国人が演じていますので、スコットランド特有の訛やスラングに注意が必要です。「学習のポイント」で少し紹介しましたので、参考にしてください。話されるスピードも、やや速く、英語初学者には少し聞き取りづらい場面もあるかもしれません。学習の進んだ上級者には、良いリスニング教材となるでしょう。	専門語	3	
		ジョーク	2	
		スラング	3	
		文法	3	

発展学習

【タータン文様のキルトはスコットランドの伝統？】Chapter 7の、パーティの場面で、ロブが着用しているタータンの文様に織られたキルトの巻きスカートに注目してください。私たちがメディアを通してよく目にするこのキルトは、中世頃からスコットランドで受け継がれてきた「伝統」だという誤解を招きがちです。歴史、文化的観点から考察してみましょう。まずこのキルトを初めて作ったのはスコットランド人ではありません。18世紀初頭に、鉄工場を営むイングランド人が、スコットランドに溶鉱炉を作り多くのスコットランド人を雇用しました。この時、作業着として開発されたのがキルトです。衣服としての便利さからすぐに広まりました。その後、1745年のジャコバイト反乱に加担したという理由で、イングランドから、着用を禁じられるという時期を経て、18世紀末から19世紀初頭に着用禁止が撤廃されると、キルトは再びスコットランド人の間で普及していきました。そして氏族ごとにタータン柄の違うキルトを着用するようになっていったのです（エリック・ホブズボウム、テレンス・レンジャー編『創られた伝統』紀伊國屋書店）。様々なタータン文様のキルトは、スコットランドの象徴とみなされることが多いですが、歴史的にひも解いていきますと、イングランド人が発明したものであることや、本格的に広まるようになったのは、比較的新しい時代だということがわかります。

【助動詞could, will, may】映画は、デイヴィーとアリーがアフガニスタンで軍務に服している場面から始まります。死の恐怖を"Sky Takes the Soul"の歌で表現します。歌詞の1部に着目してみましょう。"It could be tomorrow or it could be today"と繰り返し歌われます。アフガニスタンでの軍務という非日常の世界では、いつ死の危険にさらされるかわかりません。その日がくるのは「明日かもしれないし、今日かもしれない」と歌っているのです。この場合のcouldは過去形ですが、過去のことに言及しているわけではありません。過去を表さない過去形が使われています。命を落とすのは今日か明日か、それとも生きて帰還できるのか、本人たちにとっても可能性は未知ですから、現実（現在形）から遠くに引き離して、仮定（過去形）として語っているわけです。歌詞は"If it's tomorrow, if it's today, I don't say it will be, I just say it may"と続きます。もし命を落とすとしても、"will"ではなく、"may"と言いたいと歌われています。"will"は「たぶんそうなる」という予測を、mayは「そうなるかもしれない」と可能性を表します。たとえ厳しい状況でも"It could be"または"It may be"と言いたい、と歌っているのです。また、地雷で足を失ったロニーついて、デイヴィーは"Could have been me, Dad. Maybe should have been"と複雑な表情で語ります。地雷は、たまたまロニーを襲いましたが、デイヴィーが被害にあっていてもおかしくありませんでした。Could have beenで過去の仮定を表し、Should have beenで「（被害にあったのが）僕だったらよかった」という意味です。

映画の背景と見所

この映画は、2007年初演の舞台、Sunshine on Leithが映画化されたものです。映画でも脚本を務めたスティーブン・グリーンホーンが、ザ・プロクレイマーズの楽曲に強く惹かれ、彼らの曲を使用する許可を得てから2年の歳月をかけて、舞台化にこぎつけたと言われています。ザ・プロクレイマーズは映画の舞台にもなったリース出身のリード兄弟（クレイグとチャーリーの双子）のバンドで、1987年から現在も活躍している、スコットランドの国民的ミュージシャンです。彼らのアルバムSunshine on Leithからインスパイアされた舞台が、2007年にスコットランドで上演されたわけですが、これが大変な好評を博し、話題を呼びました。英国のガーディアン紙は、ザ・プロクレイマーズの代表曲、"I'm Gonna Be（500 Miles）"にちなんで、「500マイル、いやもう500マイルでも歩いて行って観る価値がある」と賞賛しました。映画の序盤で、デイヴィーとアリーがアフガニスタンの兵役からリースに戻ってきて、通りで"On My Way"を歌っているとき、男性2人とぶつかりそうになる場面があります。この2人、実はザ・プロクレイマーズのリード兄弟なのです。注意して観てみてください。ある一家が直面する危機を乗り越えていく様子をリアルに描きながら、悲壮感が漂わないのは、映画全体にちりばめられた、ポップでキャッチーな名曲の数々でしょう。歌を聞いていると、観客も知らず知らずのうちに登場人物に共感していくことでしょう。

スタッフ			キャスト	
監督	：デクスター・フレッチャー		ロブ	：ピーター・ミュラン
脚本	：スティーブン・グリーンホーン		ジーン	：ジェーン・ホロックス
製作	：アンドリュー・マクドナルド		デイヴィー	：ジョージ・マッケイ
撮影	：ジョージ・リッチモンド		リズ	：フレイア・メーバー
音楽	：ポール・イングリッシュビー		イヴォンヌ	：アントニア・トーマス

シェフ 三ツ星フードトラック始めました	Chef	（執筆）松家由美子

セリフ紹介

（1）料理のシーンが盛りだくさんの映画ですが、料理の材料を仕入れに行く場面もあります。食材の用途や注文に関するセリフまでは普段耳にすることが少ないのですが、市場でカールはラディッシュを注文します。
　　You got the purple and white? Give me six bunches of these, or eight if they're small. I use the tops, okay? I need <u>consistent</u> tops.（紫か白？6束、小さければ8束、上のほうを使うから形が<u>揃ったもの</u>をくれ）

（2）レストランで斬新なメニューを提供しようとするカールと保守的なレストランオーナーのリーバは意見が対立し、カールは有名な料理評論家の来店直前にリーバに思いをぶつけます。
　　Riva ：The fact is <u>you work for me</u> in my restaurant, right? We're being reviewed by the most important critic in the city.（お前は従業員で、私はオーナーだ。今夜くるのは大物の評論家だぞ）
　　Carl ：He's a big deal and that's why I wanna cook him a good menu. And our place is in a fucking creative <u>rut</u>.（だからメニューを変える。新しくしたいんだ。うちは<u>マンネリ</u>だ）

（3）父の仕事を見ている息子のパーシーは父の仕事に憧れもあり、常に父の仕事や仕入れ（買い物）について行きたがりますが、父は集中したいからと言って断ります。
　　Persy ：Could I at least come shopping with you?（買い物に一緒に行ってもいい？）
　　Carl ：No. I got a lot to do and I got <u>a lot on my mind</u>.（ダメだ。忙しいし<u>集中したいんだ</u>）
　　「集中する」は concentrate on... に加えて他の表現もあることに着目しましょう。

学習のポイント

　この作品の一番の見どころはカールが腕を振るう料理のシーンですが、カールと彼を取り巻く人々との友情や気持ちのぶつかり合いも絶妙に描かれており、人間味にあふれた仲間との会話もこの映画の醍醐味と言えます。カールにとって転機となるシーンの会話に着目してみましょう。事あるごとにカールとレストランのオーナーのリーバは衝突を繰り返しますが、カールにはシェフとしてのプライドがあり、料理に対する信念を曲げませんが、このときの2人の意見の衝突が話の展開の舵を握ります。「この店は俺のものだ、俺の方針が気に入らないなら出ていけ！」「それならシェフなしでこのレストランをやってみろ！」と互いに譲らず、料理評論家がレストランにやってくるという大事な夜にカールは店を去ります。急遽、同僚がその夜の厨房を引き継ぎますが、その後の店の様子をSNSで見ていたカールは料理評論家の酷評に耐えられず、客席に出て行って料理評論家に暴言を吐きます。その暴言にもカールの料理に対する情熱が見事に表されており、映画に引き込まれます。
　カールがレストランを辞め、一緒にレストランを支えてきた仲間が厨房を任されてシェフとなりますが、カールとの友情は続き、憂さ晴らしをしながらお酒を飲むシーンではレストランを去ったかつてのシェフと次期シェフの会話になります。カールの人情味にあふれた言葉がストーリーを盛り上げます。"I'm gonna land on my feet. You are ready to run your kitchen, so don't blow it."「俺は自分の道を見つけるさ。次はお前があの店のシェフだ。この機会を無駄にするな」と自分は不本意な形で店を辞めたにもかかわらず、仲間を励ましますが、"I don't like how it happened, but I'm happy it happened."「気に入らないがうれしいよ」と付け加えるところも、素直な気持ちが表れています。ここでは「次の仕事を見つける」という際に、"find my job"などのストレートな表現ではなく、"land on my feet"「自分の足で立ち上がる」という比喩的な表現が使われており、教科書や辞書の言葉以外の気持ちの表し方が学べます。仲間との会話はかなり早口で、必ずしも私たちが英語の授業で習った言葉通りではありませんが、よく聴いてみると、比喩表現であっても難しい単語ではないことがわかります。
　また、元妻のイネズもカールの生き方に大きな影響力を持ちます。息子と3人でイネズの故郷マイアミに行くことを提案しますが、イネズは職を失ったカールに、"That's where it all happened for you. That's where Percy was born, that's where you got your first job as a chef."「マイアミは過去の多くの出来事の出発点だった」と言います。このセリフには start や begin という動詞はありませんが、「that's where＋主語＋動詞の過去形」の形で「～が始まった場所だった」と意味されています。このような表現方法を覚えておくと、単調なフレーズの繰り返しを避けるための有用な使い方として、さまざまな場面での応用につなげることができます。

あらすじ

　ロサンゼルスの一流レストランで総料理長を務めるカールは、大物料理評論家の来店に自らの創作料理で挑もうとしますが、頭が固くて横柄で口うるさいオーナーはそれに賛成せず、また評論家からは料理を酷評されてしまい、ついにカールは怒りを爆発させてしまいます。SNSの扱い方を知らず、うっかり事の一部始終をSNSで拡散してしまったカールは店を解雇され、しかもそのことが原因で他のレストランからも採用を断られてしまいます。失意のカールに同情した元妻イネズの提案で、彼は息子のパーシーを連れて故郷であるマイアミを訪れます。そこでカールは熱々のキューバサンドイッチの美味しさに感激し、これをフードトラックで移動販売していくことを思いつきます。早速カールは、話を聞いて駆けつけた旧友のマーティン、息子のパーシーを含めた3人でマイアミからロサンゼルスへ究極のサンドイッチを売る旅に出ることを決心します。米国の東から西へ、かつての大事な仲間と1人息子とともに、フードトラックで移動してサンドイッチを売りながら、さまざまな人に出会います。カールの作るキューバサンドイッチに感動した客の間ではたちまち評判になり、フードトラックの前は常に長蛇の列ができ、噂はSNSで瞬く間に広まっていきます。そしてカールは自らの料理を酷評したあの評論家が待つロサンゼルスに向かいますが、その道中で本当に大切なものは何か知ることになります。

映画情報

製作年：2014年
製作費：1,100万ドル
製作国：米国
ジャンル：コメディ
言　語：英語

公開情報

公開日：2014年3月7日（米国）
　　　　2015年2月28日（日本）
上映時間：115分
上映制限（MPAA）：PG-12
興行収入：4,500万ドル

シェフ 三ツ星フードトラック始めました

薦	○小学生　○中学生　●高校生　●大学生　●社会人	リスニング難易表		発売元：ソニー・ピクチャーズ エンタテインメント （平成28年12月現在、本体価格） DVD価格：1,280円　ブルーレイ価格：1,800円
お薦めの理由	映像だけではなく、音声も刺激されます。大切な家族や仲間との楽しい会話、ジュージューと肉や魚を焼く時の音や色取々の料理の美しさがアップテンポで軽快なラテン音楽に乗せて強烈に五感を刺激します。物語を通して「本当の幸せとは何か？」との疑問を投げかけています。幸せとは決してお金を持つことや一流企業・店舗に勤めることでもなく、お金には代えられない大切な物があると気づかせてくれる映画です。	スピード	4	
		明瞭さ	4	
		アメリカ訛	3	
		米国外訛	4	
英語の特徴	カジュアルな場面での会話が殆どで、会話中の言語の切替も多くみられます。例えば、イネズは電話中にスペイン語を話しますが、電話を切ると英語に戻ります。他にも英語での会話中にスペイン語が出てくる等です。気心の知れた男性同士の会話では、下品な言葉も飛び交いますがそれも仲間のノリの良さや気さくな雰囲気が描かれています。SNSの使用法等、順序立てて説明する部分は分かりやすく話しています。	語　彙	3	
		専門語	3	
		ジョーク	4	
		スラング	4	
		文　法	2	

発展学習

【英語の表現力と英作文の向上を目指し、英語の字幕を作りましょう】父親の料理をする姿に憧れる息子のパーシーはまだ10歳です。カールはある日、パーシーに料理用のナイフを買い与え、ナイフの扱いはシェフの極意だと優しく説明しますが、初めて自分の料理用ナイフを手にするパーシーは緊張の面持ちで父親の説明を聞きます。「本物のシェフナイフだ。オモチャじゃない。気を抜くと大ケガする。ナイフはシェフの命だ。きちんと研いで、なくさない。できるか？　これはいいナイフだ。大事にすれば長持ちする。なくすな」という場面ですが、決して難しい内容ではないので、どのようなセリフになるか考えて英文を作ってみましょう。実際のセリフです。"That's a chef's knife. A real chef's knife. It's not a toy. You understand? This thing's sharp. It can send you to the hospital if you're not careful. But a chef's knife, it belongs to the chef, not to the kitchen. So it's your responsibility to keep it sharp, clean, not to lose it. Can you handle that? This is a good knife. It'll last you a long time if you take care of it. Don't lose it."

ナイフが危険であることを"dangerous"ではなく、"it can send you to the hospital"とするところは大変英語らしい表現です。また、「ナイフはシェフの命だ」というセリフは工夫が必要なところですが、練習を繰り返していくうちに、さまざまな表現が思いつくでしょう。カールがパーシーに物事を優しく教えたり諭したりする場面がいくつかありますので、日本語の字幕だけを見てどのようなセリフを言っているのか英文を想像し、その後に英語の字幕を見てみると、自分の英文とどのように異なるのか、また場面に応じてどのような表現が使われているのかが分かります。それは決して英語の授業で習ってきた表現ばかりではありませんが、映画という生きた英語を通じて英語表現の柔軟性が身につき、これまでとは一味も二味も違う豊かな表現力が身につきます。

【会話の相手に気持ちを理解してもらいたい時の言葉の順序立てを学びましょう】本格的なフードトラックを始める前にカールは試作品を無料で配りますが、焦げたサンドイッチは出せないとするカールにパーシーは「どうせタダなんだからいいよ」と言います。カールはパーシーを連れ出し、カールの料理に対する思い入れを話します。"I might not do everything great in my life. I'm not perfect. I'm not the best husband, and I'm sorry if I wasn't the best father. But I'm good at this. And I wanna share this with you. I want to teach you what I learned. I get to tough people's lives with what I do. And it keeps me going and I love it. And I think if you give it a shot, you might love it, too. Now, should we have served that sandwich?"「パパは立派じゃない。いい夫でもいい父親でもない。でも料理は上手い。お前にそれを伝えたいんだ。お客さんが笑顔になるとパパも元気になる。お前もきっとそうだ。あのサンドイッチ出すか？」といいますが、パーシーはこれを聞いて父の料理の目的はお金ではなく人の笑顔や喜びなのだと学びます。ストレートに説教をするのではなく、素直な気持ちを表現して相手の気持ちに訴えかける表現が学べます。

映画の背景と見所

一流シェフの手によって、肉や魚が次々と料理されていく場面は何と言ってもこの映画の一番の見所です。カールが時間を忘れて夜中まで一心不乱に創作料理を次々と作っていく様子は彼が最も生き生きとしている瞬間で、真剣そのものです。日常生活を描いた場面では下品な言葉も当たり前のように使われていますが、料理にかける情熱があらゆる場面で映し出されています。また、厨房で働く仲間たちはヒスパニック系が多く、スペイン語が飛び交います。マイアミでは、カールが労働者のたまり場に行って話しかけますが反応がなく、カールの仲間がスペイン語で話しかけるとすぐ話がまとまるといった場面があり、米国南部の人種の多様性がうかがえます。食文化、コミュニケーション、言語など様々な場面で、米国の文化がいかに多く文化の混ざり合いであるかが分かります。一流レストランの総料理長やオーナーが白人であっても、彼らを厨房で支えるスタッフは、ヒスパニック系であり、表に出ることはありません。また、この映画を支えているのは豊富な食材と目で楽しませる豪華な料理ですが、料理の名前もたくさん出てきますので、映画を見ているうちにすぐに覚えられる言葉も多く含まれています。料理の注文の仕方、レシピなども楽しみながら頭に入れる事が出来るなど英語学習者にはありがたい点です。

スタッフ

- 監督・制作・脚本：ジョン・ファヴロー
- 編　集：ロバート・レイトン
- 撮　影：クレイマー・モーゲンソー
- 音楽監修：マシュー・スクレイヤー
- 衣　装：デニス・ピッツィーニ

キャスト

- カール・キャスパー：ジョン・ファヴロー
- イネズ：ソフィア・ベルガラ
- マーティン：ジョン・レグイザモ
- モリー：スカーレット・ヨハンソン
- リーバ：ダスティン・ホフマン

ジミー、野を駆ける伝説	Jimmy's Hall	（執筆）吉本　美佳

セリフ紹介

1. We want to dance, Jimmy. Somewhere where we won't be getting a Garda and Priest poking at us with a stick.
（踊りたいの、ジミー。警察や神父に干渉されない場所で）
10年ぶりに故郷へ戻ったジミーを見かけた若者たちが、ホールの再開を懇願するセリフです。ささやかな娯楽と学びの場を求める若者たちの必死な気持ちと、映画全体で見られる自由の象徴としての「ダンス」や「ホール」の意味が伝わります。

2. Our community faces a choice: Is it Christ? Or is it Gralton?
（我々は選択を迫られている―キリストか、グラルトンか）
村のカトリック教会のシェリダン神父が、ミサで村民に訴えかけた言葉です。教会の力を誇示し、意向に沿わない者を許さない教会の強硬な姿勢が表現される一方で、民衆が支えるジミーに対する恐れが表れているようです。

3. This is the greatest lie they try to stuff down our throats, that Ireland is one, that our nation is one, and that we are all one people, united in our beliefs with one common interest.
（彼らが無理やり押し付ける最大の嘘はこれだ―アイルランドはひとつ、我が国家はひとつ、そして我々は皆、同じ関心をもち、信念で団結するひとつの国民だと）
地主から家を追い出された貧しい一家のために家を取り戻した後、ジミーがした演説でのことばです。アイルランド人が一丸となって国家を得ていくという大きな歴史に隠れてしまっている個々の国民の歴史を明示しています。

学習ポイント

　この映画を用いて英語学習をする場合、英語を理解するだけでなく、背景知識も含めて内容を理解できる学習が必要です。アイルランドの英語に慣れていない学習者は、まずは語彙の増強とディクテーションから始めると良いです。

１．ストーリー理解のための語彙や表現を増強しましょう

① 時事や政治に関する語彙
「植民」「紛争」「内戦」「条約」「共産党員」等、メディアで目にする基本的な単語が多用されています。セリフとして聴くと、発音がわかるだけでなく、単語の使い方がわかり効果的な語彙学習ができます。

② 慣用表現
前述のセリフで用いられている "to poke at someone with a stick" や "to try to stuff down someone's throat" のように、日常で用いられる慣用表現が会話の中で多く使われています。英語での表現力を豊かにするため、そして実際の会話で解釈を間違えないために、映画の中では、どのような状況で、どのようにして使用されているかを繰り返し確認しながら使い方を学びましょう。

③ アイルランドで用いられる語彙や表現
アイルランドではゲール語を用いた、英語とは異なる語が常用されています。この映画でも「警察」は、"Garda"（複数形は "Gardai"）と言われています。これは実際に現代のアイルランドでも、ニュースや新聞で用いられている一般的な用語です。他にも「国会」や「首相」等、一般的な英語表現を用いない語があり、映画で用いられているか注意してみましょう。また、この映画内で重要な用語となっている「フィーナ・フォイル党」や「ブルーシャツ」とは何か、さらには「愛英条約」「アイルランド独立戦争」等の歴史用語や登場する人物名パトリック・ピアース（Patrick Henry Pearse）、ジェームズ・コノリー（James Connolly）、エイモン・デ・ヴァレラ（Éamon de Valera）などについて調べてジミーが生きた背景を理解しましょう。アイルランドについての認識が深まります。

２．場面ごとにディクテーションをして、アイルランド独特の単語や表現を状況とともに理解しましょう
ジミーをはじめ村人達は、アイルランドのリートリム州の発音で話しています。聞きなれた米国や英国英語との違いがわかるはずです。発音だけでなく、アイルランド独特の単語や表現もふんだんに会話で使用されています。語彙や文法はさほど難しくなくても、この映画の英語が聴き取りづらいと感じるのは、そのためかもしれません。聴き取りづらい部分は、場面から内容を想像して、大体の意味を把握した後で、ディクテーションをしてみると良いでしょう。そうすることで、発音に慣れると同時に、独特な表現を習得できるはずです。

あらすじ

　1932年のアイルランドを舞台にした実話にもとづく話です。国家の成立を巡る内戦から10年が経ち、主人公ジミー・グラルトンは米国から西部のリートリム州にある故郷へ戻って来ました。1人で暮らす母と平穏に暮らそうとするジミーですが、村人達からは、以前彼が設立した村のホールの復活を懇願されます。かつての恋人ウーナや仲間と共に、村人がダンスや歌、文学、スポーツを学び、語らえる場となる「ピアース・コノリーホール」が再建されます。自国の文化だけでなく、米国からのジャズも取り入れたホールに人々が集う一方で、教会のシェリダン神父は、このホールの存在、そしてジミーの存在を、平穏な村を乱すものとして扱い、彼の賛同者に圧力をかけていきます。ジミーの歩み寄りも虚しく、仲間を信頼し共同体を育もうとするジミーと、教会の力で支配的な管理をしようとするシェリダン神父は相容れません。また、内戦後に「ブルーシャツ」となった一団にとってもジミーの存在は疎ましく、教会と結託して民衆を扇動するジミーを挫く策を練ります。そんな中、ジミーは、身の危険を顧みず、地主に家を奪われた一家を助け、民衆の前でこの不平等な状況を打開するための演説をします。そんなジミーを待っていたのが、米国の市民権を有することを利用し、不法滞在者として国外追放する処分でした。一時は逃亡するも、ジミーは逮捕され、米国へと追放されました。その後、ジミーは2度とアイルランドの地を踏むことはありませんでした。

映画情報

製 作 年：2015年
製 作 国：アイルランド、英、フランス
言　　語：英語
配給会社：ロングライド
ジャンル：ドラマ

公開情報

公 開 日：2015年1月17日（日本）
上映時間：109分
オープニングウィークエンド：6万4,254ドル（米国）
映倫区分：G
受　　賞：第67回カンヌ国際映画祭ノミネート他

薦	○小学生　○中学生　○高校生　●大学生　●社会人	リスニング難易表		発売元：KADOKAWA （平成28年12月現在、本体価格） DVD価格：4,700円
お薦めの理由	この映画を用いて英語学習をする場合、少なくとも中級以上の英語力が必要です。さらに、この物語の背景にある史実を知らなければ、描かれている内容が十分理解できません。聞き慣れないアイルランドの発音での会話を聴き取る必要もあります。この映画に込められた、複雑な意味での自由の追求と、それを抑えつける権力、一丸となるべき国家の内紛という皮肉を理解するためにも大学生以上にお薦めします。	スピード	4	
		明瞭さ	4	
		米国訛	-	
		米国外訛	4	
		語彙	5	
英語の特徴	Hiberno-English と称されるアイルランドの英語を楽しむことができます。そのためアイルランドの発音が強いです。出演の役者はプロの俳優だけでなく、これまで演技をしたことのない地元の人々も含まれているため、明瞭でないセリフの聴きとりも必要です。プロの俳優の明確な発声・発話と比較して、伝わりやすい英語を話すための工夫を見極め、自分の発声や発話に生かしてみてください。	専門語	4	
		ジョーク	3	
		スラング	2	
		文法	3	

発展学習

1. 映画の背景としてアイルランドの歴史と文化を学びましょう
   「アイルランドから国外退去させられた唯一のアイルランド人」として知られるジェイムス・グラルトン（James Gralton）の半生を題材にこの映画は作られています。10年前にジミーが米国に渡らなければならなかった理由、その当時の国の状態、そして10年後の国の状態と、再び米国へ追放となる経緯は、映画を観るだけでは十分に理解できません。背景となる時代とアイルランドの文化をしっかり学ぶと、この映画の理解と解釈が深まります。

2. 討論の場面を英語学習に活用しましょう
   映画の中でジミーを囲んで仲間たちが討論し、決断を下していく場面があります。まずは、ジミーのホールに通う者をシェリダン神父が咎め、弾劾行為に出た教会への対応について。2回目は、農場を奪われた一家の為に、家を取り戻す時、ジミーが民衆に向かい演説するかどうかについてです。この討論場面を活用して、表現力を伸ばしましょう。

   【大学の授業での活用】
   1) 授業準備・授業課題
      ① 翌週の討論の為5〜6人のグループに分け議題を与える。各グループ内で各学生は各登場人物の役割が当てられその人物に合った意見を述べる。その中で1人記録係を割り当てる。
      ② 登場人物の名前、特徴、議題に対する考え方を書いたメモを配布する。学生は役割を把握し、十分に討論の準備をして次週の授業に参加する。
   2) 討論会
      ① 各グループで討論をする。記録係には、討論の流れが説明できるメモを取るよう指示する。（メモの書式を規定した資料を配布。）討論の進行は、役割に沿って、然るべき人物がするように促す。
      ② 討論後、各グループのジミーの役割の人物が決定事項とその決定に至る議論の流れを簡単に述べる。

   【個人での学習】
   映画の討論場面で、各メンバーがどのような表現を用いて、賛成意見、反対意見を述べているかを聴き取り、説得力のある表現方法を学びましょう。

3. 翻訳をしてみましょう
   和訳だけでなく、音声を消して、日本語字幕から英語に翻訳してみましょう。

映画の背景と見所

ケン・ローチ監督は、『麦の穂をゆらす風』（2006年）で、共和国の建国を求めて英国と戦った独立戦争から妥協的な条約締結がもたらした内戦時のアイルランドを描き、国家だけでなく兄弟をも分断してしまった残酷な時代背景を表現しています。それから10年後を舞台とするこの映画では、「アイルランド自由国」のもとで、英国からの支配は薄れても、なお続く抑圧的な支配構造と不平等が表現されています。小さな共同体での自由と平等を求める人々の姿、そしてそれを弾圧する権力が露呈されるこの作品からは、英語タイトルに使われている「ホール」が、搾取される村人達の尊厳と自由の象徴であると解釈できます。ジミーの訴え、そして「ホール」の存在からは、イデオロギーの対立と資本主義の問題が明確に表れます。

ジミーの演説での言葉、"We need to take control of our lives again. Work for need, not for greed. And not just to survive like a dog, but to live. And to celebrate. And to dance, to sing, as free human beings."（もう一度、人生を切り開かなければ。強欲の為ではなく、必然の為に働くのだ。そして、ただ生き延びるためではなく、自由な人間として、生きるため、喜ぶため、踊るため、歌うために！）には、その時代のアイルランドに限らず、普遍的な人間の在り方への訴えが込められているようです。現代にもつながる平等の意味、自由の意味を考えるきっかけとなる映画です。

スタッフ

- 監督　　：ケン・ローチ
- 製作　　：レベッカ・オブライエン
- 脚本　　：ポール・ラヴァティ
- 撮影　　：ロビー・ライアン
- 音楽　　：ジョージ・フェントン

キャスト

- ジミー　　　　：バリー・ウォード
- モシー　　　　：フランシス・マギー
- ウーナ　　　　：シモーヌ・カービー
- シェリダン神父：ジム・ノートン
- トミー　　　　：マイク・マーフィー

| ジャージー・ボーイズ | Jersey Boys | （執筆）三井　敏朗 |

セリフ紹介

　The Four Seasons の活動が軌道に乗ると、Frankie は Bob からグループとは別に2人で独立して活動しようと持ちかけられます。戸惑いながらもその話を受け入れた Frankie ですが、互いの権利を明記した契約書を作る申し出はきっぱりと拒絶します。代わりに Bob と固く握手を交わし、"A Jersey contract."（1:06）「これがジャージー流の契約だ」と宣言するのです。法律用語の詰まった書類ではなく、互いの信頼感こそが彼らの真の契約なのです。
　Sherry の大ヒット曲でブレイクし、1990年にはロックの殿堂入りを果たした The Four Seasons の歴史は、ニュージャージー州のベルヴィルで始まりました。当時の町の様子を Tommy はこう語っています。
　　There were three ways out of the neighborhood: You join the Army, maybe you get killed. You get mobbed up, you might get killed that way. Or you get famous. For us, it was two out of three.（0:03）
この町から抜け出すには軍隊に入るか、マフィアの仲間になるか、または有名人になるしかない、と言うのです。『ジャージー・ボーイズ』はそのタイトル通り、ニュージャージー州の田舎町で、閉塞的な状況から抜け出そうと苦闘する若者たちの姿を描いています。苦しい時代をともに潜り抜けてきた彼らの絆は強く、後に Frankie はロックの殿堂入りの祝賀スピーチで次のように述べます。
　　But four guys under a streetlamp, when it was all still ahead of us, first time we made that sound, our sound, when everything dropped away and all there was the music. That was the best.（2:04）
数々の栄光を手にしてきた彼ですが、故郷で仲間と歌っていた瞬間こそが忘れられない最高の思い出だったのです。

学習ポイント

　字幕の役割とは、映画の内容を簡潔に理解しやすく観客に伝えることです。1秒間に4文字、1画面に20字程度という制約の中、次つぎと流れ出るセリフから、そのエッセンスだけを抽出して提示しています。そのため短縮された言葉であっても私たちは瞬時に物語を把握し、内容を追うことができるのです。しかしどれ程巧みな訳であっても、実際のセリフと字幕の間には何かしらの隔たりが生じてしまうのは避けられません。その距離感を埋めるために、字幕作家はさまざまな努力を払っているのです。1つ例をあげてみましょう。Frankie が若くしてドラッグの犠牲になり命を落とした愛娘について語ったセリフです。カッコの中は映画で使用された字幕です。
　　Frankie: She had a bigger range than me. Did you know that?　「俺より声域が広くて―」
　　　　　　And in here, she had it.（1:51）　「心に歌が宿ってた」
最初の字幕は比較的直訳に近いものです。Did you know that? が反映されていないのは、字数の関係で省略したのでしょう。問題はそれに続く一言です。Frankie は And in here と言いながら自分の胸を指します。このしぐさから here が「心」のことであるのは明白ですが、she had it がなぜ「歌が宿ってた」になるのでしょうか。もちろん辞書を引いても it に「歌」という意味はありません。これは漠然とした、はっきりと説明ができないものをさす it なのです。直訳でも文の構造を確認するための英文解釈でもありません。字幕作成者があえて物語の内容に深く踏み込み、it を「歌」と言い切って、その意味するところをはっきりと伝えようとしているのです。そこには自身の解釈が色濃く含められています。なぜこのセリフにこの字幕がつくのか、映画を実際に観ながらじっくりと考えてみると、英語と日本語の違いが明瞭に示し出されるのではないでしょうか。いくつか例を挙げておきます。
　　Gyp : Vito, when are you gonna give my boy here his own chair?（0:02）「おい　奴にいつハサミを持たせる？」
　　A girl 　: At least I'll know where his hands are gonna be.（0:17）「刑務所なら浮気できない」
　　Bob Crewe : You're not in Newark anymore.（0:45）「ここは NY よ」
　　Gyp   : I'm surprised he's still walking around.（1:28）「よく命があったな」
　　Frankie   : Yeah, you and me both, pal.（1:40）「お前も旅の身か」
またその土地に暮らす人ならば説明不要でも、私たち日本人にはなじみのない言葉は内容を明確に示す別の単語に置き換えられています。single → 「エスプレッソ」、the witch hazel → 「軟膏」、Rahway Correctional → 「ムショ」、a 7-Eleven → 「酒屋」、Traymore → 「ホテル」などです。7-Eleven はもちろん「セブンイレブン」のことですが、なぜ「酒屋」となっているのでしょうか。そのあたりの理由も探ってみると面白いかと思います。

あらすじ

　物語は1951年、ニュージャージー州のベルヴィルで幕を開けます。窃盗などで刑務所を出たり入ったりを繰り返す若者たちが、閉塞的な状況から抜け出すためにコーラスグループ The Four Seasons を結成します。Frankie Valli はその「天使のような」歌声を買われ、グループに参加します。レコード会社から一切相手にされない苦難の時代が続きますが、しかし同じ町で同じようなつらい時を過ごしたメンバーは固い絆で結ばれていました。彼らはレコード会社を回っては売り込みを続け、やがて Sherry の爆発的なヒットをきっかけに次つぎとヒット曲を生み出し、スターへの道を駆け上ります。順風満帆でどこへ行ってもファンから熱狂的に迎えられる Frankie 達ですが、破滅の時は思いもよらない形で忍び寄ります。Tommy DeVito がグループの金を使い込み、さらにマフィアから莫大な借金をしていることが判明したのです。グループの間に亀裂が入り、結成以来の仲間であった Nick は1人脱退していきます。しかし Frankie は自分を拾ってくれた仲間を見捨てることができません。彼の胸の奥には、故郷のニュージャージーで過ごした日々が深く刻み込まれているのです。Tommy が負った借金返済のために、Frankie は黙々と孤独なツアーを続けます。数年ののち、ついに借金をすべて返済した Frankie のもとに悲報が届きます。娘の Francine がドラッグのために命を落としたのです。その悲しみを乗り越えるために、Frankie は Can't Take My Eyes Off You を歌い上げます。

映画情報

製 作 年：2014年　　製 作 費：400万ドル
製 作 国：米国　　　言　　語：英語
製作会社：GKフィルムズ、ワーナー・ブラザース
配給会社：ワーナー・ブラザース
ジャンル：伝記、ドラマ、音楽、ミュージカル

公開情報

公 開 日：2014年6月20日（米国）
　　　　　2014年9月27日（日本）
上演時間：134分
オープニングウィークエンド：1,331万9,371ドル
映倫区分：G

ジャージー・ボーイズ

薦	○小学生 ○中学生 ○高校生 ●大学生 ●社会人	リスニング難易表		発売元：ワーナー・ブラザース・ホームエンターテイメント（平成28年12月現在、本体価格） DVD価格：1,429円　ブルーレイ価格：2,381円
お薦めの理由	数々のヒットナンバーに恵まれ、1990年にはロックの殿堂入りを果たした The Four Seasons の真の姿を克明に描き出しています。輝かしい栄光に包まれてはいても、その裏側はきれいごとだけの世界ではありません。苦しい時代を共に過ごした仲間への思いと、ビジネスや家庭の問題に板ばさみとなり、どん底に落ちながらも這い上がってきた Frankie の姿が印象的です。	スピード	3	
		明瞭さ	3	
		米国訛	5	
		米国外訛	1	
英語の特徴	セリフには流行り言葉や俗語が多く使われています。そのため当時の若者たちの状況がいきいきと描き出されていますが、すべてを聴き取り理解するはやや難しいかもしれません。The Four Seasons の活躍が認められるにつれて、スタート地点となったニュージャージーの田舎町から大都会ニューヨークへと舞台が大きく移り変わっていきます。それにともない彼らを取り巻く人びとの英語も変化していきます。	語彙	3	
		専門語	3	
		ジョーク	3	
		スラング	4	
		文法	3	

発展学習

　映画を丹念に観ていくと、日本人にとっては意外な、少しばかり違和感を持つようなセリフや会話がたくさん登場します。その中から特に気になった場面をあげてみます。日本と米国との文化の違いについて学ぶきっかけとなるのではないでしょうか。まずは Frankie と後に彼の妻となる Mary Delgado の会話です。イタリア移民の子である Frankie は、本名の "Francis Castelluccio" を、人びとに覚えてもらいやすいよう米国風に改名したと語ります。

　　Frankie : That's why I changed it. Vally. V-A-L-L-Y.
　　Mary 　: No. V-A-L-L-I.
　　Frankie : How come?
　　Mary 　: Because "Y" is a bullshit letter. It doesn't know what it is. Is it a vowel? Is it a consonant?
　　　　　　 Never thought about it. Plus which, you're Italian. You gotta end in a vowel. Delgad-O. Castellucci-O.
　　　　　　 Pizz-A. Valli with an "I". It says "This is who I am. You don't like it, go fuck yourself." (0:20)

Mary は「ヴァリ」の綴りは Vally ではなく、Valli にすべきだと言うのです。y という字は母音（a vowel）なのか子音（a consonant）なのかはっきりしないから、というのが理由です。あいまいな y などではなく、母音であることが明確な i で、きっちりと締めくくれと主張しています。この場面から、英語をネイティブ・ランゲージとする人たちは常に子音と母音のことを意識の片隅に置いているのでは、と推測ができます。私たち日本人は日常の生活の中で母音や子音についてほとんど意識することはありません。このような観点から綴りについて語られ呆然としてしまうのではないでしょうか。文化の違いとは一見些細なことに思える部分に隠れているのです。ちなみに、数年が経ち2人の間に深い亀裂が生じると、Frankie は Mary から "A dumb wop from Jersey who never even graduated high school. Mr. Vally with a "Y". (1:10)" と罵られます。はっきりしない意気地なし、というニュアンスでしょうか。

　次にあげるのは "Walk Like a Man." という曲のタイトルについての Tommy と Bob の会話です。

　　Tommy : The title, "Walk Like a Man."　　　　　Bob: So?
　　Tommy : As opposed to what, a woman?
　　Bob 　: No, it's for boys, Tommy. Teenage boys. We're telling them to act like men.
　　Tommy : Instead of like girls.　　　　　　　　　Bob: Yeah, instead of like – No! Instead of like boys.

man という語には「男」「大人」「人間」など様々な意味があり、文脈に応じて使い分けます。このような使い分けは、時には私たち日本人にだけではなく、ネイティブ・スピーカーにとっても一筋縄ではいかないようです。

映画の背景と見所

　『ジャージー・ボーイズ』はコーラスグループ The Four Seasons を描いた伝記映画です。2005年に公開された同名のブロードウェイ・ミュージカルを原作としています。ミュージカル版はグループ名の通り「四季」で構成され、季節ごとにメンバーがそれぞれの視点からストーリーを語っていきます。映画の中で時折はさみ込まれるメンバーのモノローグはその名残です。監督のクリント・イーストウッドはミュージカル映画を監督するのは本作が初めてですが、音楽好きとしてもよく知られ、1988年にはジャズミュージシャン、チャーリー・パーカーの伝記映画『バード』（Bird）を発表しています。彼が監督した『ミリオンダラー・ベイビー』（2004年）や『J. エドガー』（2011年）などでは自ら作曲した音楽を使っています。本作を監督するにあたり、イーストウッドは映画畑の有名なスター俳優ではなく、原作のミュージカルに出演していた舞台俳優たちをキャストとして選びました。彼らはもうすでに舞台で十分に経験を積んでいるのだから、新たな俳優を選ぶ必要はない、と言うのが理由です。フランキー・ヴァリを演じたジョン・ロイド・ヤングは1975年にカリフォルニアで生まれました。2006年には優れた演劇やミュージカルに与えられるトニー賞で、ミュージカル主演男優賞を獲得しています。音楽を担当したボブ・ゴーディオは The Four Seasons のオリジナルメンバーで、代表曲 Sherry や Can't Take My Eyes Off Of you などは彼の手によるものです。

スタッフ		キャスト	
監督	：クリント・イーストウッド	フランキー・ヴァリ	：ジョン・ロイド・ヤング
製作総指揮	：ボブ・ゴーディオ	ボブ・ゴーディオ	：エリック・バーゲン
	フランキー・ヴァリ他4名	ニック・マッシ	：マイケル・ロメンダ
脚本	：マーシャル・ブリックマン	トミー・デヴィート	：ヴィンセント・ピアッツァ
音楽	：ボブ・ゴーディオ	ジップ・デカルロ	：クリストファー・ウォーケン

シンデレラ	Cinderella	（執筆）子安　惠子

セリフ紹介

【Have courage and be kind.（勇気と優しさを持つこと）】このセリフは映画の中に7回も出てきます。

まずエラの母が亡くなる直前、I want to tell you a secret. A great secret that will see you through all the trials that life can offer. Have courage and be kind.（どんな試練にも負けない秘訣を教えてあげるわ。勇気と優しさを持つこと　Chapter 1, 5M）と告げ、続けて2回目「勇気と優しさ」をと念を押します。

3回目は、継母のひどい仕打ちに耐えかねたエラが森へと馬を走らせ、王子に出会う場面。毎日を何とか耐えていると言うエラに王子が同情すると、エラは Others have it worse, I'm sure. We must simply have courage and be kind, mustn't we?（もっと不幸な人がいるし、だから勇気と優しさを忘れたくないの　Chapter 6, 29M）と気丈に振舞います。

4回目は、死を間近にした王が「シェリーナ王女を花嫁にと命じたらどうする？」と問いかけ、王子は、政略結婚をする気はなく、それぞれが「勇気と優しさを持てば」王国も守れる（Chapter 14, 1H17）と答えます。

5回目は、国王の前に出るためエラが階段を降りていく時、どこからか「勇気と優しさを忘れずに」（Chapter 17, 1H33）というエラの母の声が聞こえます。

6回目は、ロイヤル・バルコニーに出る前、元国王と皇后、エラの父と母の4人の肖像画を前に、エラの肖像画も必要だと王子に言われ、I do hate myself in paintings.（描かれるのは苦手　Chapter 17, 1H37）と答えるエラに、王子はBe kind、続けてエラが And have courage と言い、民衆が歓呼するなか2人でバルコニーに立ちます。

7回目は、映画最後のセリフ。ナレーターの「勇気と優しさを信じること」の言葉で終わります。（Chapter 17, 1H39）

学習ポイント

この映画には、シンプルな表現や基本の単語から成り立つ、よくわかる英語が満載です。

【go】「行く」という意味で最初に習う単語の1つですが、他にも多くの意味をもちます。この作品では「死ぬ」の意味で2つの場面で使われています。

1回目はエラの母がエラに I must go very soon, my love.（ママはもうすぐお別れなの　Chapter 1, 6M）。2回目は、余命いくばくもない王に、王子が Don't go. そして王は I must go.（Chapter 14, 1H17）。日本語字幕では「しっかり」「別れの時がきた」で、直訳は「死なないで」「死ななくてはならない」あるいは「別れねばならない」でしょう。辞書には「（ある場所から）去る」「（人が）死ぬ」が記載されています。

【forgive】「（人の罪などを）許す」と辞書通りの意味で4回使われています。

エラの母が、幼いエラを残していかねばならないことに、Please forgive me.（許してね　Chapter 1, 6M）、対するエラは Of course I forgive you.（もちろん許すわ）とここで2回使われます。3回目は王子とエラが舞踏会から抜け出した時、王子であるのに見習いであると言ったこと等を、エラに Look, forgive me.（すまない　Chapter 12, 1H3）と謝ります。4回目は、ガラスの靴がぴったりとはまり、国王となった王子とエラが家を去ろうとする際、階段の半ばに毅然と立つ継母に対してエラは I forgive you.（許すわ　Chapter 17, 1H37）。この場面の直前、義理の姉妹が部屋に飛び込んできて I'm sorry. と謝りますが、I'm sorry と Forgive me では謝る重さが異なります。受け手は I'm sorry に対しては許さないと答えられますが、Forgive me に対しては許さなくてはならないのが基本です。

【marry for】続く単語が異なる2種類の使い方があります。1つ目は marry for love で2回、2つ目は marry for advantage で同じく2回使われています。

1つ目は、王子がエラを舞踏会場から庭園へと連れ出した場面。王子が舞踏会場にいたくないのは、すでに決められた花嫁を押しつけられるからで、I'm expected to marry for advantage.（政略結婚の相手だ　Chapter 12, 1H4）と言います。2つ目は、死ぬ間際の王が王子に、You must not marry for advantage. You must marry for love.（打算のための結婚をするな。愛する人を選べ　Chapter 14, 1H18）と告げます。次に、床下に隠しておいたガラスの靴を継母が見つけ、自分の人生をエラにおとぎ話の口調で語ります、Once upon a time, there was a beautiful young girl who married for love.（昔々ある所に、愛する人と結婚した美しい娘がいました　Chapter 15, 1H19）。marry for advantage の直訳は「利益のために結婚する」、marry for love は「愛のために結婚する」です。辞書に「政略結婚」は marry for convenience's sake, marry for political reason とありますが、会話向きの表現ではありませんね。

あらすじ

幼くして母を亡くしたエラは、「勇気と優しさを忘れないで」という約束を守り成長していきました。ある日、父は再婚を決意し、エラは継母と2人の娘を快く迎えます。継母は、夫がエラを深く愛しているのに嫉妬し、仕事での旅先で突然亡くなった後は、エラを屋根裏部屋に追いやって召使い同然にこき使います。寒さに耐えきれず暖炉の前で眠り、翌朝顔に灰をつけたまま働くエラを「灰まみれのエラ」と呼びます。エラはあまりの悲しさに家を飛び出し、森へと馬を走らせます。森の中で青年キットに出会い好意を抱きます。一方城では、王子キットは父である王から政略結婚を薦められますが、森で出会ったエラのことが忘れられません。そこでエラを探すために国中の未婚女性を舞踏会に招き、そこから妃を選ぶと公言します。けれどもエラは、舞踏会へ連れていってもらえませんでした。母との約束をもう守れないと思った時、フェアリー・ゴッドマザーが現れます。魔法の杖でカボチャを馬車に、ネズミ・トカゲ・ガチョウを馬や御者に変え、美しいドレスとガラスの靴を与え、魔法が続くのは12時までと告げます。舞踏会へ到着したエラは、キットが王子だとわかり、夢のようなひと時を過ごしていると、12時を告げる鐘の音が響き始めます。ガラスの靴を片方落としたまま逃げ去るエラ。残されたガラスの靴を手掛かりに、王子はエラを探すため国中を巡ります。継母と大公が手を組みエラの存在を無にしようとしたその時、屋根裏からエラの歌声が…。

映画情報

原　　作：シャルル・ペロー
製　作　年：2015年
製　作　費：9,500万ドル　　製作国：米国
配給会社：ウォルト・ディズニー・スタジオ・モーション・ピクチャーズ

公開情報

公　開　日：2015年3月13日（米国）
　　　　　　2015年3月27日（英国）
　　　　　　2015年4月25日（日本）
上映時間：105分　　MPAA（上映制限）：G
オープニングウィークエンド：6,790万ドル

シンデレラ

薦	●小学生　●中学生　●高校生　●大学生　○社会人	リスニング難易表		発売元：ウォルト・ディズニー・スタジオ・ジャパン（平成28年12月現在、本体価格）MovieNEX価格：4,000円

お薦めの理由	ディズニーのクラシックアニメ『シンデレラ』を忠実に再現しながらも、シンデレラの人間性を深く掘り下げるアプローチ。どんな逆境をも跳ね返す強さとたくましさを持った新しいシンデレラの誕生です。継母には、2度のアカデミー受賞に輝くケイト・ブランシェット。言い知れぬ冷酷さを漂わせてシンデレラの善良さと優しさを、その厚化粧がシンデレラの透明感を際立たせる、すごい存在感も見ものです。	スピード	3
		明瞭さ	2
		米国訛	1
		米国外訛	1
英語の特徴	主な俳優は英国人なので英国英語です。継母役はオーストラリア出身、大公役はスウェーデン出身ですが、どちらも英国英語です。しかし英国英語を強調せず、聞き取りやすい英語です。早口で話す場面も少なく、汚い言葉やスラングなど問題とされる表現・単語などは皆無といえます。文法もしっかりしていますが、米国英語に慣れた人には少しクラシックな英語に感じられるかもしれません。	語彙	3
		専門語	1
		ジョーク	1
		スラング	1
		文法	2

発展学習

少し難度の高い会話をみてみましょう。

【出会い】森の中でエラは王子と出会い、王子はエラの美しさと賢さ、ユニークさに一目ぼれします。お互い相手の名前を尋ねる際、学校で習った What is your name? や丁寧な May I ask your name? でもありません。What do they call you?（名前は？　Chapter 6, 28M）と英語としては簡単ですが、名前を尋ねる時こんな言い方もするのですね。

またシカを殺さないでと嘆願するエラに、「動物を殺すのが狩りなのだから仕方ないよ」と答える王子に対して、エラは Just because it's what's done doesn't mean it's what should be done.（決まりごとが正しいの？　Chapter 6, 29M）。直訳は「成されていることだからといって、それが成されるべきことだということを意味しない」です。この後、城に戻り、シカを逃がした勝手な振舞いを大公にとがめられた王子は、エラの言葉をしっかり失敬して「決まりごとが正しいとは限らない（Chapter 6, 32M）」と言い返しています。

【屋根裏部屋のエラ】国王軍がついに屋根裏部屋にいるエラを見つけ出した場面。司令官がエラに、国王となったキットの前へ出るようにと優しく命じます。そこを継母が I forbid you to do this!（私が禁じるわ　Chapter 17, 1H32）とさえぎります。司令官が、国王の命令を禁じるとは何様のつもりかとなじると、継母は I am her mother.（この子の母です　Chapter 17, 1H32）と言い放ちます。それに対してエラは毅然とした態度で You have never been and you never will be my mother.（今までも　これからも母じゃない　Chapter 17, 1H32）と。You have never been は現在完了形、継母が家へやってきた時から今現在までの期間を表し、you never will be は未来形、今現在から将来ずっと、をさします。またこの文でもう1つ注意したいのは否定語 never の位置です。

【おとぎ話の決まり文句】おとぎ話は始まりと終わりの言葉が決まっています。ナレーターの言葉で始まる時、また継母がエラに自分の人生をおとぎ話の形式で話す時、どちらもおとぎ話の決まり文句で始まります。

映画の始まりは Once upon a time, there was a girl called Ella.（昔々、エラという名の少女がいました　Chapter 1, 53S）継母の話も Once upon a time, there was a beautiful young girl（昔々、ある所に美しい娘がいました Chapter 15, 1H21）おとぎ話は必ず Once upon a time, there was …（昔々、ある所に～がいました）で始まります。

終わりの決まり文句は、原作の『シンデレラ』や映画『ラプンツェル』も They lived happily ever after.（いつまでも幸せに暮らしました）です。継母の話は I lived unhappily ever after.（私はずっと不幸な一生を送りました Chapter 15, 1H22）と、happily を unhappily に言い換え、その un の部分を強調して話すことに注意して聞いてください。また別の決まり文句、All was well.（幸せな毎日でした　Chapter 15, 1H21）も話の途中で入ります。

映画の背景と見所

俳優としても活躍し、監督としては『ハムレット』『恋の骨折り損』『魔笛』を手がけたケネス・ブラナーによる豪華な舞踏会の場面は圧巻です。アニメに忠実にエラはブルーのドレス、そして『戦争と平和』の舞踏会シーンを彷彿とさせるその豪華さは、エキストラが400人以上というスケールです。『恋におちたシェイクスピア』で衣装デザインを担当したサンディー・パウエルを中心に、衣装を作るスタッフを始めとにかく人数が多く、メイクのプロも50人、髪をセットする人も50人です。エキストラはまずドレスを決めて、サイズを直してもらい、手袋や靴を借りてイヤリングをしたら、髪をセット。キラキラの髪飾りをつけ、メイクを仕上げるまでになんと4時間かかります。髪とメイクは、エキストラ1人に4人がかりで仕上げます。

ある意味、一番の見所はオスカー女優のケイト・ブランシェットが演じる継母でしょう。エラに「お義母さま」ではなく「奥様」と呼ばせ、エラを「灰まみれのエラ」（cinder + Ella = Cinderella）と呼んで召使い同然に扱い、エラの母親の形見であるピンク色のドレスを容赦なく引き裂く冷酷さ。しかしただの悪役ではなく、意地悪な継母となる動機や誘引も今回の映画では描かれています。ブランシェットによる継母の存在感により、シンデレラが善良で優しくも強い女性として描かれると同時に、シンデレラを一層際立たせています。

スタッフ

監　督：ケネス・ブラナー　　脚　本：クリス・ワイツ
製　作：S.キンバーグ、D.バロン、A.シェアマー
製作総指揮：ティム・ルイス
編　集：マーティン・ウォルシュ
衣　装：サンディ・パウエル　メーク：ナオミ・ダン

キャスト

エラ／シンデレラ　　：リリー・ジェームズ
トレメイン夫人　　　：ケイト・ブランシェット
キット王子　　　　　：リチャード・マッデン
フェアリー・ゴッドマザー：ヘレナ・ボナム＝カーター
大尉　　　　　　　　：ノンソー・アノジー

天国は、ほんとうにある　Heaven is for Real

（執筆）寶壺　貴之

セリフ紹介

（1）牧師のトッドが、映画の冒頭で述べる場面です。
Is heaven a hope or as real as the earth and sky?（天国は希望なのか？または空や大地と同じで存在するのか）

（2）上記の質問に続いてトッドが昔、自分の祖父に尋ねたことがあり、それに対する祖父の答えが次の表現です。
I once asked my grandfather that question. And he said by the time he knew the answer it would be too late for him to tell me.
（私は、その質問をかつて祖父にしたことがある。祖父は、その答えは死んだら分かると言った）

（3）トッドが病院で、もうすぐ亡くなる前の人にことばをかける場面です。
Is there anything you're sorry for? I believe God forgives.
（悔い改めることは何かありますか？　神は許してくださいます）

（4）教会でトッドが人々を前に説教する時に、昔自分の恩師に言われた話をする場面です。
I had a great teacher early in the ministry who told me that we'd have good days and bad days.
（牧師になったばかりの時に、私の恩師がこう言いました。「良い日も悪い日もあり、その時には分からないんだ」）

（5）モアランド大学のスレイター博士に科学的に「天国はない」と言われ、トッドが帰る時に彼女に言う場面です。
What if you have an encounter so far beyond your own experience that it's irrational? What then?
（もし自分の経験では、到底理解できない出来事に遭遇したら、あなたならどうしますか？）

学習ポイント

　本作は、ネブラスカの田舎町に暮らす家族が経験した奇跡の実話を映画化した物語です。生死の境をさまよう奇跡的な回復を遂げた後、天国を見てきたと語るコルトンの臨死体験が周囲に与える影響、彼が語る天国やそこで出会った故人の話に人々が癒やされていく様子を描いています。映画では、グレッグ・キニア演じる牧師役トッド・パーボが、教会での説教や映画の至る所で人生にとって重要なことを教えてくれます。まず、英語表現としては、教会の説教の時に、先日行われたコミュニティでのソフトボール大会で自分が大けがをしたことを引き合いに出して次のように話す場面があります。Todd: As many of you already know, I was hurt sliding into third. I was safe. 先日のソフトボール大会で自分が三塁にスライディングした時、相手の選手と交錯して複雑骨折という大けがをしたのですが、命に別状はなく助かったことを表現しています。これに対して聴衆の1人から、No, he was out. と言われ聴衆者はどっと笑います。英語表現らしく、命が助かったことでは「セーフ」なのですが、野球では「アウト」ということで、比喩的に意味を重ねている点がよく分かります。この例からも分かるように英語表現だけでなく、世の中に存在する言語表現にはとても比喩表現が多く、英語学習者としては、認知言語学的な観点からも比喩表現を理解することが言語学習にも大いに繋がるという意味で学習ポイントとして重要です。

　同じ説教の場面で、次のように話が続きます。Todd: I had a great teacher early in the ministry who told me that we'd have good days and bad days. And we'd seldom know at the time which is which. But a few Sundays ago, as I was sliding into third and I heard the crack of my leg, I had a pretty good idea which was which. So, the Bible talks about adversity. The Bible talks about all things working-together for the good. 自分が牧師になったばかりの時に、恩師に言われた「良い日も悪い日もあり、その時には分からないんだ」ということばについて説明して、先日のソフトボール大会での大けがの時の例からも、聖書は逆境について述べ、神はすべてのことを益とされることについて説教しています。映画の中では、牧師のトッドが話をする場面の中で、人生に役立つような表現を学ぶことができます。さらに別の場面では、病気で亡くなる父のために、ある息子が牧師のトッドに病院に来て話をしてもらう所があります。Todd: Is there anything you're sorry for? I believe God forgives. And if he forgives anything, he forgives everything. Our Father who are in heaven hallowed be Thy name. Thy kingdom come, Thy will be done. On earth as it is heaven.「悔い改めることは何かありますか？」の質問から始まり、「神はすべてを受け入れて赦してくださいます」と述べています。このように牧師のトッドの話からこの映画では、英語表現を通して、文化理解の観点からも基本的なキリスト教の考え方についても学習できます。

あらすじ

　本作品は、ニューヨーク・タイムズのベストセラー小説『天国は、ほんとうにある』を原作として映画化されたもので、ネブラスカの田舎町で暮らす家族に本当にあった奇跡の体験の物語です。グレッグ・キニアがトッド・パーボ役、ケリー・ライリーがソーニャ・パーボ役、コナー・コラムがコルトン役を演じています。その田舎町で牧師をしている傍ら、小さな修理会社を経営しているトッド（グレッグ・キニア）は、2人の子どもに恵まれ幸せな毎日を過ごしていました。経済的には困難に苦しみながらも頑なに神の存在を信じ続けていました。そんなある日、3歳の時に穿孔（せんこう）虫垂炎の手術で緊急入院し、生死の境をさまよったコルトン（コナー・コラム）は奇跡の回復の後、天国を旅してきた話を始めました。いわゆる臨死体験の話です。子供らしい無邪気さで当然のことのように旅の様子を話すコルトンに、まわりは驚愕しました。なぜなら、話の内容にはコルトンが知っているはずがない彼が生まれる前の出来事も含まれていて、彼が出会ったという故人の描写はあまりにも真実と一致していたからです。コルトンから臨死体験の話を聞いた時、トッドは自分が牧師であるのに、天国の存在を受け入れていないことに気づき悩みます。しかし、次第にコルトンの話を信じ始めたトッドと家族は、驚くべき体験の意味を真剣に考えるようになります。そして世界的ベストセラーを映画化した、奇跡と愛の感動ストーリーが展開されます。

映画情報

原　題：*Heaven is for Real*
製 作 年：2014年　　製 作 費：12,000万ドル
製 作 国：米国
配給会社：ソニー・ピクチャーズ・エンタテインメント
言　語：英語

公開情報

公 開 日：2014年 4月18日（米国）
　　　　　2014年12月23日（日本）
上映時間：99分
興行収入：9,144万3,253ドル（米国）
映倫区分：G

天国は、ほんとうにある

薦	○小学生　○中学生　○高校生　●大学生　●社会人	リスニング難易表		発売元：ソニー・ピクチャーズ エンタテインメント （平成28年12月現在、本体価格） DVD価格：3,800円　ブルーレイ価格：4,743円
お薦めの理由	本作品は、あるベストセラー小説を映画化したもので、家族の奇跡を綴った物語です。緊急入院し、生死の境をさまよい奇跡的に助かった4歳の息子が「天国を見て来た」と話す臨死体験をテーマに物語が展開されます。このことを人はどのように捉えるかが本作品の重要なポイントとなり、このテーマについて考えながらこの映画を観ていただくことを大学生・社会人にお薦めします。	スピード	3	
		明瞭さ	3	
		米国訛	3	
		米国外訛	2	
		語　彙	3	
英語の特徴	ゆっくりと話す家族の会話の場面が多いので、比較的聞き取りやすい英語です。使用されている英語表現は、殆ど俗語や卑語もなく学習教材としては適していて、スピードや明瞭さに関しても適度です。一方、牧師をしている父のテッドが言う、"I'm here to pray for you." "I believe God forgives everything." "Is there anything you're sorry for?" 等の教会で使用される英語表現についても学習できます。	専門語	3	
		ジョーク	3	
		スラング	2	
		文　法	2	

発展学習	映画では旅先から帰った後、調子を崩して本当に危ない状態でしたが奇跡的に助かったコルトンが、「天国を旅してきた」と語る臨死体験を主題に物語が進みます。コルトンが大病を患った時に、生死の境をさまよい「臨死体験」をしたとトッドに話しますが、彼は最初は信じられないと同時に牧師であるのに息子の話を信じてあげられないトッドはとても思い悩みます。しかし、トッドはコルトンの話を信じ始め、「臨死体験」について真剣に考えるようになります。実際に、手術中にコルトンが見たことを父親に話し、父が「それをどうやって知ったのか？」ということを尋ねると次のように答えます。 Colton: Because I saw you. I lifted up and I looked down and saw the doctor working on me. And I saw you and Mommy. Colton: I saw angels and they were singing to me. Jesus: Colton, do you know who I am? Nobody here wants to hurt me. There are some people here who want to meet you. コルトンは幽体離脱のような状態になり手術されている自分をみたと話します。天国に行った時には、天使が自分に歌いかけてくれているのを見たこと、天国ではイエス・キリストにも会い、皆が安らかで平和であり合わせたい人がいることなどをいわれたと父親に話します。 　コルトンから話を聞いたトッドは戸惑います。臨死体験のことで、モアランド大学心理学部長のスレイター博士に意見を聞きに会いに行きます。なぜなら、コルトンの話には知っているはずがない生まれるの前の出来事（トッドの祖父に会ったこと）が、含まれていて真実と一致していたからです。そしてスレイター博士に、Todd: What if you have an encounter so far beyond your own experience that it's irrational? What then? 「もし自分の経験では、到底理解できない出来事に遭遇したら、あなたならどうします？」と投げかけて大学を後にします。 　このことはどのように考えたらよいでしょうか。ハワイ大学イースト・ウェスト・センターで博士号を取得し「臨死現象」の専門家である、京都大学教授カール・ベッカー氏は、著書『死の体験－臨死現象の探求－』（法蔵館：1992年）の冒頭で、「最近、日本において臨死体験や臨死問題が話題になっている。筆者は20年前の学生時代からこのような問題を研究してきたが、ようやく日本でも、これらのテーマを学問的な視点から考察できる時代になった」と述べています。「科学と超常現象の接点」という課題に取り組まれたとても参考になる文献です。「臨死体験」については様々な見解はありますが、科学的にも哲学的にも考察することによって、発展学習にすることができます。トッドの「私の使命は愛で伝えること」のセリフが示唆しているように「天国の存在」を証明するよりも、誰もが皆、心の中に天国を持つことが何よりも大切です。
映画の背景と見所	映画の原作は、ニューヨーク・タイムズ紙のベストセラーリストに200週ランクインして全世界で900万部の売り上げを記録している、"Heaven is for Real"（邦題：『天国はほんとうにある』）です。この作品は、ある家族にあった奇跡的な経験の物語です。奇跡的な体験を遂げ、臨死体験中に天国を見てきたと語る4歳の子の臨死体験や天国の話に人々が迷いつつも癒されていく様子が描かれています。原作の共著者は、トッド・バーポとリン・ヴィンセントです。トッド・バーポはネブラスカの田舎町にあるクロスローズ・ウェズーリアン教会の牧師であり、その他にもガレージ・ドアの修理会社を経営し、消防隊員や地元高校のレスリング部のコーチも務めるマルチな才能を持った人物です。リン・ヴィンセントは米国報道雑誌『ワールド』誌において、11年間も編集者として勤務した経験を持つニューヨーク・タイムズベストセラー作家です。また、映画化に際して、監督は『仮面の男』等で有名なランドール・ウォレス、俳優陣には、アカデミー賞ノミネート俳優で『恋愛小説家』等のグレッグ・キニア、『ロシアン・ドールズ』等のケリー・ライリー、『サイドウェイ』等のトーマス・ヘイデン・チャーチら実力派がそろっています。「天国は本当にあるのだろうか」という問いかけに関しては多くの人が「死んだら分かる」としか答えられないと思います。しかしこれを考えることが、この映画の見所です。

スタッフ	監督・脚本：ランドール・ウォレス 脚　　本：クリストファー・パーカー 原　　作：トッド・バーポ、リン・ヴィンセント 撮　　影：ディーン・セムラー 美　　術：アーブ・グレイウォル	キャスト	トッド・バーポ　：グレッグ・キニア ソーニャ・バーポ：ケリー・ライリー ジェイ　　　　　：トーマス・ヘイデン・チャーチ コルトン　　　　：コナー・コラム キャシー　　　　：レイン・スタイルズ

| ドラキュラ ZERO | Dracula Untold | （執筆）山﨑 僚子 |

セリフ紹介

オスマン帝国に逆らったため、トランシルヴァニアは危機に陥ります。ヴラドは牙の山に1人で向かいます。そこに待ち受けていたのは、永遠の命をもつ魔物、ヴァンパイアだったのです。

Master Vampire : Those whom enter reek of fear. In you, I sense hope. …What kind of man crawls into his own grave in search of hope? Hmm?
（皆、恐怖におののく。だがお前の心には希望を感じる。希望を求めて死に来るとは）

Vlad : A desperate one. The Turks threaten to destroy my kingdom. With power like yours, I could stop them, save my people, save my family.
（他に道はない。オスマン軍が攻めてくる。お前の力があれば、阻止できる。民衆と家族を救える）

Master Vampire : How supremely noble, Lord Impaler. House Dracul, Sons of the Devil.
（なんと気高き君主、串刺し公よ。またの名は悪魔の息子）

Vlad : You're mistaken. It means "sons of the dragon". "Protector of the innocent".
（そうではない。竜（ドラクル）の息子、罪なき者たちの守護者）

ドラキュラという物語は、これまでの映画の中では恐ろしい怪物としか描かれてきませんでした。この映画の斬新さは、1人の国王が、家族と国民を守るために、犠牲として吸血鬼になったという新たな解釈がなされている点なのです。古い物語に新たな解釈が加わり、語り継がれていくのです。まるで永遠に生き続ける吸血鬼のように。

学習ポイント

【久々に会った人との挨拶の表現】Chapter 3 でヴラドが城に戻り、家族に会う場面に着目しましょう。イングラスは父親の顔を見るとすぐ "I missed you" と言います。ヴラドもミレナに "I've missed you" と言いをしています。miss はこの場合「～がいなくて寂しく思う」という意味で、恋人や家族だけでなく、友人同士でもよく使います。しばらく会わなくなってしまう恋人や親友に、"I will miss you" と言うことができます。「あなたがいなくなったら、きっと寂しくなるわ」という意味です。さて、ここで、久しぶりに再会した人との挨拶の表現を紹介しましょう。「おかえりなさい」にあたる英語は "Welcome back." または Chapter 7 でイングラスやミレナが使っていた "You're back!" も使えそうです。「久しぶりですね」の英語は、"It's been ages, hasn't it." や "Long time no see." などがあります。これらの表現の後、"I missed you." か "I've missed you." と、ずっと会いたかった気持ちを伝えるといいでしょう。また、会わない間どうしていたかを、"How have you been?" と尋ねてみましょう。もし、"How have you been?" と聞かれたら、"I've been great / good / okay." と答えることができます。

【Speaking of which / By the way】Chapter 5 で、メフメト2世がヴラドに少年兵を引き渡すように言う際、"Speaking of which, I am owed 1,000 boys. Why have I not seen them?"（そういえば1,000人の少年はどこだ？姿が見えないが）と言います。出だしの、"Speaking of which" は、"speak" や "which" を辞書で調べてもなかなか見つからないかもしれません。しかし、映画やドラマでよく使われる表現です。それまで話していた内容を受けて、「そういえば」と話題をつなげるときに使うと便利です。「ところで」や「そういえば」といえば、"by the way" が頭に浮かぶ方も多いのではないでしょうか。"by the way" の場合、"speaking of which" と異なり、話がコロッと変わるときに用いられます。映画の場面では、メフメト2世はヴラドと、自分たちの少年兵だった時代の話をしていて、その流れで、少年兵の引き渡しの話題へつなげています。話の流れに関連性があれば、映画のセリフのように "speaking of which" を使って話題を広げましょう。

【give up / give in】Chapter 7 で "give up"、Chapter 10 では "give in" という英語のイディオムがでてきます。両方とも「あきらめる」というような内容ですが、意味の違いについて考えてみましょう。"give up" は、何かを自分の手元から離して上にポンと投げてしまう、つまり「放棄する」という意味です。"give in" は、何かの力が強いのでその中に入ってしまう、取り込まれてしまうというイメージです。ですから "give in" は「屈する」という意味になります。英語のイディオムは、すべて覚えなければ使えないということはありません。今回の例のように頭の中でイメージしてみることで、理解の一助となると思います。

あらすじ

1442年、オスマン・トルコ帝国は、トランシルヴァニアの少年1,000人を奴隷とし、オスマン軍のために戦うことを教え込まれます。少年だったヴラドも戦い方を仕込まれ、「串刺し公ヴラド」と呼ばれるほど、冷酷な兵士に成長していきました。トランシルヴァニアに帰国を許されたヴラドは過去を悔い改め、妻ミレナと息子イングラスと幸せな家庭生活を送っていました。しかし、オスマン帝国からの使者が悪夢を告げにトランシルヴァニアを訪れるのです。使者は、イングラスを含む1,000人の子供を少年兵として差し出すように言います。ヴラドはかつて自分も、同じ体験をしたことから、葛藤します。少年を差し出さなければ、裏切りの罰として国が滅ぼされるのは明白です。結局ヴラドは息子を手放すことはできませんでした。使者たちを皆殺しにしたヴラドは、今度は国の民、全員を守るために戦わなくてはいけません。家族や国、国民を守るために、ヴラドが下した決断は牙の山に住む魔物、つまりヴァンパイアに会いに行くことでした。ヴァンパイアは自分の血をヴラドに飲むように促し、ヴラドはそれを飲みます。ヴァンパイアは、これはゲームだと言います。ヴラドは、3日間ヴァンパイアと同じように魔力を使うことができます。そして3日間、人間の血を飲みたいという渇望に打ち勝てば、元の人間に戻ることができます。しかし3日以内に人間の血を飲めば、永遠にヴァンパイアになってしまうのです。このゲーム、どのような結末を迎えるのでしょう。

映画情報

製作編：2014年
製作費：7,000万ドル（推定）
撮影場所：北アイルランド、英国
言　語：英語
ジャンル：ホラー、アクション、ファンタジー

公開情報

公開日：2014年10月10日（米国）
　　　　2014年10月31日（日本）
MPAA（上映制限）：PG-13
上映時間：92分
字　幕：日本語字幕、英語字幕

ドラキュラ ZERO

薦	○小学生 ●中学生 ●高校生 ○大学生 ○社会人	リスニング難易表		発売元：NBCユニバーサル・エンターテイメント（平成28年12月現在、本体価格） DVD価格：1,429円　ブルーレイ価格：1,886円
お薦めの理由	世界的に有名なヴァンパイア伝説とブラム・ストーカーの『ドラキュラ』が映画の基になっていますので、中学校や高校でも授業に導入しやすい点がお薦めの理由です。ホラー映画ではありますが、残酷な場面が続くということもありませんので、中学生にもお薦めです。映画のテーマとなっている家族愛に焦点をあてることで、これまでのヴァンパイア映画にはない魅力が浮かび上がります。	スピード	2	
		明瞭さ	3	
		米国訛	1	
		米国外訛	3	
		語　彙	3	
英語の特徴	主人公ヴラド演じるルーク・エヴァンスは英国人、ミレナ役のサラ・ガドンはカナダ人で、2人とも明瞭で分かりやすい英語を話します。特にインゲラスに話しかけるときは、優しくゆっくり話しますので聞き取りやすいでしょう。時折、トルコ語で話される場面がありますが、ストーリー展開を邪魔するほど多く挿入されるわけではありません。時代設定は15世紀ですが、現代の英語が話されます。	専門語	2	
		ジョーク	2	
		スラング	2	
		文　法	2	

発展学習	【要求や願望を表す表現】Chapter 1 でヴラドがディミトルに "Dimitru, I need you to return to the castle" と命じる場面があります。そこで、相手に自分の要求や願望を伝える表現を学習しましょう。ヴラドのセリフのように、need の後に要求を伝える相手、そして to の後に動詞の原形を置いて文を組み立てましょう。例えば、"I need you to stop and listen to me." や "I need you to greet our guests." といった感じです。need 以外にも want を使っても構いません。"I want you to clean the dishes." "I want you to call once you get there." 今度はもう少し、丁寧に自分の願望を伝えてみましょう。これまでと同じ形で、need や want を would like に変えてみましょう。例えば、誰かに自分の友人を紹介したいとき、"I would like you to meet my new friend, Alice" などと使うことができますね。would like を使うことで、need や want のように命令口調ではなくなりますので、友人同士で使えそうです。 【if を使わない仮定法】Chapter 7 でヴラドはメフメト2世たちオスマン帝国を批判し、"They wanted our sons. A good prince would have given them up. A good prince would have paid that price for peace." と言います。日本語字幕では「息子たちを君主は見捨てようとした。和平の道具にしようとした」となっていますが、後半2つの文章は、if を使わない仮定法です。つまりもし、メフメト2世が良い君主であったならば、子供たちのことはあきらめただろうし、平和のために犠牲を払ったであろう（しかし、そうしなかった）という意味です。日本語字幕は、映画鑑賞をする際、とても役立つものですが、必ずしも英文と一致するものではありません。例えば、1度目は日本語字幕付きで観て、2度目は英語字幕もしくは字幕なしで観てください。この映画の DVD またはブルーレイは英語字幕もついていますので、とても便利です。 【時制が肝心】Chapter 6 の、ヴァンパイアとヴラドの会話に注目してください。ヴァンパイアは "You have no idea"、"But I'm going to show you" と現在形と未来形を、さらに "For centuries these moldering walls have been my gallows"、"Oh, and I have waited an eternity for a man of your strength" と現在完了形を用いています。日本語は時制をはっきりさせずに話しても、相手に通じてしまうことがあります。一方英語は、時制に関しては、意識して使う必要があります。紹介したヴァンパイアのセリフの前半は、「君は（今は）何もわかっていない」だから、「（これから）説明してあげよう」と現在と未来を使い分けています。後半は現在完了形を使って、「何世紀にもわたって（過去から現在も）崩れかかった壁に閉じ込められてきた」、「ずっとお前のような男が来るのを待っていた」と、閉じ込められた過去のある時期から、現在に至るまでずっとそうしてきたと表現しているのです。現在完了を難しく感じるかもしれませんが、映画を通して感覚をつかんでみてください。

映画の背景と見所	映画のタイトルから、ブラム・ストーカーの『ドラキュラ』を原作としていると勘違いをされるかもしれません。しかし、この映画は決して、彼の『ドラキュラ』に基づくものではありません。確かにストーカーは、『ドラキュラ』執筆の際、串刺し公と呼ばれたワラキア公ヴラド3世をドラキュラ伯爵のモデルとしたと言われています。彼の原作では、トランシルヴァニアからやってきた魔物がロンドンを恐怖に陥れ、ヴァン・ヘルシングたちが一丸となってヴァンパイアを退治するのです。つまり、ストーカーの『ドラキュラ』では、ドラキュラ伯爵つまりヴァンパイアが徹頭徹尾悪者として描かれます。その一方、この映画で描かれるヴラドは、少年時代オスマン帝国の人質として捕らわれ、軍とともに戦い続けてきたため、敵を串刺しにしても何も感じない兵士だった過去をもちながら、今はそんな過去の過ちを悔い、心から自国の平和を望む君主として描かれます。ヴラドは、さらに君主であると同時に、家族に対しては強い愛情を注ぐ父親でもあるのです。そして、自分の息子や国民を守るため、ヴァンパイアの力を借りることを決意してしまうのです。このように、ブラム・ストーカーの『ドラキュラ』または、史実としてのヴラド公の物語としてではなく、全く新しい解釈を試みた映画として鑑賞してみてください。原題の "Untold" はこれまで悪者として捉えられてきたヴラドの「語られなかった」新たな物語という意味です。

スタッフ	監　督：ゲイリー・ショア 脚　本：マット・サザマ、バーク・シャープレス 編　集：リチャード・ピアソン 撮　影：ジョン・シュワルツマン 音　楽：ラミン・ジュヴァディ	キャスト	ヴラド　　　：ルーク・エヴァンス ミレナ　　　：サラ・ガドン メフメト2世：ドミニク・クーパー インゲラス　：アート・パーキンソン ルシア神父　：ポール・ケイ

| ナイトミュージアム/エジプト王の秘密 | Night at the Museum : Secret of the Tomb | （執筆）松葉　明 |

セリフ紹介

この映画の中身をよく表しているセリフを順に紹介します。　　　　　（Chap：BDのチャプター番号と時間）

○ Ahkmenrah : This corrosion has never happened before.　　　　　（Chap.2 5:53～）
　　　　　　　「こんな腐食は今までに起こったことがない」
　本作の鍵となる石版が腐食し始めて、アクメンラーの体調に異変が起こり始めます。'corrosion' は「腐食、錆」という意味です。

○ Alice : He's doing his Wolverine thing.　「彼はウルヴァリンをやっているのよ」　（Chap.24 71:52～）
　『キャメロット』上演中にやってきたランスロットは、アーサー王役のヒュー・ジャックマンを、本物のアーサー王と最初誤解します。これはカメオ出演しているアリス・イヴが、ウルヴァリンのまねをしているヒュー・ジャックマンのことを紹介しているセリフです。奇遇なことに彼の初舞台は、5歳のときに演じたアーサー王役だそうです。

○ Teddy : Smile my boy.　It's sunrise.　　「微笑んでくれ。日の出だ」　（Chap.26 86:02～）
　無事に帰国して博物館に戻り、日の出となって、また蝋人形になるときにテディがラリーに語りかけるセリフです。笑顔の中にも一抹の寂しさを感じるのは、これがロビン・ウィリアムズの遺作となったからでしょうか。

○ McPhee : It does glow.　　　　　「まさに光っている」　　　　　　（Chap.27 88:59～）
　大英博物館の女性警備員ティリーが、ニューヨークの自然史博物館のマクフィー館長に石版を渡します。すると、石版が光り出します。そのときのマクフィーのセリフです。強調を表す 'does' が効果的に使われています。

学習ポイント

中学生が聞き取れそうで、かつ、面白そうなセリフを集めてみました。

○ Laa　 : Dada.　　　　　　「父ちゃん」　　　　　　　　　　　　　　（Chap.3 8:51～）
　Larry : No, not your Dada.　「いや違う、君の父さんじゃない」
　Laa　 : Yeah, Dada.　　　　「いや、父ちゃん」
　ラリーと瓜二つのネアンデルタール人、ラーとの対話です。ラーは言葉を知らないので、とても易しい語ばかりです。ラーは、マクフィー館長が冗談で作らせたものでした。実は、そのやりとりは本編ではカットされています。特典映像で観てみましょう。

○ Nick : We're all finding this super creepy, right ?　「まじでキモイんだけど」　（Chap.13 32:31～）
　ラリーたちが、大英博物館内の古代ギリシャ時代の展示物にやってきて、パルテノン彫像が動く姿を見てラリーの息子ニックがこう言います。「キモイ」という語は、子どもに使ってほしくない言葉ですが、字幕になっていたので敢えて載せてみました。'creepy' が「気味の悪い」という意味です。

○ Lancelot : Sir Lancelot, at your service.　　「ランスロットです、何なりと申しつけを」（Chap.14 35:55～）
　Larry　　 : Thank you. That was amazing.　「ありがとう。こりゃすごいなぁ」
　Teddy　　 : Theodore Roosevelt, President of the United States of America.
　　　　　　　　　　　　　　　　　　　　　　　「合衆国大統領のセオドア・ルーズベルトだ」
　Lancelot : I have no idea what that means.　「何のことかさっぱりわからない」
　アーサー王伝説に出てくる、円卓の騎士のうちでも最も有名な騎士ランスロットがさっそうと登場し、ラリーたちをトリケラトプスから救ったときの会話です。「アーサー王物語」は5～6世紀の物語ですから、ランスロットには1776年独立した合衆国の存在がわかるはずがないわけです。

○ IN LOVING MEMORY OF MICKEY ROONEY AND FOR ROBIN WILLIAMS　　（Chap.28 93:08～）
　　「ミッキー・ルーニーとロビン・ウィリアムズに捧ぐ」
　エンド・ロールの始めに出てきます。名優ロビン・ウィリアムズは、この映画が撮影された後の2014年8月に自死しました。また、車椅子で登場したガス（Chap.8 20:31～）こと、往年の名優ミッキー・ルーニーも、この映画完成後、まもなく亡くなりました。彼は『ティファニーで朝食を（1961年）』で、出っ歯で眼鏡をかけた小柄な日本人を演じていました。そしてエンド・ロールは "MAGIC NEVER ENDS（魔法は終わらない）" と続きます。

あらすじ

　1938年、エジプトの遺跡発掘現場で、父親に同行していた少年が、偶然地下にある墓地に落ちて、光り輝くエジプトの王ファラオの石版を発見するのでした。
　時は流れ、現代のニューヨークにある自然史博物館では、創設されたプラネタリウムの祝賀パーティの準備で、警備員のラリーは大忙しですが、準備は万端整いました。テディことセオドア・ルーズベルトが満天の星のもと、スピーチを行って大成功！、のはずが、テディをはじめ展示物たちが暴走して大失態になってしまいます。その原因はファラオの石版が腐食し始めていることとわかります。そして、前任の老警備員3人組から、その秘密を解くにはロンドンの大英博物館にいるアクメンラーの父マレンカレに会わなければなりません。
　ラリーは仲間を引き連れてロンドン入りし、女性警備員のティリーをごまかして大英博物館に侵入すると、そこは自然史博物館同様に、動く展示物が待ち受けているのでした。襲いかかるトリケラトプスやソウリュウから、円卓の騎士ランスロットの力を借りて逃れ、アクメンラーの父マレンカレから石版の秘密を聞き出します。しかし、今度はランスロットが石版を奪って、ロンドンの町へ飛び出してしまいます。はたしてテディたちは、石版を取り戻して元の元気な姿に戻れるのでしょうか。

映画情報

製　作　年：2014年（平成26年）
製　作　国：米国
配給会社：20世紀フォックス
言　　　語：英語
ナイトミュージアム1（2006年）・2（2009年）の続編

公開情報

公　開　日：2014年12月19日（米国）
　　　　　　2015年　3月20日（日本）
上映時間：98分　　MPAA（上映制限）：G
音　　　声：英語、日本語
字　　　幕：日本語字幕、英語字幕

ナイトミュージアム／エジプト王の秘密

薦	●小学生　●中学生　●高校生　○大学生　○社会人	リスニング難易表		発売元：20世紀フォックス ホーム エンターテイメント ジャパン（平成28年12月現在、本体価格）DVD価格：1,419円　ブルーレイ価格：1,905円
お薦めの理由	映画の舞台が、あの大英博物館と聞いただけでわくわくしてしまうのは私だけでしょうか。また、名優2人の遺作として、かつ、このシリーズのまとめとして、第1作に登場した懐かしいメンバーも登場しています。第1作、第2作と詳しく知りたい方は拙著「英語学習のための特選映画100選（中学生編）」をぜひ参考にして、その映画をご覧ください。本作品を、より楽しめると思います。	スピード	2	
		明瞭さ	2	
		米国訛	1	
		米国外訛	2	
英語の特徴	前2作品同様に、主人公ラリーの話す英語は標準的な米国英語です。一方、テディことセオドア・ルーズベルトは格調高い英語です。今回は、舞台が英国へ移動しますが、英国英語をそれほど意識する必要はありません。 　この映画を十分に理解し、楽しむためには、英語力よりも歴史と文化にどれだけ興味・関心があるか、または知っているかが重要な要素になります。	語彙	2	
		専門語	2	
		ジョーク	2	
		スラング	2	
		文法	2	

発展学習

コメディ映画ならではのジョークや、ウィットに富んだセリフに着目してみましょう。
- Ahkmenrah : At their size, they'll bake like tiny little scarabs in the Sinai. Too dark?　　　　（Chap.14 38:36～）
  「彼らの大きさなら、シナイ半島の小さいスカラベを焼くようだな。　引いた？」
  排気口に落ちたジェデダイアとオクタヴィウスの2人のことを、アクメンラーは心配するどころかこんな軽口を言います。周りがしらけた様子なので、"Too dark?" と言います。映画の字幕では「引いた？」となり、吹き替えでは「言い過ぎ？」となっています。ブラック・ジョークに対してこんな返答があるのですね。
- Octavius : I've seen this town before, I'm sure of it.　「確かにこの町を見たことがある」　（Chap.15 44:09～）
  Jedediah : Romans?　　　　　　　　　　　　　　　「ローマ人は？」
  'this town' とは「ポンペイ（Pompeii）」のことです。最初は 'POMPEII' のスペルと逆から読んでトンチンカンなことを言っています。また、この後のオクタヴィウスとジェデダイアのやりとりも笑えるセリフ満載です。
- Teddy : Ask not what your country can do for you, ask what you can do for your country.　（Chap.16 47:59～）
  「国があなたに何をしてくれるのかを問うのではなく、国のためにあなたは何ができるかを問うてほしい」
  石版の錆がますます大きくなり、自制心が働かなくなりテディが言います。いつも、心に響く名セリフを言うテディですが、今回の場合は違います。このセリフはジョン・F・ケネディで有名です。
- Larry : These things really do save lives.　「こいつは本当に命を助ける」　　　　　（Chap.16 51:10～）
  'these things' とは AED（automated external defibrillator：自動対外式除細動器）のことです。ラリーはこれを使ってソウリュウを倒しました。AEDはチャプター⑤（14:17～）のところで、この場面の伏線として出ています。
- McPhee : What are you doing?　　　　　　「何をしてる？」　　　　　　　　　　（Chap.27 88:36～）
  Tilly　 : I'm winking.　　　　　　　　　　「ウィンクよ」
  McPhee : You are blinking.　　　　　　　「まばたきしてる」
  Tilly　 : No, I wink with both eyes.　　　「いえ、私は両目でウィンクするの」
  McPhee : That's blinking.　　　　　　　　「それがまばたきだ」
  Tilly　 : It doesn't matter, because right now…　「どうでもいいわ、だってこれが始まるから」
  'wink' と 'blink' の違いがわかります。ちなみに「車のライトが点滅する」ことを、英国では 'wink'、米国では 'blink' です。日本では自動車の方向指示器を「ウィンカー」っていいますね。

映画の背景と見所

- 第1作がニューヨークの自然史博物館（American Museum of National History）、第2作がワシントンのスミソニアン博物館（Smithsonian Museum）、そして今回の舞台となるのは、「ロゼッタ・ストーン」で有名なロンドンの大英博物館（British Museum）です。チャプター⑩の冒頭（24:48～）ではロンドン観光も楽しめます。
- 前2作品は、父親と息子の触れ合いを求めるのが主題にありましたが、この作品は子離れにあります。
- 本作は、2014年8月に自死した名優ロビン・ウィリアムズと、往年の名優ミッキー・ルーニーの遺作です。
- ポンペイ（Pompeii）は、紀元79年ヴェスビオス火山噴火（Chap.16 47:32～）の火砕流で埋もれた、イタリアの古代都市です。これは有名な史実で、幾度も映画化されました。場所も地図で確認しましょう。
- 石版を盗んだランスロットを追って、ラリーたちが飛び込んだ世界（Chap.19 59:50～）は、オランダ生まれのマウリッツ・エッシャー（1898～1972年）のリトグラフ、いわゆる「だまし絵」です。彼の作品は、長崎のハウステンボスにもたくさんあります。
- 舞台劇『キャメロット』（Chap.23 68:41～）でアーサー王を演じているのは、本物のヒュー・ジャックマンで、王妃グィネヴィア役はアリス・イヴがそれぞれカメオ出演しています。

スタッフ
- 監督・製作：ショーン・レヴィ
- 脚本：デヴィッド・ギヨン　他1名
- 編集：ディーン・ジンマーマン
- 撮影：キレルモ・ナヴァロ
- 音楽：アラン・シルヴェストリ

キャスト
- ラリー・デリー／ラー：ベン・スティラー
- セオドア・ルーズベルト：ロビン・ウィリアムズ
- ジェデダイア：オーウェン・ウィルソン
- オクタヴィウス：スティーヴ・クーガン
- マレンカレ：ベン・キングズレー

パレードへようこそ	Pride	（執筆）安田　優

セリフ紹介

　この映画は労働賛歌として有名な"Solidarity Forever"という連帯の歌で幕を開けます。次の歌詞が「リパブリック賛歌（The Battle Hymn of the Republic）」のメロディーにのせて歌われます。タイトルにも含まれる"solidarity"とは連帯・連携という意味です。冒頭の曲を除いて、この語は映画内で計5回使用されていますが、労働組合という範疇を超えて作品理解の鍵となる概念の1つです。歌詞と映画の内容との関連を考えながら観賞してみましょう。

　　When the union's inspiration through the workers' blood shall run（組合の精神が労働者の血となれば）
　　There can be no power greater anywhere beneath the sun（世界で最強のパワーとなる）
　　Yet what force on earth is weaker than the feeble strength of one（しかし、1人では小さな力しかなくとも）
　　For the Union makes us strong（組合が我らを強くする）

　　Chorus:
　　　Solidarity forever, solidarity forever（連帯よ　永遠なれ、連帯よ　永遠なれ）
　　　Solidarity forever（連帯よ　永遠なれ）
　　　For the Union makes us strong（組合が我らを強くする）

学習ポイント

　この映画は英語力向上に役立つことはもちろんですが、不利益を押しつけられたり、抑圧されたりした際に、周りに流されず信念をしっかりと持ち、意見を主張することの重要性を再認識させてくれます。本作品では、サッチャー首相率いる英国政府が権力を持つ抑圧/体制側、炭鉱労働組合と同性愛者たちのグループが被抑圧/反体制側と位置づけられます。"Solidarity Forever"の歌詞にあるように、個々人の力には限界があるが故に、同じ状況に置かれた人たちが団結することで、強大な権力に効果的に立ち向かうことができます。場合によっては、抑圧されている者同士の連携を視野に入れることで、権力側に大きな一撃を放つことも可能でしょう。反対に、被抑圧者同士の反目は、支配体制を維持しようとする体制にとっては都合のいい状況と言えます。

　炭鉱組合の支援を思いつく際、マークはマイクに"It's a show of solidarity. Who hates the miners? Thatcher. Who else? The police, the public and the tabloid press. Sound familiar?"（連帯さ。炭鉱夫の敵は？サッチャーだ。他の敵は？警官、大衆、タブロイド紙だ。思い当たる節がないかい）と語ります。国家権力である警察、家父長制下で体制寄りの価値観を植え付けられている一般大衆、偏見や差別を煽りがちなタブロイド新聞など、共通の敵を持つ炭鉱組合に対し、同性愛者たちが募金を通じて連帯を表明すべきと考えるわけです。これはゲイ・パレード中の語りであり、権利を求めて闘っている点でも、被抑圧側である両者には共通項があります。しかし、両者の連携は一筋縄では行かず、権力側である家父長制社会の戦略通り、同性愛者に対する偏見を持つ保守的な炭鉱組合は、同性愛者からの支援を断っています。

　社会体制がその構成員に対して行う「体制に都合のいい考え」を刷り込む力は、私たちが思う以上に強力です。このことは、パレードから離れて立つジョーのそばを通り過ぎる子連れの女性が同性愛者を見て"disgusting."という言葉を発し、それを受けてジョーが"Yes."と返答する場面に端的に示されています。この女性は家父長制が生み出す同性愛嫌悪を体現する存在です。一方、ジョーもまた「そうである」と答えることで、同性愛者であるにも関わらず、そのことを隠し、社会が規定する同性愛者に対する考え方を体現することになります。社会体制が誰かを抑圧しようとするとき、被抑圧側が意思表示をせず、大きな流れに身を任せてしまうなら、彼らが本来持つべき権利が奪われてしまう可能性があるのです。体制側への抵抗は実を結ばないこともあります。しかし、盲目的な迎合を避けるべく努めることで、事態を好転させうる望みをつなぐことができます。理不尽な状況下でも、意見を発することが良くないと考える人や不得手な人もいるでしょう。しかし、理性的・論理的に自分の主張を明確に伝え（ようとする姿勢を見せ）ることは、自己主張を是とする文化圏の人とのコミュニケーションに際しても有益ではないでしょうか。

あらすじ

　1984年、サッチャー政権の採算のとれない炭鉱20か所の閉鎖案に反対し、炭鉱組合がストライキを起こします。これに対し、マークを中心とする同性愛者の活動家たちがLGSM（Lesbians and Gays Support the Miners）として、募金活動を通じて炭鉱夫支援を始めるところから物語は展開します。2団体の共通項は被抑圧者ということですが、同性愛嫌悪的考えもあり、連携は円滑に進みません。資金の必要性にも関わらず、保守的な労働組合は同性愛団体からの支援提案を断ります。このような状況下、南ウェールズ・ディライスの組合がLGSMの支援を受け入れます。その頭字語の意味を知らずに。炭鉱からマークたちに会いにやってきたダイはゲイバーでスピーチし「自分よりはるかに大きな敵と闘っているときに、どこかで見知らぬ友が応援していると知るのは最高の気分」だと語ります。もちろん、その炭鉱組合内にも価値観の相違は存在しますが、LGSMと組合委員長へフィーナをはじめとするディライスの人々の間には、交流を通して信頼関係が構築されていきます。ストライキは長期戦になり、彼らの連携をあげつらうタブロイド紙の記事をきっかけに事態は大きく動きます。炭鉱組合には連携解消を画策する者もいますが、連携に積極的な炭鉱の人たちとマークたちは、社会からの注目を逆に利用し、資金集めのための慈善コンサートを開催します。その後、1年以上にわたるストライキは組合側の敗北により終結し、映画は大団円に向かうのです。

映画情報

製作年：2014年
製作国：英国
言　語：英語
配給会社：セテラ・インターナショナル
ジャンル：ドラマ、コメディ

公開情報

公開日：2014年9月12日（英国）
　　　　2015年4月 4日（日本）
上映時間：121分
MPAA（上映制限）：R
興行収入：7,523万634ドル（世界興行収入）

パレードへようこそ

薦	○小学生　○中学生　○高校生　●大学生　●社会人	リスニング難易表		発売元：KADOKAWA （平成28年12月現在、本体価格） DVD価格：3,800円
お薦めの理由	実話に基づく映画です。時代設定は30年以上前ですが、労働組合や同性愛の問題など、グローバル化した現代社会へと乗り出していく大学生が理解しておくべきテーマが取り扱われています。成功するか失敗するかは別にして、抑圧された状況に置かれたときに、ただ黙り込むとすればその帰結がどのようになるのか、といったことを考慮しながら鑑賞することで、多くのことを学べます。	スピード	3	
		明瞭さ	3	
		米国訛	1	
		米国外訛	3	
		語　彙	3	
英語の特徴	英国英語が使われています。普段は米国英語に触れる機会が多いと思いますが、TOEIC対策をにらみ、この映画で英国訛りに慣れてみてはどうでしょうか。語彙・表現は必ずしも難しくはなく、セリフにはウェールズ訛りのものも含まれていますが、全体的に聞き取りやすいでしょう。必ずしもきれいな表現ばかりではありませんが、大学生以上であれば問題ないと思われます。	専門語	2	
		ジョーク	3	
		スラング	3	
		文　法	3	

発展学習

　この映画には含蓄のある表現が多く見られます。ゲイバーにおけるダイのスピーチもその1つです。スクリプトを読み、内容を理解し、暗唱へつなげ、その後でオリジナルのスピーチ作成を試みることで、四技能のバランスの取れた英語力を身につけられます。まず、ダイの話し方が聴衆を魅了する理由について書き出してみるといいでしょう。間の取り方、抑揚のつけ方、ユーモアの使い方、語彙や文構造の選択、聴衆の言葉に反応する即興性などいろいろな要素が挙げられます。その長所が生み出す効果を自分なりに理解しようとすることで、効果的で印象的なオリジナルスピーチを行う役に立ちます。ここでは映像を参考にして、内容に適したトーンや間も意識しながらダイのセリフを暗唱してみましょう。

Dai: I've had a lot of new experiences during this strike. Speaking in public, standing on a picket line.
　　 And now I'm in a gay bar.
(Jonathan: Well, if you don't like it, you can go home.)
Dai: As a matter of fact, I do like it. Beer's a bit expensive, mind. But, really, there's only one difference between this and a bar in South Wales. The women. They're a lot more feminine in here. What I'd really like to say to you tonight is thank you. If you're one of the people that's put money in these buckets, if you've supported LGSM, then thank you, because what you've given us is more than money. It's friendship. When you're in a battle against an enemy so much bigger, so much stronger than you, well, to find out you had a friend you never knew existed, well, that's the best feeling in the world. So, thank you. (00:18:29)

　上記のスピーチからも垣間見ることができるように、本作品では協力・友情・団結などがテーマの1つとして取り上げられています。"together"・"join"・"friendship"など、テーマと関連しそうな語彙の使われ方を検討してみましょう。それらが、結末部で示されるパレードや炭鉱組合の全面支援による「労働党規約に同性愛者の権利を盛り込む議案可決」にどのようにつながるのか考察しても面白いでしょう。ウェブサイト（http://www.springfieldspringfield.co.uk/movie_script.php?movie=pride-2014）などを活用すると作業しやすいでしょう。

＊大学などで本作を使用する場合、一部の場面（01:20:17からの1分程度）は省く方がいいでしょう。

映画の背景と見所

　同性愛に関しては、都会が性的少数者に好意的と断定はできないにしても、田舎の方が同性愛嫌悪的である可能性は高いでしょう。この作品ではどちらにも同性愛に好意的な人と否定的な人が遍在することが示されています。一般的に、よく知らない存在に対して人は恐怖心を抱く傾向にあります。この映画ではディライスの人々がLGSMの同性愛者と交流し、彼らに心を開く過程が描かれます。この状況を間近で経験することで、新たな自己認識を得る人物が、同性愛者の息子を恥じる母と対峙するジョー、そして人生晩年にヘフィーナに対して同性愛者であるとカミングアウトする年老いたクリフです。長きにわたって真のアイデンティティを公にできずにいたクリフの状況は、映画前半の会話でも示されています。ダイがゲイに会うのは初めてと言う際、マークは"as far as you are aware"と答えます。寛容なダイでさえディライスには同性愛者がいないと思っていたのです。そのような状況下でのカミングアウトが難しいことは容易に推察されます。ここからも観客は、クリフの苦悩の深さを推し量ることができるでしょう。カミングアウト後の社会的受容の不安定さを意識させることで、同性愛者に心理的圧力を与えてクローゼットに留まらせることも、現状維持を試みる家父長制社会の戦略です。葛藤を乗り越え、ラストのパレードでジョーとクリフが同性愛者としての誇り（プライド）を持って晴れ晴れと歩く姿は、見どころの1つでしょう。

スタッフ	監　督：マシュー・ウォーチャス 脚　本：スティーブン・ベレスフォード 製　作：デヴィッド・リヴィングストン 撮影監督：タト・ラドクリフ 音　楽：クリストファー・ナイチンゲール	キャスト	クリフ　　：ビル・ナイ ヘフィーナ：イメルダ・スタウントン ゲシン　　：アンドリュー・スコット ジョー　　：ジョージ・マッケイ マイク　　：ジョセフ・ギルガン

ベイマックス	Big Hero 6	（執筆）上原寿和子

セリフ紹介

タダシがベイマックスの診断力をヒロに披露した時のセリフを紹介しましょう。ヒロがベイマックスの受け答えをテストしているようで、最終的に「Not bad.」という表現でベイマックスの完成度を褒めています。

Baymax : You have a slight epidermal abrasion on your forearm. I suggest an anti-bacterial spray.
Hiro　　: Woo woo woo. What's in the spray, specifically?
Baymax : The primary ingredient is bacitracin.
Hiro　　: That's a bummer. I'm actually allergic to that.
Baymax : You are not allergic to bacitracin. You do have a mild allergy to peanuts.
Hiro　　: Not bad.

ベイマックスの決めセリフを紹介しましょう。ヒロの兄タダシは火災事故で死んでしまいます。うつ病によりやる気を無くし、自宅にいる時でした。ヒロが自宅で転んで「Ouch」といった時に故タダシの寝室で待機中のベイマックスが反応します。「On a scale of one to ten…」はごく一般的にお医者さんが言う無関心と思われる決めセリフでもありますが、ベイマックスがヒロに発した時は機械的でありながら、愛らしいセリフでした。

Baymax : On a scale of one to ten, how would you rate your pain?
Baymax : You have sustained no injuries. However, your hormone and neurotransmitter levels indicate that you are experiencing mood swings, common in adolescence. Diagnosis, puberty.

学習ポイント

ディズニー映画としてはキャラクターとシーンの展開が多く、『ベイマックス』ではキャラクター、単語、ディベート等を通して英語学習がし易い題材です。また低レベルから高レベル、低学年の学習と高学年、大人向けに対応した学習も可能であり、様々な視点より英語の学習が楽しめるはずです。

英語の題名は Big Hero 6 ですので、メインキャラクター6名（ベイマックス、ヒロ・ハマダ、ゴーゴー・トマゴ、ワサビ、ハニー・レモン、フレッド）について学習を始めます。キャラクターによっては和な発想があることで日本人学習者も触れ易いです。それぞれのキャラクターの名前を覚え、性格や決めセリフ、服装、映画の中でどのような役割を果たしているかを英語で発言する練習もしましょう。

ベイマックスは起動直後に "I am Baymax, your personal health care companion" と言い、その後に医療の専門用語（例：medical assistant, adolescence, puberty, injuries, cholesterol, 体用語：forearm, 症状：abrasion, allergy, 医薬品：bacitracin, antibacterial.）を並べて言いますので単語やフレーズ毎に学習します。専門用語は特に医療分野の学習者には適切な題材です。また、ロボット工学を副テーマとしている「ベイマックス」では研究室内のシーンで普段聞き慣れない工学系用語（例：Electro-magnetic suspension, zero resistance, laser-induced plasma, magnetic confinement, tungsten carbide, hyperspectral cameras, fiber defibrillators, carbon fiber, sensor, signal, gravity.）については発音やストレス（強調して発音する部分）、イントネーションに気をつけながら単語やフレーズの学習をしましょう。さらに、工学用語に因んで、数値に対する単位（例：400 pounds, 500 Kelvin, 80 years, one hour, 1,000 percent.）も合わせて覚えましょう。イディオムについては Callaghan: Burning the midnight oil?, Callaghan: We push the boundaries of robotics, Tadashi: A lot of sweet tech here today, Tadashi: Look for a new angle, Hiro: It takes a lot more than this to rattle me. などのセリフを映像と合わせて表現の意味を考えてみましょう。

ディスカッションやディベートの題材としてはチャプター毎に取り上げてみましたので参考にしましょう。

Chapter 1：ヒロは自分が開発したマイクロボット（microbot）を使用し、ロボットの戦い（bot fighting）で賭けをしていました。それに因んで現実問題、カジノが禁止されている日本では、カジノ合法化をめぐる議論があります。2013年のカジノ法案とは何か、また法案についての賛否両論の学習につなげましょう。

Chapter 2：ヒロはタダシの工科大学の研究室に行き、様々な開発品を見ることができました。電磁サスペンション自転車やレーザー誘起プラズマ、ベイマックスも開発品の1つです。学習者が開発してみたいものや、どのような用途で使用したいかを検討し、英語で発表します。開発品の良さを的確に表現してみましょう。

あらすじ

舞台は「サンフランソウキョウ」という架空の町。幼い頃に両親を亡くしたヒロは14才にして科学の天才少年です。その実力を非合法のロボット・ファイトに時間を通やし、トラブルに巻き込まれてしまいました。ヒロの兄で大学生のタダシはそんな弟の将来を心配し、サンフランソウキョウ工科大学の研究室に連れていきます。その時、ヒロはタダシの恵まれた研究環境に魅了され、大学に入学することを決心しました。入学するためには研究発表会で研究成果を披露しなければなりません。そして、想像を超えるヒロの発明「マイクロボット」の発表でキャラハン教授の研究室での学生生活が認められました。その夜、タダシは原因不明の研究室の火災に巻き込まれて死んでしまいました。タダシの死に絶望したヒロは部屋に閉じこもってしまいます。その時、タダシが開発したケア・ロボット、ベイマックスがヒロの深く閉ざされた心を癒そうとしました。また、同時にヒロが開発したマイクロボットの1つが突然反応します。どこかに行きたがっている様子を見て、ヒロとベイマックスは、マイクロボットの行き先を突きとめるために町へ出ました。行き着いた先の工場では、マイクロボットが大量生産されており、ヒロとベイマックスに襲いかかりました。謎の火災事故やマイクロボットの大量生産に、不審感を抱いたヒロは研究室仲間（ゴーゴー・トマゴ、ワサビ、ハニー・レモン、フレッド）と一緒に真相を究明することを決意しました。結末で真相の全て明かされます。

映画情報

製　作　年：2014年
製　作　国：米国
言　　　語：英語
配給会社：ウォルト・ディズニー・ピクチャーズ
ジャンル：アニメーション

公開情報

公　開　日：2014年11月7日（米国）
　　　　　　2014年12月20日（日本）
上映時間：102分
オープニングウィークエンド：5,621万5,889ドル（米国）
受　　　賞：第87回アカデミー賞長編アニメーション賞

| 薦 | ●小学生　●中学生　●高校生　●大学生　●社会人 | リスニング難易表 | 発売元：ウォルト・ディズニー・スタジオ・ジャパン（平成28年12月現在、本体価格）MovieNEX価格：4,000円 |

お薦めの理由	2009年にウォルト・ディズニーが米国のコミックス出版社として有名であるマーベルエンターテインメントを買収しました。そして1998年にマーベルエンターテインメントによって出版されたコミックス「Big Hero 6」がベイマックスの原本になりました。ディズニー社が初めて描いたマーベルコミックのアニメーション映画であるため、ディズニー化されたスーパー・ヒーロー達はこの映画が代表作になります。	スピード	4
		明瞭さ	2
		米国訛	5
		米国外訛	1
英語の特徴	全体的に米国発音で外国語訛りはありません。主役のヒロは14才らしく、解りやすい表現を使用します。それとは対照的にベイマックスは医療用語を中心に、正しい文法を機械的に話します。多少不自然な表現にも聞こえますが、とても明瞭です。全体的に内容は大人向けで、語彙もレベルが高いのですが、アニメーションなので小・中学生でも難しい表現については映像をしっかり見ることで状況が把握しやすいです。	語　彙	5
		専門語	5
		ジョーク	3
		スラング	3
		文　法	2

発展学習	ヒロは自分の研究発表をするために大学の研究発表会で披露しました。発表を成功するために必要な要素と、どのような改善をすれば良いか学習者同士で相談しましょう。発表に必要な要素 (1) – (7) とそれぞれの要素に該当する表現を考えましょう。学習者が決めたテーマや教員が定めたテーマをもとに発表の練習をしましょう。 (1) Opening statement：発表では最初の30秒で観客を引きつけるコツを学習してもらいましょう。 (2) Structure　　　　：Introduction, Main + Evidence, Conclusion に注目し、全体的に関連性を保つと良いです。 (3) Message　　　　：複数の発表者がいる場合、自分の発表では何が心に残るのか考え、伝えましょう。 (4) Fluency　　　　：発音、文法を中心にイディオムなども使用し、よりネイティブな表現で発言しましょう。 (5) Interaction　　　：アイコンタクトや観客に質問を問いかけたり、他の発表で関連することを発したりすることで、観客を刺激します。 (6) Confidence　　　：台本どおり発することが出来ても、自信がないように見えるとせっかくのプレゼンテーションの成果が半減してしまいます。発表はステージである心構えで挑むと良いです。 (7) Preparation and Time：自分の発表を、時間を計りながら携帯のビデオカメラなどで撮影することで、再生、改善を何度か繰り返す事によって、本番で自信を持って発表出来るようになります。 クイズやディスカッションを通して説得力のある論拠をたてましょう。回答する際は、structure に気をつけながら、意見とその理由を明示的に示すことが必要です。決まり文句は再利用できるようにメモを取りましょう。 (1) In which city do you think the movie is set and why?（世界にある町に例えると、どの町に舞台は設定されていると思いますか？理由も述べましょう）実際はフィクションであるサンフランソウキョウ（サンフランシスコと東京のハイブリッド）で設定されたそうです。映像を見ながら、それぞれの町の特徴を探しましょう。 (2) Describe the main characters in the movie (name, role in the movie).（映画の中のそれぞれの役について名前や、役柄などを説明しましょう）キャラクター同士の関係も説明できるよう練習しましょう。ブルーレイに収録された「クリエーターが語るキャラクターの特徴」を見てキャラクターの学習も出来ます。 (3) It is important for Disney movies to follow themes. What do you think the theme of this movie is?（ディズニー映画では「テーマ」をとても大事にしています。この映画のテーマはなんだと思いますか？）例えば、「アナと雪の女王」の場合は血縁関係に至る「家族愛」がテーマでしたが、「ベイマックス」は映画で出会う「友達」を通して新たな家族関係を築き上げたことでした。他のディズニー映画でもテーマを考えてみましょう。

映画の背景と見所	映画、『ベイマックス』は米国のマンガ出版社マーベルコミックスの1998年に登場した「Big Hero 6」の漫画をディズニー化した1作です。舞台は東京とサンフランシスコを合体した、「サンフランソウキョウ」と呼ばれる架空の都市に設定されています。ディズニーの製作チームはサンフランシスコでおなじみのランドマークの多くを保持し、町並みは東京の新橋、神田、上野地区等を演出しています。映画の中の見どころはふわふわとしたケア・ロボットの愛らしい行動や発言で、アニメーターはこれまでにないロボットのイメージを作り出しました。また、キャラクターの名前（ヒロ、タダシ、ワサビ）やベイマックスの顔が日本の鈴からイメージされたことにより日本らしさを多く取り入れているため、日本人の学習者により馴染み易いと思われます。ロボット工学、技術とアドベンチャーのテーマを中心に、多文化と多国籍なキャラクターによってアニメーションが作成されました。第87回アカデミー賞で長編アニメーション賞を受賞した他、様々な映画関連組織（Golden Globes, BAFTA, Behind the Voice Actors Awards など）で合計12回受賞し、51回ノミネートされました。ゼロから始まるキャラクターのデザインについては82人が関わり、「各キャラクターに個性を持たせるため」の解説が、ブルーレイのボーナスコンテンツに収録されています。アニメーションに興味のある人や、アニメーターにとって欠かせない映画です。

スタッフ	監　督：ドン・ホール、クリス・ウィリアムズ 脚　本：ジョーダン・ロバーツ、ダニエル・ガーソン 　　　　ロバート・L・ベアード 製　作：ロイ・コンリ 撮　影：ジョン・ブース、クレイトン・ムーア	キャスト	ベイマックス　：スコット・アツィット ヒロ　　　　　：ライアン・ポッター タダシ　　　　：ダニエル・ヘネィー ロバート・キャラハン：ジェームズ・クロムウェル キャス　　　　：マヤ・タディック

第5回映画英語アカデミー賞　候補映画

| マダム・マロリーと魔法のスパイス | The Hundred-Foot Journey | （執筆）松河　舞 |

セリフ紹介

　ここでは、料理とはどういうものかについて語られたセリフを2つ紹介します。1つ目は入国審査時の回想シーンに出てきた、ハッサンの料理の先生であったお母さんのセリフです。（0:04:15）

Mama : The sea urchins taste of life, don't you think? Life has its own flavor. Hidden in that shell, raw, beautiful life. But to cook, you must kill. You make ghosts. You cook to make ghosts. Spirits that live on in every ingredient. Can you taste them?

　料理をするには生き物の命を奪わなければならず、料理を味わうということは、その素材に宿った霊を味わう事だと教えています。料理する時や食べる時には命を意識し、舌だけでなく五感で味わう事の大切さを表したセリフです。
　2つ目はマルグリットとハッサンが、ハッサンの作ったソースを味わいながら話をする場面です。ハッサンは好きな料理を聞かれ、インドのお菓子ジャービルと答え、作り方を説明します。（0:50:53）

Marguerite : Fermented dal and flour, deep fried. The smell reminds me of my mother.
Marguerite : You're lucky. The smell of pigs' feet in vinegar reminds me of my father.
Hassan　　 : Food is memories.
Marguerite : Food is memories.

　料理の香りで親を思い出すように、料理の味や香りは記憶をよみがえらせる物です。1つ目のセリフ同様に、料理とは五感に結びつくものだということを物語っているセリフです。

学習ポイント

①この作品の登場人物はフランスやインド出身なので、それぞれ母語の訛りが多少あります。文字を見ながらリスニングをすれば聞き取れるようになるので、同じシーンを何度か聞き、その発音に慣れてきたら聞き取りをしてみましょう。まずは生徒のレベルに合った適当な単語を空欄にしたプリントを作成し、日本語字幕で内容を把握させてから何度も音声を聞き、空欄を埋めてみましょう。ハッサンとマルグリットは聞き取りやすいです。（0:47:18）

Hassan　　 : How did you (learn) about all this stuff?
Marguerite: I was 12, and I started with the five basics, (which) is béchamel, veloute, hollandaise, tomato, espagnole. You have to master those five basic sauces (first).
Hassan　　 : And you can (find) all five in the books?
Marguerite : Of course, but they're (no)(use) in books. You must find them in your heart, and then bring them to your pots. That's the (secret).

　パパやマダム・マロリーの方が訛りがあるので、慣れてきたらこちらも挑戦してみましょう。（1:20:43）

Papa　　　　　 : You want Hassan because you want another (star) for yourself, yes ?
Madame Mallory : Oh, yes. Yes, I will not (lie). But I will also offer him a stepping (stone) to the world. He deserves it. He has a (gift).
Papa　　　　　 : You are very (stubborn).

　この他、日本語を含む様々な言語の訛りについて調べ、動画などで実際に聞いてみるのもお薦めします。

②この作品は全編を通して美味しそうな料理がたくさん出て来ます。作品に出てきたフランス料理、インド料理のレシピを英語で理解してみましょう。作品中では、ハッサンがル・コルドン・ブルーの料理本を見てフランス料理を勉強していましたが、実際ル・コルドン・ブルーのホームページには季節ごとに英語のレシピがいくつか掲載されています。他にもインド料理や日本料理を英語で紹介している本もたくさん出版されているので、そのような本からいくつかレシピを選んで英語で読んでみましょう。今は料理の動画もあるので、料理名を隠してレシピからどのような料理なのかを想像し、実際に調理風景の動画や画像を見るのも面白いでしょう。さらに、外国人教員に母国の料理のレシピを教えてもらう、家庭科教員に協力してもらい、英語で学んだレシピを実際に調理してみる、生徒同士でお気に入りのレシピを英語で作成し、紹介し合う、など様々な活動に発展させていくことができます。

あらすじ

　インドでレストランを経営していたカダム一家は、ある日、選挙絡みの暴動に巻き込まれ、その火事でお母さんとレストランを失います。新たな生活の場所を探し、車でヨーロッパをまわっていたところ、フランスの田舎町で車が故障し滞在を余儀なくされます。その地の野菜が美味しく、レストランを開くのに最適な空き家も見つけたので、パパはすぐに定住する事を決めました。ところがその空き家は老舗フレンチレストランのすぐ向かいでした。クラシック音楽を聴きながら、お客様に優雅に食事を楽しんでもらいたい女主人のマダム・マロリーは、向かいの賑やかなインドレストランを快く思いませんでした。パパもまたお高くとまっているマダム・マロリーを快く思わず、お互いにライバル意識を燃やします。一方、カダム一家の次男のハッサンは母親譲りの料理の天才で、小さい頃からその才能を磨いてきました。マダム・マロリーのレストランで働くマルグリットと知り合った事で、伝統あるフランス料理にも惹かれていきます。パパにライバル意識を持っていたマダム・マロリーですが、ハッサンの料理を食べた事からその才能を認め、彼女のレストランで働きながらフランス料理を学ぶことを許します。パパの許しも得て技術を磨いたハッサンの料理は、伝統的なフランス料理とインド料理のスパイスが融合し、皆を魅了していきます。衝突し合っていたパパとマダム・マロリーもハッサンを応援することで、徐々にお互いを理解しあい親しくなっていくのでした。

映画情報

製　作　費：2,200万ドル
製　作　年：2014年
製　作　国：インド、アラブ首長国連邦
言　　　語：英語、仏語、ヒンディー語、米国
ジャンル：ドラマ、コメディ

公開情報

公　開　日：2014年　8月8日（米国）
　　　　　　2014年11月1日（日本）
上映時間：122分
映倫区分：G
第72回ゴールデングローブ賞主演女優賞ノミネート

マダム・マロリーと魔法のスパイス

薦	○小学生　○中学生　●高校生　●大学生　●社会人	リスニング難易表		発売元：ウォルト・ディズニー・スタジオ・ジャパン（平成28年12月現在、本体価格）DVD価格：3,200円　DVD＋BD価格：3,800円
お薦めの理由	この作品はフランスとインドという異なる文化を持つ人々が料理を通して偏見を乗り越え、親しくなっていくという物語です。また、安全な所から一歩踏み出してみると何かを得ることができるという事が学べる映画です。たった100歩離れた向かいのレストランとの関わりで登場人物が成長していく姿は様々なことを考えさせてくれます。また普段何気なく食べている料理そのものを見直すきっかけになるでしょう。	スピード	2	
		明瞭さ	2	
		米国訛	1	
		米国外訛	4	
		語　彙	3	
英語の特徴	この作品は主な舞台がフランスなので、マダム・マロリーやマルグリットといったフランス人の登場人物はフランス語訛りの英語を話します。また、インド出身のカダム一家はインドの公用語であるヒンディー語訛りの英語を話します。共に訛りはきつくなく比較的聞き取りやすい発音ではありますが、英国英語、米国英語のクリアな発音に慣れている生徒にとっては、慣れるまで聞き取りにくいかもしれません。	専門語	2	
		ジョーク	2	
		スラング	2	
		文　法	3	

発展学習

①この作品はジャーナリストのリチャード・C・モライス作『マダム・マロリーと魔法のスパイス』を映画化したものです。原題の"The hundred-foot Journey"とは、マダム・マロリーのレストランとカダム一家のレストランの距離を表しています。物理的にはたった100歩、30mほどの近さですが、文化の違いからお互い初めは精神的に遠い所にいます。その後、精神的な"journey"を通してお互いを理解し、偏見をなくす事ができ、それぞれが成長し変わっていきます。映画を見終わった後で、この"The hundred-foot Journey"という言葉の意味を生徒に考えさせてみるのも良いでしょう。また、今までの人生で自分が勇気を出して一歩踏み出したこと、生徒自身の"The hundred-foot Journey"を聞いてみるのも面白いでしょう。

②作品中、7月14日のフランスの建国記念日"Bastille day"（バスティーユ・デイ/パリ祭）を祝う場面があります。また、フランス国歌の歌詞を取り上げる場面もあるので、フランスとインドの歴史や文化を調べてみると良いでしょう。

③日本で「洋画」というと主にハリウッド映画を指し、大きな映画館で上映される作品もハリウッド映画が大半を占めています。近年は単館上映作品も注目されるようになってきていますが、映画に興味のない生徒がフランス映画やインド映画を観る機会はかなり少ないと思います。それぞれの言語や文化を紹介するという意味で、映画を一部鑑賞してみるのも良いでしょう。フランス映画は、古くは『シェルブールの雨傘』などが有名ですが、2001年にヒットし、クリーム・ブリュレを一躍広めたオドレイ・トトゥ主演の『アメリ』、アクション作品ではリュック・ベンソン監督の『TAXi』シリーズ、また2011年にヒットした体が不自由な富豪と貧困層で移民の看護人との人種、年代を超えた友情を描いた『最強のふたり』などが生徒も興味を持ちやすい作品ではないかと思います。インド映画は「ボリウッド」と呼ばれることもあるほど映画産業が盛んで、作品がたくさんあります。日本に入ってきているインド映画としてまず挙げられるのは1998年にヒットした『ムトゥ　踊るマハラジャ』でしょう。ストーリーは単純明快ですが、歌、踊り、アクションと娯楽の全てが詰まった楽しい作品です。インドには様々な言語がありますが、こちらはタミル語の作品です。今回の作品同様、インド公用語のヒンディー語の作品としては2013年日本公開の『きっと、うまくいく』もお勧めです。2008年公開の『スラムドッグ＄ミリオネア』は英国人のダニー・ボイルが監督し全編英語の作品ですが、出演者、スタッフの多くがインド人です。この作品はアカデミー賞を何部門も受賞し、日本でもヒットしました。純粋なインド映画ではありませんが、文化に触れるきっかけになるでしょう。映画がそれぞれの文化に興味を持つきっかけとなると良いと思います。

映画の背景と見所

　本作の見所は、2つの文化が出会い、初めは衝突するけれども料理という共通文化を通してお互いを徐々に理解し合う様子が描かれている所です。また、英国を代表する女優のヘレン・ミレン扮するマダム・マロリーとインドを代表する俳優のオム・プリ扮するパパのそれぞれの内面の変化、2人の関係性の変化は見所の1つに挙げられます。監督は『ギルバート・グレイプ』『ショコラ』などを監督したラッセ・ハルストレム、製作には『ジョーズ』『インディ・ジョーンズ』『ジュラシック・パーク』のスティーブン・スピルバーグやテレビ番組の司会者兼プロデューサーで有名なオプラ・ウィンフリーが加わっているなど製作陣も豪華です。

　フランスの田舎町が舞台なので自然や街並み、市場などの景色はとても美しく、食物の命を感じられます。2つの文化の違いは音楽にも現れていて、マダム・マロリーのお店では上品なフランス音楽が、カダム一家のレストランでは活気あふれるインド音楽が流れます。衣装にも文化の違いや内面の変化が現れており、インドの伝統的な衣装が出てきたり、マダム・マロリーの衣装はカダム一家と親しくなるにつれ、かっちりしたスーツから柔らかいイメージの服装に変わっていきます。それぞれの文化を代表する料理もたくさん登場するので、鑑賞後美味しい料理が食べたくなる作品です。このように音楽や衣装、料理という面から鑑賞してみるのも面白いでしょう。

スタッフ	監　督：ラッセ・ハルストレム 製　作：スティーブン・スピルバーグ 　　　　オプラ・ウィンフリー 　　　　ジュリエット・ブレイク 音　楽：A.R.ラフマーン	キャスト	マダム・マロリー　：ヘレン・ミレン パパ　　　　　　　：オム・プリ ハッサン　　　　　：マニシュ・ダヤル マルグリット　　　：シャルロット・ルボン マンソール　　　　：アミット・シャー

ミニオンズ	Minions	（執筆）寶壺　貴之

セリフ紹介

（1）映画の冒頭の場面で、ミニオンズがいつから生存しているのかについて解説しています。
　　Minions have been on this planet far longer than we have.（ミニオンズは、人類よりはるか昔から存在していた）

（2）ミニオンズの生きる目的について、述べる場面です。
　　They're all different, but they all share the same goal. To serve the most despicable master they could find.
　　（彼らは皆異なるが、生きる目的は同じだ。つまり、最強のボスに仕えることだ）

（3）続いて、その仕えたボスをどうすることが喜びだと説明している場面です。
　　Making their master happy was the tribe's very reason.（ボスを喜ばせることが生きがいなんだ）

（4）ケビンの特徴の説明です。リーダーの気質がよく表れています。
　　Kevin felt pride. He was going to be the one to save his tribe.
　　（ケビンはプライドを感じていた。彼は、ミニオンズを救うのだと）

（5）スチュアートの特徴の説明です。マイペースであることがよく分かります。
　　Stuart felt hungry mostly. He was going to be the one to eat this banana.
　　（スチュアートはいつも腹ペコだ。彼は、バナナを食べるのだと）

（6）ボブの特徴の説明です。慎重である性格が表現されています。
　　Bob was frightened of the journey ahead.（ボブはこの旅が不安でいっぱいだった）

学習ポイント

　この映画は、ユニバーサル・スタジオ製作の『怪盗グルー』シリーズの大ヒットアニメ映画『怪盗グルーの月泥棒3D』（2010年）、『怪盗グルーのミニオン危機一発』（2013年）に登場する人気キャラクター、ミニオンたちを主役に描かれています。ミニオンたちは人類が誕生するずっと前から生きていて、様々な時代背景の中でその時代のボスに仕えていたことが分かります。一見、アニメ映画なので小学生や中学生に向いているという見方もありますが、ここでは映画の中に様々な時代背景が出てくる点から、世界史を既習した高校生や大学生がContent-Basedの観点から学べる英語学習法について述べます。まず、冒頭の10分でミニオンズの歴史と生き方が分かります。

Narrator: Minions have been on this planet far longer than we have. They're all different, but they all share the same goal. To serve the most despicable master they could find. Making their master happy was the tribe's very reason. Finding a boss was easy. But keeping a boss, therein lies the rub.

　まず、黄色い生命体のミニオンたちはその時代で最強のボスに仕える習性がありました。新しいボスに選ばれた者は、ミニオンたちの失敗やアクシデントに巻き込まれて亡くなってしまうという運命をたどります。ここで、まず学習者はミニオンズが様々な時代のボスに仕えていたことを学習して、彼らの生きがいについても学ぶことができます。
　映画の中ではMinions Chronicleと言えるほど様々な時代が出てきます。具体的には、1．怪盗グルーに出会う1億4500万年前の「恐竜時代」、2．25万年前の「原始時代」、3．4000年前の「古代エジプト時代」、4．550年前の「暗黒時代」、5．335年前の「大航海時代」、6．200年前の「フランス革命時代」、7．「ボス不在の時代」、8．怪盗グルーに出会う42年前の1968年ニューヨークやロンドンの時代となっています。学習者は他教科（世界史）で学習した内容の再確認をして、映画と英語を通して学び直すことができます。例えば、「原始時代（石器時代）」では、

Narrator: With the emergence of the Stone Age came the rise of a new species. Man was very different from the dinosaur. He was shorter, hairier, and way, way smarter. The Minions took an instant liking to man, and helped him the best they could.

と解説されています。恐竜時代のティラノサウルスが活躍した時代と異なり、石器時代は人類の祖先である原始人が出現し道具を使い、ミニオンズも人類に手助けをするようになることが映像を見ると分かります。映像の良さは面白さと分かりやすさにあり、言葉で同じことを話しても、1枚の写真や1秒の映画にはかなわないことがあります。映像の特徴の1つは「見てすぐに理解できる」ことなので、映画を利用することで学習と理解が帰納的になります。歴史の内容をリンクさせて映画を活用することと、英語で学習し直すという方法を取ることで理解がさらに高まります。

あらすじ

　本作は、ユニバーサル・スタジオ製作の大ヒットアニメ映画『怪盗グルー』シリーズに登場する人気キャラクターのミニオンたちが主役の映画です。人類誕生前から存在している黄色い単細胞の生命体だったミニオンたち。彼らの生きがいは「その時代の最強で最悪のボスに仕えること」で、今までティラノサウルス、原始人、エジプトのファラオ、ドラキュラ伯爵、ナポレオン等に仕えてきました。ミニオンたちによって選ばれたそれぞれのボスたちは、様々な災難やアクシデントに見舞われ結局亡くなってしまうのでした。やがて仕えるボスがいなくなり、生きる目的を失いかけていました。
　1968年、今の状況を変えようとリーダーになったケビンは、スチュアートとボブと一緒に新しいボスをさがしにニューヨークに着き、ショッピングモールのテレビ番組で「大悪党大会」がオーランドで開催されていると知り会場に向かいます。そこで、女悪党スカーレット・オーバーキルと出会い、彼女はケビンたちを手下にしてロンドンまで連れて行き、エリザベス女王から王冠を盗んでくるように言います。スカーレットは王冠を手に入れることで、自らが英国の君主になることを企んでいました。果たして、スカーレットは自分の目的を果たすことができるのでしょうか。その時、ミニオンたちの行動はいかに…。

映画情報

原　題：*Minions*
製作年：2015年
製作国：米国　製作費：7,400万ドル
配給会社：ユニバーサル・ピクチャーズ
言　語：英語

公開情報

公開日：2015年7月10日（米国）
　　　　2015年7月31日（日本）
上映時間：91分
興行収入：3億3,602万ドル（米国）
画面アスペクト比：1.66：1

ミニオンズ

薦	○小学生　○中学生　●高校生　●大学生　○社会人	リスニング難易表		発売元：NBCユニバーサル・エンターテイメント（平成28年12月現在、本体価格） DVD価格：1,429円　ブルーレイ価格：1,886円
お薦めの理由	映画は、2015年公開の米国の3Dコンピュータアニメーション・コメディ映画で、ユニバーサル・スタジオ製作の大ヒットアニメ『怪盗グルー』シリーズに登場する人気キャラクター、ミニオンたちを主役に描いています。実は、本作品ではミニオンは人類が誕生するずっと前から生きていたことや様々なことが分かります。この愛くるしいミニオンズの正体がいよいよ明かされるという点で、お薦めしたいです。	スピード	3	
		明瞭さ	3	
		米国訛	3	
		米国外訛	3	
		語　彙	3	
英語の特徴	本作は、ミニオンたちが様々な場所でボスをさがすので世界中が舞台となっています。ニューヨークやオーランドの場面では登場人物の会話の米国英語をそして、英国ではエリザベス女王が話す場面を始めとした英国英語を聞くことができ様々な英語を比較しながら学習することができます。使用されている英語表現は、学習教材としては適していて、スピードや明瞭さについても適度です。	専門語	2	
		ジョーク	3	
		スラング	2	
		文　法	3	

発展学習	本作は、「学習のポイント」で述べたようにミニオンズが様々な時代背景の中でその時代のボスに仕えることでストーリーが展開されています。この映画は、1.「恐竜時代」、2.「原始時代」、3.「古代エジプト時代」、4.「暗黒時代」、5.「大航海時代」、6.「フランス革命時代」、7.「ボス不在の時代」、8.怪盗グルーに出会う42年前の1968年の時代と構成されているので、発展学習としていろいろな時代を取り上げてみましょう。映画で使用されている英語のセリフを活用することで英語で歴史や文学を学習することにも繋がります。もう1つ「暗黒時代」を例に挙げると、 Narrator: The Dark Ages were actually fun times. Their new master had a tendency to party all night and sleep all day. But eventually, the party was over. となっています。簡単な短い文章ですが、この時代の邪悪なボスはまさにドラキュラ伯爵のことを指し、最後の表現はミニオンズが誕生日をお祝いしようとして窓を開けた途端、日が差しドラキュラ伯爵は死んでしまいます。さらに発展学習として、原作を英文で読んでみることも可能です。この方法（他教科のことを英語で学ぶという方法）は、英語教育におけるコミュニケーション重視の表れの1つです。コミュニケーションという観点からすれば、最も重要なのは記号（伝達の手段）ではなく、メッセージ（伝達する内容）です。コミュニカティブ・アプローチでは、記号よりもメッセージ中心に教えられなければならないと考えられています。H.G. Widdowson が、著書 Teaching Language as Communication（1978年）の中で記号とメッセージの両方を教えることが大切であり、具体的には他教科の内容を英語でも学習してみるという方法は意味があると考えられています。 　さらに映画では当然、ミニオンたちが主役ですが、主役のミニオンズは英語を話しませんが、視聴者に大切な表現はとてもよく伝わります。本作品の主役ケビンの声は、ピエール・コフィン監督です。大昔から生きていて世界を渡り歩いてきたミニオンズが話すことばはかなり国際的だと考えられます。古代エジプト語の基礎を教えたファラオやナポレオンのフランス語、本格的なトランシルバニア語を教えたドラキュラ伯爵、すべての人に仕えてきたのがミニオンズです。監督は、英語を話さないミニオンズの言おうとしていることばをよく考え伝えています。そこには、一見何の意味のないような鳴き声とも捉えられるミニオンズのことばに何かしらの規則性が存在しているのではないかとも思われます。それに加えて、言語学習（外国語学習）で必要なことばの表現方法と共に、つまりバーバルな部分と共に、態度やしぐさや間であるといったノン・バーバルな部分の大切さもこの作品から読み取ることができます。前述の Widdowson（1978：73）にもノン・バーバルコミュニケーションの大切さが書かれていますが、この映画からさらにこの要素も発展学習として行うことができます。

映画の背景と見所	本作は、ユニバーサル・スタジオ製作の大ヒットアニメ『怪盗グルーの月泥棒3D』(2010年)、『怪盗グルーのミニオン危機一発』(2013年) という『怪盗グルー』シリーズに登場する人気キャラクター、ミニオンたちを主役に描いています。最初の作品では、怪盗グルーの手下として働いていたミニオンたちは、実は単に「かわいい」だけではなく、「悪党になりたい」という野望と本来併せ持っていた「善良さ」とのギャップが観る人を魅了しているのです。このような両面性は私たち誰もが併せ持っている点であり、ミニオンズというキャラクターですが、彼らの行動や心情が実に人間らしくもあり、私たちが共感している部分がミニオンたちを本作品では主役にまで押し上げていると言えます。また、主役のケビンとスチュアートとボブという三者三様のキャラクターがこの映画を盛り上げています。ケビンは、背が高く目は2つで頭から飛び出た逆毛が特徴、ミニオン滅亡の危機を救うために立ち上がったリーダーです。スチュアートは、背の高さは2人の中間で目は1つでヘアースタイルは真ん中分け、ロックスターになることを夢見ています。ボブは、背は低く目は2つ（左右色が異なる）で毛の生えていないミニオンで小心者ですが、ボス探しの旅で重要な役割を果たします。ミニオンズの生きがいは「最強で最悪のボスに仕えること」ですが、なぜか可愛らしく無邪気で純粋な彼らの行動と善良性が、この映画を益々楽しいものとしています。

スタッフ	監　督：ピエール・コフィン、カイル・バルダ 製　作：クリス・メレダンドリ 　　　　ジャネット・ヒーリー 脚　本：ブライアン・リンチ 製作総指揮：クリス・ルノー	キャスト	スカーレット・オーバーキル：サンドラ・ブロック ハーブ・オーバーキル　　：ジョン・ハム ウォルター・ネルソン　　：マイケル・キートン マージ・ネルソン　　　　：アリソン・ジャネイ エリザベス女王　　　　　：ジェニファー・ソーンダース

ミリオンダラー・アーム | Million Dollar Arm

(執筆) 設楽 優子

セリフ紹介

★主人公の J.B.がインドで野球選手才能発掘スカウトを行った後、現地スタッフのビベクは、次のように語ります：

Vivek : You're giving them a great opportunity, …So, it's life-changing for them. And for you, it's a great responsibility. I wish you well.
（2人の人生を変えるチャンスを与えているあなたの責任は大きい。幸いを祈ります）

★J.B.と、離れを貸しているブレンダの会話からのワンシーンです：

J.B. : This thing, these kids [Rinku and Dinesh], this is my last best shot. （2人が最後の頼みの綱なんだ）
Brenda : If they are your last shot, then don't you think you should be paying more attention to them? …They just need to see that you care.
（頼みの綱なら、もっとみてあげたら。みていてもらう必要が2人にはあるのよ）
J.B. : …maybe I need to create a better environment for their success. （成功への環境を作る必要があるんだ）
Brenda : Something like that, yeah. You just need to commit to it and then you'll figure out the rest.
（まあそんなところね。コミット＜深く関わる決心＞さえできれば、あとは自然にうまくいくよ）
J.B. : Speaking of committing, how is Mike? （コミットと言ったら、この間の彼とはどうなの）
Brenda : …We broke up. （…別れた）
J.B. and Brenda : To committing. （コミットするってことに乾杯）

学習ポイント

選手の片言の英語 'JB sir don't like the way we play. He don't come to watch.' は内容が具体的で印象的です。三単現のsをつけた正しい表現を確認して言う練習をして、類似表現を学習者自身も作るよう発展させると良いでしょう。

また、この映画には謝罪の場面が数回あります。謝罪表現を練習して簡単に謝り過ぎてはいけませんが、役立つ表現です。J.B.はブレンダと口論しますが、その後、最初のトライアウトに出かける日の朝、自分から謝罪します：

J.B. : I just wanted to apologize for the other day. I've been under a lot of pressure with all this and I did not need to take it out on you.
Brenda : I can handle you getting mad. I just don't like seeing that side of you. ……The side that puts the deal before everything else, I guess.
J.B. : Maybe that's just who I am.
Brenda : Maybe. I hope not.

謝罪をしたり、部分的に受け入れたりする表現は、簡単な単語ばかりですが参考になります。こうした会話は日本語では非言語コミュニケーションの領域になりやすく時間もかかるので、短時間で描かれる英語のドラマで学習することには大きな利点があると思われます。別の場面で、J.B.はコーチのトムにも 'I should've listened to you the first time. Sorry about that.' と謝罪しますが、トムは 'Forget it. Live and learn.' と言います。トムは専門家なので少し態度が大きい表現かもしれませんが、'We live and learn.' と 'we' を添えれば、使いやすくなります。

J.B.が選手2人とアミトの3人を米国に連れて来てホテルに送り届け、帰りがけに、'If there are any problems, you call me.' と言います。アミトは 'Yes, yes. I will call you with problem.' と答えます。このセリフのおかしさは、このままでは「問題は起こるので電話で話します」という意味になってしまうところにあります。アミトの言った problem には any がついていないので 'I will call you if there are any problems.' や 'I will call you with problems, if any.' のように「問題があれば電話します」の意味にならないのです。

最後に、2人が Brenda というファーストネームに敬称を付けてまるで苗字のように Ms Brenda と呼ぶのは、召使や子供が主人や教師に向かって使う英語という感じを与えています。最近、日本で人気のテレビドラマで、登場人物の日本人英会話教師が「Miss + 下の名前」で呼ばれているのをみましたが、これは誤用なので注意する必要があるでしょう。Chapter 17で、Brenda と J.B.はこの誤りを真似しておどけてお互いへの愛を告白するのですが、間違いであることが分かっていないと楽しめないセリフです。

あらすじ

スポーツ選手代理人のJ.B. バーンスタインは有力アメフト選手の専属代理人になろうとしていましたが、資金の潤沢な競合相手に負けて仕事に行き詰まってしまいました。そんな中、テレビでインドのクリケットの試合やタレント発掘番組をみた彼は、インドのクリケット選手を公開スカウトして、米国のプロ野球選手になるように2年間訓練することを思いつきます。出資者は1年ならばとOKを出します。J.B.はインドに出かけて各地でスカウトイベントを開催し、クリケット選手ではありませんが才能のある若者2人リンクとディネシュを発掘し、アミトという通訳兼コーチを含めた3人をロサンゼルスに連れていきます。J.B.は、初め3人に事務的に接しますが、次第に思いやりのある接し方に変わっていきます。1年後、まだ選手としては荒削りな2人は、普段の練習場所の南カリフォルニア大学ではなくアリゾナでのトライアウトに参加し、失敗してしまいます。「2人は宣伝の役割を十分果たした。同じ2人に続けさせるのはチームやスカウト達との関係にひびくから、またインドで別の選手をスカウトするように」と言う出資者の意向を拒否し、J.B.たちは方々に電話して、2人のために2度目のトライアウトができないか画策します。老スカウトのレイの助けもあり、やっと、2人のホームグラウンドの南カリフォルニア大学で小さなトライアウトを開く道が開かれます。果たして2人はプロになれるのでしょうか。そして、J.B.とブレンダの恋の行方はどうなるのでしょうか。

映画情報

製作費：2,500万ドル　製作年：2014年
製作国：米国
言　語：英語、ヒンディー語
撮影場所：米国、インド
ジャンル：ドラマ、スポーツ

公開情報

公開日：2014年 5月16日（米国）
　　　　2014年10月 4日（日本）
上映時間：124分
オープニングウィーケンド：1,051万5,659ドル
受　　賞：ハートランド映画祭 Truly Moving Picture 賞（2014年）

ミリオンダラー・アーム

薦	○小学生　○中学生　●高校生　●大学生　○社会人	リスニング難易表		発売元：ウォルト・ディズニー・スタジオ・ジャパン（平成28年12月現在、本体価格）DVD価格：3,200円　DVD+BD価格：3,800円
お薦めの理由	異文化間や異世代間の相互理解の文脈で英語を学習できる貴重な映画ではないでしょうか。筆者が音声と字幕の両方を英語にして高校1年の男子にみせたところ、字幕全ては読めなかったけれども、飽きずに最後まで続けて観ることができました。2人の選手同士や彼らと家族の会話はウルドゥー語で日・英の吹替がついていませんが、それにも、字幕か登場人物による通訳が付いているので、十分英語の教材になります。	スピード	3	
		明瞭さ	3	
		米国訛	3	
		米国外訛	5	
英語の特徴	インドの英語は英国の影響を受けていますが、J.B.のインド系の部下は米国英語を話しています。ディネシュが Urban という歌手の名の Ur の部分を均一な母音でなく「母音＋r」で発音したのはインド訛ですが、その他はあまり訛りはありません。J.B.が恋愛の進展状況について質問する場合の作法について教える場面の英語などは、対等に近い異文化間・異世代間のコミュニケーションとして好感が持てます。	語彙	2	
		専門語	2	
		ジョーク	2	
		スラング	1	
		文法	2	

発展学習

上記「英語の特徴」で述べた、立ち入った質問をするときの英語に関する会話は以下のようになっています。

Rinku　： Sir, we need to know when you are going to marry Miss Brenda.
J.B.　　： No, guys, this is not what you ask in America.
Dinesh ： What do you ask?
J.B.　　： You would say, "How far did you get with Miss Brenda?" …just because I've slept over at her house doesn't mean I have to marry her.
Rinku　： …Did you kiss Ms Brenda?

この後の J.B.のセリフの中では、機能語（通常は弱く読まれる）が対比のために強く読まれています。発展として、この車中の場面全体のセリフを、このようなイントネーションに注意して練習すると楽しいでしょう。

この映画に野球用語で分かりにくいものはありませんが、次のように簡潔な口語表現が豊富です：

J.B.　： Did he just throw 83?（下線部= throw as fast as 83 miles per hour）
Ray　： Sure sounded like it. …we call that juice. …A lefty with juice. You don't see that every day.

ここで、a lefty とは a left-handed player のことですが、選手を with juice と表現するのは、この映画の脚本家か、レイのモデルかこの脚本家の独特な表現ではないかと思います。

野球には和製英語が多く、また、和製とまでは言えなくても使い方が少し異なっている場合も多いようです。例えば、この映画にも登場する投球の種類名の cutter は、日本ではカットボールと言われているそうです。投球の種類の英語に関しては、英語版 Wikipedia の説明が参考になり、学習者の段階や興味に応じて発展学習に使えます。

この作品を観る前に映画の宣伝用 tagline の 'Sometimes to win, you have to change the game.' を読むと、インドのクリケット選手を米国の野球選手に変える物語に聞こえますが、映画を観ると、独身男性が人との絆を結んでいくという commitment を主題とする物語であることに気づきます。第2音節に強勢を置く commit という語は、昔は概念を説明しにくい語でしたが、現在の日本では、あるテレビコマーシャルに登場して皆に分かる語となりました。

野球のコーチのトムが、自分の頭を指して、J.B.に 'A big part of this training is up here. These kids, they need to be in the right head space. They need to feel supported. They need to be having fun.' と言ったのも、J.B.と選手たちの関係を変えるのに一役買います。コーチングとはどのようなもので、その言葉遣いはどのようなものなのかに関する映画としても観賞できます。

映画の背景と見所

2回目のトライアウトの日、コーチのトムは神経質になっている選手たちをみて、2人に声がけすることを J.B.に勧めます。1回目と同じ激励になるのかと思いきや、その役は、いつも彼らに寄り添ってきたアミトに託されます：

J.B. ： You wanted to be a coach. Go coach. …Go talk to them. Fire 'em up. …Go get 'em.
Amit ： All my life I wanted to be a baseball player. It's a great sport. But I never dreamed it was possible. You, Rinku, you, Dinesh, you are baseball players now. Real baseball players. Now small boys in India, they can dream to become like you. So, let's go. Let's go and let's make J.B., Ray, Brenda, Tom, our families, proud, huh? Are you with me? "India" on three. One, … two, … three.

これは少し長い pep talk（激励の言葉）ですが、pep talk とはトレーナーズスクエア（株）の岩崎由純社長の公式サイトによると、（「わかりやすく」「肯定的な言葉」を使って相手を励ます「魂を揺さぶる短い激励」）だそうです。この映画の道化師役のアミトは、自分の言葉でパーソナルな激励をし、選手たちを名前で呼び、彼らの自己肯定感を高めて、誰のためにやるのかを1人1人挙げながら励まして、ベンチに戻っていきました。絆もコミットメントもビジネスを超えた交換不可能なところにあるのでしょう。2人の選手は寡黙ですが、他の人々の英語は雄弁です。

スタッフ	監督　：クレイグ・ギレスピー 脚本　：トーマス・マッカーシー 編集　：タチアナ・リーゲル 撮影　：ジュラ・パドス 音楽　：A.R. ラフマーン	キャスト	J.B. バーンスタイン：ジョン・ハム ブレンダ　　：レイク・ベル リンク　　　：スラジ・シャルマ ディネシュ　：マドゥア・ミッタル アミト　　　：ピトバシュ

第5回映画英語アカデミー賞　候補映画

	劇場版ムーミン 南の海で楽しいバカンス	Moonin's on the Riviera	（執筆）大庭　香江
セリフ紹介	\<td colspan=3\> フローレンが南の海での楽しいバカンスを提案すると、ムーミンも乗り気になります； Floren : Why can't we go to the Riviera?（リヴィエラに行きましょうよ）Moomin : Why not?（良いね、もちろん） ムーミンパパはリヴィエラを気に入った様子です； Moominpappa : What a wonderful place!（なんて素敵なところなんだ！） ホテルのお風呂をプールと間違えてはしゃいでいると、従業員が一言； Hotel employee : The other guests are complaining about the flood.（他のお客様が洪水でお困りです） 見慣れない瓶入りの水を見て、ムーミンママはどうやって開けるかを考えます； Moominmamma : How do we get the water out of this?（ここからどうやって水を出すの？） 他の男の子に話しかけられたフローレンに、ムーミンはやきもちをやきます； Moomin : We need to talk.（話があるんだ）Floren : Not now, Moomin!（後にしてちょうだい） 家が恋しくなったムーミンママと、バカンスを楽しむムーミンパパは対照的ですが； Moominmamma : I would like to go home.（家に帰りたいわ） Moominpappa : But I'm having such a wonderful time.（でも僕は楽しんでるよ） リヴィエラがすっかり気に入ったムーミンパパは言います； Moominpappa : This is the life I was born for!（人生このために生まれてきたのさ！）		

セリフ紹介:
フローレンが南の海での楽しいバカンスを提案すると、ムーミンも乗り気になります；
Floren : Why can't we go to the Riviera?（リヴィエラに行きましょうよ）Moomin : Why not?（良いね、もちろん）
ムーミンパパはリヴィエラを気に入った様子です；
Moominpappa : What a wonderful place!（なんて素敵なところなんだ！）
ホテルのお風呂をプールと間違えてはしゃいでいると、従業員が一言；
Hotel employee : The other guests are complaining about the flood.（他のお客様が洪水でお困りです）
見慣れない瓶入りの水を見て、ムーミンママはどうやって開けるかを考えます；
Moominmamma : How do we get the water out of this?（ここからどうやって水を出すの？）
他の男の子に話しかけられたフローレンに、ムーミンはやきもちをやきます；
Moomin : We need to talk.（話があるんだ）Floren : Not now, Moomin!（後にしてちょうだい）
家が恋しくなったムーミンママと、バカンスを楽しむムーミンパパは対照的；
Moominmamma : I would like to go home.（家に帰りたいわ）
Moominpappa : But I'm having such a wonderful time.（でも僕は楽しんでるよ）
リヴィエラがすっかり気に入ったムーミンパパは言います；
Moominpappa : This is the life I was born for!（人生このために生まれてきたのさ！）

学習ポイント:
このDVDでは、英語音声、日本語音声、日本語字幕を再生することが出来ますが、英語字幕がついていません。
ですから、セリフは全て分かりやすい文法と語彙で構成されているものの、セリフを文字で読み取ることが出来ないため、教材として使用するにあたっては、初級の学習者には利用することが難しいと感じられるかもしれません。
もしセリフが聞き取れない場合は、日本語音声や日本語字幕を参考にして下さい。そうすればきっと英語でなんと言っているのかも再現出来ると思います。
「セリフ紹介」の項でご紹介したように、どのセリフも短めで、文法は崩されていませんし、語彙も基本的なもので構成されています。英語字幕を見なくても聞き取れるはずですので、試してみましょう。慣れないと映画を英語音声だけで聞きながら観ることに自信が持てないという学習者でも、このようにセリフの大変聞き取りやすい作品をきっかけに、他の作品も英語音声だけで聞く自信がついていくことでしょう。
お薦めの学習方法の手順をご紹介します
1、まだ英語学習を始めたばかりの方は、英語音声に日本語字幕を表示してみてみましょう。
　　日本語字幕を参考に全体のストーリーを楽しみながら把握しておきます。
2、次に日本語字幕を消して、英語音声だけでみてみます。
　　この時全てのセリフを聞き取れなくても、日本語字幕でみた際に、なんと言っていたのかを思い出しながらみてください。
3、今度は、セリフの区切れ目でDVDを止めながら、聞き取れたセリフの英語を書き取ってみましょう。この映画のセリフは、スピードがゆっくりですので、ディクテーションの練習に向いています。英語字幕を表示できませんので、答え合わせはできませんが、日本語字幕で意味を確認してみてください。
4、「セリフの紹介」の項にあるように、どのセリフも文法の例文に使えそうな、短めで分かりやすいものです。
　　気に入ったセリフを選んで、暗記してみましょう。
5、DVDを繰り返しみていきましょう。暗記したセリフを、映像の登場人物に合わせて一緒に言ってみましょう。
　　ムーミン、フローレン、ムーミンパパ、ムーミンママの4人はもっともセリフの多いキャラクターです。好きなキャラクターを選んで、自分がそのキャラクターになったつもりで、セリフを言ってみたり、役を替えて試してみましょう。自分で発音できたセリフは、聞き取ることもできるはずです。
6、パートナーがいれば、場面と役割を決めてロールプレイを楽しみましょう。

あらすじ:
「ムーミン谷を抜け出して旅先で見つけた、本当に大切なものとは？」（映画予告篇より）
　ムーミン一家は、ムーミン谷で幸せに暮らしていました。ある日、フローレンの提案で、ムーミン一家は仲間（フローレン、ホワイト・シャドー、ミイ）とともに南の海・フランスのリヴィエラへバカンスに出かけることになります。途中海が荒れて船が波に飲み込まれそうになったりと危険な目にあいながら、一行は無事リヴィエラの海岸に到着します。ゴージャスなホテルに泊まることになり、フローレンとムーミンパパは貴族の様な贅沢で豪華な暮らしの虜になってしまいます。ですが、ムーミンとムーミンママは落ち着きません。なぜなら、ホテルの部屋もお風呂もやたらと大きくて、なんだか落ち着かないのです。お風呂をプールだと間違えてしまったり、仕方がないので天蓋付きの大きなベッドをテントに見立て、みんなで中に入ってお食事をすることに。フローレンはピッタリしたビキニの水着を着て、ムーミンからまるで裸みたいだと言われます。着飾って他の男の子に話しかけられ、ムーミンがやきもちをやくことも。ムーミンパパもビーチで寝転んで優雅に過ごしバカンスを満喫しています。調子に乗っているフローレンとムーミンパパに腹を立てたムーミンとムーミンママは、ホテルから飛び出して行ってしまいます。ムーミンたちはバラバラになってしまうのか…と心配させられますが、最後は仲良く、故郷へと帰ることとなるのでした。

映画情報	原　　作：トーベ・ヤンソン 製 作 年：2014年　製 作 費：360万ユーロ 製 作 国：フィンランド、フランス 言　　語：英語 配給会社：ハンドル・プロダクションズ	公開情報	公 開 日：2014年10月10日（フィンランド） 　　　　　2015年 2月13日（日本） 　　　　　2015年12月 4日（米国） 上映時間：80分 受　　賞：上海国際映画祭ノミネート

劇場版 ムーミン 南の島で楽しいバカンス

薦	●小学生　●中学生　●高校生　●大学生　●社会人	リスニング難易表		発売元：バップ （平成28年12月現在、本体価格） DVD価格：2,800円　ブルーレイ価格：3,800円
お薦めの理由	世界中で愛されてきたキャラクター「ムーミン」が、劇場版のアニメーション映画になりました。ムーミンシリーズを知らなくても楽しめる構成で、親しみやすい物語です。セリフは発音や意味も、ともに鮮明で聞き取りやすく、映画英語教材としてふさわしいものです。初級の学習者でも難なく聞き取れますが、ムーミンファンなら誰でも、基礎的な日常表現を学ぶのにぴったりな教材となるでしょう。	スピード	2	
^	^	明瞭さ	5	^
^	^	米国訛	1	^
^	^	米国外訛	3	^
^	^	語彙	2	^
英語の特徴	会話頻度は丁度良く、1つのセリフをじっくり聞いて意味を考えることができます。スピードは標準的で、ややゆっくりです。発音は明瞭で聞き取りやすいです。語彙は難しいものはほとんどなく、基本的な語を理解できれば聞き取れます。舞台がフレンチ・リヴィエラということで、発音にはフランス訛が混ざります。文法は大変正確で崩されていませんので、スタンダードな初級文法で聞き取ることができます。	専門語	1	^
^	^	ジョーク	3	^
^	^	スラング	1	^
^	^	文法	2	^

発展学習

ムーミンに自己投影していたと言われる原作者トーベ・ヤンソンの生涯について知り、ムーミンシリーズを英語や日本語の翻訳で読んで作品理解を深めましょう。ムーミンシリーズの主人公の名は「ムーミントロール」。トロールとは北欧の民間伝承に登場する妖精の一種です。ムーミンたちも、フィンランドのどこかにあるとされる、妖精たちの暮らす「ムーミン谷」の、「ムーミン屋敷」に住んでいたとされます。

〈トーベ・ヤンソン年譜〉
1914年：フィンランドの首都ヘルシンキに生まれる。
1930年-1937年：ストックホルム芸術学校、フィンランド芸術アカデミー美術学校、パリの美術学校で学ぶ。
1945年：『小さなトロールと大きな洪水』を発表。ムーミンシリーズ第1作。
1952年：『ムーミン谷の彗星』と『楽しいムーミン一家』の2作品が英訳される。
1954年：英国のイブニング・ニュース紙でムーミンコミックスの連載開始。弟のラルスと1975年まで連載していた。
1965年：トーベ・ヤンソンが作詞を手掛けた曲 "Autumn Song" がフィンランド国営放送音楽賞で3位を受賞。
1966年：児童文学への永続的な寄与に対して与えられる国際アンデルセン賞を受賞。
1970年：『ムーミン谷の十一月』を発表。小説としてのムーミンシリーズはここで終了し別の小説の執筆を始める。
1971年：フジテレビ放送のアニメーション放映のため来日。
1984年：フィンランド国民文学賞を受賞。
1990年：テレビ東京放送のアニメーションを監修するため来日。
2001年：ヘルシンキにて逝去。86歳。

ムーミン小説（原作はスウェーデン語）：
『小さなトロールと大きな洪水』（1945年）、『ムーミン谷の彗星』（1946年）、『たのしいムーミン一家』（1948年）
『ムーミンパパの思い出』（1950年）、『ムーミン谷の夏まつり』（1954年）、『ムーミン谷の冬』（1957年）
『ムーミン谷の仲間たち』（1963年）、『ムーミンパパ海へいく』（1965年）、『ムーミン谷の十一月』（1970年）
ムーミン絵本：「それからどうなるの？」（1952年）、「さびしがりやのクニット」（1960年）
　　　　　　「ムーミン谷へのふしぎな旅」（1977年）、「ムーミンやしきはひみつのにおい」（1980年）
ムーミン映画：『楽しいムーミン一家 ムーミン谷の彗星』（1992年）、『パペット・アニメーション～ムーミン谷の夏まつり～』（2008年）、『ムーミン谷の彗星 パペット・アニメーション』（2010年）

映画の背景と見所

この映画は、2014年、原作者トーベ・ヤンソンの生誕100周年記念として、トーベの母国フィンランドで初となる長編アニメーション映画として製作されました。映像やストーリー構成も、ムーミンの広く深い世界観を体現する素晴らしい仕上がりとなっており、フレンチ・リヴィエラという新しい舞台でのムーミンたちの活躍を楽しめます。

ムーミンの小説シリーズの1作目『小さなトロールと大きな洪水』は、1945年にスウェーデン語で発表されました。1948年に3作目となる『楽しいムーミン一家』が発表され、児童文学の盛んな国・英国で英語に翻訳されて出版されたのをきっかけに、ムーミンは世界中に知られるようになります。『楽しいムーミン一家』は、その後1980年代までムーミンシリーズの第1作として販売されてきました。

1954年、作者は新聞にムーミンの漫画を連載するようになります。連載は、弟・ラルスの手を借りて1975年まで続きました。その後も絵本や、オペラ、テレビシリーズ、アニメーションとなって世界中の人々に愛され、1993年にはフィンランドのナーンタリにテーマパーク・ムーミンワールドがオープンしました。

日本でも2014年に、日本初公開のオリジナル作品も展示する『MOOMIN！ムーミン展』が全国11都市で開催され、10月には『トーベ・ヤンソン展』が開催されました。

| スタッフ | 監　督：グザヴィエ・ピカルド、ハンナ・ヘミーラ
製　作：ハンナ・ヘミーラ
脚　本：レスリー・スチュワート、アンニナ・エンケル
　　　　ハンナ・ヘミーラ、グザヴィエ・ピカール
　　　　ベアタ・ハリュ | キャスト | ムーミン　　：ラッセル・トヴェイ
ムーミンママ：マリア・シド／トレイシー・アン・オーバーマン
ムーミンパパ：マッツ・ランバッカ／ナサニエル・パーカー
ムーミ　　　：クリストファー・ガンメラス
ミムラ　　　：ベアタ・ハリュ |

リスボンに誘われて / Night Train to Lisbon

(執筆) 石垣 弥麻

セリフ紹介

主人公グレゴリアスは、ふとしたきっかけで一冊の本に出合います。その著者であるアマデウ・ド・プラドが残した言葉です。

We leave something of ourselves behind when we leave a place. We stay there, even though we go away. And there are things in us that we can find again only by going back there. We travel to ourselves when we go to a place. Now we have covered the stretch of our lives, no matter how brief it may have been. But by traveling to ourselves we must confront our own loneliness. And isn't it so everything we do is done out of fear of loneliness? Isn't that why we renounce all the things we will regret at the end of our lives? (15:49)

この言葉は物語の序盤と終盤に登場しますが、アマデウの人生はここに集約されています。そして5年前に妻と別れ、平凡な日常で人生を終えると予測していたグレゴリアスは、アマデウの言葉に出会い、彼の人生をたどる旅に出かけ、そして自分自身を旅することにもなります。この旅は彼にとって人生の分岐点となりますが、それは"A decisive moment of life, when its direction changes forever, are not always marked by large and shown dramatics."のアマデウの言葉で表現されています。

このセリフに登場する「旅」、「人生」、「孤独」は物語のキーワードとして読むことができます。

学習ポイント

グレゴリアスと人々の会話、そして彼の朗読はスピードも速すぎず理解しやすいのでリスニングやシャドーイングの練習になりますが、心に残るセリフが多いのでぜひお気に入りのセリフを探してみてください。以下例を挙げてみましょう。

まずはグレゴリアスが新しい眼鏡を作る場面で、アマデウの本を取り出し、マリアナに彼の写真を見せます。

Gregorius : Look at these eyes. Tell me what they reveal.
Mariana : They're melancholic, but hopeful; tired, but persistent…contradictory. (19:29)

ここで、グレゴリアスはマリアナと出会いますが、この後で2人は親しくなり、ある晩一緒に食事をします。そして、グレゴリアスはマリアナに次のように話します。

Gregorius : We threw a party for our colleagues…our friends. And she found this quote, from Pessoa: "The fields are greener in their description, than in their actual greenness." (1:07:28)

ここで言う"she"とはグレゴリアスの別れた妻のことですが、出会ってまもないマリアナに自分の過去を話すという重要な場面の1つです。

次は、グレゴリアスが初めてアドリアーナと出会う場面です。

Adriana : I believe you are looking for my brother.
Gregorius : Yes. Is the doctor in?
Adriana : Are you ill?
Gregorius : No. I'm …I'm reading this book. I'd very much like to meet him. What he writes touches me very deeply. (13:06)

何気ない会話ですが、グレゴリアスはアマデウが生きていると仮定して話しています。それに対しアドリアーナは否定もせず「病気なのですか」とグレゴリアスに尋ねます。アドリアーナの兄に対する記憶や気持ちが表れている場面と言えるでしょう。

最後にアマデウと愛し合ったエステファニアがグレゴリアスに語る場面です。

Estefania : Then I met Amadeu… A new light fell on everything. My whole life… (1:33:23)

これらのセリフから、登場人物それぞれが過去から現在の自分と向き合う物語であることが分かります。そしてここにアマデウの残した言葉が加わり、それらを通して彼らは未来を生きていくことになります。

あらすじ

薄暗い書斎で1人チェスをする初老の男性。彼はスイスのベルンにあるギムナジウムで古典文献学を教えているライモント・グレゴリアス。1人で朝食を食べ、朝早く家を出て行きます。雨の中、橋のたもとまで来ると、1人の女性が川に身を投げようとしていました。グレゴリアスは彼女を必死で止めます。そして彼女の希望もあり、学校に連れて行きます。教室の片隅に座っていた彼女は、授業が始まるとすぐに出て行ってしまいますが、コートを忘れていったことに気づいたグレゴリアスもまた、授業中にもかかわらず彼女の後を追って教室を出て行きます。そして彼女が忘れていったコートのポケットに一冊の本があることに気づきます。ポルトガル語で『言葉の金細工師』と書かれた本には、リスボン行きの汽車の切符が挟まっていました。その汽車が15分後に出発だということを知ると、彼は仕事を投げ出し、何も持たずにとっさに汽車に乗ってリスボンへ向かいます。偶然見つけたその本の著者はアマデウ・ド・プラドという人物であり、彼が残した言葉にグレゴリアスは魅了されていきます。そしてアマデウがどんな人物であり、どのような人生を送ったのかということを調べるためにリスボンの街を歩き回り、家族や友人たちから話を聞いていきます。グレゴリアスは、アマデウの人生をたどることによって、自分の人生とも向き合うことになります。最後にグレゴリアスが得たものは何だったのでしょうか。

映画情報

原題：*Nachtzug nach Lissabon* (Night Train to Lisbon)
製作費：770万ユーロ
製作国：ドイツ、スイス、ポルトガル
言語：英語

公開情報

公開日：2013年3月7日（ドイツ）、12月6日（米国）
　　　　2014年9月13日（日本）
上映時間：111分　興行収入：896万2,375ドル
受賞：2014年度助演女優賞、美術賞、メイク・ヘアスタイリング賞

リスボンに誘われて

薦	○小学生　○中学生　●高校生　●大学生　●社会人	リスニング難易表		発売元：キノフィルムズ（平成28年12月現在、本体価格） DVD価格：3,800円
お薦めの理由	世界に100冊しか存在しないという1冊の本との出会いが1人の男性の人生を変えていくというすばらしい展開は言うまでもありませんが、主人公グレゴリアスを演じるジェレミー・アイアンズや、アマデウの妹アドリアーナ役のシャーロット・ランプリング、アマデウのかつての親友ジョルジュとして出演しているブルーノ・ガンツなど、俳優陣の演技が見事です。	スピード	3	
		明瞭さ	3	
		米国訛	2	
		米国外訛	3	
		語彙	3	
英語の特徴	この映画は会話と朗読という2つの手法で構成されています。会話部分は、グレゴリアスが初老ということもあり、リスボンで出会う人々との会話は比較的ゆっくり進みますので、理解しやすく聞き取りやすいでしょう。朗読部分も、グレゴリアスが一文ごとに丁寧に読んでいますのでわかりやすいと思います。アマデウは医者だったこともあり、多少専門用語は出てきますが、それほど多くはありません。	専門語	2	
		ジョーク	2	
		スラング	2	
		文法	3	

発展学習

まずは原作を読むことをお勧めします。映画と比較するだけではなく、補完する目的で読みましょう。

原作を読むことによって、アマデウの内的世界、そして彼の人生をより深く理解することができます。原作はドイツ語なので、英語版で読んでみましょう。例えばいくつか例を挙げておきます。

We live here and now, everything before and in other places is past, mostly forgotten and accessible as a small remnant in disordered slivers of memory that light up in rhapsodic contingency and die out again.〈中略〉But from the perspective of our own inside, it's quite different. We're not limited to our own present, but expanded far into the past.（第3部24章）

この言葉は、アマデウの著書の中で「内的な広がり」というタイトルがつけられた章の一節です。最初の部分は映画にも登場しますが、ここに書かれているように、アマデウはグレゴリアスによって過去から現在に呼び覚まされ、人々の記憶の中に存在し続けるのです。この一節は、セリフの箇所で紹介した「われわれはある場所を去るとき、われわれの一部を残す」という文につながっていきますが、このように、アマデウは存在することがどのような意味を持つのかを言葉を通して考え続けていきます。

さらに原作では、アマデウとグレゴリアスの共通点も映画より明確に描かれています。それは言語です。映画ではあまり深く追及されていませんが、原作ではアマデウのもう1人の妹メロディ（映画には登場しません）が次のように述べています。

"Sometimes I've thought Amadeu's spirit consisted mainly of words." そして続けて "That his soul was made up of them, in a way I had never experienced with anybody else."（第3部35章）

ここでアマデウの言葉に対するこだわりが分かるようになっていますが、同時にグレゴリアスもいかに言語にとらわれているのかが随時語られます。例えば、グレゴリアスの専門は古典文献学ですが、ラテン語やギリシャ語も身につけ、別れた妻もロマンス諸語の研究者です。そして彼は、物語の初めに出会う女性の "Portuguese" という言葉に導かれてアマデウの人生をたどることになり、言語がアマデウとグレゴリアスとを結び付けたと言ってもいいでしょう。ここで取り上げたのはほんの一部にすぎませんが、これら以外にも原作からさまざまなことが読み取ることができます。

その他、物語の背景になっているサラザール政権やカーネーション革命など、ポルトガルの歴史やリスボンについて調べてみたり、ビレ・アウグスト監督の他の作品と比較してみるのもよいでしょう。

映画の背景と見所

原作は、パスカル・メルシエが2004年に出版したベストセラー小説『リスボンへの夜行列車』です。

映画では「夜行列車」の文字が使われていませんが、作品では列車が物語を理解するために重要なモチーフとなっています。小説では主人公グレゴリアスは、汽車に乗ってスイスのベルンからポルトガルのリスボンへ向かい、最後にまたベルンに戻ります。それはグレゴリアスが、自分の人生を模索する旅の終着駅がベルンであることを示しています。一方本作では、彼が最終的にどこにたどり着くのかはっきりと描かれていませんが、私たちは映像を通してグレゴリアスの壮大な旅に強く引きつけられます。結末はオープンエンディングになっているので、彼のその後の人生は曖昧ではありますが、原作同様変化していくことが示唆されています。

小説を読みながら、また映画を観ながら、私たちもグレゴリアスと共に旅をし、自己の人生について考えさせられます。

同時に、作品を通して、ポルトガルの歴史も垣間見ることができます。アマデウは1920年生まれという設定で、サラザールによって発展したエスタド・ノヴァに抵抗するレジスタンス運動に参加したということになっています。それに伴って「リスボンの春」とも呼ばれるカーネーション革命が背景として描かれています。

スタッフ・キャスト

スタッフ		キャスト	
監督	：ビレ・アウグスト	ライモント	：ジェレミー・アイアンズ
脚本	：グレッグ・ラター、ウルリヒ・ヘルマン	アドリアーナ（現在）	：シャーロット・ランプリング
製作	：ピーター・ライヘンバフ、グンター・ルス	アマデウ	：ジャック・ヒューストン
原作	：パスカル・メルシエ	ジョルジュ（現在）	：ブルーノ・ガンツ
音楽	：アネッテ・フォックス	エステファニア（現在）	：レナ・オリン

	6才のボクが、大人になるまで。	**Boyhood**	（執筆）矢吹　優名

セリフ紹介

【01:11:07～01:11:27】メイソンと父親がキャンプ中に『スター・ウォーズ』シリーズの続編について話す場面。

Dad　　：You think they ever will make another Star Wars?
Mason　：I don't know. I think if they were gonna make another one, that the period where this game is set is where it would have to be, 'cause there's nothing after, really.
Dad　　：Yeah. No, Return of the Jedi, it's over. There's nothing…
Mason　：Yeah, there's nothing else to do there.
Dad　　：You gonna turn Han Solo into a Sith Lord?
Mason　：Yeah. What are you gonna do?
Dad　　：Right.

　この場面が撮影されたのは、『スター・ウォーズ』のエピソードⅢが公開された10年前の会話と推定されます。2015年度には、『スター・ウォーズ』の続編が公開されたので、Up to date（最新）な話題です。"if they were gonna make another one, that the period where this game is set is where it would have to be"といった仮定法も登場します。また『スター・ウォーズ』は父親も息子も時代を共にし、幅広い世代に親しまれている映画作品なので、米国の親子ならではの文化的な話題ともいえます。離れて暮らす父親が久しぶりに会う息子と共通の話題として距離を詰める為の会話で、普段父親と過ごす時間が少ないメイソンが男らしさを育むための欠かせないプロセスでもあります。

学習ポイント

【02:32:21～02:33:23】メイソンが大学へ行くため実家から旅立つ日の母親との会話です。

Mom　　：This is the worst day of my life.
Mason　：What're you talking about?
Mom　　：I knew this day was coming. I didn't know you were gonna be so fuckin' happy to be leaving.
Mason　：I mean, it's not that I'm that happy. What do you expect?
Mom　　：You know what I'm realizing? My life is just gonna go, like that. This series of milestones. Getting married. Having kids. Getting divorced. The time that we thought you were dyslexic. When I taught you how to ride a bike. Getting divorced again. Getting my master's degree. Finally getting the job I wanted. Sending Samantha off to college. Sending you off to college. You know what's next? Huh? It's my fuckin' funeral! Just go! And leave my picture!
Mason　：Aren't you jumping ahead by, like, 40 years or something?
Mom　　：I just thought there would be more.

　家を出るのに、たいした感傷も見せないメイソンに対し、シングルマザーとして懸命に子育てをしてきた母親の報われない感情が爆発してしまう様子が上記の会話から理解できます。若きシングルマザーが中年になり息子を送りだすにあたり、人生の集大成としての感慨が訪れるはずだったのにと嘆く場面です。
　この作品は、6才の少年が18才の青年に成長すると共に周りの大人達も年老いていくという、リアリティ溢れる人生の時間を描いています。この会話では、親の目線からみると子供の巣立つ瞬間は人生においてあっけないものだと語っているように思えます。
　英語の学習ポイントとしては、Getの多彩な使い方を母のセリフ "Getting married" "Getting divorced" "Getting my master's degree" "getting the job" から学習できます。そして、なぜ母親にとってこの瞬間が "the worst day of my life" なのか、最後の "I just thought there would be more" というセリフでは、彼女は自身の人生に何を期待していたのか、学習者に想像してもらうのも面白いです。また、副詞としての fucking の形容詞的な使い方などは、教科書で学習する事はなかなかありませんが、ハリウッド映画や実際の米国の日常会話ではよく使われますので、口語英語で文法を学ぶような機会にもできます。また、それらを映像情報付きで状況を読み取りながら、英語を学習する醍醐味も味わえる場面です。

あらすじ

　映画の舞台は、米国南部テキサス州オースティン。主人公メイソンが6才～18才になるまでの12年間の軌跡を各年代ごとにドキュメンタリー風に紡いだ物語です。6才のメイソンはアニメの『ドラゴンボール』を観たり、『ハリーポッター』の小説を母のオリヴィアに読んでもらうのが好きですが、姉のサマンサが寝起きにブリトニー・スピアーズの物真似を見せてくるのは許せないようです。そんなある日、母の大学進学に伴い家族はヒューストンへ引っ越すことになります。引っ越すことに嫌々ながらも、ガールスカウトのリーダーの引き継ぎには余念のないサマンサ。対してメイソンの心配事はただ1つ。引っ越してしまったら離れて暮らす父親が自分たちを見つけられなくなるのではということでした。引っ越し先のヒューストンでは無事に、アラスカから帰ってきた実父との再会を果たし、たまに会っては、ボウリングや野球観戦、キャンプなどを通して父子の交流をします。母の再婚後は、義父の連れ子とも仲良く楽しい日常を送るメイソンでした。しかし、数年後には義父のアルコール中毒と暴力で家庭は崩壊。離婚を決意した母に連れられて再び新たな拠点に移ります。声変わりを始めたメイソンは、思春期を迎え、女の子と一緒に下校しながら恋の話をしたり、男友達とビールを飲んだりと少しずつ大人の階段を上ります。それにつれてメイソンは、15才の誕生日プレゼントにもらったカメラに熱中していき、独特な感性をもつ個性的な青年へと成長を遂げます。

映画情報

製 作 費：400万ドル
製 作 国：米国
配給会社：IFCフィルム
言　　語：英語、スペイン語
ジャンル：ドラマ

公開情報

公 開 日：2014年 7月11日（米国）
　　　　　2014年11月14日（日本）
上映時間：165分
MPAA（上映制限）：PG-12
画面アスペクト比：1.85：1

6才のボクが、大人になるまで。

薦	○小学生　●中学生　●高校生　●大学生　●社会人	リスニング難易表		発売元：NBCユニバーサル・エンターテイメント （平成28年12月現在、本体価格） DVD価格：1,429円　ブルーレイ価格：1,886円
お薦めの理由	本作は12年間かけて撮影をしているので、12年間分の米国のポップカルチャーや、文明の発達といったリアリティのある時代背景を追うことができます。主人公とその父親が、オバマ大統領の選挙運動に親子で勤しむ描写や、イラク戦争や9.11についての当時の背景を知る事ができる場面もあります。英語学習だけでなく、歴史的コンテクストで米国の文化や政治、そして戦争まで幅広く学習できる作品です。	スピード	3	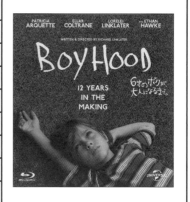
		明瞭さ	2	
		米国訛	1	
		米国外訛	2	
		語　彙	3	
英語の特徴	全体としては典型的な米国英語です。米国のごく一般的な家庭で育つ主人公メイソン少年の日常にフォーカスした作品なので、語彙の難易度やスピードの速さも、米国で一般的に話される日常的なレベルの英語です。小学生が話す英語や思春期の男の子が使う英語など、各世代による違いも堪能できます。主人公メイソンが思春期にさしかかってからは、スラング言葉なども頻繁に登場します。	専門語	2	
		ジョーク	3	
		スラング	3	
		文　法	3	

発展学習

映画では、メイソンが思春期を迎える年頃になると、彼自身の男らしさを育むプロセスが描かれたシーンが多く登場します。主人公が男らしさを培うという視点で物語を観たときに重要な場面をジェンダー学習教材として取り上げます。

① 父親とのキャンプ（父親が息子の成長を測る）
「セリフ紹介」でも取り上げた、メイソンと父親がキャンプ中に『スター・ウォーズ』の話をする場面の前に、メイソンの恋について父親が尋ねる場面があります。メイソンは付き合っている女の子がおり、彼女と電話だと話すことが無いと言う、まだうぶな恋愛をしているメイソンに対し、父親は次の会話として、恋愛の話よりも盛り上がれそうな話題に父と子の物語である『スター・ウォーズ』を選んだのではないかと思います。

② 男友達とお酒を飲む
中学生のメイソンが男友達と空き家でビールを飲みながら、女の子について語る場面では、思春期の少年に訪れる"悪いことをすることがカッコイイ時期"をメイソンが過ごしているのが分かります。男は男によって認められて男らしさを自認する典型的なプロセスが分かる場面です。

③ 父親との車についてのやり取り
メイソンは、父親が若い頃から乗っていたスポーツカーを新しい家族のためにファミリーカーに買い替えたと知り拗ねる場面です。メイソンが16歳になったらそのスポーツカーを譲るという約束を、父親は忘れてしまっていました。車自体が男性的なものであり、メイソンが16歳になったらその車を譲るという約束は、メイソンにとって父親から男らしさも譲ってもらう父子の通過儀礼的な儀式となるはずでもありました。しかし、その約束を忘れていた父が車を買い替えてしまったので、メイソンは男性としての大切なプロセスを1つ失ってしまうのです。米国で車は、父から息子へ男らしさを受け渡す文化ツールとして機能する側面もあり、そのわかりやすい例としてはAUDIの2013年 Super Bowl でのCMにも表象されています。

④ 周りの大人からの刺激
メイソンはいわゆる典型的な家父長的男らしさが欠けており、実父と生活を共にしていないことを知る周りの大人の男性たちが、メイソンの男らしさを育てようと刺激する場面が沢山出てきます。例えばメイソンの義父たちは、メイソンのフェミナイズされたところや、はっきりものを言わないことに男らしくないと指摘します。他にも、高校の教師や職場の上司も同様にメイソンに目をかけています。

映画の背景と見所

本作は、『恋人までの距離（ディスタンス）』『ビフォア・サンセット』『ビフォア・ミッドナイト』のリチャード・リンクレイター監督の作品です。『ビフォア』シリーズでお馴染みのイーサン・ホークもメイソンの父親役で映画に出演しており、母親役のパトリシア・アークエットはこの作品で多数の賞をとり、アカデミー賞でも助演女優賞を受賞しています。彼女が演じるオリヴィアの、子育てをしながら自立して強く生きていく女性像も必見です。そして、主人公メイソン役を演じるエラー・コルトレーンの外見を含めた本当の12年間の成長ぶりが見れるのもこの作品の魅力の1つです。また、毎年キャストやスタッフが集まり12年間に渡り撮影。メディアの情報によれば、この映画が商業映画史上で初の試みでもあり、それがストーリー映画として成功しているところが本作の見所です。そうした製作スタイルだからこそ、実際に2002〜2014年までの米国文化が説得力あるリアリティとして作品に深みを与えています。特に、『ハリーポッター』の新刊のイベントにメイソンがコスプレをしていく場面や、オバマ大統領の選挙など日本でも話題になった出来事が米国ではその時代を生きる子供にどう写るのかを、この映画を通して知ることができます。12年間の歳月で描かれる出来事は、日本人である私たちも時代を振り返りながら共感できることも多くあります。成長や家族といった万人共通のテーマが本作の根幹なので、あらゆる世代の人々にぜひ観てもらいたい作品です。

スタッフ	監督・脚本：リチャード・リンクレイター 製　作　：リチャード・リンクレイター 　　　　　ジョナサン・セリング、ジョン・スロス 編　集　：サンドラー・エイデアー 撮　影　：リー・ダニエル、ショーン・F・ケリー	キャスト	メイソン　　　：エラー・コルトレーン オリヴィア　　：パトリシア・アークエット メイソンの父親：イーサン・ホーク サマンサ　　　：ローレライ・リンクレイター トミー　　　　：イライジャ・スミス

ロンドン・リバー / London River

（執筆）山﨑 僚子

セリフ紹介

ご紹介したいセリフは、映画の冒頭でエリザベスが教会で聞く、聖書の1節と讃美歌の1部です。

You have heard that it was said, "You shall love your neighbor and hate your enemy".
But I say to you, "Love your enemy and pray for those who persecute you".
（隣人を愛し、敵を憎めと聞いているが、私はあなた方に言う。
敵を愛し、あなた方を迫害する者のために祈りなさい）「新約聖書 マタイによる福音書」第5章43節より

All things bright and beautiful　　すべての輝かしいもの、美しいもの
All creatures great and small　　　すべての大きな創造物、小さな創造物
All things wise and wonderful　　　すべての賢いもの、素晴らしいもの
The Lord God made them all　　　それらすべてを主なる神が造られた
　　　　　　　　　　　　　賛美歌「すべての輝かしいもの、美しいもの」より

映画を観終わって、再度このセリフを聞きますと、なんと重い言葉なのだろうと思うのです。苦境に直面してなお、「迫害する者のために祈る」ことができるのでしょうか。映画のタイトルとなっている"river"は、政治的、思想的、宗教的に異なる者同士を分断する境界ととらえることもできます。しかし、私たちが川の流れを静かに見つめるとき、川は悲しみや混乱を洗い流してくれる存在と考えることもできるのかもしれません。

学習ポイント

【懇願の表現】Chapter 2 で、エリザベスが行方不明の娘ジェーンの相談をするため、警察署に訪れるシーンのセリフに着目しましょう。旅行や留学中、警察に相談に行くというようなことは、無いに越したことはありません。しかし、何か困ったことがあれば、落ち着いて状況を説明する必要があります。エリザベスは次のように話し始めます。"My name is Elizabeth Sommers. I think my daughter is missing. She is not answering mobile phone and she is not at her flat. All her things are there…. I don't know what to do. Can you help me?"（エリザベス・ソマーズです。娘の行方が分からなくて。電話に出ないし、下宿にも戻らず、荷物もそのまま。…どうしたらいいか）まず、自分の名前を名乗り、何が起こったかを端的に話します。そして、助けてほしいと述べましょう。

まず "Can you help me?" 以外の助けを求める表現を2つご紹介しましょう。I need your help. / Please help me. 次にどうしても何とかしてほしい、切羽詰まっていることを伝えるときには、"I'm begging you.（お願いですから！）" や "You've all I've got.（あなたしか頼れる人がいないのです！）" などが使えそうです。この "You've all I've got." の意味は、「あなたは、私が手にしているすべてです」の内容から、「あなたしかいないのです」になります。状況を的確に伝えることも重要です。

最後に "I'm in trouble now.（困っています）" といった後に、具体的に何があったか説明しましょう。ありそうな事例を2つご紹介します。My wallet was stolen.（私の財布が盗まれました）/ My credit card got skimmed.（クレジットカードがスキミングされました）等。備えあれば憂いなし。もしものために、練習しておきましょう。

【手助けを申し出る表現】上にご紹介した誰かに救いを求める表現と合わせて、困っている人に声をかけるときの表現を、この映画から学びましょう。Chapter 1 で、エリザベスが、携帯を購入し、店から出てくるシーンです。エリザベスは一刻も早くジェーンに電話をしたいと焦っている様子が描かれています。そんな時、"Excuse me, can I help you? … See. Just put this inside, like this.（手伝いましょうか？このカードをここに差す）" と店の外に立っていた男性が使い方を教えてくれています。海外で、携帯電話の購入や設定を行うのは、なかなか大変ですね。地元の人たちに聞くのが一番早いかもしれません。映画の中の男性もエリザベスの様子を見て、声をかけたのでしょう。さて、見知らぬ人に声をかけるときは、やはり、上のセリフのように "Excuse me" から始めると良いでしょう。"Can I help you?" 以外の使える表現として、"Are you in trouble?（お困りですか？）" や、"Are you okay?（大丈夫ですか？）" などがあります。手助けをすると、エリザベスのように "Thank you" とお礼を言われると思いますので、"You're welcome." や "Not at all."（両方とも「どういてしまして」の意味でお礼を言われた時の返事）などと答えましょう。

あらすじ

英国海峡のチャンネル諸島にあるガーンジー島に住む、サマーズ夫人はフォークランド戦争で夫を亡くした未亡人です。1人娘は、ロンドンで勉強しており、農業で生計を立てながらつましい生活を送っています。ある日、テレビに目をやると、2005年のロンドン同時爆破事件が報じられています。サマーズ夫人はすぐ娘に電話をかけますが、本人の声を聞くことができません。心配のあまり、島を出てロンドンへ向かった夫人を待っていたのは、予想とは異なる娘の生活ぶりでした。ムスリムが多く住む町にある娘の住んでいたアパートには、髭剃りや見たこともない民族楽器が置かれていたのです。警察に助けを求めますが、テロ事件直後のロンドンの警察は多忙を極め、相手にしてもらえません。娘のアパートに泊まりながら、手作りのビラを配り、捜索を続ける夫人のもとに1本の電話が入ります。オスマンというムスリムの男性でした。彼はフランスから息子を探すためにロンドンに来ていました。実は、サマーズ夫人の娘ジェーンは、オスマンの息子アリと恋人同士で、一緒に暮らしていたのです。2人は文化や宗教の違いに戸惑いながらも、子供を探すという共通の課題に挑んでいきます。そのうち子供たち2人が旅行を計画していたという情報を入手し、その旅程から2人はテロ事件前に英国を発ち、外国へ旅行に出かけたことが分かります。しかし、喜ぶサマーズ夫人とオスマンに厳しすぎる現実が待っているのです…。

映画情報

製作 年：2009年
製作 国：英国、フランス、アルジェリア
言　語：英語、フランス語、アラビア語
配給会社：熱帯美術館（配給協力 アルシネテラン）
ジャンル：ドラマ

公開情報

公開日：2009年10月20日（英国）
　　　　2014年 8月16日（日本）
上映時間：88分
オープニングウィークエンド：1,044ドル
字　幕：日本語字幕

ロンドン・リバー

薦	○小学生　○中学生　●高校生　●大学生　●社会人	リスニング難易表		発売元：熱帯美術館 （平成28年12月現在、本体価格） DVD価格：4,000円
お薦めの理由	ロンドン同時爆破事件という現実に起きた事件を基に作られた映画ですので、会話や場面設定も実際にありそうなものに限られている点が、お薦めしたい理由です。問い合わせをするときの表現、初めて会う人との会話表現などを学ぶことができるでしょう。また、テロの問題、そして英国社会におけるムスリムの人々への偏見や受容の問題について考える導入にもなるでしょう。	スピード	2	
		明瞭さ	4	
		米国訛	3	
		米国外訛	4	
		語彙	2	
英語の特徴	全体的にセリフの量がかなり少ない映画です。さらに、主要人物であるオスマンは英語を話しませんので、英語が話される場面も少なく感じるかもしれません。しかし、エリザベスを演じるブレンダ・ブレッシンの話す英語は、きれいな英国英語ですので、真似ると良いでしょう。それ以外は、ジェーンが英国で住んでいたフラット（アパート）の大家などの登場人物の話す英語に訛がありますので、注意が必要です。	専門語	1	
		ジョーク	1	
		スラング	1	
		文法	1	

発展学習	【冗談？冗談じゃないわ！】娘ジェーンのロンドンでの生活ぶりに驚いたエリザベスは、弟エドワードに電話をかけて、現状を伝えます。"I don't know what's going on. She's been learning Arabic. I've got a terrible feeling. She's been converted. I'm not being silly, Edward.... I'm serious."（アラビア語を習っているのよ。何て恐ろしい。あの子は改宗したんだわ。冗談じゃないの、エドワード。…本当の話よ）エリザベスはムスリムに対して偏見をもっています。彼女は、ガーンジー島に住んでおり、ロンドンの多様な人種や宗教が共存する世界についていくことができていないということも感じられます。しかし実際、2005年の同時多発爆破事件が起こり、「アルカーイダ組織」を名乗るものから犯行声明が届いたのち、英国内でのムスリムやアラブ系の住民に対する差別意識は、ますます強まりました。エリザベスのムスリムへの反応を、単に個人的な、偏見に満ちた悪意あるものと解釈することもできるかもしれません。しかし、ロンドンのように様々な文化や宗教が混在する社会において、マイノリティーをいかに受容していくのか、という問題を考えるきっかけになるのではないでしょうか。さて、英語表現の紹介に移りたいと思います。エリザベスは、エドワードに困惑する自分の気持ちをぶつけます。"I'm not being silly"、"I'm serious"という表現に着目しましょう。Sillyは「ばかげている」というような意味です。エリザベスは「ふざけているわけではないのよ」と言っているのですね。ですから、続けて「私は本気なのよ」と言っているのです。他に、"I'm not joking."、"It's not a joke."、"No joke."（3つとも「冗談じゃない」の意味）などということもできます。 【ずっと～している】それでは、上で紹介したセリフの中から、"She's been learning Arabic"という表現をピックアップしてみましょう。この表現は「主語 ＋ have / has ＋ been ＋ 動詞（＋ing）」の形で、過去に始めたことで、今尚、おこなっていることを表現するときに使います。 次の単語やフレーズを組み合わせて、英文を作ってみましょう。 1. Jane / wait for her boyfriend / for one hour　2. I / study English / over two hours　3. My mother / not feel well / lately 〈解答例〉 1. Jane has been waiting for her boyfriend for one hour.（ジェーンは1時間、ボーイフレンドを待っています） 2. I have been studying English over two hours.　　（私は2時間以上英語を勉強しています） 3. My mother has not been feeling well lately.　　　（私の母は最近体調がすぐれません） いかがでしょうか。教室ではこのようにいくつか文章をつくる練習をしたあと、実際に学生が以前から今も継続していることを、発表させると良いでしょう。

映画の背景と見所	この映画は、2005年7月7日にロンドンで起きた同時爆破事件を題材に、娘を探す母親と息子を探す父親を描いています。テロリズムを扱う映画ですが、政治的というより、子供を案ずる親の心情を中心に描いた作品です。ジェーンの母親、エリザベスを演じるブレンダ・ブレッシンは英国を代表する演技派女優。ロンドンで、自分の娘がイスラム教に傾倒していたことを知り、動揺する母親を演じます。ムスリムへの先入観が、徐々に変化していく中年女性役を好演します。しかしなんといっても、この映画で異彩を放つのは、オスマンを演じるソディギ・クヤテでしょう。オスマンは無口な男性の設定で、しかもフランス語しか話しません。幼いころに離れ離れになった息子アリは自分のことを憎んでいるのではないか、アリが、テロ事件の犯人なのではないか、オスマンは多くの苦悩を抱えています。彼の苦悩は、寂しげな表情や、ふとしたしぐさから、読み取ることができるでしょう。クヤテの映画における存在感の大きさは、ベルリン国際映画祭銀熊賞を受賞したことからも、国際的に認められていることがわかります。クヤテ自身は、2010年4月に他界し、この作品が遺作となりました。この映画で描かれる同時爆破事件から2015年でちょうど10年が過ぎました。しかし、2015年11月13日に、パリで同時多発テロ事件が起こったことは記憶に新しいでしょう。テレビに映るパリの街は、ロンドンの人々に10年前の惨事を想起させたに違いありません。

スタッフ	監　督：ラシッド・ブシャール 脚　本：ラシッド・ブシャール 編　集：ヤニック・ケルゴー 撮　影：ジェローム・アルメラ 音　楽：アルマンド・アマール	キャスト	エリザベス：ブレンダ・ブレッシン オスマン　：ソディギ・クヤテ イマーム　：サミ・ブアジラ ル・ブーシェ：ロシュディ・ゼム エドワード：マーク・ベイリス

2015年に日本で発売開始された主な
映画DVD一覧表

2015年に日本で発売開始された主な映画DVD一覧表（邦題50音順）

邦題	原題	あらすじ
アイ・フランケンシュタイン	I, FRANKENSTEIN	遠い過去の伝説と思われていたフランケンシュタインは誕生から200年経った現代まで生き続けていた。世界支配を目論み現代に巣くう悪魔とそれを阻止せんとする天使による全面戦争に巻き込まれたフランケンシュタインは運命に翻弄されながらも、己の存在意義を探し続ける。
あと1センチの恋	LOVE, ROSIE	ロージーとアレックスは6歳からの幼なじみ。ずっと一緒に青春を過ごしてきた友達以上、恋人未満の間柄。2人の夢はこの英国の片田舎を離れ、米国のボストンにある大学へ一緒に進学すること。しかし、ロージーがクラスで人気の男の子と一夜を共にして、妊娠してしまう。
アドバンスト・スタイル そのファッションが、人生	ADVANCED STYLE	ファッション業界でも大きな話題を呼んだ、人気ブログ＆写真集を基に映像化した本作は写真家で「Advanced Style」主宰者が4年間に渡り、7人のおしゃれマダムたちに密着。挫折や年齢にひるむことなく、ポジティブに生きる彼女らの人生やファッション哲学をカメラが映し出す。
アナーキー	CYMBELINE/ANARCHY	麻薬王のシンベリンは、溺愛する後妻の入れ知恵で警察の上納金要求を拒否。長年均衡を保ってきた警察との関係に亀裂が生じる。そんな中、娘はポステュマスと無断で結婚。シンベリンはこれに激怒し、ポステュマスを追放する。原作はシェイクスピアの戯曲「シンベリン」。
ANNIE アニー	ANNIE	NY、マンハッタン。携帯電話会社CEOで市長候補のスタックスは、偶然、車にはねられそうになった10歳の少女アニーを助ける。4歳の時に置き去りにされて以来、横暴な女性が営む施設で暮らすアニー。スタックスは彼女の境遇を選挙戦に利用できると考え、一緒に暮らし始める。
アノマリー	THE ANOMALY	2035年PTSDに苦しむ元軍人のライアンは、ロンドンの専門施設にいた記憶を最後に、真っ暗なトラックの荷台で目を覚ます。同じトラックの中に拘束されていた少年を連れて脱出したライアンは追っ手からの逃走中に意識を失う。ライアンは9分47秒しか意識が保てないのだ。
アバウト・タイム 愛おしい時間について	ABOUT TIME	英国コーンウォールに住むティムは5人の仲良し家族の1人。しかし、自分に自信のない彼は彼女ができずにいた。21歳の誕生日に一家の男は代々タイムトラベル能力があることを父から聞く。その能力を使いメアリーと出会うが、不運により2人は出会わなかったことになる。
アベンジャーズ エイジ・オブ・ウルトロン	AVENGERS: AGE OF ULTRON	トニー・スタークが開発したウルトロン計画。それは人工知能による完璧な平和維持システム。しかし、進化と増殖を続けるウルトロンが選択した究極の平和とは地球を脅かす唯一の存在、人類を抹殺することだった。世界中の都市を襲う脅威にアベンジャーズが再び集結した。
アメリカン・スナイパー	AMERICAN SNIPER	クリスに与えられた任務とは、自ら反政府武装勢力の第一の標的となりながら、味方の兵士の命を守ること。そんな危険をものともせず、さらには家族を犠牲にして、4回ものイラク遠征に従事したクリスは米海軍特殊部隊の「誰も見捨てない」の精神を体現する存在だった。

（英語ベースの映画に限る。DVD等の発売会社と本体価格は2016年12月現在のものです）

スタッフ	キャスト	その他	DVD等
製作：ゲイリー・ルチェッシ 監督：スチュアート・ビーティー 脚本：スチュアート・ビーティー	アーロン・エッカート/アダム・フランケンシュタイン ビル・ナイ/ナベリアス王子(ワセックス) イヴォンヌ・ストラホフスキー/テラ・ウェイド	配給：Lionsgate 上映時間：92分 製作年：2013年　製作国：米	ポニーキャニオン DVD価格：1,800円 Blu-ray価格：2,500円
監督：クリスチャン・ディッター 脚本：ジュリエット・トウィディ	リリー・コリンズ/ロージー サム・クラフリン/アレックス クリスチャン・クック/グレッグ	配給：The Film Arcade 上映時間：103分 製作年：2014年　製作国：独・英	ファントム・フィルム DVD価格：1,200円 Blu-ray価格：1,800円
製作：アリ・セス・コーエン 監督：リナ・プライオプライト	ジポラ・サラモン ジョイス・カルパティ リン・デル	配給：BOND360 上映時間：72分 製作年：2014年　製作国：米	アルバトロス DVD価格：3,800円
製作：マイケル・ベナローヤ他2名 監督：マイケル・アルメレイダ 脚本：マイケル・アルメレイダ	イーサン・ホーク/ヤーキモー エド・ハリス/シンベリン ミラ・ジョヴォヴィッチ/クイーン	配給：Grindstone Entertainment Group 上映時間：98分 製作年：2014年　製作国：米	ハピネット DVD価格：3,900円 Blu-ray価格：4,800円
製作：ジェイムズ・ラシター他4名 監督：ウィル・グラック 脚本：ウィル・グラック他1名	ジェイミー・フォックス/スタックス クッペンジャネ・ウォレス/アニー ローズ・バーン/グレース	配給：Sony Pictures Releasing 上映時間：118分 製作年：2014年　製作国：米	ソニー・ピクチャーズ エンタテインメント DVD価格：1,280円 Blu-ray価格：1,800円
製作：ジェイムス・ハリス他2名 監督：ノエル・クラーク 脚本：サイモン・ルイス	ノエル・クラーク イアン・サマーハルダー ブライアン・コックス	配給：Universal Pictures International 上映時間：97分 製作年：2014年　製作国：英	パルコ DVD価格：3,800円
製作：ティム・ビーヴァン他2名 監督：リチャード・カーティス 脚本：リチャード・カーティス	ドーナル・グリーソン/ティム レイチェル・マクアダムス/メアリー ビル・ナイ/ティムの父親	配給：Universal Studios Home Entertainment 上映時間：124分 製作年：2013年　製作国：英	NBCユニバーサル・エンターテイメント DVD価格：1,429円 Blu-ray価格：1,886円
製作：ケヴィン・ファイギ 監督：ジョス・ウェドン 脚本：ジョス・ウェドン	ロバート・ダウニー・Jr./トニー・スターク(アイアンマン) クリス・ヘムズワース/ソー マーク・ラファロ/ブルース・バナー(ハルク)	配給：Walt Disney Studios Motion Pictures 上映時間：141分 製作年：2015年　製作国：米	ウォルト・ディズニー・スタジオ・ジャパン MovieNEX価格：4,000円
製作：クリント・イーストウッド他4名 監督：クリント・イーストウッド	ブラッドリー・クーパー/クリス・カイル シエナ・ミラー/タヤ・カイル ルーク・グライムス/マーク・リー	配給：Warner Bros.　上映：132分 製作年：2014年　製作国：米 第87回音響編集賞受賞他5部門ノミネート	ワーナー・ブラザース・ホームエンターテイメント DVD価格：1,429円 Blu-ray価格：2,381円

2015年に日本で発売開始された主な映画DVD一覧表（邦題50音順）

邦題	原題	あらすじ
アンダー・ザ・スキン 種の捕食	UNDER THE SKIN	真夜中の街で美女が道行く男達に声をかけては闇に消えてゆく。男達は彼女の正体に気づかぬまま、飲み込まれ、姿形もなく衣類だけが残されている。彼女は地球外生命体なのだ。慈悲のかけらもなかった彼女だが、感情を持ち始める。それは更なる惨劇の始まりでもあった。
アンリミテッド	TRACERS	NYでメッセンジャーをするカムは配達途中で美少女ニキと出会う。カムはニキやその仲間達が熱中するパルクールというスポーツに魅され、グループの中心人物ミラーに実力を認められる。捕まらないために何でもするこの組織の中で、カムとニキは街からの脱出を計画する。
イコライザー	THE EQUALIZER	昼はホームセンターで真面目に働くマッコール。元ＣＩＡのトップエージェントだったが、今は静かに暮らしている。娼婦のテリーと会話を交わすうちに彼女がマフィアにひどい仕打ちを受けていることを知る。彼女を助けるため、夜、マッコールはもう1つの仕事を遂行する。
イフ・アイ・ステイ 愛が還る場所	IF I STAY	17歳のミアは、チェロ奏者になることを夢見る高校生。恋人や家族に励まされ、音楽学校を目指し特訓する毎日だ。しかし、ある雪の朝、凍った雪道で交通事故に遭う。病院で昏睡状態の肉体から離れ、魂となったミアが目にしたのは自分を見舞う祖父、親友、恋人だった。
イミテーション・ゲーム エニグマと天才数学者の秘密	THE IMITATION GAME	アラン・チューリング。第二次世界大戦時、ドイツ軍が誇る世界最強の暗号解読に挑みながらも、その功績は国家機密として闇に葬られ、1954年に41歳で亡くなった天才数学者だ。戦争終結を2年以上早め、1,400万人の命を救ったとされる男の驚愕と感動の真実が今、明かされる。
インサイド・ヘッド	INSIDE OUT	両親に見守られ、ミネソタで元気に育った11歳の少女ライリー。そして、いつも彼女の頭の中にいる5つの感情たち—ヨロコビ、イカリ、ムカムカ、ビビリ、カナシミ—。しかし引っ越しで、不安とドキドキが一杯になったライリーの心の中でヨロコビとカナシミは迷子になる。
インターステラー	INTERSTELLAR	元パイロットで今は農場を経営するクーパー。そんな彼が幼い子どもと滅びつつある地球を後にして、銀河系の遙か彼方へと旅立つ日がやってきた。はたして宇宙に浮かぶ星々の間に人類の未来は見つかるのか。NYポスト紙は「今世紀最も心躍る映画体験のひとつ」と評価した。
イントゥ・ザ・ウッズ	INTO THE WOODS	シンデレラ、ラプンツェル、赤ずきん···誰もが知っているおとぎ話の主人公たち。それぞれが出逢い、願いをかなえ、すべてがハッピーエンドを迎えたかと思った瞬間、運命は彼らに思いもよらない難題をつきつける。ちょっとほろ苦いディズニーが贈るおとぎ話のその後。
インヒアレント・ヴァイス	INHERENT VICE	舞台は砂漠から海に至るまで毎日がパラノイア一色に染まった、燦々と太陽が輝く南カリフォルニア。登場するのはサーファーにロック歌手、高利貸し、FBI、ロス市警の刑事、歯科医など。何もかもが「イカしてる」から「いかれてる」まであれよあれよという間に入れ替わる。

（英語ベースの映画に限る。DVD等の発売会社と本体価格は2016年12月現在のものです）

スタッフ	キャスト	その他	DVD等
製作：ジェームズ・ウィルソン他1名 監督：ジョナサン・グレイザー 脚本：ウォルター・キャンベル	スカーレット・ヨハンソン ポール・ブラニガン	配給：A24 上映時間：108分 製作年：2014年　製作国：英	ファインフィルムズ DVD価格：3,900円 Blu-ray価格：4,800円
製作：マーティ・ボーウェン他2名 監督：ダニエル・ベンマヨール 脚本：マット・ジョンソン他3名	テイラー・ロートナー／カム マリー・アヴゲロプロス／ニキ アダム・レイナー／ミラー	配給：Lionsgate 上映時間：94分 製作年：2014年　製作国：米	プレシディオ DVD価格：3,300円 Blu-ray価格：3,800円
製作：メイス・ニューフェルド他1名 監督：アントワーン・フークア 脚本：リチャード・ウェンク	デンゼル・ワシントン／マッコール マートン・ソーカス／テディ クロエ・グレース・モレッツ／テリー	配給：Columbia Pictures 上映時間：131分 製作年：2014年　製作国：米	ソニー・ピクチャーズ エンタテインメント DVD価格：1,410円 Blu-ray価格：2,381円
製作：アリソン・グリーンスパン 監督：R・J・カトラー 脚本：ショーナ・クロス	クロエ・グレース・モレッツ／ミア・ホール ミレイユ・イーノス／キャサリン ジョシュア・レナード／デニー	配給：Warner Bros. 上映時間：107分 製作年：2014年　製作国：米	20世紀 フォックス ホーム エンタテイメント ジャパン DVD価格：1,419円 Blu-ray価格：1,905円
監督：モルテン・ティルドゥム 脚本：グレアム・ムーア	ベネディクト・カンバーバッチ キーラ・ナイトレイ マシュー・グード	配給：The Weinstein Company　上映：115分 製作年：2014年　製作国：米・英 第87回アカデミー脚色賞受賞他7部門ノミネート	ギャガ DVD価格：3,800円 Blu-ray価格：4,800円
製作：ジョナス・リベラ 監督：ピート・ドクター 脚本：ピート・ドクター他2名	エイミー・ポーラー／ヨロコビ フィリス・スミス／カナシミ リチャード・カインド／ビンボン	配給：Walt Disney Studios Motion Pictures 上映：95分　製作年：2015年　製作国：米 第88回アカデミー長編アニメーション賞受賞他1部門ノミネート	ウォルト・ディズニー・スタジオ・ジャパン MovieNEX価格：4,000円
製作：クリストファー・ノーラン 監督：クリストファー・ノーラン 脚本：ジョナサン・ノーラン他1名	マシュー・マコノヒー／クーパー アン・ハサウェイ／ブランド ジェシカ・チャスティン／マーフ	配給：Paramount Pictures　上映：169分 製作年：2014年　製作国：米 第87回アカデミー視覚効果賞受賞他4部門ノミネート	ワーナー・ブラザース・ホームエンタテイメント DVD価格：1,429円 Blu-ray価格：2,381円
製作：ジョン・デルーカ他3名 監督：ロブ・マーシャル 脚本：ジェームズ・ラパイン	メリル・ストリープ／魔女 エミリー・ブラント／パン屋の妻 ジェームズ・コーデン／パン屋の主人	配給：Walt Disney Studios Motion Pictures 上映：125分　製作年：2014年　製作国：米 第87回アカデミー助演女優賞他2部門ノミネート	ウォルト・ディズニー・スタジオ・ジャパン MovieNEX価格：4,000円
製作：ポール・トーマス・アンダーソン 監督：ポール・トーマス・アンダーソン 脚本：ポール・トーマス・アンダーソン	ホアキン・フェニックス／ラリー・"ドック"・スポーテッロ ジョシュ・ブローリン／クリスチャン・F・"ビッグフット"・ビョルンセン オーウェン・ウィルソン／コーイ・ハーリンゲン	配給：Warner Bros.　上映：149分 製作年：2014年　製作国：米 第87回アカデミー脚色賞他1部門ノミネート	ワーナー・ブラザース・ホームエンタテイメント DVD価格：1,429円 Blu-ray価格：2,381円

2015年に日本で発売開始された主な映画DVD一覧表（邦題50音順）

邦題	原題	あらすじ
イン・ユア・アイズ 近くて遠い恋人たち	IN YOUR EYES	ニューハンプシャーに住むレベッカとメキシコ近くの街に住むディラン。2人は小さいときから、時折知らない誰かの感覚を感じる瞬間があったが、ある日、つながったテレパシーの交信によって、その相手がお互いの感覚だったことを知る。ただ、レベッカには夫がいた。
ウィークエンドはパリで	LE WEEK-END	英国人のニックとメグ夫妻は30年目の結婚記念日のため、新婚旅行と同じパリへ。だが、思い出のホテルは当時の面影はなく、メグは高級ホテルの最上級スイートにチェックイン。その後、旅を満喫する2人だったが、ニックが大学から首を宣告されたと伝えると状況が一変する。
エクスペンダブルズ3 ワールドミッション	THE EXPENDABLES 3	傭兵集団のエクスペンダブルズを率いるバーニーにCIAのドラマーが元エクスペンダブルズのストーンバンクス身柄確保を命じる。ニューヨーク、モスクワ、メキシコ、アフリカで激しい追撃と攻防を展開するが、バーニーの戦術を知るストーンバンクスに苦戦を強いられる。
エクソダス　神と王	EXODUS: GODS AND KINGS	紀元前1300年の古代エジプト。王子ラムセスと兄弟同様に育てられたモーゼは出生の秘密を知る。国を追われ新たな土地で平和に暮らすモーゼだったが、啓示に導かれエジプトに舞い戻り、ラムセスに奴隷達の解放を申し出る。ラムセスは申し出を拒否してさらに暴挙を繰り返す。
エレファント・ソング	ELEPHANT SONG	14歳の時にオペラ歌手の母が目の前で自殺し、それ以来、精神病院に入院している青年マイケル。彼はゾウに異常なまでの執着を示していた。ある日、彼の担当医が失踪した。手がかりを知っているマイケルに院長は事情を聞く。すると、話をする代わりに、と彼は条件を提示した。
お！バカんす家族	VACATION	ついてない一家が世代が替わっても旅路で災難に見舞われる。子供だったラスティも今や一家の主。自分の父親にならって、妻のデビーと2人の息子を連れて、米国大陸横断ドライブに出かける。行き先は、もちろん家族に大人気の国民的テーマパーク、ワリー・ワールド。
おみおくりの作法	STILL LIFE	ロンドン市ケニントン地区の民生係、ジョン。ひとりきりで亡くなった人を弔うのが彼の仕事。事務的処理が可能なこの仕事をジョンは誠意をもってこなしていたが、突如解雇され、向かいに住んでいたビリーが最後の案件となる。ジョンは、故人を知る人を訪ね英国を旅する。
おやすみなさいを言いたくて	A THOUSAND TIMES GOOD NIGHT	紛争地域を取材で飛び回る報道写真家のレベッカは、死と隣り合わせになりながらシャッターを切り、真実を伝えていた。彼女は仕事に打ち込めるのはアイルランドで暮らす夫と2人の娘のおかげと思っていたが、彼女は帰国して生活に疲れた夫と思春期の長女の気持ちを知る。
オン・ザ・ハイウェイ その夜、86分	LOCKE	夜のハイウェイ。アイヴァンはある場所に車を走らせていた。妻と2人の子に恵まれ、建設現場監督としても評価され、順風満帆の生活を送っている。大規模プロジェクトの着工を明日に控え、その夜は家族といる予定だったが、1本の電話が人生のすべてを賭ける決断を迫る。

（英語ベースの映画に限る。DVD等の発売会社と本体価格は2016年12月現在のものです）

スタッフ	キャスト	その他	DVD等
製作：マイケル・ロイフ他1名 監督：プリン・ヒル 脚本：ジョス・ウェドン	ゾーイ・カザン マイケル・スタール＝デヴィッド マーク・フォイアスタイン	配給：Amplify 上映時間：105分 製作年：2014年　製作国：米	アットエンタテインメント DVD価格：3,800円
監督：ロジャー・ミッシェル 脚本：ハニフ・クレイシ	ジム・ブロードベント／ニック・バロウズ リンゼイ・ダンカン／メグ・バロウズ ジェフ・ゴールドブラム／モーガン	配給：Music Box Films 上映時間：93分 製作年：2013年　製作国：英	キノフィルムズ DVD価格：3,800円
監督：パトリック・ヒューズ 脚本：シルベスター・スタローン他2名	シルベスター・スタローン／バーニー・ロス ジェイソン・ステイサム／リー・クリスマス アントニオ・バンデラス／ガルゴ	配給：Lionsgate 上映時間：126分 製作年：2014年　製作国：米	松竹 DVD価格：3,300円 Blu-ray価格：3,800円
製作：リドリー・スコット 監督：リドリー・スコット 脚本：アダム・クーパー他3名	クリスチャン・ベール／モーゼ ジョエル・エドガートン／ラムセス ジョン・タトゥーロ／セティ	配給：Twentieth Century Fox Film Corporation 上映時間：150分 製作年：2014年　製作国：米	20世紀フォックス ホーム エンターテイメント ジャパン DVD価格：1,419円 Blu-ray価格：1,905円
監督：シャルル・ビナメ 脚本：ニコラス・ビヨン	グザヴィエ・ドラン／マイケル・アリーン ブルース・グリーンウッド／トビー・グリーン院長 キャサリン・キーナー／スーザン・ピーターソン	上映時間：100分 製作年：2014年　製作国：加	アップリンク DVD価格：4,200円 Blu-ray価格：4,200円
監督：ジョナサン・ゴールドスタイン他1名 脚本：ジョナサン・ゴールドスタイン他1名	エド・ヘルムズ／ラスティ クリスティナ・アップルゲイト／デビー クリス・ヘムズワース／ストーン	配給：Warner Bros. 上映時間：99分 製作年：2015年　製作国：米	ワーナー・ブラザース・ホームエンターテイメント DVD価格：1,429円 Blu-ray価格：2,381円
製作：ウベルト・パゾリーニ 監督：ウベルト・パゾリーニ 脚本：ウベルト・パゾリーニ	エディ・マーサン／ジョン・メイ ジョアンヌ・フロガット／ケリー アンドリュー・バカン／プラチェット氏	配給：Tribeca Film 上映時間：91分 製作年：2013年　製作国：英・伊	ポニーキャニオン DVD価格：3,800円
製作：フィン・イェンドルム他1名 監督：エリック・ポッペ 脚本：エリック・ポッペ他2名	ジュリエット・ビノシュ／レベッカ ニコライ・コスター＝ワルドー／マーカス ローリン・キャニー／ステフ	配給：Film Movement 上映時間：118分　製作年：2013年 製作国：ノルウェー、アイルランド、スウェーデン	KADOKAWA DVD価格：4,700円
製作：ポール・ウェブスター他1名 監督：スティーヴン・ナイト 脚本：スティーヴン・ナイト	トム・ハーディ／アイヴァン・ロック オリヴィア・コールマン／ベッサン(声) ルース・ウィルソン／カトリーナ(声)	配給：A24 上映時間：86分 製作年：2013年　製作国：英・米	アルバトロス DVD価格：3,800円

2015年に日本で発売開始された主な映画DVD一覧表（邦題50音順）

邦題	原題	あらすじ
ガーディアンズ・オブ・ギャラクシー	GUARDIANS OF THE GALAXY	幼くして地球から誘拐され、宇宙をまたにかけるトレジャー・ハンターとなったピーター・クイル。彼は巨万の富を夢見てオーブを盗み出すが、悪党達から狙われてしまう。そしてそれをきっかけにおたずね者たちと宇宙最凶チームを結成して、銀河を救うために立ち上がる。
神は死んだのか	GOD'S NOT DEAD	大学に入学したてのジョシュはニーチェ等の無神論者を信奉する哲学クラスの教授に信仰心を試される。授業の初日から神の存在を否定する宣言書を提出するよう生徒に強要する教授。単位を落としたくない生徒は宣言書を提出するが、ジョシュだけは受け入れず拒否する。
カムバック！	CUBAN FURY	英国中にその名を轟かせた天才サルサダンサーのブルース。しかし、ある悲劇を機にダンスを封印していた。25年後、ブルースはメタボ男に変貌、押しが弱く彼女はいない。そんな彼が米国から赴任した上司のジュリアに一目惚れ。しかもなんと彼女もサルサダンサーだった！
記憶探偵と鍵のかかった少女	MINDSCAPE/ANNA	他人の記憶に侵入する能力を持つ記憶探偵のジョンに、ある日舞い込んできた16歳の少女、アナの記憶を探る依頼。それは難事件を解決してきたジョンにとっては簡単な仕事のはずだった。しかし、ジョンがアナの記憶で見たものは、実父の事故死など不穏な謎に満ちていた。
きっと、星のせいじゃない。	THE FAULT IN OUR STARS	17歳のヘーゼルは末期のガン患者。学校にも通えず、友人もできず、毎日同じ本ばかり読んでいる。ある日、いやいや出席したガン患者集会で、骨肉腫を克服したオーガスタスと知り合い、2人は恋に落ちる。やがてヘイゼルを喜ばすためにガスは最高のサプライズを用意する。
君が生きた証	RUDDERLESS	銃乱射事件で息子を亡くし、遺された未発表曲を歌い継ごうとする父親サム。そしてその歌に魅了されたミュージシャン志望の青年。親子ほどの歳の離れた男2人の、再生と成長を描いたヒューマンドラマ。2人はバンドを結成し、活動につれ、バンドは次第に人気を集める。
96時間　レクイエム	TAKEN 3/TAK3N	元CIA工作員ブライアンは、自宅で元妻の遺体を発見する。突然の悲劇に動揺した彼は逃走してしまい、容疑者として指名手配される。復讐のため、非情で危険な暴走を始めるが、愛娘キムにも再び危機が迫る。絶体絶命のなか、娘を守り、正義の裁きを下すことができるのか。
クィーン・オブ・ベルサイユ 大富豪の華麗なる転落	THE QUEEN OF VERSAILLES	元モデルにして限りなくグラマラスを追求する女ジャッキーとデヴィッドの夫妻は、不動産業で大富豪に成り上がった。夫妻は総工費100億円の豪邸建築を決意、ケタ外れの豪邸は米国一の個人住宅になるはずだった。世界最大の経済危機リーマン・ショックが起きるまでは。
靴職人と魔法のミシン	THE COBBLER	NYの下町で代々続く小さな靴修理店を営むマックスは単調な毎日を生きてきた中年男。ある日、愛用のミシンが故障し、先祖伝来の旧式ミシンで仕上げた靴を試し履きした彼は、鏡を覗き込んでびっくり仰天。何と自分とは似ても似つかぬその靴の持ち主に変身していたのだ。

（英語ベースの映画に限る。DVD等の発売会社と本体価格は2016年12月現在のものです）

スタッフ	キャスト	その他	DVD等
製作：ケヴィン・ファイギ 監督：ジェームズ・ガン 脚本：ジェームズ・ガン他1名	クリス・プラット/スター・ロード（ピーター） ゾーイ・サルダナ/ガモーラ デイブ・バウティスタ/ドラックス	配給：Walt Disney Studios Motion Pictures 上映：121分　製作年：2014年　製作国：米 第87回アカデミー視覚効果賞他1部門ノミネート	ウォルト・ディズニー・スタジオ・ジャパン MovieNEX価格：4000円
製作：マイケル・スコット他4名 監督：ハロルド・クロンク 脚本：ケイリー・ソロモン他1名	ケヴィン・ソルボ/ラディソン教授 シェーン・ハーパー/ジョシュ・ウィートン デビッド・A・R・ホワイト/デイヴ牧師	配給：Freestyle Releasing 上映時間：114分 製作年：2014年　製作国：米	シンカ DVD価格：3,800円
製作：ニラ・パーク他1名 監督：ジェームズ・グリフィス 脚本：ジョン・ブラウン	ニック・フロスト/ブルース ランダ・ジョーンズ/ジュリア クリス・オダウド/ドリュー	配給：Entertainment One 上映時間：98分 製作年：2014年　製作国：英	カルチュア・パブリッシャーズ DVD価格：3,800円 Blu-ray価格：4,700円
製作：ジャウマ・コレット＝セラ他3名 監督：ホルヘ・ドラド 脚本：ガイ・ホームズ	マーク・ストロング/ジョン・ワシントン タイッサ・ファーミガ/アナ・グリーン ブライアン・コックス/セバスチャン	配給：Vertical Entertainment 上映時間：99分 製作年：2013年　製作国：米	アスミック・エース/ワーナー・ブラザース・ホームエンターテイメント DVD価格：1,429円 Blu-ray価格：2,381円
製作：ウィク・ゴッドフリー他1名 監督：ジョシュ・ブーン 脚本：スコット・ノイスタッター他1名	シャイリーン・ウッドリー/ヘイゼル・グレース・ランカスター アンセル・エルゴート/オーガスタス・ウォーターズ ローラ・ダーン/フラニー	配給：Fox 2000 Pictures 上映時間：126分 製作年：2014年　製作国：米	20世紀フォックスホームエンターテイメントジャパン DVD価格：1,419円 Blu-ray価格：1,905円
監督：ウィリアム・H・メイシー 脚本：ケーシー・トゥウェンター他2名	ビリー・クラダップ/サム アントン・イェルチン/クエンティン フェリシティ・ハフマン/エミリー	配給：Samuel Goldwyn Films 上映時間：105分 製作年：2014年　製作国：米	ハピネット DVD価格：3,900円
製作：リュック・ベッソン 監督：オリヴィエ・メガトン 脚本：リュック・ベッソン他1名	リーアム・ニーソン/ブライアン・ミルズ フォレスト・ウィテカー/ドッツラー ファムケ・ヤンセン/レノア	配給：Twentieth Century Fox Film Corporation 上映時間：109分 製作年：2015年　製作国：仏	20世紀フォックスホームエンターテイメントジャパン DVD価格：1,419円 Blu-ray価格：1,905円
製作：ローレン・グリーンフィールド他1名 監督：ローレン・グリーンフィールド	デヴィッド・シーゲル ジャッキー・シーゲル	配給：Magnolia Pictures 上映時間：100分　製作年：2012年 製作国：米・蘭・英・デンマーク合作	KADOKAWA DVD価格：3,800円
製作：メアリー・ジェーン・スカルスキー他1名 監督：トム・マッカーシー 脚本：トム・マッカーシー他1名	アダム・サンドラー/マックス・シムキン ダスティン・ホフマン/アブラハム・シムキン スティーヴ・ブシェミ/ジミー	配給：Image Entertainment 上映時間：98分 製作年：2014年　製作国：米	バップ DVD価格：3,800円 Blu-ray価格：4,800円

2015年に日本で発売開始された主な映画DVD一覧表（邦題50音順）

邦題	原題	あらすじ
グッド・ライ いちばん優しい嘘	THE GOOD LIE	1983年、スーダンで内戦が始まり、数万人の子供たちが両親の命と住む家を奪われた。そして2000年、難民キャンプで育った3,600人を全米各地に移住させる計画が実施される。米国に行く若者たちとそれを受け入れた米国人との間にどんなドラマが生まれたか。実話ベースの作品。
グッバイ・アンド・ハロー 父からの贈りもの	GREETINGS FROM TIM BUCKLEY	1991年のある日。LAに暮らす無名ミュージシャン、ジェフのもとにニューヨークの教会で行われる亡き父ティムのトリビュート・コンサートへの出演依頼が舞い込む。いよいよコンサート当日、ステージ上のジェフは詰めかけた聴衆の前で、初めてその奇跡の歌声を披露する。
クライマー パタゴニアの彼方へ	CERRO TORRE	アルゼンチンとチリの両国に跨る南米パタゴニア。その氷冠の間にそびえ立つ、標高3,012mの花崗岩の鋭鋒セロトーレ。1959年の謎めいた初登頂以来、50年以上に渡り物議を醸し続けながらも、世界中のクライマーを引き付けて止まない難攻不落の山に若き天才デビッド・ラマが挑む。
暮れ逢い	A PROMISE/UNE PROMESSE	第一次世界大戦前夜、時代の波に翻弄される男女の8年間に渡る純愛を描いた作品。実業家の屋敷に秘書として住み込む青年フリドリックは実業家の知的な若妻ロットと惹かれ合う。だが、ふれあうことも愛を口にすることもできずに過ごしていたある日、青年の転勤が決定する。
グレース・オブ・モナコ 公妃の切り札	GRACE OF MONACO	モナコ公国大公との結婚から6年。グレースは周囲や慣習に馴染めずにいた。ヒッチコックから映画出演のオファーを受け、復帰すべきかどうか迷っていた時、モナコはフランスのド・ゴール大統領から不当な要求をされる。グレースは伯爵に外交儀礼やしきたりについて教えを請う。
クロース・エンカウンター 第4種接近遭遇	HANGAR 10	英国、サフォーク州レンデルシャムの森林地帯に、アングロサクソンの秘宝を追うドキュメンタリー撮影クルーの3人が訪れる。彼らはそこで謎の飛行物体の撮影に成功する。夜になるとGPSの誤作動により道を見失う。さらに森を彷徨う中、クルーの1人が謎の光にさらわれる。
ケープタウン	ZULU	南アフリカ・ケープタウンで元ラグビー選手の娘が誘拐された。刑事ブライアンとアリが少女の事件当夜の足取りをたどると、ある薬物の売人と会っていたことが分かる。その薬物は頻繁に起こる児童失踪事件の現場にも残されていた。そこにはこの街に潜む根深い闇が関係していた。
荒野はつらいよ アリゾナより愛をこめて	A MILLION WAYS TO DIE IN THE WEST	1882年アリゾナ。そこは無法者が銃をぶっ放し、野生化した動物と低モラルな民衆が溢れる「生活するには最悪の土地」だった。そんな町に暮らす地味でオタクな羊飼いアルはこの町を心底嫌い、銃すら撃った経験がなく、決闘から逃げ出す始末でガールフレンドに捨てられる。
コードネーム：プリンス	THE PRINCE	プリンスと呼ばれ裏社会で恐れられていた暗殺者ポールは、足を洗い、娘と平穏に暮らしていた。しかしある日、その娘が姿を消した。足取りを辿るうち、ポールは暗殺者として過ごした古巣に戻る。そこは宿敵が支配する無法地帯。娘を救うため、ポールは過去の封印を解く。

（英語ベースの映画に限る。DVD等の発売会社と本体価格は2016年12月現在のものです）

スタッフ	キャスト	その他	DVD等
製作：ロン・ハワード他5名 監督：フィリップ・ファラルドー 脚本：マーガレット・ネイゲル	リース・ウィザースプーン/キャリー アーノルド・オーチェン/マメール ゲール・ドゥエイニー/ジェレマイア	配給：Warner Bros. 上映時間：110分 製作年：2014年　製作国：米	キノフィルムズ DVD価格：3,800円 Blu-ray価格：4,700円
製作：ジョン・N・ハート他2名 監督：ダニエル・アルグラント 脚本：ダニエル・アルグラント他2名	ペン・バッジリー/ジェフ・バックリィ イモージェン・プーツ/アリー ベン・ローゼンフィールド/ティム・バックリィ	配給：Focus World 上映時間：104分 製作年：2012年　製作国：米	ミッドシップ DVD価格：3,800円
製作：フィリップ・マンデラ 監督：トーマス・ディルンホーファー	デビッド・ラマ ペーター・オルトナー トーニ・ポーンホルツァー	上映時間：103分 製作年：2013年　製作国：オーストリア	シンカ/ハピネット DVD価格：3,900円 Blu-ray価格：4,800円
製作：オリヴィエ・デルボスク他1名 監督：パトリス・ルコント 脚本：ジェローム・トネール	レベッカ・ホール/ロット アラン・リックマン/カール・ホフマイスター リチャード・マッデン/フレドリック・ザイツ	上映時間：98分　製作年：2013年 製作国：仏・ベルギー合作	コムストック・グループ DVD価格：3,980円
製作：ピエランジュ・ル・ポギャム他2名 監督：オリヴィエ・ダアン 脚本：アラッシュ・アメル	ニコール・キッドマン/グレース公妃 ティム・ロス/レーニエ3世 フランク・ランジェラ/タッカー神父	配給：The Weinstein Company 上映時間：103分　製作年：2013年 製作国：仏、南アフリカ	ギャガ DVD価格：1,143円 Blu-ray価格：2,000円
製作：ローリー・クック他3名 監督：ダニエル・シンプソン 脚本：ダニエル・シンプソン他1名	ダニー・シェイラー アビー・ソルト ロバート・カーティス	配給：IFC Midnight 上映時間：87分 製作年：2014年　製作国：英	エイベックス・ピクチャーズ DVD価格：3,800円 Blu-ray価格：4,700円
監督：ジェローム・サル 脚本：ジュリアン・ラプノー他1名	オーランド・ブルーム/ブライアン・エプキン フォレスト・ウィテカー/アリ・ツケーラ コンラッド・ケンプ/ダン・フレッチャー	配給：RADiUS-TWC 上映時間：107分　製作年：2013年 製作国：仏、南アフリカ	クロックワークス DVD価格：3,800円 Blu-ray価格：4,700円
製作：スコット・ステューバー他2名 監督：セス・マクファーレン 脚本：アレック・サルキン他2名	セス・マクファーレン/アルバート シャーリーズ・セロン/アナ アマンダ・セイフライド/ルイーズ	配給：Universal Pictures 上映時間：116分 製作年：2014年　製作国：米	NBCユニバーサル・エンターテイメント DVD価格：1,429円 Blu-ray価格：1,886円
製作：ランドール・エメット他1名 監督：ブライアン・A・ミラー 脚本：アンドレ・ファブリツィオ他1名	ジェイソン・パトリック/ポール ブルース・ウィリス/オマー ジョン・キューザック/サム	配給：Lionsgate 上映時間：90分 製作年：2014年　製作国：米	ワーナー・ブラザース・ホームエンタテイメント DVD価格：1,429円 Blu-ray価格：2,381円

2015年に日本で発売開始された主な映画DVD一覧表（邦題50音順）

邦題	原題	あらすじ
ゴーン・ガール	GONE GIRL	結婚5周年。幸せな結婚生活をおくっていたニックとエイミーの日常が破綻する。エイミーが突然姿を消したのだ。部屋は荒らされ、キッチンの大量の血痕から警察は他殺と失踪の両面で捜査を開始する。妻の身を案じ憔悴のニックだったが、一転、疑惑の渦中に立たされる。
サード・パーソン	THIRD PERSON	パリのホテルで執筆中のマイケル。愛人のアンナには恋人がいた。ローマ、米国人の会社員スコットは娘をさらわれたという美女に出会う。NY、元女優のジュリアは夫だったリックと親権を争っていた。一見、接点のない3つの物語が1つにつながる時、真実が浮かび上がる。
ザ・ゲスト	THE GUEST	ハロウィン間近に、戦争で長男ケイレブを失った一家のもとにやって来たデイヴィッド。彼は戦友だったケイレブの最後の言葉を伝えに来たと話す。礼儀正しく容姿端麗な彼は大切なゲストとして一家に溶け込む。しかし、周囲で不可解な事件が多発、一家の長女が疑惑を抱く。
サムソンとデリラ	SAMSON AND DELILAH	砂漠の中のアボリジニの小さな村。15歳の少年サムソンはそのひなびた日常に飽き飽きしていた。16歳の少女デリラは芸術家の祖母の世話をして暮らしていた。祖母が亡くなった時、彼女はその責任を負わされ暴力を振るわれそうになったが、サムソンが彼女を助け出した。
猿の惑星:新世紀(ライジング)	DAWN OF THE PLANET OF THE APES	シーザーをリーダーとする猿たちは森に巨大なコミュニティを築いていた。わずかに生き残った人間達が資源を求め森に入り事態は急変する。シーザーは人間との共存の道を探るが、憎しみを抑えられない両陣営の対立は激化する。猿の惑星:創世記から10年後の世界を描く。
サン・オブ・ゴッド	SON OF GOD	ローマ帝国支配下のユダヤ。「イスラエルの王」になると預言された子供が誕生し、彼はイエスと名付けられる。成長したイエスは伝道活動を開始。その教えは次第に民衆に広まり、彼の人気は高まるが、民衆の暴動を恐れた時の権力者は彼を死刑にする計画を開始する。
サンシャイン 歌声が響く街	SUNSHINE ON LEITH	スコットランドのリースで結婚25周年を迎えるロブとジーン。そこへ息子のデイヴィーと娘リズの恋人アリーが兵役から帰還、一家はお祝いムードに包まれる。ところが銀婚式のパーティーで、家族に予想もしなかった危機が。ロブに24歳になる隠し子がいることが発覚したのだ。
シェアハウス・ウィズ・ヴァンパイア	WHAT WE DO IN THE SHADOWS	ヴァンパイアのヴィアゴやピーターら4人はウェリントンで共同生活を送り、夜な夜な楽器演奏や郊外のなじみのパブで愉快な毎日を送る。ある日、ピーターが大学生のニックを甘噛み、ヴァンパイアに変えてしまう。さらにニックが親友(人間)をシェアハウスに招き入れる。
ジェームス・ブラウン 最高の魂(ソウル)を持つ男	GET ON UP	劣悪な環境で少年時代を過ごし、生きるのに精一杯だったジェームス。窃盗を繰り返し、刑務所に投獄される。そこで出会ったのが親友と音楽だった。出所後ミュージシャンとなるが、メンバーとの軋轢、自分を捨てた母親との関係、差別などの問題が彼の前に立ちはだかる。

（英語ベースの映画に限る。DVD等の発売会社と本体価格は2016年12月現在のものです）

スタッフ	キャスト	その他	DVD等
製作：アーノン・ミルチャン他3名 監督：デビッド・フィンチャー 脚本：ギリアン・フリン	ベン・アフレック／ニック・ダン ロザムンド・パイク／エイミー・ダン ニール・パトリック・ハリス／デジー・コリングズ	配給：Twentieth Century Fox Film Corporation 上映：149分　製作年：2014年　製作国：米 第87回アカデミー主演女優賞ノミネート	20世紀フォックス ホーム エンターテイメント ジャパン DVD価格：3,800円 Blu-ray価格：4,752円
製作：ポール・ハギス他2名 監督：ポール・ハギス 脚本：ポール・ハギス	リーアム・ニーソン／マイケル オリヴィア・ワイルド／アンナ エイドリアン・ブロディ／スコット	配給：Sony Pictures Classics 上映時間：137分　製作年：2013年 製作国：米、独、ベルギー	「サード・パーソン」フィルムパートナーズ DVD価格：3,900円 Blu-ray価格：4,800円
製作：キース・コルダー他1名 監督：アダム・ウィンガード 脚本：サイモン・バレット	ダン・スティーヴンス／デイヴィッド マイカ・モンロー／アナ・ピーターソン ブレンダン・マイヤー／ルーク・ピーターソン	配給：ArtAffects Entertainment 上映時間：100分　製作年：2014年 製作国：米・独・ベルギー	ハピネット DVD価格：1,200円 Blu-ray価格：1,800円
製作：カース・シェルパー 監督：ワーウィック・ソーントン 脚本：ワーウィック・ソーントン	ローワン・マクマナラ／サムソン マリッサ・ギブソン／デリラ	配給：Indiepix 上映時間：101分 製作年：2009年　製作国：豪	熱帯美術館 DVD価格：4,000円
製作：ピーター・チャーニン他3名 監督：マット・リーヴス 脚本：マーク・ボンバック他2名	アンディ・サーキス／シーザー ジェイソン・クラーク／マルコム ゲイリー・オールドマン／ドレイファス	配給：Twentieth Century Fox Film Corporation 上映：131分　製作年：2014年　製作国：米 第87回アカデミー視覚効果ノミネート	20世紀フォックス ホーム エンターテイメント ジャパン DVD価格：1,419円 Blu-ray価格：1,905円
製作：マーク・バーネット他1名 監督：クリストファー・スペンサー 脚本：クリストファー・スペンサー他1名	ディオゴ・モルガド／イエス・キリスト ローマ・ダウニー／聖母マリア グレッグ・ヒックス／ピラト	配給：Twentieth Century Fox Film Corporation 上映時間：138分 製作年：2014年　製作国：米	20世紀フォックス ホーム エンターテイメント ジャパン DVD価格：3,800円 Blu-ray価格：4,752円
製作：アンドリュー・マクドナルド 監督：デクスター・フレッチャー 脚本：スティーブン・グリーンホーン	ピーター・ミュラン／ロブ ジェーン・ホロックス／ジーン ジョージ・マッケイ／デイヴィー	配給：(UK) Entertainment Film Distributors 上映時間：100分 製作年：2013年　製作国：英	ギャガ DVD価格：3,800円 Blu-ray価格：4,800円
製作：タイカ・ワイティティ他2名 監督：タイカ・ワイティティ他1名 脚本：タイカ・ワイティティ他1名	タイカ・ワイティティ／ヴィアゴ ジェマイン・クレメント／ヴラド ジョナサン・ブロー／ディーコン	配給：Unison Films 上映時間：85分　製作年：2014年 製作国：ニュージーランド	松竹 DVD価格：3,300円 Blu-ray価格：3,800円
製作：ブライアン・グレイザー他4名 監督：テイト・テイラー 脚本：ジェズ・バターワース	チャドウィック・ボーズマン／ジェームス・ブラウン ネルサン・エリス／ボビー・バード ダン・エイクロイド／ベン・バート	配給：Universal Pictures 上映時間：139分 製作年：2014年　製作国：米	NBC ユニバーサル・エンターテイメント DVD価格：1,429円 Blu-ray価格：1,886円

2015年に日本で発売開始された主な映画DVD一覧表（邦題50音順）

邦題	原題	あらすじ
シェフ 三ツ星フードトラック始めました	CHEF	ロサンゼルスの有名レストランで料理長を務めるカールは、口うるさいオーナーや自分の料理を酷評する評論家とケンカして店を辞める。元妻の提案で息子と故郷のマイアミを訪れたカールは、そこで食べたBBQサンドのおいしさに驚き、フードトラックの移動販売を思いつく。
ジゴロ・イン・ニューヨーク	FADING GIGOLO	ブルックリンの本屋店主は代々続いた店が閉店に追い込まれ苦悩の日々。そこで花屋のバイトの友人をジゴロにするビジネスを思いつく。戸惑う友人を必死で口説き、ジゴロ業を開業するや否や、意外にもクールでダンディなジゴロは裕福な女性たちをたちまち夢中にさせる。
ジミーとジョルジュ 心の欠片を探して	JIMMY P.	1948年、モンタナ州に暮らすジミーは第二次世界大戦から帰還後、原因不明の症状に苦しみカンザス州の軍病院に入院する。そこで出会ったフランス人の精神分析医ジョルジュは、診療を重ねることにより、ジミーが心に抱えた傷に次第に近づく。やがて2人の親交が奇跡を生む。
ジミー、野を駆ける伝説	JIMMY'S HALL	1932年アイルランド。元活動家のジミーは10年ぶりに米国から帰郷した。村の仲間たちから歓迎されるジミーは、かつて彼が建設しその後閉鎖されたホールの再開を希望する声を聞く。だが、ホール再建は教会の教えに反する行為とみなされ、ジミーは監視と策略の的となる。
ジャージー・ボーイズ	JERSEY BOYS	ニュージャージー州の貧しい地区で生まれ育った彼らが結成した「フランキー・ヴァリ＆フォーシーズンズ」は1960年代を代表するポップグループへと成長していく。一世を風靡したヒット曲の数々に乗せて、彼らの影響と挫折が描かれる。クリント・イーストウッド監督作。
ジャッジ　裁かれる判事	THE JUDGE	都会で弁護士業を営むハンク・パーマー。幼少時代を過ごした故郷に戻った彼は、町の判事で絶縁状態にあった父親に殺人容疑がかけられたことを知る。真相の究明に乗り出したハンクはその過程で、ずっと背を向けてきた家族との絆をふたたび取り戻していくことになる。
ジュピター	JUPITER ASCENDING	偉業を成し遂げると預言されたジュピターだったが、大人になっても幻滅や失望の日々を送っていた。だが、ケインと出逢い、ジュピターは初めて己の真の運命を垣間見る。ケインは遺伝子操作によって生まれた究極の戦士であり、ジュピターを追い、地球にやって来たのだ。
ショート・ターム	SHORT TERM 12	10代をケアする保護施設「ショート・ターム」。ここで働く20代のケアマネジャー、グレイスと同僚のメイソンは2人の子供ができたことをきっかけに幸せになると思われた。しかし、グレイスの心にはたったひとりの信頼できる彼にも打ち明けることができない秘密があった。
シンデレラ	CINDERELLA	総力を結集し、シンデレラの実写版を映画化した夢のプロジェクト。ガラスの靴やカボチャのバスに代表されるロマンティックなイメージはそのままに、シンデレラの勇気と優しさから生まれる奇跡の愛が感動的に描かれていく。ディズニー・ラブストーリーの原点にして頂点。

（英語ベースの映画に限る。DVD等の発売会社と本体価格は2016年12月現在のものです）

スタッフ	キャスト	その他	DVD等
製作：ジョン・ファヴロー他1名 監督：ジョン・ファヴロー 脚本：ジョン・ファヴロー	ジョン・ファヴロー/カール・キャスパー ソフィア・ベルガラ/イネス ジョン・レグイザモ/マーティン	配給：Open Road Films (II) 上映時間：115分 製作年：2014年　製作国：米	ソニー・ピクチャーズ エンタテインメント DVD価格：1,280円 Blu-ray価格：1,800円
監督：ジョン・タトゥーロ 脚本：ジョン・タトゥーロ	ジョン・タトゥーロ/フィオラヴァンテ ウッディ・アレン/マレー ヴァネッサ・パラディ/アヴィガル	配給：Millennium Entertainment 上映時間：90分 製作年：2013年　製作国：米	ギャガ DVD価格：1,143円 Blu-ray価格：2,000円
監督：アルノー・デプレシャン 脚本：アルノー・デプレシャン他2名	ベニチオ・デル・トロ/ジェームズ・ピカード マチュー・アマルリック/ジョルジュ・ドゥブルー ジーナ・マッキー/マドレーヌ	配給：IFC Films 上映時間：117分 製作年：2013年　製作国：仏	NBCユニバーサル・エンターテイメント DVD価格：3,980円
製作：レベッカ・オブライエン 監督：ケン・ローチ 脚本：ポール・ラヴァティ他1名	バリー・ウォード/ジミー・グラルトン シモーヌ・カービー/ウーナ ジム・ノートン/シェリダン神父	配給：Sony Pictures Classics 上映時間：109分　製作年：2015年 製作国：英・仏・アイルランド	KADOKAWA DVD価格：4,700円
製作：クリント・イーストウッド 監督：クリント・イーストウッド 脚本：マーシャル・ブリックマン他1名	ジョン・ロイド・ヤング/フランキー・ヴァリ エリック・バーゲン/ボブ・ゴーディオ マイケル・ロメンダ/ニック・マッシ	配給：Warner Bros. 上映時間：134分 製作年：2014年　製作国：米	ワーナー・ブラザース・ホームエンターテイメント DVD価格：1,429円 Blu-ray価格：2,381円
製作：デイビッド・ドブキン 監督：デイビッド・ドブキン 脚本：ニック・シェンク他1名	ロバート・ダウニー・Jr./ハンク・パーマー ロバート・デュバル/ジョセフ・パーマー ベラ・ファーミガ/サマンサ・パウエル	配給：Warner Bros.　上映：141分 製作年：2014年　製作国：米 第87回アカデミー助演男優賞ノミネート	ワーナー・ブラザース・ホームエンターテイメント DVD価格：1,429円 Blu-ray価格：2,381円
製作：アンディ&ラナ・ウォシャウスキー 監督：アンディ&ラナ・ウォシャウスキー 脚本：アンディ&ラナ・ウォシャウスキー	チャニング・テイタム/ケイン・ワイズ ミラ・クニス/ジュピター・ジョーンズ ショーン・ビーン/スティンガー・アピニ	配給：Warner Bros. 上映時間：127分 製作年：2015年　製作国：米	ワーナー・ブラザース・ホームエンターテイメント DVD価格：1,429円 Blu-ray価格：2,381円
製作：マレン・オルソン他3名 監督：デスティン・ダニエル・クレットン 脚本：デスティン・ダニエル・クレットン	ブリー・ラーソン/グレイス ジョン・ギャラガー・Jr./メイソン ケイトリン・デヴァー/ジェイデン	配給：Cinedigm Entertainment Group 上映時間：97分 製作年：2013年　製作国：米	ピクチャーズデプト DVD価格：3,800円 Blu-ray価格：4,700円
製作：サイモン・キンバーグ他2名 監督：ケネス・ブラナー 脚本：クリス・ワイツ	リリー・ジェームズ/エラ(シンデレラ) ケイト・ブランシェット/まま母(トレメイン夫人) ヘレナ・ボナム・カーター/フェアリー・ゴッドマザー	配給：Walt Disney Studios Motion Pictures 上映：105分　製作年：2015年　製作国：米 第88回アカデミー衣装デザイン賞ノミネート	ウォルト・ディズニー・スタジオ・ジャパン MovieNEX価格：4,000円

2015年に日本で発売開始された主な映画DVD一覧表（邦題50音順）

邦題	原題	あらすじ
スパイ・レジェンド	THE NOVEMBER MAN	伝説の元CIAエージェント、デヴェローは引退生活を送っていたが、元同僚が次々と殺されているのを知り、助けに向かう。その矢先、かつて愛した元同僚女性も殺される。しかもその犯人は自ら育てた現役エージェントだった。事件の全貌を探るため、緊迫の攻防を繰り広げる。
セッション	WHIPLASH	名門音楽学校に入学したニーマンはフレッチャーのバンドにスカウトされる。ここで成功すれば偉大な音楽家になるという野心は叶ったも同然。だが、待っていたのは天才を生み出すことに取りつかれたフレッチャーの常人には理解できない完璧を求める狂気のレッスンだった。
ゼロの未来	THE ZERO THEOREM	コンピューターに支配された近未来。天才プログラマーのコーエンは荒廃した教会にひとりこもり、謎めいた数式「ゼロ」の解明に挑んでいた。ある日、コーエンは魅力的な女性ベインズリーと出会う。次第に彼女に惹かれていくが、ベインズリーはある秘密を抱えていた。
ターミネーター：新起動ジェニシス	TERMINATOR: GENISYS	機械軍との戦争のさなか、リースは抵抗軍のリーダー、ジョン・コナーに1984年に送り込まれる。彼の使命はジョンの母親、若き頃のサラ・コナーを守ること。しかし予想外の事態によって過去は書き換えられ、人類の未来も大きく変わろうとしていた。新たな戦いが始まる。
タイガー・ハウス	TIGER HOUSE	女子高生ケリーは校内でも期待の体操選手。ある夜、誕生日を祝うために恋人の家に忍び込む。しかし、その夜の侵入者は彼女だけではなかった。残忍な強盗団4人組が、その一軒家を掌握する。頼れるのは自分だけ。武器は家にあるものすべて。驚愕のラストが待ち受ける。
誰よりも狙われた男	A MOST WANTED MAN	港湾都市ハンブルク。諜報機関でテロ対策チームを率いる練達のスパイ、ギュンターは密入国した若者イッサに目をつける。イッサはイスラム過激派として国際指名手配をされていた。イッサは弁護士を通じ銀行家に接触。その銀行にイッサの目的とする秘密口座があるらしい。
チャーリー・モルデカイ 華麗なる名画の秘密	MORTDECAI	英国でゴヤの幻の名画が何者かに盗まれた。英国諜報機関が捜査を依頼したのは、インチキ美術商モルデカイ。彼は最強の用心棒と共に名画を追う。しかし、その名画には財宝の秘密が隠されていたことから大富豪、マフィア、テロリスト、警察を巻き込み、争奪戦が勃発する。
チャッピー	CHAPPIE	2016年、南アの犯罪多発地域、ヨハネスブルグに世界で唯一の感じ、考え、成長するAIを搭載したロボット、チャッピーが誕生。起動したばかりのチャッピーはまるで子どものようだが、彼の余命は5日間。ギャングにさらわれたことで生きる術を覚え、加速度的に成長する。
DEBUG　ディバグ	DEBUG	外部連絡を絶った巨大宇宙船に送り込まれた、カイダら若き天才ハッカーたち。システム復旧が任務だったが、宇宙船の人工知能が暴走し、船に閉じ込められる。船内システムを支配する人工知能によってハッカーは次々と命を落とす。追い詰められたカイダが取った行動とは。

（英語ベースの映画に限る。DVD等の発売会社と本体価格は2016年12月現在のものです）

スタッフ	キャスト	その他	DVD等
製作：ボー・セント・クレア他1名 監督：ロジャー・ドナルドソン 脚本：マイケル・フィンチ他1名	ピアース・ブロスナン/ピーター・デヴェロー ルーク・ブレイシー/デイビッド・メイソン オルガ・キュリレンコ/アリス・フルニエ	配給：Relativity Media 上映時間：108分 製作年：2014年　製作国：米	KADOKAWA/ソニー・ピクチャーズ エンタテインメント DVD価格：1,280円 Blu-ray価格：1,800円
製作：ジェイソン・ブラム他3名 監督：デイミアン・チャゼル 脚本：デイミアン・チャゼル	マイルズ・テラー/アンドリュー・ニーマン J・K・シモンズ/フレッチャー メリッサ・ブノワ/ニコル	配給：Sony Pictures Classics　上映：107分 製作年：2014年　製作国：米　第87回アカデミー助演男優賞受賞他2部門受賞2部門ノミネート	カルチュア・パブリッシャーズ DVD価格：3,800円 Blu-ray価格：4,800円
製作：ニコラス・シャルティエ他1名 監督：テリー・ギリアム 脚本：パット・ルーシン	クリストフ・ヴァルツ/コーエン・レス デヴィッド・シューリス/ジョビー メラニー・ティエリー/ベインズリー	配給：Amplify 上映時間：107分　製作年：2013年 製作国：英・仏・ルーマニア合作	ハピネット DVD価格：4,200円 Blu-ray価格：5,200円
製作：デビッド・エリソン他1名 監督：アラン・テイラー 脚本：レータ・カログリディス他1名	アーノルド・シュワルツェネッガー/T-800 エミリア・クラーク/サラ・コナー ジェイ・コートニー/カイル・リース	配給：Paramount Pictures 上映時間：126分 製作年：2015年　製作国：米	NBCユニバーサル・エンターテイメント DVD価格：1,429円 Blu-ray価格：1,886円
製作：ロニー・アプテカー他2名 監督：トーマス・デイリー 脚本：サイモン・ルイス	カヤ・スコデラーリオ/ケリー エド・スクライン/カムラ ダグレイ・スコット/シェーン	配給：Magnet Releasing 上映時間：83分　製作年：2015年 製作国：英・南アフリカ	アルバトロス DVD価格：4,800円
製作：スティーブン・コーンウェル他4名 監督：アントン・コービン 脚本：アンドリュー・ボーベル	フィリップ・シーモア・ホフマン/ギュンター・バッハマン レイチェル・マクアダムス/アナベル・リヒター ウィレム・デフォー/トミー・ブルー	配給：Lionsgate/Roadside Attractions 上映時間：122分　製作年：2013年 製作国：米・英・独	TCエンタテインメント DVD価格：1,200円 Blu-ray価格：1,800円
製作：アンドリュー・ラザー他3名 監督：デヴィッド・コープ 脚本：エリック・アロンソン	ジョニー・デップ/チャーリー・モルデカイ グウィネス・パルトロウ/ジョアンナ ユアン・マクレガー/マートランド	配給：Lionsgate 上映時間：107分 製作年：2015年　製作国：米	KADOKAWA/ソニー・ピクチャーズ エンタテインメント DVD価格：1,280円 Blu-ray価格：1,800円
製作：ニール・ブロムカンプ他1名 監督：ニール・ブロムカンプ 脚本：ニール・ブロムカンプ他1名	シャールト・コプリー/チャッピー デヴ・パテル/ディオン・ウィルソン ニンジャ/ニンジャ	配給：Columbia Pictures 上映時間：120分 製作年：2015年　製作国：米	ソニー・ピクチャーズ エンタテインメント DVD価格：1,280円 Blu-ray価格：1,800円
製作：スティーブン・ホバン 監督：デヴィッド・ヒューレット 脚本：デヴィッド・ヒューレット	ジェイソン・モモア/Iam ジーナン・グーセン/カイダ エイドリアン・ホームズ/キャプラ	配給：Ketchup Entertainment 上映時間：86分 製作年：2014年　製作国：加	クロックワークス DVD価格：3,800円

2015年に日本で発売開始された主な映画DVD一覧表（邦題50音順）

邦題	原題	あらすじ
天国は、ほんとうにある	HEAVEN IS FOR REAL	牧師のトッドは経済的には困窮しつつも神の存在を信じている。ある日、4歳の愛息コルトンが緊急入院をして生死の境を彷徨うが、コルトンは奇跡的に一命を取り留めた。さらに息子は天国を旅してきたと証言。息子が会ったとする故人の描写は驚くほど真実と一致していた。
天才スピヴェット	THE YOUNG AND PRODIGIOUS T.S. SPIVET	10歳にして天才科学者のスピヴェット。権威ある科学賞に輝き、授賞式でスピーチをすることになった彼は、弟の死でバラバラになった家族に黙って1人旅立つ。山と緑に囲まれたモンタナ牧場から大自然を抜けて、ワシントンD.C.へ。受賞スピーチで明かした家族への思いとは。
トゥモローランド	TOMORROWLAND	全てが可能になる理想の世界「トゥモローランド」。そこに少年時代に訪れたが追放されたフランクは、人類の未来に危機が迫っていることを知る唯一の男だ。ある日、17歳の少女と出会ったフランクは未来を切り開くため、「トゥモローランド」への壮大な冒険へと旅立つ。
ドラキュラZERO	DRACULA UNTOLD	時は15世紀。民衆や臣下に慕われ、まさに君主になるために生まれてきたような男がいた。彼の名はドラキュラ。ある地方を治める彼は妻と1人息子と共に幸せな暮らしを送っていた。しかし、オスマン帝国皇帝が貢納金と増額と息子を含む千人の少年を差し出せと要求する。
ドラフト・デイ	DRAFT DAY	アメフトのプロリーグNFLに所属するブラウンズのGMサニーは人生の崖っぷちに立たされていた。チーム運営と強化を担う彼は、ここ2シーズンのさえない成績に責任を感じ、地元ファンの期待に応えるためドラフト会議で即戦力の超大物ルーキーを獲得する必要に迫られていた。
トレヴィの泉で二度目の恋を	ELSA & FRED	妻を亡くして、生きる気力を失った老齢のフレッドは、あるアパートに引っ越すことに。隣には陽気でおしゃべり好きなエルサが住んでいた。2人の出会いは最悪だったが、ある事件を機に気になる存在へと変わり、フレッドはエルサに振り回されながらも心惹かれていく。
ナイト ミュージアム エジプト王の秘密	NIGHT AT THE MUSEUM: SECRET OF THE TOMB	NYでの自然史博物館でのプラネタリウム設立パーティは、夜警のラリーや展示物達の奮闘も空しく大失敗に終わる。皆に魂を吹き込んでいたエジプト王の石版の魔力が弱み始めているらしい。それを知ったラリーたちは大英博物館へ向かうが、想像しない運命が待ち受けていた。
NY心霊捜査官	DELIVER US FROM EVIL	NY市警の刑事ラルフは我が子をライオンの檻に投げ捨てた女と妻へ暴力を振るった男を連続して逮捕した。2つの事件に関連性はないが、どちらの加害者も半狂乱で常軌を逸した行動をとっていた。ラルフはそこに自分にしか聞こえない、見えない何かがあることを感じていた。
ネイバーズ	BAD NEIGHBORS	マックは妻と娘の3人家族。購入した家で楽しい生活を送るはずだった。隣家にあの連中が越してくるまでは。彼は隣人を牽制するため、先手を打ってパーティーに招待、すっかり意気投合する。しかし、隣家がまた馬鹿騒ぎしたため、警察には通報しない約束を反故にする。

（英語ベースの映画に限る。DVD等の発売会社と本体価格は2016年12月現在のものです）

スタッフ	キャスト	その他	DVD等
製作：ジョー・ロス他1名 監督：ランドール・ウォレス 脚本：ランドール・ウォレス他1名	グレッグ・キニア/トッド・バーポ ケリー・ライリー/ソンジャ・バーポ コナー・コラム/コルトン・バーポ	配給：Sony Pictures Releasing 上映時間：99分 製作年：2014年　製作国：米	ソニー・ピクチャーズ エンタテインメント DVD価格：3,800円 Blu-ray価格：4,743円
製作：ジャン＝ピエール・ジュネ 監督：ジャン＝ピエール・ジュネ 脚本：ジャン＝ピエール・ジュネ他1名	カイル・キャトレット/T・S・スピヴェット ヘレナ・ボナム・カーター/クレア博士 ジュディ・デイヴィス/G・H・ジブセン	配給：The Weinstein Company 上映時間：105分　製作年：2013年 製作国：仏・加合作	ギャガ DVD価格：1,143円 Blu-ray価格：2,000円
製作：ブラッド・バード他2名 監督：ブラッド・バード 脚本：デイモン・リンデロフ他1名	ジョージ・クルーニー/フランク・ウォーカー ヒュー・ローリー/デイヴィッド・ニックス ブリット・ロバートソン/ケイシー・ニュートン	配給：Walt Disney Studios Motion Pictures 上映時間：130分 製作年：2015年　製作国：米	ウォルト・ディズニー・スタジオ・ジャパン MovieNEX価格：4,000円
製作：マイケル・デ・ルカ他1名 監督：ゲイリー・ショア 脚本：マット・サザマ他1名	ルーク・エヴァンス/ヴラド・ドラキュラ サラ・ガドン/ミレナ ドミニク・クーパー/メフメト2世	配給：Universal Pictures 上映時間：92分 製作年：2014年　製作国：米	NBCユニバーサル・エンターテイメント DVD価格：1,429円 Blu-ray価格：1,886円
製作：アイヴァン・ライトマン他2名 監督：アイヴァン・ライトマン 脚本：スコット・ロスマン他1名	ケヴィン・コスナー/サニー・ウィーバー・Jr. ジェニファー・ガーナー/アリ デニス・リアリー/ペン監督	配給：Summit Entertainment 上映時間：110分 製作年：2014年　製作国：米	キノフィルムズ DVD価格：3,800円 Blu-ray価格：4,800円
製作：ニコラス・ヴァンバーグ他4名 監督：マイケル・ラドフォード 脚本：アンナ・パヴィニャーノ他1名	シャーリー・マクレーン/エルサ・ヘイズ クリストファー・プラマー/フレッド・バークロフト マーシャ・ゲイ・ハーデン/リディア・バークロフト	配給：Millennium Entertainment 上映時間：97分 製作年：2014年　製作国：米	リヴァーサイド・エンターテインメント・ジャパン DVD価格：3,800円
製作：クリス・コロンバス他2名 監督：ショーン・レヴィ 脚本：デヴィッド・ギヨン他1名	ベン・スティラー/ラリー・デリー/ラー ロビン・ウィリアムズ/テディ・ルーズベルト オーウェン・ウィルソン/ジェデダイア	配給：Twentieth Century Fox Film Corporation 上映時間：98分 製作年：2014年　製作国：米	20世紀フォックス ホーム エンターテイメント ジャパン DVD価格：1,419円 Blu-ray価格：1,905円
製作：ジェリー・ブラッカイマー 監督：スコット・デリクソン 脚本：スコット・デリクソン他1名	エリック・バナ/ラルフ・サーキ エドガー・ラミレス/ジョー・メンドーサ神父 オリヴィア・マン/ジェン・サーキ	配給：Screen Gems 上映時間：118分 製作年：2014年　製作国：米	ソニー・ピクチャーズ エンタテインメント DVD価格：1,410円 Blu-ray価格：2,381円
製作：セス・ローゲン他2名 監督：ニコラス・ストーラー 脚本：アンドリュー・J・コーエン他1名	セス・ローゲン/マック ザック・エフロン/テディ ローズ・バーン/ケリー	配給：Universal Pictures 上映時間：97分 製作年：2014年　製作国：米	NBCユニバーサル・エンターテイメント DVD価格：1,429円 Blu-ray価格：1,886円

2015年に日本で発売開始された主な映画DVD一覧表（邦題50音順）

邦題	原題	あらすじ
バードマン　あるいは (無知がもたらす予期せぬ奇跡)	BIRDMAN OR (THE UNEXPECTED VIRTUE OF IGNORANCE)	世界で愛されるヒーロー、バードマン。だが、バードマン役でスターになったリーガンは、その後、ヒット作に恵まれず失意の日々を送っていた。再起をかけた彼は、名作小説を脚色し、ブロードウェイの舞台に立とうとする。しかし、実力派俳優のマイクに立場を脅かされる。
はじまりのうた	BEGIN AGAIN	ミュージシャンの彼に裏切られ、ライブハウスで歌う失意のグレタ。居合わせた落ちこぼれの音楽プロデューサーとの出会いがデビュー話へと発展するが、録音スタジオはなんとNYの街角。路地裏、ビルの屋上等ゲリラレコーディングは実施され、この無謀な企画が小さな奇跡を起こし始める。
ハッピーエンドが書けるまで	STUCK IN LOVE	サマンサは作家の父、弟の3人家族。母親は3年前に出て行った。両親の離婚を経験したことで、愛を信じなくなったサマンサはただ楽しいだけの恋愛ライフを送ってきた。ところが彼女の前に本気のアプローチをかけてくる男子が現れる。一方、父はまだ、母に未練があった。
バトルフロント	HOMEFRONT	麻薬潜入捜査官のフィルは1人娘マディのため、危険な任務から離れ、亡き妻の故郷で再出発を決意する。しかし、裏で街を牛耳るゲイターに目をつけられ、危険が忍び寄る。ゲイターは商売のためにかつてフィルが壊滅させた麻薬組織を巻き込み、父娘を陥れようと画策する。
ハニートラップ　大統領になり損ねた男	WELCOME TO NEW YORK	無類の好色家として名高い仏の政治家がNYの高級ホテルでコールガールたちと乱交パーティに興じた翌日、「清掃中に性行為を強要された」と主張するメイドから訴訟を起こされた。彼はワナだと反論するなか、手錠姿で連行される権力者のスキャンダルは大々的に報道される。
パレードへようこそ	PRIDE	1984年、不況に揺れる英国。ゲイの青年マークはスト中の炭鉱労働者を支援するため、「炭鉱夫支援同性愛者の会(LGSM)」を結成し募金活動を始める。彼らへの偏見でほとんどの炭鉱が支援を断るなか、唯一ウェールズの炭鉱が受け入れを表明。ウェールズの人々も徐々に心を開く。
パワー・ゲーム	PARANOIA	巨大IT企業ワイアットに勤めるアダムはワイアットCEOに弱みを握られ、カリスマ経営者ゴダード率いる宿敵のアイコン社に潜入、新製品の極秘情報を盗めと命じられる。アダムはやむなくスパイ活動を行うが、強大でしたたかな権力者2人の板挟みになり、逃げ場を失っていく。
ハンガー・ゲーム　FINALレジスタンス	THE HUNGER GAMES: MOCKINGJAY - PART 1	ハンガーゲーム記念大会の競技場から救出されたカットニス。彼女は反乱軍の秘密基地に収容される。そこでは反乱軍が大統領の独裁国家を打倒し、自由で平等な国家を建設するため戦いの準備を進めていた。カットニスは反乱軍リーダーとして独裁国家と戦うことを決意する。
ビッグ・アイズ	BIG EYES	ウォーホルですらその魅力を認め、60年代米国でブームを起こした、ビッグ・アイズシリーズ。作家のキーンは時の人となる。しかし、その絵画は口下手で内気な彼の妻が描いたものだった。セレブ達と派手な毎日を送る夫、一日16時間絵を描き続ける妻。そして10年が経った。

（英語ベースの映画に限る。DVD等の発売会社と本体価格は2016年12月現在のものです）

スタッフ	キャスト	その他	DVD等
製作：アレハンドロ・ゴンザレス・イニャリトゥ他3名 監督：アレハンドロ・ゴンザレス・イニャリトゥ 脚本：アレハンドロ・ゴンザレス・イニャリトゥ他3名	マイケル・キートン／リーガン・トムソン エドワード・ノートン／マイク・シャイナー エマ・ストーン／サム	配給：Fox Searchlight Pictures　上映：120分 製作年：2014年　製作国：米　第87回作品賞 他3部門受賞、主演男優賞他4部門ノミネート	20世紀フォックス ホーム エンタテイメント ジャパン DVD価格：1,419円 Blu-ray価格：1,905円
製作：アンソニー・ブレグマン他2名 監督：ジョン・カーニー 脚本：ジョン・カーニー	キーラ・ナイトレイ／グレタ マーク・ラファロ／ダン アダム・レヴィーン／デイヴ	配給：The Weinstein Company 上映：104分　製作年：2013年　製作国：米 第87回アカデミー歌曲賞ノミネート	ポニーキャニオン DVD価格：3,800円 Blu-ray価格：4,700円
製作：ジュディ・カイロ 監督：ジョシュ・ブーン 脚本：ジョシュ・ブーン	リリー・コリンズ／サマンサ ローガン・ラーマン／ルイス グレッグ・キニア／ビル	配給：Millennium Entertainment 上映時間：97分 製作年：2012年　製作国：米	AMGエンタテインメント DVD価格：3,800円 Blu-ray価格：4,500円
製作：ケビン・キング＝テンプルトン他2名 監督：ゲイリー・フレダー 脚本：シルヴェスター・スタローン	ジェイソン・ステイサム／フィル・ブローカー ジェームズ・フランコ／ゲイター・ボーダイン ウィノナ・ライダー／シェリル・モット	配給：Open Road Films (II) 上映時間：100分 製作年：2013年　製作国：米	ハピネット DVD価格：1,200円 Blu-ray価格：1,800円
製作：アダム・フォーク 監督：アベル・フェラーラ 脚本：アベル・フェラーラ他1名	ジェラール・ドパルデュー／デヴロー ジャクリーン・ビセット／シモーヌ ポール・カルデロン／ピエール	配給：IFC Films 上映時間：109分 製作年：2014年　製作国：米	NBCユニバーサル・エンターテイメント DVD価格：3,980円
製作：デヴィッド・リヴィングストン 監督：マシュー・ウォーチャス 脚本：スティーブン・ベレスフォード	ビル・ナイ／クリフ イメルダ・スタウントン／ヘフィーナ ドミニク・ウェスト／ジョナサン	配給：CBS Films 上映時間：121分 製作年：2014年　製作国：英	KADOKAWA DVD価格：3,800円
製作：アレクサンドラ・ミルチャン他3名 監督：ロバート・ルケティック 脚本：ジェイソン・ホール他1名	リアム・ヘムズワース／アダム・キャシディ ハリソン・フォード／ジョック・ゴダード ゲイリー・オールドマン／ニコラス・ワイアット	配給：Relativity Media 上映時間：106分 製作年：2012年　製作国：米	ハピネット DVD価格：1,200円 Blu-ray価格：1,800円
製作：ニーナ・ジェイコブソン他1名 監督：フランシス・ローレンス 脚本：ダニー・ストロング他1名	ジェニファー・ローレンス／カットニス・エバディーン ジョシュ・ハッチャーソン／ピータ・メラーク リアム・ヘムズワース／ゲイル・ホーソーン	配給：Lionsgate 上映時間：122分 製作年：2014年　製作国：米	KADOKAWA／ソニー・ピクチャーズ エンタテインメント DVD価格：1,280円 Blu-ray価格：1,800円
製作：リネット・ハウエル他3名 監督：ティム・バートン 脚本：スコット・アレクサンダー他1名	エイミー・アダムス／マーガレット・キーン クリストフ・ヴァルツ／ウォルター・キーン ダニー・ヒューストン／ディック・ノーラン	配給：The Weinstein Company 上映時間：106分 製作年：2014年　製作国：米	ギャガ DVD価格：1,143円 Blu-ray価格：2,000円

2015年に日本で発売開始された主な映画DVD一覧表（邦題50音順）

邦題	原題	あらすじ
ファーナス　訣別の朝	OUT OF THE FURNACE	ブラドックはファーナスから上る白煙が常に立ちこめていた。ラッセルはこの街で生まれ育ち、年老いた父親の面倒を見ながら製鉄所で働いていた。イラク戦争で心に傷を負った弟は心配だが、恋人との一時に幸せを見出していた。ところが、ある夜を境に彼の運命は闇の底へ。
フィフティ・シェイズ・オブ・グレイ	FIFTY SHADES OF GREY	若き企業家にして巨大企業のCEOであるMr.グレイに学生新聞の取材をすることになった女子大生アナ。恋愛未経験のアンだったが、会ったとたん、謎めいたグレイに惹きつけられ、また、グレイもアナに惹かれ、2人は急接近する。世界中の女性を虜にした大ヒットR指定作品。
フェイス・オブ・ラブ	THE FACE OF LOVE	30年間連れ添った最愛の夫。建築家のギャレットを事故で亡くしたニッキー。人生最悪の日から5年後、後悔と喪失感が支配する毎日からようやく立ち直りかけた彼女は夫と瓜二つのトムと出会う。夫とあまりにも似ている彼に戸惑いつつも、心を奪われてしまうニッキー。
フォーカス	FOCUS	視線誘導の達人ニッキーは新米の女詐欺師と知り合う。彼女にスリのイロハを教えているうちに親密なりすぎたと感じたニッキーは別れを決意する。3年後、大金うごめくモーターレース会場に現れたのは美しくなった彼女だった。彼女の存在が彼の計画に狂いを生じさせる。
フォックスキャッチャー	FOXCATCHER	この物語は1984年のロス五輪で金メダルを獲得したレスリング選手マークに届いたオファーから始まる。大財閥デュポン家の御曹司ジョンが率いるレスリングチームにマークを誘い、ソウル五輪で世界制覇を目指そうと持ち掛けてきたのだ。結果、ジョンはマークを殺してしまう。
フューリー	FURY	1945年4月、戦車フューリーを駆るウォーダディーのチームに、戦闘経験のない新兵ノーマンが配属された。ノーマンは戦場の凄惨な現実を目の当たりにする。ドイツ軍の奇襲を切り抜け進軍するフューリーの乗員たちは世界最強の独軍ティーガー戦車との死闘に身を投じていく。
フライト・ゲーム	NON-STOP	1.5億ドルを送金しないと20分毎に1人殺す。NY発ロンドン行機内で航空保安官ビル・マークスの携帯に届いた匿名の脅迫メール。その瞬間、乗客乗員146名が全員容疑者に。やがて犯人の指定口座がビルの名義だと判明し、彼さえも容疑者のリストに躍り出るという驚愕の展開に。
ブラック・ハッカー	OPEN WINDOWS	ニックに突然もたらされたのは、世界一ホットなセレブ女優の扇情的なプライベート映像。しかし決して姿を見せず、声だけで指示してくる人物は、次第に本性を露わにし、深みにはまったニックを犯罪に巻き込む。ニックは一度のクリックで後戻りできない悪夢に囚われる。
ブラックハット	BLACKHAT	何者かのネットワークへの不法侵入により、香港の原子炉は爆破され、米国の金融市場も大打撃を受ける。しかし、米中合同捜査チームは事件解決の糸口を見つけることができない。そこでハッキングの罪で投獄中の天才プログラマー、ハサウェイに捜査協力が要請される。

（英語ベースの映画に限る。DVD等の発売会社と本体価格は2016年12月現在のものです）

スタッフ	キャスト	その他	DVD等
製作：リドリー・スコット他4名 監督：スコット・クーパー 脚本：ブラッド・インゲルスビー他1	クリスチャン・ベイル／ラッセル・ベイズ ウディ・ハレルソン／ハーラン・デグロート ケイシー・アフレック／ロドニー・ベイズ・Jr.	配給：Relativity Media 上映時間：116分 製作年：2013年　製作国：米	ポニーキャニオン DVD価格：1,800円 Blu-ray価格：2,500円
製作：マイケル・デ・ルカ他2名 監督：サム・テイラー＝ジョンソン 脚本：ケリー・マーセル	ジェイミー・ドーナン／クリスチャン・グレイ ダコタ・ジョンソン／アナ・スティール エロイーズ・マンフォード／ケイト	配給：Focus Features　上映：125分 製作年：2015年　製作国：米 第88回アカデミー賞歌曲賞ノミネート	NBCユニバーサル・エンターテイメント DVD価格：1,429円 Blu-ray価格：1,886円
製作：ボニー・カーティス他1名 監督：アリー・ポジン 脚本：マシュー・マクダフィー他1名	アネット・ベニング／ニッキー エド・ハリス／ギャレット（トム） ロビン・ウィリアムズ／ロジャー	配給：IFC Films 上映時間：92分 製作年：2013年　製作国：米	ブロードメディア・スタジオ DVD価格：3,800円
製作：デニス・ディ・ノービ 監督：グレン・フィカーラ他1名 脚本：グレン・フィカーラ他1名	ウィル・スミス／ニッキー マーゴット・ロビー／ジェス ロドリゴ・サントロ／ガリーガ	配給：Warner Bros. 上映時間：105分 製作年：2015年　製作国：米	ワーナー・ブラザース・ホームエンタテイメント DVD価格：1,429円 Blu-ray価格：2,381円
製作：ミーガン・エリソン他3名 監督：ベネット・ミラー 脚本：E・マックス・フライ他1名	スティーブ・カレル／ジョン・デュポン チャニング・テイタム／マーク・シュルツ マーク・ラファロ／デイブ・シュルツ	配給：Sony Pictures Classics　上映：135分 製作年：2014年　製作国：米　第87回アカデミー監督賞他4部門ノミネート	KADOKAWA DVD価格：3,800円 Blu-ray価格：4,700円
製作：デヴィッド・エアー他3名 監督：デヴィッド・エアー 脚本：デヴィッド・エアー	ブラッド・ピット／ドン・コリアー／ウォーダディー シャイア・ラブーフ／ボイド・スワン／バイブル ローガン・ラーマン／ノーマン・エリソン	配給：Sony Pictures Releasing 上映時間：135分 製作年：2014年　製作国：米	KADOKAWA／ソニー・ピクチャーズ エンタテインメント DVD価格：1,410円 Blu-ray価格：2,381円
製作：ジョエル・シルヴァー他2名 監督：ジャウマ・コレット＝セラ 脚本：ジョン・W・リチャードソン他2名	リーアム・ニーソン／ビル・マークス ジュリアン・ムーア／ジェン・サマーズ スクート・マクネイリー／トム・ボーウェン	配給：Universal Pictures 上映時間：107分 製作年：2014年　製作国：米	ギャガ DVD価格：1,200円 Blu-ray価格：1,800円
監督：ナチョ・ビガロンド 脚本：ナチョ・ビガロンド	イライジャ・ウッド／ニック・チェンバーズ サーシャ・グレイ／ジル・ゴダード ニール・マスケル／謎の男	配給：Cinedigm Entertainment Group 上映時間：100分 製作年：2014年　製作国：米・西	ワーナー・ブラザース・ホームエンタテイメント DVD価格：1,429円 Blu-ray価格：2,381円
製作：トーマス・タル他2名 監督：マイケル・マン 脚本：モーガン・デイヴィス・フォール他1名	クリス・ヘムズワース／ニコラス・ハサウェイ ワン・リーホン／チェン・ダーワイ タン・ウェイ／チェン・リエン	配給：Universal Pictures 上映時間：133分 製作年：2015年　製作国：米	NBCユニバーサル・エンターテイメント DVD価格：1,429円 Blu-ray価格：1,886円

2015年に日本で発売開始された主な映画DVD一覧表（邦題50音順）

邦題	原題	あらすじ
FRANK フランク	FRANK	バンドに加入した青年ジョン。そのバンドリーダーであるフランクは奇妙奇天烈な被り物を四六時中つけた謎の男だった。バンドメンバーから信頼され、いつも明るく、時に破天荒なフランクの魅力にジョンも次第に惹かれていく。そんな中、そのバンドのWEB映像が話題になる。
フランシス・ハ	FRANCES HA	NY、ブルックリンで親友のソフィーと住む27歳の見習いダンサー、フランシス。ダンサーとして芽が出ない上に彼氏と別れてまもなく、ソフィーとの同居も解消となり、自分の居場所を探してNYを転々とするはめに。友人達が落ち着いてきていることにも焦りを覚えてしまう。
プリデスティネーション	PREDESTINATION	1970年NYの酒場に現れた青年ジョンがバーテンダーに奇妙な身の上を語り始める。女として生まれ、孤児院で育った彼は18歳の時にある流れ者の子供を妊娠。しかし、その男は姿を消し、赤ん坊も誘拐された。そして出産時の危機から命を救うため、自分は男になったと話す。
ブルックリンの恋人たち	SONG ONE	人類学博士号を目指し、モロッコで暮らしていたフラニーは、弟が交通事故に遭い昏睡状態にあると連絡を受け、家族が暮らすNYに戻る。大学を辞めミュージシャンを志す弟とは進路を巡り大げんかして以来、音信不通となっていた。後悔したフラニーは弟の日記を手にする。
プロミスト・ランド	PROMISED LAND	大手エネルギー会社の幹部候補であるスティーヴはマッキンリーという農場以外になにもない田舎町にやってくる。ここには良質なシェールガスが埋蔵されており、不況にあえぐ農場主から相場より安く採掘権を買い占めるためだった。彼は住民を簡単に説得できると思っていた。
ベイマックス	BIG HERO 6	謎の事故で兄タダシを失った天才少年ヒロ。傷ついた彼の心を救ったのは、人々の心と体を守るために兄が開発したケアロボット、ベイマックスだった。兄の死の真相を掴もうとする2人だったが、強大な敵が立ちふさがる。人を傷つけられないベイマックスにヒロを守れるか？
ヘラクレス	HERCULES	忘れられないほどの迫真の演技でドウェイン・ジョンソンが怪力ヘラクレスを見せてくれる。新たなる敵が罪なき人々の脅威となり、ヘラクレスと恐れを知らぬ仲間達が軍を率いて無謀な戦いに挑む。ヘラクレスが神の力を借りて過去を乗り越え、敵に立ち向かう様子は圧巻。
ホーンズ 容疑者と告白の角	HORNS	恋人を殺され、その容疑者となったイグ。怒りと絶望の日々を送っていたある日、目覚めると頭に角が生えていた。その時から誰もがイグに秘密を打ち明け始める。角には真実を語らせる不思議な力があるのだ。イグはその角を使って恋人を奪った真犯人を探すことを決意する。
ホビット　決戦のゆくえ	THE HOBBIT: THE BATTLE OF THE FIVE ARMIES	エレボールのドワーフたちはついに故郷の莫大な財宝を取り戻した。だが、それと引き換えに恐るべき竜スマウグを湖の町に解き放ってしまい、深刻な事態を招くことに。一方で冥王サウロンは、はなれ山に奇襲をかけるためオークの大軍を送り出し、ついに全面戦争に突入する。

（英語ベースの映画に限る。DVD等の発売会社と本体価格は2016年12月現在のものです）

スタッフ	キャスト	その他	DVD等
製作：エド・ギニー他2名 監督：レニー・アブラハムソン 脚本：ジョン・ロンスン他1名	マイケル・ファスベンダー/フランク ドーナル・グリーソン/ジョン マギー・ギレンホール/クララ	配給：Magnolia Pictures 上映時間：95分　製作年：2014年 製作国：英・アイルランド 合作	アース・スター エンターテイメント DVD価格：3,800円
製作：ノア・バームバック他3名 監督：ノア・バームバック 脚本：ノア・バームバック他1名	グレタ・ガーウィグ/フランシス ミッキー・サムナー/ソフィー アダム・ドライバー/レヴ	配給：IFC Films 上映時間：86分 製作年：2012年　製作国：米	新日本映画社 DVD価格：3,800円 Blu-ray価格：4,700円
製作：パディ・マクドナルド他2名 監督：マイケル・スピエリッグ他1名 脚本：ピーター・スピエリッグ他1名	イーサン・ホーク/バーテンダー サラ・スヌーク/ジョン ノア・テイラー/ロバートソン	配給：Vertical Entertainment 上映時間：97分 製作年：2014年　製作国：豪	ワーナー・ブラザース・ホームエンターテイメント DVD価格：1,429円 Blu-ray価格：2,381円
製作：マーク・プラット他5名 監督：ケイト・バーカー＝フロイランド 脚本：ケイト・バーカー＝フロイランド	アン・ハサウェイ/フラニー・エリス ジョニー・フリン/ジェームズ・フォレスター メアリー・スティーンバージェン/カレン・エリス	配給：The Film Arcade 上映時間：88分 製作年：2014年　製作国：米	ハピネット DVD価格：1,200円 Blu-ray価格：1,800円
製作：マット・デイモン他2名 監督：ガス・ヴァン・サント 脚本：ジョン・クラシンスキー他1名	マット・デイモン/スティーヴ・バトラー ジョン・クラシンスキー/ダスティン・ノーブル フランシス・マクドーマンド/スー・トマソン	配給：Focus Features 上映時間：106分 製作年：2012年　製作国：米	キノフィルムズ DVD価格：3,800円 Blu-ray価格：4,700円
製作：ロイ・コンリ 監督：ドン・ホール他1名 脚本：ロバート・L・ベアード他2名	スコット・アツィット/ベイマックス(声) ライアン・ポッター/ヒロ(声) T・J・ミラー/フレッド (声)	配給：Walt Disney Studios Motion Pictures 上映：102分　製作年：2014年　製作国：米 第87回アカデミー長編アニメーション賞受賞	ウォルト・ディズニー・スタジオ・ジャパン MovieNEX価格：4,000円
製作：ボー・フリン他2名 監督：ブレット・ラトナー 脚本：ライアン・J・コンダル他1名	ドウェイン・ジョンソン/ヘラクレス イアン・マクシェーン/アムピアラオス ジョン・ハート/コテュス王	配給：Metro-Goldwyn-Mayer (MGM) 上映時間：98分 製作年：2014年　製作国：米	NBCユニバーサル・エンターテイメント DVD価格：1,429円 Blu-ray価格：2,381円
製作：キャシー・シュルマン他3名 監督：アレクサンドル・アジャ 脚本：キース・ブーニン	ダニエル・ラドクリフ/イグ・ペリッシュ ジュノー・テンプル/メリン・ウィリアムズ マックス・ミンゲラ/リー・トゥルーノー	配給：Dimension Films 上映時間：120分 製作年：2013年　製作国：米・加	日活 DVD価格：3,800円 Blu-ray価格：4,700円
製作：ピーター・ジャクソン 監督：ピーター・ジャクソン 脚本：ピーター・ジャクソン	イアン・マッケラン/ガンダルフ マーティン・フリーマン/ビルボ・バギンズ リチャード・アーミティッジ/トーリン	配給：Warner Bros.　上映：144分 製作年：2014年　製作国：米・ニュージーランド 第87回アカデミー音響編集賞ノミネート	ワーナー・ブラザース・ホームエンターテイメント DVD価格：1,429円 Blu-ray価格：2,381円

2015年に日本で発売開始された主な映画DVD一覧表（邦題50音順）

邦題	原題	あらすじ
マジック・イン・ムーンライト	MAGIC IN THE MOONLIGHT	頭が固くて皮肉屋の英国人スタンリーは、天才マジシャン。そんな彼が米国人ソフィーの真偽のほどを見抜くために、南仏の豪邸へと乗り込む。ところが彼女は若く美しい女性であっと驚く透視能力を発揮。魔法や超能力は存在しないと思っていたスタンリーはびっくりする。
マダム・マロリーと魔法のスパイス	THE HUNDRED-FOOT JOURNEY	南仏でマロリーが経営するミシュラン一つ星の名門フレンチ・レストランの真向いにできたインド料理店。2つの店は衝突するが、この戦いはレストランの経営と美食の追求に人生をかけていたマロリーと2つのレストランに関わる人々に「美味しい奇跡」を巻き起こしていく。
マッドマックス 怒りのデス・ロード	MAD MAX: FURY ROAD	壮絶な過去を引きずりつつ、荒廃した世界をさすらうマックス・ロカタンスキーは、大隊長フュリオサ率いる集団と出会い、「緑の土地」を目指す逃避行に加わる。振り返れば大勢の手下を従えて反逆者を猛追する敵の首領の姿が。今ここに、轟音響くカーバトルが勃発する。
マップ・トゥ・ザ・スターズ	MAPS TO THE STARS	ワイス家は典型的なセレブファミリー。セレブ向けセラピストとしてTV番組を持つ父。超有名子役として活躍する13歳の息子。ステージママの母親。しかし、この家には封印さえた秘密があった。ある問題を起こして、ワイス家の長女がフロリダの施設に入れられていたのだ。
ミッション：インポッシブル ローグ・ネイション	MISSION: IMPOSSIBLE ROGUE NATION	IMFがCAIによって解体された後、イーサン率いるチームは国際的脅威で、多国籍の元スパイが寝返って結成されたシンジゲートの台頭を阻止すべく、時間との戦いを強いられる。組織壊滅のため、敵か味方がわからないエージェントと組み、かつてないほど不可能な任務に挑む。
ミニオンズ	MINIONS	ミニオンは、人類が誕生する前に存在した！？彼らの生きがいはその時代の最強で最悪なボスの仲間になること。しかし、そのボスはなぜか長生きしない。いつしかそんなボスはいなくなり、ミニオンたちは生きる目的を失いつつあった。ミニオンたちの滅亡の危機が迫る。
ミュータント・タートルズ	TEENAGE MUTANT NINJA TURTLES	危機が差し迫ったニューヨークの命運はピザ好きなニンジャで亀の4兄弟に委ねられた。ユニークなヒーローたちは一途なレポーターのエイプリル・オニール（ミーガン・フォックス）と彼らの師である博識な"センセイ"の助けを借りて究極の敵シュレッダーに立ち向かう。
ミリオンダラー・アーム	MILLION DOLLAR ARM	契約選手に離れられ生活に困窮する崖っぷちスポーツ・エージェント。彼は野球未開の地でありクリケットが盛んなインドにて豪腕選手を探し出すため「ミリオンダラー・コンテスト」を開催する。野球のルールを知らない多くの挑戦者から2人のインド人を米国に連れて行く。
ムーミン 南の海で楽しいバカンス	MOOMINS ON THE RIVIERA	ムーミン一家はムーミン谷を抜け出し、南の海へとバカンスにやって来た。そこでフローレンとムーミンパパは貴族の豪華で贅沢な暮らしの虜に。そんな2人に腹を立てたムーミンとムーミンママはホテルから飛び出してしまう。果たして4人でムーミン谷に戻れるかな。

（英語ベースの映画に限る。DVD等の発売会社と本体価格は2016年12月現在のものです）

スタッフ	キャスト	その他	DVD等
製作：レッティ・アロンソン他2名 監督：ウディ・アレン 脚本：ウディ・アレン	アイリーン・アトキンス/ヴァネッサおばさん コリン・ファース/スタンリー エマ・ストーン/ソフィ	配給：Sony Pictures Classics 上映時間：98分 製作年：2014年　製作国：米・英	KADOKAWA DVD価格：1,800円 Blu-ray価格：2,500円
製作：スティーヴン・スピルバーグ他2名 監督：ラッセ・ハルストレム 脚本：スティーヴン・ナイト	ヘレン・ミレン/マダム・マロリー オム・プリ/パパ マニシュ・ダヤル/ハッサン	配給：Walt Disney Studios Motion Pictures 上映時間：122分 製作年：2014年　製作国：米	ウォルト・ディズニー・スタジオ・ジャパン DVD価格：3,200円 DVD+Blu-ray価格：3,800円
製作：ダグ・ミッチェル他2名 監督：ジョージ・ミラー 脚本：ジョージ・ミラー他2名	トム・ハーディ/マックス シャーリーズ・セロン/フュリオサ大隊長 ニコラス・ホルト/ニュークス	配給：Warner Bros.　上映：120分 製作年：2015年　製作国：米 第88回美術賞他5部門受賞4部門ノミネート	ワーナー・ブラザース・ホームエンターテイメント DVD価格：1,429円 Blu-ray価格：2,381円
製作：マーティン・カッツ他1名 監督：デヴィッド・クローネンバーグ 脚本：ブルース・ワグナー	ジュリアン・ムーア/ハヴァナ・セグランド ミア・ワシコウスカ/アガサ・ワイス ジョン・キューザック/スタッフォード・ワイ	配給：Focus World 上映時間：112分　製作年：2014年 製作国：加・米・独・仏合作	松竹 DVD価格：3,800円 Blu-ray価格：4,700円
製作：トム・クルーズ他5名 監督：クリストファー・マッカリー 脚本：クリストファー・マッカリー	トム・クルーズ/イーサン・ハント ジェレミー・レナー/ウィリアム・ブラント サイモン・ペッグ/ベンジー・ダン	配給：Paramount Pictures 上映時間：132分 製作年：2015年　製作国：米	NBCユニバーサル・エンターテイメント DVD価格：1,429円 Blu-ray価格：1,886円
製作：クリス・メレダンドリ他1名 監督：ピエール・コフィン他1名 脚本：ブライアン・リンチ	スティーヴ・カレル/少年期のグルー サンドラ・ブロック/スカーレット・オーバーキル ジョン・ハム/ハーブ	配給：Universal Pictures 上映時間：91分 製作年：2015年　製作国：米	NBCユニバーサル・エンターテイメント DVD価格：1,429円 Blu-ray価格：1,886円
製作：マイケル・ベイ他5名 監督：ジョナサン・リーベスマン 脚本：ジョシュ・アッペルバウム他2名	ミーガン・フォックス/エイプリル・オニール ウィル・アーネット/ヴァーン ウィリアム・フィクトナー/エリック・サックス	配給：Paramount Pictures 上映時間：101分 製作年：2014年　製作国：米	NBCユニバーサル・エンターテイメント DVD価格：1,429円 Blu-ray価格：1,886円
製作：マーク・シアーディ他2名 監督：クレイグ・ギレスピー 脚本：トーマス・マッカーシー	ジョン・ハム/JB・バーンスタイン アーシフ・マンドヴィ/アッシュ・ヴァスデヴァン ビル・パクストン/トム・ハウス	配給：Walt Disney Studios Motion Pictures 上映時間：124分 製作年：2014年　製作国：米	ウォルト・ディズニー・スタジオ・ジャパン DVD価格：3,200円 DVD+Blu-ray価格：3,800円
監督：ゲザヴィエ・ピカルド	(日本語吹替)高山みなみ/ムーミン 大塚明夫/ムーミンパパ 谷育子/ムーミンママ	上映時間：77分　製作年：2014年 製作国：フィンランド・仏	バップ DVD価格：2,800円 Blu-ray価格：3,800円

2015年に日本で発売開始された主な映画DVD一覧表（邦題50音順）

邦題	原題	あらすじ
メイズ・ランナー	THE MAZE RUNNER	彼は上昇するリフトの中にいた。待っていたのは同世代の若者達。周囲を高い壁に囲まれ森や草地が広がる『グレード』には月一で生活物資と共に記憶喪失の少年が1人送り込まれる。壁の向こうは巨大な迷路で精鋭たちが探索をしているが、未だ構造も謎も解明できずにいる。
物語る私たち	STORIES WE TELL	女優ダイアン・ポーリーが夫と愛する5人の子供達を残し、若くして亡くなった時、末っ子のサラはまだ11歳。兄姉達は言った「サラだけパパに似てない。」それは、ポーリー家おきまりのジョーク。でもサラは少し不安に。いつしかサラはママの人生を探りだすことになる。
誘拐の掟	A WALK AMONG THE TOMBSTONES	誘拐犯を捕まえて欲しい。元NY市警刑事の私立探偵スカダーに依頼が来た。裕福なドラッグディーラーの妻が誘拐され、40万ドルの身代金を奪われた上に惨殺されたのだ。調査の結果、2人組の犯人は警察通報できない麻薬関係者の身内ばかりを狙っていたことが明らかになる。
余命90分の男	THE ANGRIEST MAN IN BROOKLYN	人並み外れた癇癪持ちのヘンリーは家族に愛想を尽かされ、友人に嫌われてもお構いなし。いつも不機嫌で怒っている。その日も病院で待たされたあげく主治医ではないシャロンに診察され怒り心頭。ヘンリーにぶち切れたシャロンは余命は90分と出まかせをいってしまう。
ラスト5イヤーズ	THE LAST FIVE YEARS	女優の卵キャシーと小説家志望ジェイミーの出会いから破局するまでの5年間。出会ってすぐ恋に落ち、一緒にいるだけで笑顔がこぼれ、ともに夢を追いかけた日々。しかし、成功の階段を駆け上がる夫とその夫の陰を歩くようになった妻の気持ちの歯車はどんどんずれていく。
ラスト・リベンジ	DYING OF THE LIGHT	レイクは輝かしい経歴を持つベテランCIA捜査官。しかし、ある日上司から引退を勧告される。その後、記憶混濁など体調不良が続き、末期的認知障害と医者に診断され余命を宣告される。自暴自棄のレイクに部下が22年前にレイクを監禁・拷問したテロリストの情報をもたらす。
ラン・オールナイト	RUN ALL NIGHT	ジミーはかつて墓堀人と呼ばれ、誰からも恐れられていたが、今や55歳で過去に犯した罪の意識に悩まされている。そんな中、自身の息子を守るため、親友のマフィアのボスの息子を殺してしまい、NY中のマフィア、さらには30年間もジミーを追い続ける刑事からも狙われる。
ランナーランナー	RUNNER RUNNER	プリンストン大学の天才学生リッチーは、貴重な学費をオンラインポーカーですってしまう。合法カジノのペテンに気づいた彼はカジノの胴元のサイトオーナーのもとへ直談判に乗り込むが、そこで待ち受けていたのは自分の命をかけることになる一世一代の大ばくちだった。
リスボンに誘われて	NIGHT TRAIN TO LISBON	スイスの高校で古典を教えるライムント。ある日、橋から飛び降りようとした女性を助けた。彼女が残した1冊の本に挟まれたリスボン行きの切符を届けようと駅へ走り、衝動的に夜行列車に乗る。車中で読んだ本に心を奪われた彼は、リスボンに到着すると本の作者を訪ねる。

（英語ベースの映画に限る。DVD等の発売会社と本体価格は2016年12月現在のものです）

スタッフ	キャスト	その他	DVD等
製作：エレン・ゴールドスミス＝ヴァイン他3名 監督：ウェス・ボール 脚本：ノア・オッペンハイム他2名	ディラン・オブライエン/トーマス カヤ・スコデラーリオ/テレサ アムル・アミーン/アルビー	配給：Twentieth Century Fox Film Corporation 上映時間：113分 製作年：2014年　製作国：米	20世紀フォックス ホーム エンタテイメント ジャパン DVD価格：1,419円 Blu-ray価格：1,905円
製作：アニタ・リー 監督：サラ・ポーリー 脚本：サラ・ポーリー	マイケル・ポーリー ハリー・ガルキン スージー・バカン	配給：Roadside Attractions 上映時間：108分 製作年：2012年　製作国：加	「物語る私たち」製作委員会 DVD価格：3,800円
監督：スコット・フランク 脚本：スコット・フランク	リーアム・ニーソン/マット・スカダー ダン・スティーヴンス/ケニー・クリスト デヴィッド・ハーバー/レイ	配給：Universal Pictures 上映時間：114分 製作年：2014年　製作国：米	ポニーキャニオン DVD価格：3,800円 Blu-ray価格：4,700円
製作：ボブ・クーパー他2名 監督：フィル・アルデン・ロビンソン 脚本：ダニエル・タプリッツ	ロビン・ウィリアムズ/ヘンリー ミラ・クニス/シャロン ピーター・ディンクレイジ/アーロン・アルトマン	配給：Lionsgate 上映時間：84分 製作年：2014年　製作国：米	アルバトロス DVD価格：2,800円
製作：リチャード・ラグラヴェネーズ他3名 監督：リチャード・ラグラヴェネーズ 脚本：リチャード・ラグラヴェネーズ	アナ・ケンドリック/キャシー・ハイアット ジェレミー・ジョーダン/ジェイミー・ウェラースタイン	配給：RADiUS-TWC 上映時間：94分 製作年：2014年　製作国：米	ブロードメディア・スタジオ DVD価格：3,800円
製作：デヴィッド・グロヴィック他3名 監督：ポール・シュレイダー 脚本：ポール・シュレイダー	ニコラス・ケイジ/エヴァン・レイク アントン・イェルチン/ミルトン・シュルツ アレクサンダー・カリム/ムハメド・バニール	配給：Grindstone Entertainment Group 上映時間：94分 製作年：2014年　製作国：米	日活 DVD価格：3,900円 Blu-ray価格：4,800円
製作：ロイ・リー他2名 監督：ジャウム・コレット＝セラ 脚本：ブラッド・イングルスビー	リーアム・ニーソン/ジミー・コンロン ジョエル・キナマン/マイク・コンロン エド・ハリス/ショーン・マグワイア刑事	配給：Warner Bros. 上映時間：114分 製作年：2015年　製作国：米	ワーナー・ブラザース・ホームエンタテイメント DVD価格：1,429円 Blu-ray価格：2,381円
製作：アーノン・ミルチャン他6名 監督：ブラッド・ファーマン 脚本：ブライアン・コッペルマン他1名	ジャスティン・ティンバーレイク/リッチー・ファースト ジェマ・アータートン/レベッカ・シャフラン アンソニー・マッキー/シェイバース	配給：Twentieth Century Fox Film Corporation 上映時間：91分 製作年：2013年　製作国：米	プレシディオ DVD価格：3,900円 Blu-ray価格：4,800円
製作：ピーター・ライヘンバフ他2名 監督：ビレ・アウグスト 脚本：グレッグ・ラター他1名	ジェレミー・アイアンズ/ライムント メラニー・ロラン/エステファニア ジャック・ヒューストン/アマデウ・デ・プラド	配給：Wrekin Hill Entertainment 上映時間：111分　製作年：2012年 製作国：独・スイス・ポルトガル合作	キノフィルムズ DVD価格：3,800円

2015年に日本で発売開始された主な映画DVD一覧表（邦題50音順）

邦題	原題	あらすじ
リピーテッド	BEFORE I GO TO SLEEP	クリスティーンは事故の後遺症で毎朝、目覚めるたびに前日までの記憶が失われてしまう記憶障害を負っている。夫のベンは、結婚していることやベンのことすら忘れてしまう彼女を献身的な愛で支えていた。ある日、ベンの留守中に医師を名乗る男から電話がかかってくる。
LUCY ルーシー	LUCY	10%しか機能していないと言われる人間の脳。しかしルーシーの脳のリミッターは外されてしまった―。普通の生活を送っていたルーシー。ある日、マフィアの闇取引に巻き込まれてしまい、そこで起こったアクシデントによって彼女の脳は覚醒し、人智を超えた能力を発揮する。
レフト・ビハインド	LEFT BEHIND	その日突然、数百万人が姿を消した。世界中でライフラインが機能を停止、地上は未曾有の混乱状態に陥り暴動が勃発する。一方、高度30,000フィートの上空でも機内から大量の乗客が着ていた衣服と荷物を残して忽然と姿を消してしまう。機長のレイは命を賭けた決断を迫られる。
6才のボクが、大人になるまで。	BOYHOOD	メイソンはテキサス州に住む6歳の少年。母と姉と共にヒューストンに転居した彼は、そこで多感な思春期を過ごす。父との再会、母の再婚、義父の暴力。メイソンは静かに子供時代を卒業する。4人の俳優が毎夏集まり12年間家族を演じた。その歳月から生まれた、感動物語。
ロンドン・リバー	LONDON RIVER	オスマンとソマーズ夫人は平凡な毎日を送っている市井の人々。オスマンはフランスに住む息子を持ち、ソマーズ夫人は娘がいる。共通点は子供たちがロンドンの学校で学んでいること。2005年7月7日、ロンドンでバス爆破テロが起こり、子供たちが行方不明になってしまう。
ワイルドカード	WILD CARD	ラスベガスの裏社会で用心棒を生業とする元特殊部隊のニック。何者かに暴行を受け瀕死の重傷を負った元恋人から、復讐してほしいと依頼が舞い込む。ニックはすぐに犯人を見つけ、依頼を完遂させる。しかし、犯人の背後には強大な権力を持つ凶悪マフィアの存在があった。
ワイルド・スピード SKY MISSION	FURIOUS 7/FAST & FURIOUS 7	欧州全土で暗躍していたオーウェン率いる国際犯罪組織を壊滅させ、レティを奪還したドミニクと仲間達。ロスで安息の日を過ごす彼らのもとに、デッカードから「お前達の仲間を殺した」と電話がはいる。奴はかつてドミニクたちが対峙したどんな敵よりも恐ろしい男だった。
わたしは生きていける	HOW I LIVE NOW	生まれた時に母を亡くした16歳のデイジーは、見知らぬ3人の従兄弟とひと夏を過ごすため、NYから単身英国に。そこでの生活は彼女の頑なな心を少しずつ溶かしていき、長兄との間で初めて恋に落ちた。そんなある日、第三次世界大戦に伴う戒厳令が敷かれ、軍に拘束される。

（英語ベースの映画に限る。DVD等の発売会社と本体価格は2016年12月現在のものです）

スタッフ	キャスト	その他	DVD等
製作：ライザ・マーシャル他2名 監督：ローワン・ジョフィ 脚本：ローワン・ジョフィ	ニコール・キッドマン/クリスティーン コリン・ファース/ベン マーク・ストロング/医師ナッシュ	配給：Clarius Entertainment 上映時間：92分　製作年：2014年 製作国：英・米・仏・スウェーデン合作	クロックワークス DVD価格：3,800円 Blu-ray価格：4,700円
製作：ヴィルジニー・ベッソン＝シラ 監督：リュック・ベッソン 脚本：リュック・ベッソン	スカーレット・ヨハンソン/ルーシー モーガン・フリーマン/ノーマン博士 チェ・ミンシク/チャン	配給：Universal Pictures 上映時間：89分 製作年：2014年　製作国：仏	NBCユニバーサル・エンターテイメント DVD価格：1,429円 Blu-ray価格：1,886円
製作：ポール・ラロンド他1名 監督：ヴィク・アームストロング 脚本：ポール・ラロンド他1名	ニコラス・ケイジ/レイ・スティール チャド・マイケル・マーレイ/キャメロン・"バック"・ウィリアムズ キャシー・トムソン/クローイ・スティール	配給：Freestyle Releasing 上映時間：110分 製作年：2014年　製作国：米	ワーナー・ブラザース・ホームエンターテイメント DVD価格：1,429円 Blu-ray価格：2,381円
製作：リチャード・リンクレイター 監督：リチャード・リンクレイター 脚本：リチャード・リンクレイター他1名	エラー・コルトレーン/メイソン ローレライ・リンクレイター/サマンサ パトリシア・アークエット/オリヴィア	配給：IFC Films　上映：165分 製作年：2014年　製作国：米 第87回アカデミー助演女優賞受賞他5部門ノミネート	NBCユニバーサル・エンターテイメント DVD価格：1,429円 Blu-ray価格：1,886円
監督：ラシッド・ブシャール 脚本：ラシッド・ブシャール他2名	ブレンダ・ブレッシン/エリザベス ソティギ・クヤテ/オスマン	配給：Cinema Libre Studio 上映時間：88分　製作年：2009年 製作国：アルジェリア・仏・英合作	熱帯美術館 DVD価格：4,000円
製作：スティーヴ・チャスマン 監督：サイモン・ウェスト 脚本：ウィリアム・ゴールドマン	ジェイソン・ステイサム/ニック・ワイルド マイケル・アンガラノ/サイラス・キニック マイロ・ヴィンティミリア/ダニー・デマルコ	配給：Lionsgate 上映時間：92分 製作年：2014年　製作国：米	ワーナー・ブラザース・ホームエンターテイメント DVD価格：1,429円 Blu-ray価格：2,381円
製作：ニール・H・モリッツ他1名 監督：ジェームズ・ワン 脚本：クリス・モーガン他1名	ヴィン・ディーゼル/ドミニク・トレット ポール・ウォーカー/ブライアン・オコナー ジェイソン・ステイサム/デッカード・ショウ	配給：Universal Pictures 上映時間：138分 製作年：2015年　製作国：米	NBCユニバーサル・エンターテイメント DVD価格：1,429円 Blu-ray価格：1,886円
製作：アンドリュー・ラーマン他1名 監督：ケヴィン・マクドナルド 脚本：ジェレミー・ブロック他2名	シアーシャ・ローナン/デイジー トム・ホランド/アイザック ジョージ・マッケイ/エディー	配給：Magnolia Pictures 上映時間：101分 製作年：2013年　製作国：英	ブロードメディア・スタジオ DVD価格：3,800円

会　則

第1章　総　則

第1条　本学会を映画英語アカデミー学会（The Academy of Movie English、略称TAME）と称する。

第2条　本学会は、映画の持つ教育研究上の多様な可能性に着目し、英語Educationと新作映画メディアEntertainmentが融合したNew-Edutainmentを研究し、様々な啓蒙普及活動を展開するなどして、我が国の英語学習と教育をより豊かにすることを目的とする。

第3条　本学会は教育界を中心に、映画業界・DVD業界・DVDレンタル業界・IT業界・放送業界・出版業界・雑誌業界、その他各種産業界（法人、団体、個人）出身者が対等平等の立場で参画する産学協同の学会である。

第4条　映画英語アカデミー賞の細則は別に定める。

第5条　本学会の事務局を名古屋市・出版社スクリーンプレイ社に置く。

第2章　事　業

第6条　本学会は第2条の目的を達成するため、以下の事業を行なう。
① 毎年、新作映画メディアの「映画英語アカデミー賞」を決定する。
② 学会誌「映画英語アカデミー賞」を発行する。
③ ポスターやチラシ、新聞雑誌広告など、多様な広報活動を行う。
④ 映画メディア会社の協力を得て、各種映画鑑賞と学習会を開催する。
⑤ 新作映画メディアの紹介、ワークシート作成およびその閲覧をする。
⑥ 大会（総会）、講演会および研究会の開催または後援をする。
⑦ 第2条の目的に添うその他の事業。

第3章　会　員

第7条　本学会には会則を承認する英語教師の他、誰でも入会できる。

第8条　会員は会費を納めなければならない。既納の会費及び諸経費はいかなる理由があっても返還しない。

第9条　会員は一般会員、賛助会員および名誉会員とする。
① 会員は本学会の会則を承認する個人とする。会員は学会誌を無料で受け取ることができる。ただし、その年度の会費納入が確認された会員に限る。
② 賛助会員は本学会の会則を承認する企業等とし、1名の代表者を登録し、1名分の会員と同等の資格を有するものとする。
③ 名誉会員は本学会の活動に特別に寄与した個人とし、理事会の推薦に基づき、会長が任命する。

第10条　会費は年額（税抜）で会員3,000円、賛助会員20,000円、名誉会員は免除とする。

第11条　会員登録は所定の方法により入会を申し込んだ個人または企業等とする。

第12条　会員資格の発生は本学会の本部または支部がこれを受理した日とする。

第13条　会員資格の消滅は以下の通りとする。
① 会員・賛助会員・名誉会員は本人（または代表者）により退会の意思が通達され、本学会の本部または支部がこれを受理した日とする。
② 新入会員は、会員資格発生日より2ヶ月以内に初年度会費納入が確認されなかった場合、入会取り消しとする。
③ 会費の未納入が3年目年度に入った日に除籍とする。除籍会員の再入会は過去未納会費全額を納入しなければならない。

第14条　本学会の会則に著しく違反する行為があった時は、理事会の3分の2以上の同意をもって当会員を除名することができる。

第15条　学会誌を書店等購入で（または登録コード紹介で）、映画英語アカデミー賞の趣旨に賛同され、所定の期間と方法で応募し、事務局審査の上、登録した個人を「臨時会員」とし、次回一回限りの投票権が与えられることがある。

第4章　役　員

第16条　本学会は以下の役員を置く。
① 会長　　　1名
② 副会長　　若干名
③ 専務理事　必要人数
④ 理事　　　支部総数
⑤ 顧問　　　若干名
⑥ 会計監査　2名

第17条　各役員の役割は以下の通りとする。
① 会長は本学会を代表し、業務を総理する。
② 副会長は会長を補佐し、会長に事故ある時はその職務を代行する。
③ 専務理事は小学校・中学校・高等学校・大学の各部会、選考委員会、大会、映画英語フェスティバル、学会誌、事務局、各種業界出身者で構成し、それらの重要活動分野に関する業務を役割分担総括する。
④ 事務局担当専務理事（事務局長）は本学会の事務を統括し、学会事業の円滑な執行に寄与する。
⑤ 理事は理事会を構成し、各地方の実情・意見を反映しながら、本学会の全国的活動に関する事項を協議する。
⑥ 顧問は本学会の活動に関する著作権上または専門的諸課題について助言する。
⑦ 会計監査は学会の決算を監査する。

第18条　各役員の選出方法ならびに任期は以下の通りとする。
① 会長は理事会の合議によって決定され、総会で承認する。

②副会長は専務理事の中から理事会で互選され、総会で承認する。
③専務理事は本学会に1年以上在籍している者より、理事会が推薦し、総会によって承認された会員とする。
④理事は原則として都道府県支部長とし、支部の決定の後、理事会に報告・承認により、自動的に交代する。
⑤顧問は本学会の活動に賛同する会社（団体）または個人の中から、理事会が推薦し、総会によって承認された担当者（個人）とする。
⑥会計監査は理事以外の会員の中より会長がこれを委嘱する。
⑦役員の任期は、承認を受けた総会から翌々年度の総会までの2年間、1期とする。ただし、会長の任期は最大連続2期とする。他の役員の再任は妨げない。
⑧役員に心身の故障、選任事情の変更、その他止むを得ない事情の生じた時、会長は理事会の同意を得てこれを解任できる。

第5章　理事会

第19条　①理事会は会長、（副会長）、専務理事、理事、（顧問、名誉会員）にて構成する。
②理事会は会長が必要と認めた時、あるいは、理事会構成員の4分の1以上からの請求があった時に、会長がこれを召集する。
③理事会は原則としてメール理事会とし、出席理事会を開催する事がある。出席理事会は委任状を含む構成員の2分の1以上が出席しなければ議決することができない。
④理事会の議長は事務局長がその任に当たり、事務局長欠席の場合は副会長とする。
⑤理事会の議決は、メール理事会は賛否返信の構成員、出席理事会は出席構成員の過半数で決し、可否同数の時は会長の決するところによる。
⑥顧問ならびに名誉会員は理事会に出席し助言することができ、出席の場合に限り（委任状は無効）構成員の一員となり、議決権を有する。

第6章　委員会

第20条　本学会は映画英語アカデミー賞選考委員会を常設する。委員会の詳細は細則に定める。
第21条　本学会は理事会の下にその他の委員会を臨時に置くことがあり、委員会の詳細は理事会の議決によって定める。

第7章　大会

第22条　①定例大会は原則として1年に1回、会長が召集する。
②理事会の要請により、会長は臨時大会を開催することができる。
第23条　大会は（会員）総会、映画英語アカデミー賞の発表、映画鑑賞、研究発表および会員の交流の場とする。研究発表者は理事会より依頼された会員・非会員、あるいは理事会に事前に通告、承認された会員とする。

第24条　総会に付議すべき事項は、以下の通りとする。
①活動報告と活動計画の承認
②会計報告と予算案の承認
③役員人事の承認
④会則（細則）改正の承認　⑤その他
第25条　総会の議決は出席会員の過半数で決し、可否同数の時は議長の決するところによる。

第8章　会計

第26条　事務局長は会計および事務局員を任命し、理事会の承認を得る。
第27条　本学会の経費は会員の会費、学会誌出版による著作権使用料収入、講演会等の収入及び寄付の内から支弁する。
第28条　学会業務に要した経費は、理事会が認めた範囲で支払われる。
第29条　本学会の会計年度は毎年3月1日に始まり、翌年2月末日に終わる。
第30条　会計は年度決算書を作成し、会計監査の後、理事会に提出し、その承認を得なければならない。

第9章　支部

第31条　本学会は理事会の承認の下、都道府県別に支部を設けることができる。その結成と運営方法については別に定める。
第32条　支部は必要に応じて支部の委員会を設けることができる。
第33条　理事会は本学会の趣旨・目的、あるいは会則に著しく反する支部活動があったときは、理事会の3分の2以上の同意をもって支部の承認を取り消すことができる。

第10章　会則の変更及び解散

第34条　本会則を変更しようとする時は理事会において決定した後、総会で承認されなければならない。
第35条　本学会を解散しようとする場合は構成員の3分の2以上が出席した理事会において、その全員の同意を得た後、総会で承認されなければならない。

第11章　責任の範囲

第36条　本学会は学会の公認・後援、及び依頼のもとに行われた行為であっても、その結果起こった損失に対してはいかなる責任も問われない。また、会員は学会に補償を請求することができない。

第12章　付則

第37条　本学会は第1回映画英語アカデミー賞が映画英語教育学会中部支部によって開始され、本学会の基礎となったことに鑑み、同学会中部支部会員（本学会の結成日時点）は、本人の入会申込があれば、本学会結成日より満2年間、本学会会員としての資格が与えられるものとする。会費の納入は免除とする。ただし、学会誌の受け取りは有料とする。
第38条　書籍「第1回映画英語アカデミー賞」に執筆者として協力されたその他の地方の著者も前条同様とする。
第39条　本会則は2016年（平成28年）3月12日に改定し、即日施行する。

運営細則

第1章 総則

第1条　本賞を映画英語アカデミー賞（The Movie English Academy Award）と称する。

第2条　本賞は、米国の映画芸術科学アカデミー（Academy of Motion PictureArts and Sciences、AMPAS）が行う映画の完成度を讃える"映画賞"と異なり、外国語として英語を学ぶ我が国小・中・高・大学生を対象にした、教材的価値を評価し、特選する"映画賞"である。

第3条　本賞を映画の単なる人気投票にはしない。特選とは文部科学省「新学習指導要領」の学校種類別外国語関係を参考とした教育的な基準で選出されるべきものとする。

第2章 対象映画の範囲

第4条　本賞は前年1月1日から12月31日までに、我が国で発売開始された英語音声を持つ、新作映画メディアを対象とする。

第5条　新作とは映画メディア発売開始前の少なくとも1年以内に、我が国で初めて映画館で上映が行われた映画とする。

第6条　映画とは映画館で上映されるために製作された動画作品のことであり、テレビで放映されるために作成されたテレビ映画その他を含まない。

第7条　メディアとは学習教材として一般利用できる、原則的にDVDを中心とするブルーレイ、3Dなど、同一映画の電子記録媒体の総体である。

第8条　日本映画のメディアで英語音声が記録されている場合は対象に含む。

第3章 選考委員会

第9条　選考委員会は会長、副会長、ノミネート部会長によって構成する。

第10条　選考委員会の議長は選考委員会担当専務理事がその任にあたる。

第11条　選考委員会に付議すべき事項は以下とする。
①ノミネート映画の決定
②投票方法と集計方法の詳細
③投票結果の承認
④特別賞の審議と決定
⑤その他本賞選考に関わる事項

第12条　選考委員会の決定は多数決による。同数の場合は会長が決する。

第4章 ノミネート部会

第13条　選考委員会の下に小学生・中学生・高校生・大学生部会を編成する。

第14条　各部会の部会長は専務理事である。

第15条　各部会の部員は会員の中から自薦・他薦とし、部会長が推薦し、選考委員会が決定する。

第16条　部会の決定は、所定の方法により、各部員の最大3作までのノミネート推薦を受けての多数決による。同数の場合は部会長が決する。

第5章 候補映画の選抜と表示

第17条　本賞の候補映画は、DVD発売開始直後、まず事務局で選抜される。

第18条　選抜は学習かつ教育教材としてふさわしいと評価できるものに限る。

第19条　選抜DVDは、学会ホームページで表示する。

第20条　表示後、会員は選抜に漏れた映画DVDを、事務局に追加提案できる。

第6章 ノミネート映画

第21条　選考委員会は毎年1月上旬に、ノミネート映画を審査、決定する。

第22条　選考委員会の審査は以下の方法による。
①各部会から『R指定』等を考慮して、3作以上の映画タイトルの提案を受ける。
②同一映画が重複した場合はいずれかの部会に審査、調整、補充する。
③各部会の最終ノミネートは原則として3作とする。
④選考委員会は部会からのノミネート提案映画を過半数の評決をもって否決することができる。
⑤また、過半数の賛成をもって追加することができる。

第7章 会員投票

第23条　投票は本学会会員による。

第24条　投票の対象は選考委員会によって決定されたノミネート映画のみとする。

第25条　投票期間は毎年、1月下旬から2月末日までとする。

第26条　投票の集計作業は原則として毎年3月1日、非公開かつ選考委員会立ち会いで、事務局長責任の下、事務局により厳正に行う。

第27条　投票結果は各部とも1票でも多い映画をもって確定、同数の場合は部会長が決し、選考委員会の承認を受ける。

第28条　投票総数ならびに得票数はこれを公開しない。

第29条　投票方法と集計方法の詳細は選考委員会によって定める。

第8章　発表

第30条　本賞は毎年3月初旬、受賞映画を発表する。

第31条　発表は適切な日時、場所、手段と方法による。

第32条　受賞の対象者は、原則として発表時点に、我が国でその映画メディアを発売している会社とする。

第9章　学会誌「映画英語アカデミー賞」

第33条　学会誌の、学会内での発行責任者は会長である。

第34条　学会誌の、学会内での編集責任者は学会誌担当専務理事である。

第35条　ただし、書店販売書籍としての、学会外での発行者は出版会社の代表者であり、「監修映画英語アカデミー学会」と表示する。

第36条　総合評価表（B5サイズ、見開き2ページ編集）
① 学会HPで映画DVDが表示されたら、原則、その後2ヶ月を期限として総合評価表原稿を募集する。
② 原稿は所定の見開き2ページ書式パソコンデータ原稿に限る。
③ 応募は本年度会費を納入したことが確認された会員に限る。
④ 応募期限終了後、学会誌担当専務理事は一定の基準により、その映画の担当部会を決し、その部会長に採用原稿の決定を諮問する。
⑤ 総合評価表の具体的項目と編集レイアウトは学会誌担当専務理事が出版会社と協議の上、適時、変更することができる。

第37条　部会別査読委員
① 部会長は、部会内に若干名にて査読委員会を編成する。
② 査読委員会は学会誌担当専務理事から諮問のあった原稿を精査する。
③ 部会長は査読委員会の報告に従って、採用原稿を決定する。
④ 部会長は採用に至らなかった原稿には意見を付して会員に返却する。

第38条　詳細原稿（B5サイズ、約30頁）
① 部門別アカデミー賞映画が決定されたら、学会誌担当専務理事は原則、各部会長を責任者として詳細原稿を依頼する。
② 詳細原稿は所定のページ書式エクセル原稿に限る。
③ 詳細原稿には、著作権法に適法したワークシート数種含むものとする。
④ 詳細原稿の具体的項目と編集レイアウトは学会誌担当専務理事が出版会社と協議の上、適時、変更することができる。

第39条　学会誌担当専務理事はその他、出版社との連携を密にして適切に学会誌を編集する。

第10章　著作権

第40条　学会誌「映画英語アカデミー賞」に掲載されたすべての原稿の著作権は学会に帰属する。

第41条　ただし、原稿提出者が執筆実績として他の出版物等に掲載を希望する場合は書類による事前の申し出により、許可されるものとする。

第42条　学会はスクリーンプレイ社と契約し、学会誌の出版を同社に委託する。

第43条　前条に基づく、著作権使用料は全額を学会会計に計上する。

第44条　掲載の原稿執筆会員には、学会誌当該号につき、アカデミー賞担当会員で1名で執筆者には10部を、2名以上の複数で執筆には各5部を、総合評価表担当会員には3部を無料で報償する。

第45条　理事会はすべての原稿につき、PDF化して学会ホームページに掲載したり、データベース化して同一覧表掲載したり、そのほか様々に広報・啓蒙活動に使用することがある。

第11章　細則の変更

第46条　本細則の変更は理事会構成員の3分の2以上が出席した理事会において、その過半数の同意を得て仮決定・実施されるが、その後1年以内に総会に報告、承認されなければならない。

第12章　付則

第47条　本細則は、2016年（平成28年）3月12日に改定し、即日施行する。

支部会則

第1条　支部は映画英語アカデミー学会○○都道府県支部（○○ branch, The Academy of Movie English）と称する。

第2条　支部は毎年アカデミー賞受賞映画の鑑賞・学習会を主催するなど、本学会の事業をその地域的な実情に即してさまざまに創意・工夫して発案し、実行することを目的とする。

第3条　支部の事務局は原則として支部長または支部事務局長が勤務する職場におく。

第4条　本学会の会員は入会時に、原則として居住または主な勤務先が所在するどちらかの支部（支部なき場合は登録のみ）を選択する。その後は、居住または勤務が変更されない限り移動することはできない。居住または勤務地に変更があった時に一回限り移動することができる。

第5条　会員は所属支部以外のいずれの支部事業にも参加することができるが、所属支部（都道府県）以外の支部役員に就任することはできない。

第6条　支部に次の役員を置く。
　①支部長　　1名
　②副支部長　若干名
　③支部委員　若干名
　④事務局長　1名
　⑤会計監査　2名

第7条　各役員の役割は以下の通りとする。
　①支部長は支部委員会を招集し、これを主宰する。
　②副支部長は支部長を補佐し、必要に応じて支部長を代理する。
　③支部委員は支部の事業を協議、決定、実行する。
　④事務局長は事務局を設置し、支部活動を執行する。
　⑤支部長、副支部長、支部委員、事務局長は支部委員会を構成し、委任状を含む過半数の出席にて成立、多数決により議決する。

第8条　各役員の選出方法ならびに任期は以下の通りとする。
　①支部長は支部委員会の合議によって決定される。
　②副支部長・事務局長は支部委員会の互選による。
　③支部委員は支部会員の中から支部委員会が推薦し、支部総会において承認する。
　④会計監査は支部委員以外の支部会員の中より支部長がこれを委嘱する。
　⑤役員の任期は承認を受けた総会から翌々年度の総会までの2年間、1期とする。ただし、支部長の任期は最大連続2期とする。他の役員の再任は妨げない。
　⑥役員に事故ある時は、残任期を対象に、後任人事を支部委員会にて決定することができる。

第9条　支部長は毎年1回支部大会を招集する。また支部委員会の要請により臨時支部大会を招集することがある。

第10条　支部結成の手順と方法は以下の通りとする。
　①支部は都道府県単位とする。
　②同一都道府県に所属する会員5名以上の発議があること。
　③理事会に提案し、承認を得ること。
　④発議者連名で所属内の全会員に支部設立大会の開催要項が案内されること。
　⑤支部結成大会開催日時点で所属会員の内、委任状を含む過半数の出席があること。
　⑥支部結成大会には、上記の確認のために、理事会からの代表者が出席すること。
　⑦支部結成後はその都道府県内の全会員が支部に所属するものとする。

第11条　事務局長または支部長は会員個人情報管理規定（内規）にしたがって支部会員個人情報を責任管理する。

第12条　事務局長は会計および事務局員を任命し、支部委員会の承認を得る。

第13条　支部の経費は理事会から配分された支部活動費およびその他の事業収入、寄付金、助成金などをもってこれにあてる。

第14条　支部委員会は、毎年度末＝2月末日時点での会費払い込み済み支部所属会員数×1,000円の合計額を支部活動費として理事会から受け取ることができる。

第15条　会計は会計監査の後、毎年1回支部（会員）総会において会計報告、承認を受け、また理事会に報告しなければならない。

第16条　本支部会則の変更は理事会の提案により、全国総会の承認を受けるものとする。

第17条　本支部会則は平成26年3月1日に改定し、即日施行する。

発起人

平成25年3月16日結成総会現在153名。都道府県別、名前（五十音順。敬称略）。主な勤務先は登録時点で常勤・非常勤、職位は表示されません。また会社名の場合、必ずしも会社を代表しているものではありません。

都道府県	名前	主な勤務先
北海道	穐元　民樹	北海道釧路明輝高等学校
〃	池田　恭子	札幌市立あいの里東中学校
〃	小林　敏彦	小樽商科大学
〃	道西　智拓	札幌大谷高等学校
福島県	高橋　充美	個人
栃木県	田野　存行	株式会社エキスパートギグ
埼玉県	設楽　優子	十文字学園女子大学
〃	チェンバレン暁子	聖学院大学
〃	中林　正身	相模女子大学
〃	村川　享一	ムラカワコンサルティング
千葉県	内山　和宏	柏日体高等学校
〃	大庭　香江	千葉大学
〃	岡島　勇太	専修大学
〃	高橋　本恵	文京学院大学
〃	益戸　理佳	千葉工業大学
〃	宮津多美子	順天堂大学
〃	大和　恵美	千葉工業大学
東京都	石垣　弥麻	法政大学
〃	今村　隆介	個人
〃	大谷　一彦	個人
〃	小関　吉直	保善高等学校
〃	清水　直樹	エイベックス・マーケティング
〃	杉本　孝一	中央大学
〃	杉本　豊久	成城大学
〃	平　純三	キヤノン株式会社
〃	堤　龍一郎	目白大学
〃	中垣恒太郎	大東文化大学
〃	中村　真理	相模女子大学
〃	仁木　勝治	立正大学
〃	Bourke Gary	相模女子大学
〃	道西　隆侑	JACリクルートメント
〃	三井　敏朗	相模女子大学
〃	三井　美穂	拓殖大学
〃	吉田　豊	株式会社M.M.C.
神奈川県	安部　佳子	東京女子大学
〃	今福　一郎	横浜労災病院
〃	上原寿和子	神奈川大学
〃	上條美和子	相模女子大学
〃	大月　敦子	相模女子大学
〃	鈴木　信隆	個人
〃	曽根田憲三	相模女子大学
〃	曽根田純子	青山学院大学
〃	羽井佐昭彦	相模女子大学
〃	三浦　理高	株式会社キネマ旬報社
〃	宮本　節子	相模女子大学
〃	八木橋美紀子	横浜清風高等学校
新潟県	近藤　亮太	個人
富山県	岩本　昌明	富山県立富山視覚総合支援学校
石川県	須田久美子	北陸大学
〃	安田　優	北陸大学
福井県	長岡　亜生	福井県立大学
福井県	原口　治	国立福井高等専門学校
山梨県	堤　和行	目白大学
岐阜県	匿　名	個人
〃	網野千代美	中部学院大学
〃	伊藤明希良	岐阜聖徳学園大学大学院生
〃	今尾さとみ	個人
〃	今川奈津美	富田高等学校
〃	岩佐佳菜恵	個人
〃	大石　晴美	岐阜聖徳学園大学
〃	大竹　和行	大竹歯科医院
〃	岡本　照雄	個人
〃	小野田裕子	個人
〃	加納　隆	個人
〃	北村　淳江	個人
〃	小石　雅秀	個人
〃	小山　大三	牧師
〃	近藤　満	個人
〃	白井　雅子	個人
〃	千石　正和	個人
〃	武山　箏子	個人
〃	東島ひとみ	東島獣医科
〃	戸田　操子	くわなや文具店
〃	中村　亜也	個人
〃	中村　充	岐阜聖徳学園高等学校
〃	長尾　美武	岐阜聖徳学園大学付属中学校
〃	橋爪加代子	個人
〃	古田　雪子	名城大学
〃	寳壺　貴之	岐阜聖徳学園大学短期大学部
〃	宝壺　直親	岐阜県立各務原西高等学校
〃	宝壺美栄子	生涯学習英語講師
〃	吉田　譲	吉田胃腸科医院
〃	鷲野　嘉映	岐阜聖徳学園大学短期大学部
〃	渡辺　康幸	岐阜県立多治見高等学校
静岡県	上久保　真	フリーランス
愛知県	石川　淳子	愛知教育大学
〃	伊藤　康憲	東邦高等学校
〃	井土　康仁	藤田保健衛生大学
〃	井上　雅紀	愛知淑徳中学校・高等学校
〃	梅川　理絵	南山国際高等学校
〃	梅村　真平	梅村パソコン塾
〃	大達　誉華	名城大学
〃	久米　代代	名古屋大学
〃	黒澤　純子	愛知淑徳大学
〃	小島　由美	岡崎城西高等学校
〃	子安　惠子	金城学院大学
〃	柴田　真季	金城学院大学
〃	杉浦恵美子	愛知県立大学
〃	鈴木　雅夫	スクリーンプレイ
〃	濱　ひかり	愛知大学
〃	松浦由美子	名城大学
〃	松葉　明	名古屋市立平針中学校
〃	的馬　淳子	金城学院大学
〃	武藤美代子	愛知県立大学
〃	諸江　哲男	愛知産業大学
〃	山崎　僚子	中京大学
〃	山森　孝彦	愛知医科大学
三重県	林　雅则	三重県立木本高等学校
滋賀県	大橋　洋平	個人
〃	野村　邦彦	個人
〃	八里　葵	個人
〃	山口　治	神戸親和女子大学名誉教授
〃	山田　優奈	個人
京都府	小林　龍一	京都市立吉ヶ丘高等学校
〃	中澤　大貴	個人
〃	藤本　幸治	京都外国語大学
〃	三島ナヲキ	ものづくりキッズ基金
〃	横山　仁視	京都女子大学
大阪府	植田　一三	アクエアリーズ スクール オブ コミュニケーション
〃	小宅　智之	個人
〃	太尾田真志	個人
〃	竪山　隼太	俳優
兵庫県	金澤　直志	奈良工業高等専門学校
〃	行村　徹	株式会社ワオ・コーポレーション
香川県	日山　貴浩	尽誠学園高等学校
福岡県	秋好　礼子	福岡大学
〃	Asher Grethel	英語講師
〃	一月　正充	福岡歯科大学
〃	岡崎　修平	個人
〃	小林　明子	九州産業大学
〃	篠原　一英	福岡県立福島高等学校
〃	高瀬　春歌	福岡市立福岡女子高等学校
〃	高瀬　文広	福岡学園福岡医療短期大学
〃	鶴田知嘉吾	福岡常葉高等学校
〃	鶴田里美香	楽天カード株式会社
〃	中島　千春	福岡女学院大学
〃	中村　茂徳	西南女学院大学
〃	新山　美紀	久留米大学
〃	Nikolai Nikandrov	福岡学園福岡医療短期大学
〃	Haynes David	福岡学園福岡医療短期大学
〃	福田　浩己	福岡大学医学部医学科歯科口腔外科学講座
〃	藤山　和久	九州大学大学院博士後期課程
〃	三谷　泰	有限会社エス・ヒチ・シー
〃	八尋　春海	西南女学院大学
〃	八尋真由実	西南女学院大学
長崎県	山崎　祐一	長崎県立大学
熊本県	進藤　三雄	熊本県立大学
〃	平野　順也	熊本大学
大分県	清水　孝之	日本文理大学
宮崎県	南部みゆき	宮崎大学
〃	松尾祐美子	宮崎公立大学
鹿児島県	吉村　圭	鹿児島女子短期大学
海外	Alan Volker Craig	言語学者

理事会

映画英語アカデミー学会は、2013年3月16日結成大会にて、初代理事会が承認されました。
理事会（2013年3月16日総会承認、以下追加修正＝ 2015.3.18修正、4.7修正、2016.11.4修正）

役職	担当（出身）	氏名	主な勤務先
顧問	レンタル業界	世良與志雄	CDV-JAPAN 理事長（フタバ図書社長）
〃	映画字幕翻訳家	戸田奈津子	神田外国語大学客員教授
〃	弁護士	矢部　耕三	弁護士事務所
会長	学会代表	曽根田憲三	相模女子大学名誉教授
副会長	映画上映会	吉田　　豊	株式会社ムービーマネジメントカンパニー
〃	選考委員会	寳壺　貴之	岐阜聖徳学園大学短期大学部
〃	出版業界	鈴木　雅夫	スクリーンプレイ
専務理事	大会	宮本　節子	相模女子大学
〃	学会誌	鯰江　佳子	スクリーンプレイ
〃	フェスティバル	高瀬　文広	福岡医療短期大学
〃	ハード業界	平　　純三	キヤノン株式会社
〃	レンタル業界	清水　直樹	株式会社ゲオ
〃	雑誌業界	三浦　理高	株式会社キネマ旬報社
〃	アニメ業界	鈴木　信隆	アニメ系有力企業
〃	IT業界	田野　存行	株式会社エキスパートギグ
〃	小学部会	子安　惠子	金城学院大学
〃	中学部会	松葉　　明	名古屋市立大森中学校
〃	高校部会	井上　雅紀	元愛知淑徳中学校・高等学校
〃	大学部会	安田　　優	北陸大学
〃	事務局長	鈴木　　誠	スクリーンプレイ
理事	宮城県	Phelan Timothy	宮城大学
〃	埼玉県	設楽　優子	十文字学園女子大学
〃	千葉県	宮津多美子	順天堂大学
〃	東京都	中垣恒太郎	大東文化大学
〃	神奈川県	宮本　節子	相模女子大学
〃	山梨県	堤　　和子	目白大学
〃	富山県	岩本　昌明	富山県立富山視覚総合支援学校
〃	石川県	安田　　優	北陸大学
〃	福井県	長岡　亜生	福井県立大学
〃	岐阜県	寳壺　貴之	岐阜聖徳学園大学短期大学部
〃	愛知県	久米　和代	名古屋大学
〃	三重県	林　　雅則	三重県立木本高等学校
〃	滋賀県	Walter Klinger	滋賀県立大学
〃	京都府	小林　龍一	京都市立日吉ヶ丘高等学校
〃	大阪府	植田　一三	Aquaries-School of Communication
〃	奈良県	石崎　一樹	奈良大学
〃	兵庫県	金澤　直志	奈良工業高等専門学校
〃	香川県	日山　貴浩	尽誠学園高等学校
〃	福岡県	八尋　春海	西南女学院大学
〃	大分県	清水　孝子	日本文理大学
〃	長崎県	山崎　祐一	長崎県立大学
〃	宮崎県	松尾祐美子	宮崎公立大学
〃	熊本県	進藤　三雄	熊本県立大学
〃	鹿児島県	吉村　　圭	鹿児島女子短期大学
会計		小寺　　巴	スクリーンプレイ
会計監査		前田　偉康	フォーイン
〃		菰田　麻里	スクリーンプレイ

ノミネート委員会

ノミネート部会

■小学生部（18名、平成28年10月7日現在）

東京都	土屋佳雅里	ABC Jamboree
愛知県	石川　淳子	愛知教育大学
〃	大達　誉華	名城大学
〃	河辺　文雄	春日井市立春日井小学校
〃	木下　恭子	中京大学
〃	久米　和代	名古屋大学
〃	黒澤　純子	愛知淑徳大学
〃	子安　惠子	金城学院大学
〃	柴田　真季	金城学院大学
〃	白木　玲子	金城学院大学
〃	杉浦　稚子	安城市立作野小学校
〃	戸谷　鉱一	愛知教育大学
〃	服部　有紀	愛知淑徳大学
〃	松浦由美子	名城大学
〃	的馬　淳子	金城学院大学
〃	矢後　智子	名古屋外国語大学
〃	山崎　僚子	名古屋学院大学
宮崎県	松尾麻衣子	（有）ARTS OF LIFE

■中学生部（9名、平成28年5月31日現在）

北海道	池田　恭子	札幌市立あいの里東中学校
千葉県	高橋　本恵	文京学院大学
東京都	竹市　久美	御成門中学校
福井県	伊藤　辰司	北陸学園北陸中学校
愛知県	比嘉　晴佳	個人
〃	松葉　　明	名古屋市立大森中学校
三重県	井本　成美	三重県熊野市立有馬中学校
大阪府	能勢　英明	大阪市立本庄中学校
〃	飯間加壽世	株式会社ユニサラパワーソリューションズ

■高校生部（20名、平成28年10月7日現在）

福島県	大石田　緑	福島県立あさか開成高等学校
茨城県	多尾奈央子	筑波大学附属駒場中・高等学校
群馬県	亀山　　孝	共愛学園中学・高等学校
千葉県	松河　　舞	元日本大学習志野高等学校
神奈川県	伊藤すみ江	個人（元川崎市立総合科学高校）
〃	清水　悦子	神奈川県立百合丘高等学校
〃	中原　由香	ECCジュニア
埼玉県	橋本　　恭	中央大学横浜山手中学校・高等学校
富山県	岩本　昌明	富山県立富山視覚総合支援学校
岐阜県	日比野彰朗	羽島高校
愛知県	井上　雅紀	愛知インターナショナルスクール
〃	岡本　洋美	東邦高等学校
〃	大橋　昌弥	中京大学附属中京高等学校
〃	濱　ひかり	岡崎城西高等学校
三重県	林　　雅則	三重県立木本高等学校
大阪府	上田　敏子	大阪女学院高校
〃	清原　輝明	TKプランニング
〃	谷野　圭亮	大阪教育大学大学院生
〃	由谷　晋一	津田英語塾
福岡県	篠原　一英	福岡県立福島高等学校

■大学生部（49名、平成28年8月26日現在）

北海道	小林　敏彦	小樽商科大学
宮城県	Timothy Phelan	宮城大学
埼玉県	設楽　優子	十文字学園女子大学
〃	チェンバレン暁子	聖学院大学
千葉県	大庭　香江	千葉大学
〃	岡島　勇太	専修大学
〃	宮津多美子	順天堂大学
東京都	石垣　弥麻	法政大学
〃	今村　隆介	個人
〃	小嶺　智枝	明治大学・中央大学
〃	ゴメス由美	東京国際大学
〃	堤　龍一郎	目白大学
〃	中村　真理	相模女子大学
〃	三井　敏朗	都留文科大学
〃	三井　美穂	拓殖大学
神奈川県	岩野　明美	相模女子大学
〃	上原寿和子	電気通信大学
〃	曽根田憲三	相模女子大学
〃	水野　資子	相模女子大学
〃	宮本　節子	相模女子大学
山梨県	堤　　和子	目白大学
石川県	井上　裕子	北陸大学
〃	轟　　里香	北陸大学
〃	船本　弘史	北陸大学
〃	安田　　優	北陸大学
福井県	長岡　亜生	福井県立大学
〃	原口　　治	国立福井高専
岐阜県	古田　雪子	名城大学
〃	寶壺　貴之	岐阜聖徳学園大学短期大学部
愛知県	井土　康仁	藤田保健衛生大学
〃	小林憲一郎	南山大学
〃	杉浦恵美子	愛知県立大学
〃	田中　里沙	金城学院大学
〃	服部しのぶ	藤田保健衛生大学
〃	諸江　哲男	愛知産業大学
滋賀県	Walter Klinger	滋賀県立大学
京都府	藤本　幸治	京都外国語大学
〃	村上　裕美	関西外国語大学短期大学部
大阪府	植田　一三	Aquaries-School of Communication
〃	朴　　真理子	立命館大学
奈良県	石崎　一樹	奈良大学
兵庫県	金澤　直志	奈良工業高等専門学校
〃	行村　　徹	株式会社ワオ・コーポレーション
福岡県	秋好　礼子	福岡大学
〃	小林　明子	九州産業大学
〃	高瀬　文広	福岡学園福岡医療短期大学
〃	八尋　春海	西南女学院大学
宮崎県	松尾祐美子	宮崎公立大学
熊本県	平野　順也	熊本大学

リスニングシート作成委員会

委員長		鈴木　雅夫	（副会長）
委　員		Mark Hill	（スクリーンプレイ）
〃		Bourke Gary	（相模女子大学）
〃		Walter Klinger	（滋賀県立大学）
〃	中学担当	小池　幸子	（鎌倉市立第一中学校）
〃	中学担当	水野　資子	（相模女子大学）
委　員	高校担当	岩本　昌明	（富山県立富山視覚総合支援学校）
〃	大学担当	大庭　香江	（千葉大学）
〃	大学担当	松尾祐美子	（宮崎公立大学）
〃	上級担当	石崎　一樹	（奈良大学）
〃		映画英語アカデミー学会会員有志	
協　力		スクリーンプレイ編集部	

■映画英語アカデミー学会に入会希望の方はこの用紙を使用してFAXまたは郵送にてご連絡ください。
For those who wish to join The Academy of Movie English (TAME), please complete this form and send by FAX or post.
Tel: 052-789-0975　Fax: 052-789-0970　E-mail：office@academyme.org
送付先は、〒464-0025 名古屋市千種区桜ヶ丘292 スクリーンプレイ内 TAME 事務局
Please send applications to : 〒464-0025 TAME Office, Screenplay Dept., Sakuragaoka 292, Chikusa, Nagoya.

■学会ホームページに接続されると、メールで申し込みができます。http://www.academyme.org/index.html
Applications can also be made via the TAME website or by e-mail.

映画英語アカデミー学会入会申し込み用紙
Application to join The Academy of Movie English (TAME)

氏名 Name	フリガナ		フリガナ	
	姓 Family name		名 Given name	
E-mail				
自宅 Home	住所 Address	〒　　　-		
	電話 Phone number	-　　-	FAX FAX number	-　　-
職場 Work 学校 Academic	名前 Company or Academic Institute			
	所属			
	住所 Address	〒　　　-		
	電話 Phone number	-　　-	FAX FAX number	-　　-
所属支部 Preferred branch	□自宅地域 Home Area		□職場地域 Work/Academic Institute Area	
郵便物送付 Preferred mailing address	□自宅優先 Home		□職場優先 Work/Academic Institute	
部会 Group 委員 Membership	次のノミネート部会委員を引き受ける用意がある。 I would like to participate as a member of the following group.　□小学生部会 Elementary group　□中学生部会 Junior high school group　□高校生部会 High school group　□大学生部会 University group			

後日、入会の確認連絡があります。万一、一ヶ月以上経過しても連絡がない場合、ご面倒でも事務局までご連絡ください。
TAME will send confirmation of your application once it has been received. Please contact the office if you do not receive confirmation within one month.

映画英語アカデミー学会

TAME (The Academy of Movie English)

賛 助 会 員 入会申し込み用紙

　　　　　　　　　　　　　　　　　　　　　　　　　年　　　月　　　日

映画英語アカデミー学会の会則を承認し、賛助会員の入会を申し込みます。

会社名	社名	（フリガナ）		
	住所	〒		
担当者名	氏名	（フリガナ）	年　月　日生	
	部署名		職位	
	電話		FAX	

（上記は、書類の送付など、今後の連絡先としても使用しますので正確にご記入下さい）

◇賛助会費について◇

賛助会費	年会費２０，０００円を引き受けます。

この用紙は右記まで、郵送するかFAXにて送付してください。　　映画英語アカデミー学会事務局　〒465-0025 名古屋市千種区桜が丘292 スクリーンプレイ内
　　　　　　　　　　　　　　　　　　　　　　　TEL:(052)789-0975　FAX:(052)789-0970

著　者

●各部門賞●

井上　雅紀（愛知インターナショナルスクール）
井上　裕子（北陸大学）
黒澤　純子（愛知淑徳大学）
佐々木智美（南山大学大学院生）
高橋　本恵（文京学院大学）
轟　　里香（北陸大学）
能勢　英明（大阪市立本庄中学校）
船本　弘史（北陸大学）
村上　裕美（関西外国語大学短期大学部）
安田　　優（北陸大学）

●候補映画●

石垣　弥麻（法政大学）
上原寿和子（電気通信大学）
大貫　優香（相模女子大学学生）
大庭　香江（千葉大学）
岡島　勇太（専修大学）
岡田　泰弘（名古屋外国語大学）
子安　惠子（金城学院大学）
澤田真須美（岐阜聖徳学園大学）
設楽　優子（十文字学園女子大学）
長岡　亜生（福井県立大学）
寳壷　貴之（岐阜聖徳学園大学短期大学部）
松河　　舞（元日本大学習志野高等学校）
松葉　　明（名古屋市立大森中学校）
松家由美子（静岡大学）
三井　敏朗（都留文科大学）
三井　美穂（拓殖大学）
安田　　優（北陸大学）
矢吹　優名（相模女子大学学生）
山﨑　僚子（名古屋学院大学）
山本　幹樹（熊本大学）
吉本　美佳（名古屋外国語大学）

敬称略。各五十音順。( )内は発行日時点での主な勤務先です。職位は表示されません。

第5回映画英語アカデミー賞®

発　　行　2017年2月24日初版第1刷
監　　修　映画英語アカデミー学会
著　　者　井上雅紀、黒澤純子、能勢英明、他27名
編 集 者　鯰江　佳子、小寺　巴、菰田　麻里
発 行 者　鈴木雅夫
発 売 元　株式会社フォーイン　スクリーンプレイ事業部
　　　　　〒464-0025 名古屋市千種区桜が丘292
　　　　　TEL:(052)789-1255　FAX:(052)789-1254
　　　　　振替:00860-3-99759
印刷製本　株式会社コスモクリエイティブ

定価はカバーに表示してあります。無断で複写、転載することを禁じます。乱丁、落丁本はお取り替えいたします。
Printed in Japan ISBN978-4-89407-557-3